云南省司法厅
云南省公证协会◎组编

民法典实施以来
公证咨询答复汇编

MINFADIAN
SHISHI YILAI
GONGZHENG ZIXUN
DAFU HUIBIAN

法律出版社 LAW PRESS · CHINA
北京

图书在版编目(CIP)数据

民法典实施以来公证咨询答复汇编／云南省司法厅，云南省公证协会组编. -- 北京：法律出版社，2021(2025.2 重印)
ISBN 978-7-5197-6290-2

Ⅰ. ①民… Ⅱ. ①云… ②云… Ⅲ. ①公证业务－中国－问题解答 Ⅳ. ①D926.6-44

中国版本图书馆 CIP 数据核字(2021)第 280469 号

民法典实施以来公证咨询答复汇编
MINFADIAN SHISHI YILAI GONGZHENG ZIXUN DAFU HUIBIAN

云南省司法厅
云南省公证协会 组编

策划编辑 宋杰鹏
责任编辑 宋杰鹏
装帧设计 汪奇峰

出版发行 法律出版社
编辑统筹 法律考试·职业教育出版分社
责任校对 晁明慧　王　皓
责任印制 胡晓雅
经　　销 新华书店

开本 787 毫米×1092 毫米　1/16
印张 18.25　　**字数** 416 千
版本 2021 年 12 月第 1 版
印次 2025 年 2 月第 4 次印刷
印刷 三河市龙大印装有限公司

地址：北京市丰台区莲花池西里 7 号(100073)
网址：www.lawpress.com.cn
投稿邮箱：info@lawpress.com.cn
举报盗版邮箱：jbwq@lawpress.com.cn

销售电话：010-83938349
客服电话：010-83938350
咨询电话：010-63939796

书号：ISBN 978-7-5197-6290-2
定价：78.00 元
凡购买本社图书，如有印装错误，我社负责退换。电话：010-83938349

编审委员会委员名单

编写委员会委员名单

序

公证制度是重要的预防性司法制度,公证服务是公共法律服务的重要组成部分。多年来,公证,特别是我省公证行业全体公证人员在助力国家重点项目工程建设、服务金融、民营企业、防范不动产交易纠纷、保障“三农”、知识产权保护、产权保护、司法辅助事务、家庭事务、突发公共事件应对等领域发挥着极其重要的作用。

法律的生命不在于逻辑,而在于经验(he life of law does not lie in logic, but in experience)。历经半年,《民法典实施以来公证咨询答复汇编》在云南省司法厅领导及厅公共法律服务管理处的关心支持和全体公证法律服务专家的共同努力下,终于付梓。本书收录的400个公证咨询问题和答复(40余万字),皆源自于一线公证员的实际办证工作,是一线资深公证员的“经验之谈”。这些咨询问题,部分集中反映了目前公证行业面临的业务普遍性问题,部分集中反映了未来公证行业业务发展的新趋势、新希望,还有一部分是低概率发生却又不得不面对的“疑难杂症”。本书在挑选入编问题时所遵循的基本依据,一是反映人民群众对公证法律服务的真实需求,这是公证事业不断发展的力量源泉;二是对整个公证行业业务的开拓创新、对公证从业人员法律思维能力锻炼、专业技能的提升是否具有推动和强化作用,这是公证质量的根本保障。另外在保证咨询案例案情绝对真实的前提下,编者又对这些案例及回答进行了逻辑上的梳理和文字上的优化处理,使得这些案例在专业解答之余“有血有肉”,更具画面感、更有可读性。

本书的另一大特点,是严格以2021年1月1日正式生效的《中华人民共和国民法典》(以下简称《民法典》)结构和内容为依据,由我省公证专家对全书的排版体例以及问题的答复进行了全新的对应、梳理和提升。这一工作,看似简单,但背后凝聚了本书各位参编专家对本书整体架构的成熟思考和理性安排、对《民法典》最新内容的反复研读和讨论、对回复内容的字斟句酌和认真校对。相信本书的出版对《民法典》的宣传和适用,以及公证行业整体业务知识的更新,无疑是极具时效性、专业性和权威性的!这不但对云南公证,对全国公证行业理论水平的提高和实际操作能力的再上台阶,相信也是颇有益处,甚至贡献巨大的。

法律对正义的维护和追求不会自行实现,它需要一批有梦想、有责任、有能力的法律人为之奋斗!将《民法典》的最新要求与公证实务相结合、将风险尽可能泯灭于公证的专业把控,防患于未然,从源头对人民群众的合法利益予以最大限度地保障,“多设一家公证处,就可少设一家法院”,这也正是本书编写的目的和云南司法行政同仁不懈追求的自身价值和初心所在。

可以说,本书的最终出版,既是云南公证行业对多年来卓越工作成绩的总结和展现,也是我省公证专家针对公证实际工作中难点、痛点迎难而上的思考和解答，更是我省公共法律服务行业对公证业务新问题、新挑战、新未来的求索和创新！

在此，希望我省公证专家继续深耕细作，发挥公证机构、公证员首创精神，形成“头雁效应”，带领全省公证人员综合运用公证制度特色和职能优势，充分利用公证的预防性司法制度职能作用，积极参与矛盾纠纷多元化解和诉源治理，不断拓展创新服务领域和项目，努力满足新时代经济社会发展“全业务、全时空”的公证服务需求；也希望我省公证全体从业人员，认真学习本书相关知识，努力提升专业服务技能，改进服务方式，不断提高公证服务的供给总量、质量和效率，提高公证行业公信力，切实增强人民群众获得公证服务的可及性、便捷化程度，公证服务经济社会发展的功能作用得到有效发挥。

是以为序。

商小云

2021 年 12 月

目录 Contents

第一部分　总则编问题

第二部分　物权编问题

第三部分 合同编问题

第四部分　人格权编问题

第五部分　婚姻家庭编问题

第六部分　继承编问题

第一节　遗嘱和遗嘱继承

第二节　法定继承

第八部分　民商合一下的商法问题

第九部分　不同法域民事法律关系法律适用问题

第十部分　作为民法实施机制的公证法问题

第一部分　总则编问题

1　同一人在不同证件上的出生日期不一致的认定

【问题】一当事人办理去新加坡的涉外公证，其身份证上的出生日期是3月17日，但是出生证上显示的出生日期是9月17日。需要公证的几个文件上以上两个日期都有。现有公安机关出具的变更出生日期的证明。

【请问】以上情况该如何处理为妥？

【解答】

根据《民法典》第15条规定，自然人的出生时间和死亡时间，以出生证明、死亡证明记载的时间为准；没有出生证明、死亡证明的，以户籍登记或者其他有效身份登记记载的时间为准。有其他证据足以推翻以上记载时间的，以该证据证明的时间为准。

同一人在不同证件上的出生日期是不一致的，这个问题比较棘手。对于公证机构来说，这种情况是需要存疑的，需要当事人进一步提供材料，甚至还需要公证机构派人收集材料、进行核实，确定真实的出生日期。从上述规定来看，出生证明的效力要高于公安部门的户籍登记，但如果有其他证据足以证明真实的出生时间，应该是以该出生时间为准。

2　患有阿尔茨海默症的老人能否立公证遗嘱

【问题】老人患有阿尔茨海默症，想申办遗嘱公证，处分自己名下的房产一套。

【请问】老人患有阿尔茨海默症是否可以根据其症状决定其是否具有立遗嘱的行为能力？

【解答】

患有阿尔茨海默症的人并不等于限制或无民事行为能力人。如遗嘱人系阿尔茨海默症患者，要根据其病情的轻重判断其是否属于无民事行为能力人或限制民事行为能力人。依照《民法典》第24条的规定，对成年人民事行为能力的认定，可由人民法院认定后宣告。若患者病情足以被宣告为无民事行为能力人或者限制民事行为能力人，则可认定患者订立的遗嘱无效。

如未经人民法院认定程序，则取决于遗嘱人订立遗嘱时是否具备完全行为能力，遗嘱是否是其真实的意思表达。如有完整、客观、可靠的证据能够证明阿尔茨海默症患者进行真实的意思表达，那么该期间所订立的遗嘱应该视为有效，否则无效。

公证实践中，需要公证员在与阿尔茨海默症患者询问、交谈过程中更加细心、详细、缜密。如订立遗嘱的全过程视频中能清楚地反映出遗嘱人神志清楚、头脑清醒、思维正常、语言表达流畅，人民法院一般会对该遗嘱的效力予以认可。

3 轻度抑郁症患者能否独立申办处分财产的公证

【问题】经具有专业资质的医疗机构诊断，某甲因失恋患有轻度抑郁症，目前正在治疗。其父母为了给她换一个生活环境，决定出售甲在当地的房屋，让甲迁回老家随父母一起生活，并在老家有资质的医院进行治疗。甲与买家一同到公证机构申办买卖合同公证。

【请问】患有轻度抑郁症的患者是否具有独立处分财产的行为能力？

【解答】

一般情况下，轻度抑郁症患者的主要表现为持续性的心情低落，并因无法摆脱病前的精神创伤，导致精神不振，脑力迟钝。轻度抑郁症患者，大多存在注意力无法集中、记忆力降低、思维迟缓等问题。但是，这并不意味着轻度抑郁症患者不具备辨识自己行为的能力。如果轻度抑郁症患者能够清楚地辨识自己的行为，并具备实施民事行为的实际能力，就应当认定其为适格的公证申请人。

司法实践中，人民法院认定是否具有民事行为能力的依据，主要是委托司法鉴定机构进行鉴定、参照医院出具的诊断证明，并参照群众公认的事实和依据等方式对行为人的能力进行分析判断。

参考人民法院的做法，公证员应当通过现场交流，对申请人的状态进行初步判断。同时，应当取得申请人的医疗诊断报告，核实其真实性，并向主治医师确认申请人的实际治疗结果。必要时，可以要求申请人进行行为能力司法鉴定，并向与申请人往来密切的人了解其日常生活中的表现，对申请人的状态作出综合判断，根据判断结果作出是否符合公证受理条件的结论。

4 自称“精神分裂症患者”的行为能力判断

【问题】一成年人致电公证机构称自己患有精神分裂症，欲与其女友签订意定监护协议并申请办理公证。其在电话交流过程中能够正常与公证人员交流，并能通畅地表达自己的意愿和欲办理监护协议公证的原因。

【请问】是否需要该当事人出具医院的诊断证明或者人民法院的认定以证明其具有行为能力？

【解答】

《民法典》第 33 条规定，具有完全民事行为能力的成年人，可以与其近亲属、其他愿意担任监护人的个人或者组织事先协商，以书面形式确定自己的监护人，在自己丧失或者部分丧失民事行为能力时，由该监护人履行监护职责。

意定监护乃“生命之重托”，关乎生活照管、医疗救治、财产管理、维权诉讼和死亡丧葬等事宜，对意定监护公证当事人的行为能力审查更需严谨、慎重。本案中，对于自称精神分裂症患者的咨询人，即便其能与公证员正常交流，本着审慎的态度，还是应该建议其到医院进行诊断，持诊断证明来办理具体公证业务。即使医院的诊断证明显示其无精神疾病，也不能当然认可其具有完全民事行为能力，可以面对面询问其自称精神分裂患者的具体原因并观察其表现，辅以走访亲朋、主治医师了解其生活背景、病史等手段加以核查以获得内心确认；患有间歇性精神疾病的，在其未发病期间，可以办理意定监护相关公证，但也需要公证人加以综合判断，必要时要求其提供即时诊断结论。

至于是否可以由法院来认定其具有完全民事行为能力的问题，鉴于我国民事诉讼法并未设置完全民事行为能力认定的特别程序，此设想恐怕难以实现。

5　中风患者靠点头或摇头进行交流可否申办公证

【问题】甲中风，只能靠点头或摇头进行简单交流。甲唯一的女儿想把甲名下的房屋出售，将所得价款用于给甲治病，不动产登记中心要求他们申办售房委托书公证。

【请问】中风患者只能点头或摇头，是否可以认为其具有行为能力？

【解答】

本案的核心点在于甲的意思表示真实性的确定问题。一般来说，意思表示，包括“意思”和“表示”两个方面的内容。民事法律体系下，所谓“意思”，是指民事主体对是否设立、变更、终止民事法律关系所进行的自由的判断，而所谓“表示”，是指民事主体将其因自由判断而形成的意思，对外所进行的表达。两者互为表里，缺一不可，共同构成了现实中民事主体的意思表示。

中风患者只能点头或摇头，公证机构无法完全探知其有关售房的全部真实意思，不能仅依靠其点头或摇头来推测其意思已经得到完全的表示。出售房屋作为一种重大财产处分行为，事关当事人的生活条件的改变，应当慎重处理。《公证程序规则》第 36 条规定，民事法律行为的公证，当事人的意思表示应当真实，在无法通过正常方式确认甲的意思表示真实的情况下，本案并不符合申办公证的条件。本案中，不宜由该中风患者直接作出委托售房的意思，可以考虑由其监护人代为作出意思表示，关于监护人代理处分财产的相关要求，可以参考本章其他相关咨询答复意见。

6　子女是否可以代无法沟通的父母放弃继承权

【问题】甲系乙的女儿且二人一起生活，乙另有一女丙。丙现因病去世，遗留有房屋 1 套。现丙的法定继承人欲办理房屋的继承手续，丙的配偶和子女找到甲进行沟通，希望甲劝说乙放弃继承权。甲没有异议，但因乙年逾 90 岁，听力完全丧失，系文盲且无法通过手语交流。甲欲代替乙放弃继承权，并就放弃继承权一事申办公证。

【请问】甲是否有权代替乙放弃继承该房屋的权利？

【解答】

就本案而言，乙听力丧失且系文盲，又无法通过手语进行交流，这意味着乙缺乏与外界进行有效沟通交流的能力。由于不能对外进行有效的沟通交流，乙就无法完全知晓自己行为的后果，不能完全辨认自己的行为。根据《民法典》第 22 条和第 23 条的规定，不能完全辨认自己行为的成年人为限制民事行为能力人,实施民事法律行为由其监护人代理或者经其监护人同意、追认;但是,可以独立实施纯获利益的民事法律行为或者与其智力、精神健康状况相适应的民事法律行为。因此,当乙的行为能力有缺陷时,应当由其监护人对其行为进行辅助。

依据《民法典》第34条和第35条的规定,监护人在履行监护职责时,应当遵循最有利于被监护人的原则,非为被监护人利益,不得处分被监护人的财产。本案中,如甲未被认定为乙的监护人,甲自然不能代理乙的民事行为;如甲被认定为乙的监护人,其以监护人身份作出的单纯的放弃继承权的行为,也是被法律禁止的。

7 持有精神残疾证的人的行为能力认定

【问题】被继承人夫妻二人均已去世,生育子女三人,被继承人拆迁安置房屋三处,子女三人协商,房屋两处归长子,一处归次子,女儿放弃继承,并由次子对女儿进行经济补偿。其女儿交流未见异常,但经查女儿有残疾人证,二级精神残疾,其他人称实际上女儿的病早就好了,有精神卫生中心的病历,出院记录上载明精神症状完全消失,自知力、社会功能基本恢复,为了领取相关补贴,残疾证一直保留。现子女三人就放弃继承和补偿事项申办公证。

【请问】以上事项能否办理公证?

【解答】

该公证事项可以受理。判断继承人是否享有继承权,重点应当放在审查继承人是否具有民事权利能力,以及是否存在《民法典》第1125条规定的丧失继承权的情形。从实际操作的层面考虑,即使继承人是无民事行为能力人,其办理公证等手续时,仍可以由其监护人代为进行,并不存在相关公证事项不能受理的情形。

本案中,要从多角度对申请人的行为能力作出综合性的判断,切记不能单纯依靠单一证明材料对事实加以确认。判断一个人是否具备相应的行为能力,通常方法还是交流及观察。本案中的残疾症只是对持证人行为能力进行分析判断的证明材料之一,不是法定证据形式,也不是唯一证明方式。交流过程中所能观察到的对方的思维能力、应对能力、语言表达能力,均能对申请人是否具有行为能力作出初步判断。只要申请人的行为与其年龄智力相符,就应当认为申请人具有相应的行为能力。因此,承办公证员应当重视与申请人进行面对面的单独交流;交流时,应当录音录像。如果现场交流效果不理想的,承办公证员可以要求对申请人的行为能力进行司法鉴定。

如果申请人确实不具备行为能力的,如存在监护人,承办公证员可以要求监护人代为申请办理公证,且监护人应依据《民法典》第35条的规定,按照最有利于被监护人的原则履行监护职责。监护人除为维护被监护人利益外,不得处分被监护人的财产。没有监护人的,可以依照《民法典》有关监护人的规定,先行确认监护人再办理具体的公证手续。

8 公证机构能否直接针对无(限制)民事行为能力人出具监护公证书

【问题】甲乙为夫妻关系,甲现年89岁,是阿尔兹海默症患者,目前已经无法辨认自己的亲属,行为和小孩一样。乙现年75岁,身体健康,并负责照顾甲的日常生活。甲乙共有一套单位房改房,因楼层较高且无电梯,乙日常上下楼梯比较吃力。经与子女商议,乙决定出售旧房,购买带电梯的新房,以方便生活。子女均表示同意,并多方筹资为甲乙购买了新房。现旧房已经找到买主,但买主以房屋系甲乙共有,甲目前不具备民事行为能力为由,要求乙到法院确认其对甲的监护权。经向律师咨询,乙认为通过人民法院确认其监护人资格,所需时间过长,买主无法耐心等待。为此,乙来到公证处,申请公证处出具《监护证书》。

【请问】

一、公证处能否对当事人的行为能力进行分析认定?

二、公证处是否可以根据对当事人行为能力分析认定结果,径直出具监护公证书?

【解答】

人民法院对无民事行为能力的认定,并不是法定的必经程序。《民法典》第24条第1款规定,“不能辨认或者不能完全辨认自己行为的成年人,其利害关系人或者有关组织,可以向人民法院申请认定该成年人为无民事行为能力人或者限制民事行为能力人”。该条款属于授权性的规定,换句话说,利害关系人可以申请认定,也可以不申请认定,具有选择权。其理由在于:第一,是否具有民事行为能力是一个事实问题,并非一个法律问题,相对人通过司法鉴定结果、医院诊断结果和与之交流的情况等,即可对其是否能够辨认自己的行为作出判断,这是自然的生活逻辑。第二,法院认定是从法律上赋予了该无民事行为能力的状态一个权利外观,便于后续相关法律行为的实施和安全,这是赋予相对人的一项权利,而非义务。因此,本案中,对甲是否为无民事行为能力人的认定,并不需要得到法院的相关确认。

在执业过程中,公证员有权对当事人是否具有民事行为能力进行认定。《公证法》第31条规定,有下列情形之一的,公证机构不予办理公证:(1)无民事行为能力人或者限制民事行为能力人没有监护人代理申请办理公证的……《公证程序规则》第36条规定,民事法律行为公证,应当符合下列条件:(1)当事人具有从事该行为的资格和相应的民事行为能力……从以上两条规定来看,都可以推导出公证机构对当事人是否具有民事行为能力进行职业判断的职责,如果没有这项公证基础职责存在,所有的公证事项均无法进行。判断当事人行为能力的关键是,判断其是否具有意思能力和相应的行动能力。而当事人能否与人进行顺利的交流,是否具有相应的行动能力,在大多数情况下,是公证员在执业过程中根据当事人的实际状况就可以直接进行判断的,必要时,也可以通过司法鉴定结果、医院诊断证明和当事人住所地的居委会、村委会出具的证明进行佐证。需要提醒注意的一点是,公证员进行的当事人行为能力判断,不等同于法院的认定,不是行使司法的确认权和对外进行外观公示,而是履行公证职责的表现和必然构成部分。

基于以上两个认识,在本案中,公证员可以根据《民法典》第21条的规定,对甲的行为能力情况进行认定,如甲符合“不能辨认自己行为”的条件,则可以认定在出售房屋这个情境下,甲为无民事行为能力人。为增强公证员认定行为的可信度,可以要求乙提供相应的司法鉴定结果和医学诊断证明,并听取甲的子女的意见。在对甲的行为能力做出认定后,公证员可以依据《民法典》第28条的规定,确认甲的监护人为乙,甲出售房屋的行为由乙代理,进而办理相应的房屋买卖公证。

但鉴于出售房屋属于重大法律行为,本书编委会研究后认为,对于一般法律行为的公证,可以在公证机构对当事人行为能力进行分析判断后径直由监护人进行代理；对于重大法律行为的公证，基于公证人的审慎职责，建议当事人向人民法院进行民事行为能力认定，公证机构凭人民法院认定结果再确定其监护人，由监护人代理相关法律行为和公证手续。

9 父母均在服刑中的未成年人的监护人确定

【问题】有一未成年人，其父母（均为完全民事行为能力人）因故均在监狱服刑，该未成年人平时的生活起居等，均由其爷爷奶奶照顾。后来，该未成年人15岁时获得某项省级荣誉，该未成年人的爷爷奶奶和外公外婆出于奖励未成年人和改善未成年人生活学习条件的考虑，共同出资，准备全款在省会城市为该未成年人购买住房一套。找到卖方后，买卖双方共同到公证机构，要求对买卖合同进行公证。

【问题】

一、该未成年人的父母正在服刑，是否属于"没有监护能力"的情形？

二、如果该未成年人的父母属于"没有监护能力"的情形，该未成年人的监护人如何确定？

【解答】

是否具备完全民事行为能力，是判断监护人是否具有监护能力的基本条件，但不是判断其是否具有监护能力的全部标准。具备监护能力，除了要具有完全民事行为能力之外，还应当具备实际履行监护职责的条件与能力。现实中，一般认为以下三种情况为不具备监护能力：第一，不具有完全民事行为能力；第二，被剥夺人身自由；第三，下落不明。本案中，未成年人的父母被剥夺了人身自由，符合第二项判断标准，应当被认为不具备监护能力。

《民法典》第27条规定，未成年人的父母已经死亡或者没有监护能力的，由下列有监护能力的人按顺序担任监护人：(1)祖父母、外祖父母；(2)兄、姐；(3)其他愿意担任监护人的个人或者组织，但是须经未成年人住所地的居民委员会、村民委员会或者民政部门同意。本案中，因未成年人的父母被认定为无监护能力，依照法律规定，该未成年人的祖父母和外祖父母为第一顺序的监护人，四人共同对未成年人享有监护职责。

10 非婚生子女监护和亲属关系确认问题

【问题】申请人甲和一女子乙同居生活一段时间后分手，后乙和另一男子丙结婚后生一女丁，户籍和出生医学证明显示丙是丁的父亲，现乙女去世，甲凭一份丁系其亲生女儿的亲子鉴定司法鉴定书，想申请办理监护或者亲属关系公证。

【请问】能否办理以上事项公证？

【解答】

《民法典》第27条规定：父母是未成年人的监护人。本案异于其他案件的地方在于，依据户籍和出生医学证明，丙是丁的法定父亲；依据亲子鉴定书，甲是丁的生物学父亲。

本案中，首先需要判断，甲申请办理相关公证，是不是因为其与丙就丁的监护权达成了协议，所以想要通过公证的手段进行明确或取得监护权。公证处针对甲、丙形成的协议，并依据鉴定书，结合其他相关材料，可以进行公证。如果甲申请办理公证是因为与丙对丁的监护权有纠纷，那公证机构不可以仅凭借亲子鉴定书作出相关监护或亲子关系的确认。因为亲子关系的确认和否认，对于子女来说，不仅涉及一系列权利义务的产生、消灭，更是人身关系的重大改变。故应按照《民法典》第 1073 条的规定，对亲子关系有异议且有正当理由的，父或者母可以向人民法院提起诉讼，请求确认或者否认亲子关系，由法院对亲子关系作出确认。

另外，我国对监护人选定的原则是以保护被监护人最大利益为出发点，在当事人之间已经发生了亲情和亲子关系的社会事实情况下，血缘关系只是产生监护关系的条件之一而非唯一，各方监护人的生活条件、抚养能力、未成年人的意愿都会对监护人的确定产生影响，所以公证处不宜进行简单认定。

11　村民委员会是否能够出具监护权证明

【问题】被继承人甲于 2021 年年初去世，甲的父亲已先于甲去世，甲的母亲系老年痴呆症患者，已不能辨认自己的行为。甲另有姐姐乙与弟弟丙。在办理甲的遗产继承手续过程中，甲的配偶、甲的姐姐乙与甲的弟弟丙，三人均认为自己对甲的母亲享有监护权，并争论不休。为缓和家庭矛盾，当地村民委员会指定长期照顾甲母亲的乙为监护人，并出具了《监护权证明》。对村民委员会的决定，产生争议的三人表示接受。监护人确认后，甲的配偶向公证处申办继承公证，乙以甲母亲监护人的身份申请办理放弃继承权声明公证。

【请问】

一、村民委员会出具的《监护权证明》的效力能否被认可？

二、如《监护权证明》的效力能被认可，乙能否以监护人的身份代替被监护人放弃继承权？

【解答】

一、村民委员会出具的《监护权证明》有效

根据《民法典》第 31 条的规定，对监护人的确定有争议的，由被监护人住所地的居民委员会、村民委员会或者民政部门指定监护人，有关当事人对指定不服的，可以向人民法院申请指定监护人；有关当事人也可以直接向人民法院申请指定监护人。

本案中，甲的母亲系老年痴呆症患者，不能辨识自己的行为，需要他人照顾日常起居，属于民法上的无民事行为能力人，需要确定其监护人，并由监护人代理实施民事行为。因甲的配偶、甲的姐弟对甲母亲监护人的确定有争议，依据上述法律规定，当地村民委员会对甲母亲的监护人加以指定的行为并无不妥，且有争议的各方对村民委员会的指定结果表示接受。故，《监护权证明》应认定合法有效。

二、乙不能以监护人的身份代替被监护人放弃继承权

根据《民法典》第 34 条和第 35 条的规定，监护人在履行监护职责时，应当遵循最有利于被监护人的原则，非为被监护人利益，不得处分被监护人的财产。本案中，乙以监护人身份代替被监护人放弃继承权的行为，系对被监护人享有的继承权的处分行为。该处分行为并未体现出以维护被监护人合法利益的目的，故不应得到支持。

12 可否约定监护人仅在特定的时间段履行监护责任

【问题】有一位老人经医院诊断为脑梗死后遗症，目前已不具备辨认自己行为的能力。老人的父母和配偶均先于其去世，老人共有子女三人，其中一女嫁到异地生活。三个子女考虑到各自的实际情况，经协商一致，决定轮流对老人进行监护，并约定，在异地生活的女儿承担监护责任的时间段为每年的7月和8月，该女儿承担因照顾老人而产生的费用的比例为50%。现三人就商议的监护事项，申请公证员代为拟定协议，并就该协议申请办理公证。

【请问】

一、老人的三个子女能否就老人的监护事项拟定协议？

二、如果可以拟定监护协议，监护协议能否对监护人仅在特定时间段履行监护责任进行约定？

【解答】

老人的三个子女可就老人的监护事项拟定相应的《监护协议》。根据《民法典》第28条的规定，无民事行为能力或者限制民事行为能力的成年人，由下列有监护能力的人按顺序担任监护人：(1)配偶；(2)父母、子女；(3)其他近亲属；(4)其他愿意担任监护人的个人或者组织，但是须经被监护人住所地的居民委员会、村民委员会或者民政部门同意。根据《民法典》第30条的规定，依法具有监护资格的人之间可以协议确定监护人。协议确定监护人应当尊重被监护人的真实意愿。

本案中，老人已经丧失辨认自己行为的能力，属于民法上的无民事行为能力人，是需要被监护的对象。由于老人的父母与配偶均已去世，依照法律规定，第一顺位的监护人应为其子女。作为监护人的子女享有对老人的监护权，依照法律规定，三个子女可以通过协议的方式确定老人的监护人。因此，老人的子女可以拟定并签署《监护协议》。

老人的子女可就监护人在特定时间段履行监护责任进行约定。协议监护，是约定监护的一种。法律对协议监护的规定，充分体现了对意思自治的尊重与保护。履行监护职责，是监护人的法定义务。而监护人对各自承担的监护责任的约定，则是其个人意思表示的进一步体现。本着尊重意思自治原则，从有利于保护被监护人利益的角度出发，兼顾监护人的监护能力，老人的子女对各自承担监护职责的时间段以及相关费用的承担比例进行约定的行为，应当予以支持。

但是，我们要注意一点，监护人可以通过协议对各自承担的具体监护责任进行约定，其前提在于被监护人的合法利益能够得到保障。如某一监护人丧失监护能力，或者不足以履行监护职责时，其他监护人应积极履行对被监护人负有的监护义务。公证员应当提醒老人的子女对该事项作出明确的约定，并在监护协议中加以体现。

13 遗嘱监护人能否与法定监护人并存

【问题】甲乙原系夫妻关系，后二人离婚。甲乙婚内育有一子丙，离婚时甲乙协议由甲对丙进行抚养。2021年年初，甲查出患重病，后未经乙同意，设立了一份遗嘱，并在该份遗嘱中指定自己的弟弟丁在自己去世后担任丙的监护人。遗嘱设立后3个月,甲去世,丙的母亲乙代丙向公证机构申请办理甲的遗产继承公证。

【请问】

一、甲能否通过遗嘱的形式,指定丁为丙的监护人?

二、如果丁能够通过遗嘱形式取得对丙的监护权,乙能否代为申办继承公证?

【解答】

甲可以通过遗嘱的形式,指定丁为丙的监护人,但是该人选的指定应当符合被监护人的意愿和利益。遗嘱监护是《民法总则》(已失效)新增的内容,是指被监护人的父母在担任监护人期间通过遗嘱的方式为被监护人指定监护人的监护制度。《民法典》对此制度进行了保留。遗嘱监护的特点是:第一,能够通过遗嘱设定监护的主体只能是被监护人的父母(被监护人不只是未成年人,也包括成年人),父母双方可指定同一人作为监护人,也可按照自己的意愿指定不同的监护人;第二,父母必须正在履行监护职责,即如果父母已经丧失对子女的监护权或者没有监护能力,子女由其他人监护,此时父母不能设立遗嘱监护;第三,遗嘱指定的监护人须同意担任监护人。因此,甲可以通过遗嘱的形式为丙指定监护人。

乙可以代丙向公证机构申办继承公证,但应当通知丁。《民法典》第27条第1、2款规定,父母是未成年子女的监护人。第1084条规定,父母与子女间的关系,不因父母离婚而消除。离婚后,子女无论由父或者母直接抚养,仍是父母双方的子女,父母对于子女仍有抚养、教育、保护的权利和义务。而所谓父母对子女的抚养、教育、保护的权利和义务,就是父母的法定监护权及监护义务。本案中,虽然甲乙婚姻关系的解除,并不影响双方各自对丙享有监护权和履行监护职责。虽然丙由甲直接抚养,且甲通过遗嘱指定了承继其监护权与监护职责的人,但乙对丙享有的监护权利和应承担的监护职责并不因此而消失,乙仍然是丙的法定监护人。作为丙的监护人,且继承为受益行为,乙有权代替丙向公证机构申办继承公证。考虑到丁也是丙的监护人,此时应将相关情况通知丁。

14　遗嘱监护人是否有特殊的身份要求

【问题】《民法典》第29条规定"被监护人的父母担任监护人的,可以通过遗嘱指定监护人",现一当事人指定监护人是法律中规定的近亲属之外的其他的人,比如教会的教友。

【请问】

一、如果被监护人的父母在死亡前就丧失监护能力,从其丧失监护能力之时起,到二人死亡的这段时间内,监护问题应当怎么处理?如果在生前与被指定的人达成监护协议,是否又与遗嘱人死亡时遗嘱才生效的法律规定相悖?

二、如果在遗嘱生效前出现监护的真空时段,按照《民法典》另行确定监护人,遗嘱人死亡后按照遗嘱还有指定监护人,此时两波监护人的监护权利肯定是冲突的,如何解决?指定监护人是否需要在立遗嘱之前就征求被指定人的意见,公证处是否需要被指定人的书面同意材料存档?

【解答】

一、相较于法定监护,遗嘱指定监护具有优先地位,遗嘱指定的监护人应当不限于《民法典》

第27条、第28条规定的具有监护资格的人。因此,遗嘱指定监护人可以是近亲属之外的其他人。

遗嘱人死亡遗嘱方为生效,这是遗嘱最显著的特征,遗嘱指定监护同样遵循这一根本原则。如果遗嘱指定监护生效前,客观情况发生变化,如被监护人的父母丧失监护能力,此时离指定监护生效还有一段时间,此时应按照《民法典》的规定另行确定监护人,《民法典》第27条、第28条规定均可作为参照,以确保不会出现监护的“真空时段”。同理,指定的监护人丧失监护能力或不能履行监护职责,也应当依法另行确定监护人。

监护协议与遗嘱指定监护是两个截然不同的法律关系,不会出现竞合矛盾的情况。实践中可能存在遗嘱中掺杂监护协议内容的情况,这时应对监护的内容条分缕析,判断是属于协议监护还是遗嘱指定监护,再进行相应的处理。

遗嘱指定监护人地位优于其他法定监护人。也就是说,遗嘱生效时,遗嘱指定的监护人对被监护人有优先监护权。

二、公证处无须收存被指定监护人的书面同意材料存档,但应在办理遗嘱时提示立遗嘱人:应事先就指定监护人问题与被指定人进行沟通,取得被指定监护人的同意后再写入遗嘱中,同时告知相关风险,如被指定的监护人届时丧失监护能力或者因故不能履行监护职责的情况出现时,是否制定相关补救措施等,公证处应将该提示告知并记录存档。简言之,遗嘱指定监护人的相关问题(如征求被指定人的意见)应由遗嘱人亲自去解决,公证处尽提示告知义务即可。公证处过多介入遗嘱内容的审查范围,很容易违反遗嘱的保密性原则,从而招致执业风险。

15 监护权与抚养权能否委托他人

【问题】有一香港籍的孩子在内地上学,孩子父母均为中国香港居民,在港工作居住。为让孩子在内地得到更好的照顾,孩子的父母委托在内地的亲属照管孩子,并到当地公证处申办监护权和抚养权的委托公证。

【请问】

一、该公证能否办理?

二、如果能办理,要怎么办理?

【解答】

一、该公证可以办理。根据《民法典》第27条、第36条、第1189条的规定,父母是未成年子女的监护人,监护人无法履行监护职责时可以将监护职责部分或者全部委托给他人。被监护人造成他人损害,监护人应当承担侵权责任;受托人有过错的,承担相应的责任。《未成年人保护法》第22条、第131条规定,未成年人的父母或者其他监护人因外出务工等原因在一定期限内不能完全履行监护职责的,应当委托具有照护能力的完全民事行为能力人代为照护。对中国境内未满18周岁的外国人、无国籍人,依法应予以保护。据此,监护权及其所包含的抚养权,在符合法律规定的条件下,是可以进行委托的。本案中,被监护人的父母因为工作生活均在中国香港,自然无法履行相关的监护职责,也不能承担抚养义务,符合法律规定的条件,可以委托他人进行监护和抚养,相关委托协议可以办理公证。

二、办理委托监护协议应当注意：

(1)委托人(父母)和受托人亲自到公证处申办公证，不可委托代理。

(2)受托人必须是具有监护能力的完全民事行为能力人。

(3)询问年满8岁以上的被监护人的意见。

(4)协议内容重在监护职责，尽量与学校学习日常生活密切相关，不要涉及人身或者重大财产权益处分。

(5)要确认代理监护与抚养是否为有偿行为，系有偿行为的，对费用标准支付方式要进行明确；对受托人履行监护职责，承担抚养义务过程中所支付的费用的确定标准和委托人的偿付方式，要进行明确。

(6)实践中，有些地方允许被监护人的户口落在受托监护人名下，方便被监护人就学买房，监护协议中可以就此作出规定，提高公证书使用效率。

16　离异后直接抚养人死亡时孩子监护问题

【问题】有一小孩父母离婚，孩子由父亲进行抚养。现父亲死亡，母亲远嫁他乡，母亲和孩子大伯商量，由孩子大伯抚养孩子，现派出所要求他们来办理委托监护协议公证。

【请问】能否办理以上事项公证？

【解答】

《民法典》第23条规定：无民事行为能力人、限制民事行为能力人的监护人是其法定代理人。第26条规定：父母对未成年子女负有抚养、教育和保护的义务。第27条规定：父母是未成年子女的监护人。

监护人，是指对无民事行为能力人和限制民事行为能力人的人身、财产和其他一切合法权益负有保障职责的人。监护人可以协助或替代被监护人作出人身、财产、医疗、权益维护等各个方面的决定。委托监护指监护人通过委托协议(书)将其监护职责交由受托人代为履行。公证机构可依法办理委托监护协议公证。应注意的是：依据《民法典》第35、36条的规定，监护人应当按照最有利于被监护人的原则履行监护职责。监护人怠于履行监护职责导致被监护人处于危困状态的，人民法院可以根据有关个人或组织的申请撤销监护人的资格。因此，委托监护应建立在对被监护人有利、有正当理由以及委托监护是“临时性措施”的前提下，在办理委托监护协议公证时应对相应情况予以审查及把握。

17　未成年人的父母能否单独委托他人监护

【问题】父母离婚时约定，由孩子的母亲对该未成年人进行直接抚养。后来，该未成年人在北京生活的外公外婆托人使未成年人能够到北京某重点中学就读初中，但因未成年人的母亲无法到北京工作生活，学校要求未成年人的父母委托未成年人的外公外婆进行监护。未成年人的母亲到公证处申办监护权委托公证。

【请问】未成年人的母亲能否单独就监护事宜进行委托？

【解答】

《民法典》第1084条第1款规定,父母与子女间的关系,不因父母离婚而消除。离婚后,子女无论由父或者母直接抚养,仍是父母双方的子女。离婚后,父母对于子女仍有抚养、教育、保护的权利和义务。这里所说的"抚养、教育、保护的权利和义务",就是父母对未成年人的监护权及监护责任。由此可以看出,父母双方离婚,并不意味着任何一方监护权的丧失,法律反而进一步强调了离婚双方对未成年人所负有的监护职责。但在现实生活中,特别是离异这一特殊情形下,对未成年人的监护权有共同生活直接享有和非共同生活间接享有之分。根据《民法典》第27条、第36条、第1189条的规定,父母是未成年子女的监护人,监护人无法履行监护职责时可以将监护职责部分或者全部委托给他人。被监护人造成他人损害,监护人应当承担侵权责任;受托人有过错的,承担相应的责任。本案中,与未成年人共同生活直接抚养其的母亲为使未成年人能够到北京某重点中学就读初中欲将其直接监护权委托给外公外婆,依法可以办理,但同样需要征求具有间接抚养权的父亲同意委托行为方可生效。

另外,因为本案中所涉未成年人已经到了可以上初中的年纪,推测应当在8周岁以上并具备辨识自己行为的能力,因此,在办理该监护权委托事项时,对于受托人的选任问题,应当充分尊重未成年人的意愿。承办公证员应当对未成年人进行询问,并制作相关的询问记录。

18 同性恋之间能否办理意定监护公证

【问题】现有一对同性恋人,彼此都愿意成为对方的监护人,并向公证机构申请办理意定监护协议公证。

【请问】该事项能否办理公证?

【解答】

《民法典》第33条规定,具有完全民事行为能力的成年人,可以与其近亲属、其他愿意担任监护人的个人或者组织事先协商,以书面形式确定自己的监护人,在自己丧失或者部分丧失民事行为能力时,由该监护人履行监护职责。因此,只要协议双方均为具备完全民事行为能力的成年人,意思表示真实,且具备相应的监护能力,公证机构可以为其办理意定监护协议公证。

办理过程中,承办公证员应当注意以下几个方面:

首先,要确认协议双方的真实意思表示,确认双方成为彼此监护人的真实意愿。其次,意定监护协议意定要量身定制,充分反映协议双方的真实意愿,并具有现实的可操作性。最后,由于同性婚姻并未得到我国法律的认可,因此,该类意定监护协议要避免确认协议双方之间的"配偶"关系。另外,由于此种情形下,协议双方信赖的基础极度依赖彼此之间的"忠诚",为了防止被监护人的合法权益在特定情况下受到侵害,公证员可以建议设立监督人,促进意定监护制度的完善。

19 民政局能否成为意定监护的监护人

【问题】有一孤寡老人61岁,身体健康并且意识清楚,由于无儿无女,也无其他亲属,一直由住所地民政局负责照管。现民政局想与该老人签订意定监护协议并办理公证。

【请问】该事项能否办理公证？

【解答】

该公证事项可以办理。

《民法典》第32条规定，没有依法具有监护资格的人的，监护人由民政部门担任，也可以由具备履行监护职责条件的被监护人住所地的居民委员会、村民委员会担任。由此可见，民政部门，是我国法律规定的公职监护人之一，依法负有对特定对象的监护职责，而因这种法定职责而产生的监护关系，依然是民事法律调整的对象。作为监护人的民政部门与被监护人之间是平等的民法主体之间的关系，民政部门履行这种法定的监护职责的行为，并非对被监护人的管理行为。

根据《民法典》第33条的规定，具有完全民事行为能力的成年人，可以与其近亲属、其他愿意担任监护人的个人或者组织事先协商，以书面形式确定自己的监护人，在自己丧失或者部分丧失民事行为能力时，由该监护人履行监护职责。该条款是对意定监护制度的规定。意定监护，是在法定监护之外，当事人通过书面形式设立的，在自己丧失或者部分丧失民事行为能力时，委托事先协商确定的个人或组织履行监护职责的监护制度。意定监护的监护人可以是近亲属，也可以是其他愿意担任监护人的个人或组织，不限于民法典范围内的法定监护人。

在法律允许的前提下，意定监护，可以使被监护人的合法利益能够依照其希望的方式得以实现和保护。对公职监护人而言，如果能够通过意定监护的形式，对民政部门履行特定监护职责的方式进行约定，不仅是对被监护人自由意志的尊重，也使民政部门更好地履行监护职责成为可能。

20 监护人能否代理出售未成年人的房产

【问题】

有一未成年人，其父母全款在其出生的县城为其购买了一套住房。后经奋斗，未成年人的父母到上海开展经营活动，并拟在上海定居。因上海房价较高，购房款尚有缺口。父母想把早年为未成年人买的县城的住房进行出售，用所得款项在上海购房。寻得买方后，未成年的父母及买方一同到公证机构，就买卖合同申办公证。

【请问】该公证能否办理？

【解答】

该公证可以办理。《民法典》第35条规定，监护人应当按照最有利于被监护人的原则履行监护职责。监护人除为维护被监护人利益外，不得处分被监护人的财产。所谓最有利于被监护人，应当从是否让未成年人更加健康、幸福、有尊严地生活，以及是否让未成年人获得更好的生存和发展条件来进行判断。同时，判断监护人的处分行为是否为了被监护人的利益，应当以一个处于与监护人同等情境下的理性人的判断为标准，但不应以财产得丧为唯一标准。本案中，未成年人父母处分未成年人财产的动机在于离开原先生活的县城到上海定居。作为我国最为发达的地区之一，上海能为未成年人提供更好的生存环境、教育条件和发展前景，作为未成年人的监护人，其父母处分房屋的行为是符合法律规定的。

在办理该公证事项的过程中,公证员应当重点把握"到上海定居"的真实性。目前来说,如何确认申请人愿望的真实性是一个非常困难的问题。对此,承办公证员可以要求未成年人的父母共同做出不侵害未成年人合法利益的承诺。有条件的,可以要求未成年人的父母提供在上海工作生活的相关凭证及购房的认购书。对于购房的结果而言,条件允许的,应当要求父母承诺购新房时将未成年人作为共有人一并登记,且登记所占产权份额的价值不应低于原房产折价的价值。

另外,未成年人达到8周岁,能够辨认自己行为的,应当充分征询并尊重未成年人的意见。此外,公证员可以要求未成年人的其他近亲属(如祖父母、外祖父母)到场,告知其在未成年人合法权益受损时,其有权就相关问题提出异议,尽量确保未成年人的财产与合法利益免遭不法侵害。

21 不损害未成年人利益的保证书公证可否办理

【问题】甲教育科技有限公司为了筹集建设资金向银行贷款,乙公司和乙公司的全体股东为其提供连带责任担保。乙公司是甲公司的唯一股东,但占乙公司60%股份的股东是一个5岁的小孩。银行要小孩的监护人即其父母(父母与小孩是乙公司全体股东)来公证处申请办理未成年人利益保证公证,以保证监护人代理小孩提供上述担保绝不侵害小孩的利益。监护人处分未成年人财产的前提必须是为了未成年人的利益。因为乙公司是甲公司的唯一股东,甲公司的贷款用于建设教学大楼是为了甲公司增加收益,是为了甲公司的股东乙公司的利益增加,也是为了未成年人股东的利益增加,因此,小孩的父母办理这个保证公证也许有一定的法律依据。

【请问】在本案中,公证机构是否可以办理该保证书公证?

【解答】

根据《民法典》第34条第1~3款的规定,监护人的职责是代理被监护人实施民事法律行为,保护被监护人的人身权利、财产权利以及其他合法权益等,监护人依法履行监护职责产生的权利,受法律保护。监护人不履行监护职责或者侵害被监护人合法权益的,应当承担法律责任。《民法典》第35条第1款规定,监护人应当按照最有利于被监护人的原则履行监护职责。监护人除为维护被监护人利益外,不得处分被监护人的财产。

商事经营行为与一般的民事法律行为相比还是有区别的。对于一个公司来说,从其自身成立的那一天起,就有着自己的使命,就是在市场中,通过经营行为,发展壮大,为股东创造更多的利润。股东是未成年人,自身不能亲自经营公司,所以应由其父母作为监护人,代其经营和管理公司。

目标公司甲公司的这种行为属于正常运营行为,筹集资金用于建设,其股东乙公司提供担保,也是一种正常商业行为。而作为持有乙公司的60%份额股东,作为未成年人,由其父母代为办理相关手续,无论是从民事法律还是商事法律而言,都不违反法律规定。如果针对该行为进行保证不会损害该未成年人利益,公证机构可以对该保证书进行公证。

银行要求乙公司的股东提供连带责任担保,这就不是作为公司股东对公司应承担的责任,而是股东作为自然人,另外以自己的财产为公司提供担保。但作为一个未成年人的股东,要求其额外以个人的财产为公司的运营提供担保是不合适的,公司经营行为具有风险性,可能会对该未成年人财产造成重大损失,不利于维护其合法权益。如果针对该行为进行保证将会损害该未成年人利益,建议公证机构不要办理该公证。

22　无民事行为能力人是否可以由监护人代为放弃继承

【问题】当事人甲称其父亲持有某公司股权,其父亲现因病死亡,其母亲为无民事行为能力人。现公司严重亏损,甲欲代其母亲办理放弃继承声明公证,放弃继承股权。

【请问】能否由监护人代无民事行为能力人申请办理放弃继承声明书公证?

【解答】

应从以下几方面考虑是否能办理放弃继承声明书公证:

其一,监护人的职责《民法典》第 34 条第 1 款规定,"监护人的职责是代理被监护人实施民事法律行为,保护被监护人的人身权利、财产权利及其他合法权益等。",第 35 条第 1 款规定,"监护人应当按照最有利于被监护人的原则履行监护职责。监护人除为维护被监护人利益外,不得处分被监护人的财产。"从法条规定可以看出,监护人可以代理被监护人实施民事行为,包括放弃或接受继承,但前提是在为被监护人利益。

其二,放弃继承是否意味着被监护人利益受损。首先,我们看案例中继承的标的是股权。股权是股东基于出资行为而享有的从公司获取经济利益和参与公司经营管理的各项权利总称,包括含有财产性质的股权利益及人身性质的股东资格。《公司法》第 3 条第 2 款规定,有限责任公司的股东以其认缴的出资额为限对公司承担责任。故股权继承中,继承人继承或放弃继承,对其现有财产没有直接影响,而且依据《民法典》第 1161 条第 1 款规定,"继承人以所得遗产实际价值为限清偿被继承人依法应当缴纳的税款和债务。超过遗产实际价值部分,继承人自愿偿还的不在此限。"故公证员应告知其继承股权后公司债务并不产生会用其个人财产偿还的法律后果。但鉴于继承人现系无民事行为能力人,即使继承之后也无法履行股东职责,且从当事人的陈述上来看,当事人对该企业出现扭亏为盈的情况持否定态度,即认为继承之后并不会带来给继承人收益,这时不应对监护人的代理职责进行教条化理解和严苛化规定,监护人才是被监护人最佳利益的代言人,在其明白法律后果并有充分理由(对公司亏损情况举证)的情况下,可以为其办理放弃继承权声明书公证。

其三,解决问题的思路。放弃继承只是对死者遗产处理的一个环节,该案例中如果父亲的继承人只有母亲和儿子,那将出现股权无人继承的情况,这样做势必对公司存续、经营造成影响,依据以往法院相关判例,基于特定亲属关系的存在,将会由死亡股东的近亲属负责清理死者在公司的债权债务。所以放弃并不意味着就与公司没有关系,特定时候还是需要死亡股东的继承人予以配合完成股权处置事宜。根据《民法典》第 1161 条第 1 款的规定:"继承人以所得遗产实际价值为限清偿被继承人依法应当缴纳的税款和债务。超过遗产实际价值部分,继承人自愿偿还的不在此限。"公证员应对相应的法律规定和后果进行告知,以便当事人作出恰当决定。

所以,公证员在考虑问题时并不能只考虑放弃继承这一步,而应该本着解决最终问题的思维来处理,如上面的案例,假设死者的继承人只有配偶和儿子,儿子代母亲放弃继承,但基于公司存续和管理需求,他可能要成为继承人,这样就会出现自相矛盾的情况,即一方面代母亲放弃,一方面又自己继承,有损害被监护人利益之嫌,建议可以在股权继承公证中,由儿子代理死者配偶继承,在股东资格继承中,由儿子予以继承,通过如此处理,解决实践中公司的运营和当事人的需求。

23 处于植物人状态的人的财产处分问题

【问题】甲与乙系夫妻,二人共有四个成年子女。2021 年 × 月,甲、乙驾车出行,途遇车祸,甲当场死亡,乙重伤昏迷至今,处于植物人状态,目前仍在某三甲医院的 ICU 病房内进行治疗。乙 18 岁时,乙的父母出资,全款为其购买了一处公寓,乙在与甲结婚前取得了该公寓的不动产权证书。现因医疗费用过高,子女四人协商,欲将乙名下的公寓出售,并将所得款项用于乙的治疗,暂时缓解家庭经济压力。寻找到买方后,甲乙的子女与买方共同到公证处申请办理房屋买卖合同公证。

【请问】以上事项能否办理公证?

【解答】

上述公证事项可以办理。根据《民法典》第 1 条和第 2 条的规定,自然人作为民事主体,其合法权益受到法律平等的保护。买卖合同公证是常规公证业务类型之一,申请人可就买卖合同申办相关公证事项。相较普通的不动产交易行为,本案存在特殊情形,即不动产权人目前重伤昏迷,暂时丧失了民事行为能力。根据《民法典》第 22 条的规定,不能辨认自己行为的成年人为无民事行为能力人,可由其监护人代理实施民事法律行为。而为了保护被监护人的合法利益,《民法典》通过第 34 条和第 35 条,对监护人的职责和监护人代理实施民事行为的基本准则作出了规定,明确要求监护人在履行监护职责时,应当遵循最有利于被监护人的原则,非为被监护人利益,不得处分被监护人的财产。本案中,保护被监护人的生命权优于保护其财产权,对乙的财产进行处分,目的在于保障治疗的正常进行,符合法律的规定,应当受到法律的保护。

公证员处理本案,首先要为重伤昏迷的乙确定监护人。监护人的确定,应当符合《民法典》第一编第二节对监护人的具体的规定。监护人确定后,由监护人代为办理不动产权交易的事宜。为保证监护人能够妥善履行监护职责,维护被监护人的利益,在确认监护人时,可以设置监督人。在不动产权交易过程中,可以考虑要求受让人将购房款直接支付到医院的指定账户,作为被监护人的治疗费用,确保被监护人的治疗能够顺利进行。

24 不变更个体工商户的经营人登记的转让协议

【问题】甲经登记成为个体工商户,经营地方特色食品,由于经营有方,目前小有规模。后因甲的女儿待产,甲需到女儿家照顾起居,甲有意将店铺转让。乙系甲的好友,听闻甲欲转让店铺,就向甲表示自己愿意接手。考虑到二人为好友,再加上自己急于赶赴外地,甲乙经协商一致,约定无需变更工商登记,由乙直接进行经营,收益归乙所有,责任由乙承担。就约定内容(包括不办理工商登记等内容),双方签订了书面协议,并向公证机构申请对该协议进行公证。

【请问】该协议能否办理公证？

【解答】

《民法典》第 54 条规定，自然人从事工商业经营，经依法登记，为个体工商户。根据该条规定，个体工商户应当依法办理登记。甲经登记，取得个体工商户资格，受法律保护。乙愿意继续经营，符合国家政策精神，应当予以鼓励。但是，根据《个体工商户条例》第 10 条的规定，个体工商户登记事项变更的，应当向登记机关申请办理变更登记。个体工商户变更经营者的，应当在办理注销登记后，由新的经营者重新申请办理注册登记。家庭经营的个体工商户在家庭成员间变更经营者的，依照前款规定办理变更手续。因此，甲欲将店铺转让给乙继续经营，应当先办理注销登记，而后再由乙重新申办注册登记，而不能仅通过双方的协议就完成经营主体的变更。

甲乙之间，单纯地依靠约定所进行的经营主体的变更，会导致双方的法律责任不清，甚至会使双方的合法利益受损，公证机构不应为该转让协议办理公证。从另一个角度来看，公证员应当建议双方对协议内容进行变更，使协议的内容符合相关规定的要求。如申请人同意修改并就修改后的协议继续申办公证的，可以针对修改后的协议办理公证。

25　被自动注销的个体工商户名下不动产继承

【问题】个体工商户营业执照于 2016 年被自动注销，现在当事人拿着所有权人为该个体工商户的房产证来办理继承公证，死者是个体工商户的经营者。经查，死者生前有债务。

【请问】被自动注销的个体工商户名下不动产该如何办理继承公证？

【解答】

个体工商户的商事特质，并没有改变其自然人主体属性范畴。在《民法典》体例设置上，个体工商户归类总则编第二章“自然人”。故自然人与个体工商户法律主体资格是同一的，其资产债权债务都可以按照自然人的资产债权债务进行理解，这是理解一切涉个体工商户公证问题的基础。因此，本案中个体工商户的注销，不影响继承，可参照自然人的继承办理。

根据《民法典》第 56 条的规定，个体工商户的债务，个人经营的，以个人财产承担；家庭经营的，以家庭财产承担；无法区分的，以家庭财产承担。本案中，还要特别注意审查该个体工商户是个人经营还是家庭经营，以区别债务的承担问题。

26　已破产企业的公证申请主体资格问题

【问题】已破产企业委托律师事务所作为破产管理人，现因要邮寄一份法律文书，想办理保全证据公证，该法律文书的落款人是 × × × 公司破产管理人。

【请问】该公证申请应该以谁作为申请人？

【解答】

根据《公证法》《公证程序规则》的规定，公证申请人应当与所保全的证据具有利害关系，这种利害关系的审查可以采比较宽泛的标准，只要与公证事项有利害关系的主体，均可以成为公证申请人。

本案中,破产公司与送达文书具有利害关系,作为清算法人,送达文书属于清算事务自无异议,可以将破产公司列为主体,将破产管理人作为第二行表述。同时,破产管理人具有相应的法律职权,与送达文书同样具有利害关系,当然也可以单独作为公证申请人。甚至,将破产公司和破产管理人作为共同申请人,也是可以的。

27 营业执照过期的企业是否有资格申办公证

【问题】A公司是一民营企业,由家族多人共同创办经营。因家族中老人去世,亲属间因财产问题产生纠纷,法定代表人负气离开,导致企业日常经营难以为继。因法定代表人离开,营业执照过期后无法及时补办,并因此导致企业被列入严重违法失信名单(企业登记状态为存续)。各股东商量后,决定召开股东会更换公司法定代表人和变更经营期限。因有嫌隙在前,为避免事后纠纷,各股东想对股东会召开及决议过程办理现场监督公证,并以企业的名义向公证机构提出公证申请。

【请问】营业执照过期的企业是否有资格申办公证?

【解答】

营业执照已经过期,但没有被注销的企业,可以作为公证的申请人。营业执照过期未补办,使得企业将会面临工商行政管理方面的处罚,该情形会对企业经营造成不利影响,但不会导致其丧失民事主体资格。但本案中,由于法定代表人不能亲自申请,又无相应的授权文件,因此该企业不能直接向公证机构申请办理公证。换一个角度考虑,股东作为股东会的参与者,与该公证事项具有明显的厉害关系,公证机构可以建议由股东共同申请。

28 分公司能否作为公证申请主体

【问题】一分公司不具有独立的法人资格,可以成为诉讼主体,现想申请办理一公证事项。

【请问】分公司能否作为公证申请主体?

【解答】

《民法典》第74条规定,法人可以依法设立分支机构。法律、行政法规规定分支机构应当登记的,依照其规定。分支机构以自己的名义从事民事活动,产生的民事责任由法人承担;也可以先以该分支机构管理的财产承担,不足以承担的,由法人承担。

分公司不可以成为公证申请主体,分公司它在法律上、经济上没有独立性,不具有企业法人资格,仅仅是总公司的附属机构,没有自己的名称、章程和财产,并以总公司的资产对分公司的债务承担法律责任,不具有法人资格。公证申请人是在公证活动中以自己的名义独立享有权利并承担相应义务的对象,所以分公司应取得总公司的授权才能申请办理公证。

29 公司特设的项目部是否可以以其名义对外签署合同

【问题】A公司中标获得了某基建项目。为更好地完成该项目,A公司成立了专门的项目部,并任命了相应的项目部经理,刻制了项目部印章,还开设了独立的银行账户,但无营业执照。因工程需要,项目部向第三方收购工程设备,并与之签订了《机械设备收购合同》。现合同双方向公证机构申请办理公证。

【请问】该项目部是否可以以其名义申请办理合同公证?

【解答】

该项目部不能用自己的名义申办该公证事项。《民法典》第 74 条规定,“法人可以依法设立分支机构。法律、行政法规规定分支机构应当登记的,依照其规定。分支机构以自己的名义从事民事活动,产生的民事责任由法人承担;也可以先以该分支机构管理的财产承担,不足以承担的,由法人承担”。但是,本案中该项目部系 A 公司为完成某项目而特设的,且该项目部未依照法律规定完成相应的登记手续,因此该项目部应被认为是法人的下属特设机构,自身并不具有独立的法人资格。该项目经理虽有任命,但该任命应当认为是法人对具体项目负责人身份的确定及对该负责人对特定项目行使管理职能的一种授权,而在银行开设账户的行为,也只是从财务和国家金融政策的方面出发,便于监督管理,促使项目部的具体活动符合国家财税政策。因此,该项目部对外应以法人的名义从事民事活动,产生的民事责任亦由法人承担。

30 民办非企业是否可以继承

【问题】被继承人 A 生前成立了一有限责任公司(自然人独资),A 又以这公司举办了民办非企业教育培训中心(法人),现申请人申请办理继承上述教育培训中心。

【请问】能否办理以上公证事项?

【解答】

根据《民法典》第 1122 条规定:遗产是自然人死亡时遗留的个人合法财产。依照法律规定或者根据其性质不得继承的遗产,不得继承。本案民办非企业教育培训中心属于非营利法人,本身不是遗产,因此不发生继承问题。民办非企业的举办人是该有限责任公司,A 死亡完全不影响这种举办关系,申请人可以通过继承该有限公司股权,继续实现对培训中心的管控。

另外,该有限责任公司虽然是一人责任有限公司,但股东人格和公司人格在法律上是完全区分的,申请人可通过申请继承该有限公司股权。

31 民办非企业法人性质的幼儿园名下资产能否转让

【问题】一家民办非企业法人性质的幼儿园需要转让给他人,到公证机构申办转让协议公证。

【请问】民办非企业法人性质的幼儿园名下资产属什么性质,是否可以转让?

【解答】

根据《民办非企业单位登记管理暂行条例》第 2 条规定,所谓民办非企业单位,是指企业、事业单位,社会团体和其他社会力量以及公民个人利用非国有资产举办的,从事非营利性社会服务活动的社会组织。《民办教育促进法》第 36 条规定:“民办学校对举办者投入民办学校的资产、国有资产、受赠的财产以及办学积累,享有法人财产权"。

根据上述规定,民办幼儿园对其名下资产享有法人财产权,其名下资产是可以转让的(但应区分民办学校的资产、国有资产、受赠的财产)。根据《民办教育促进法》规定:幼儿园转让的只能是幼儿园的资产,办学资质是不允许转让的。因此转让协议不能约定转让相关办学资质(社会办学许可证),必须约定由受让方重新申办社会办学许可证。

还需要注意,根据《民法典》第399条之规定,学校、幼儿园、医疗机构等为公益目的成立的非营利法人的教育设施、医疗卫生设施和其他公益设施不得抵押。同样,上述设施也不得协议转让。

32 律师事务所分所是否可以作为公证申请人

【问题】甲是某商标所有权人,并依照法律规定办理了相应的注册手续。通过良好运营,甲的商品畅销全国,并被其他厂商仿冒。为减少损失,维护自身合法权益,甲委托某知名律师事务所在Y省K市设立的分所,对Y省范围内的商标侵权行为进行调查取证。为此,甲与该律所在Y省K市的分所签订了相应的委托代理文件,并将调查取证作为委托事项之一。为增强所得证据的证据效力,该律所的分所向当地公证机构申办保全证据公证。

【请问】律师事务所的分所能否作为公证申请人?

【解答】

《律师事务所管理办法》第33条第1款规定,成立3年以上并具有20名以上执业律师的合伙律师事务所,根据业务发展需要,可以在本所所在地的市、县以外的地方设立分所。根据该规定来看,律师事务所分所具有合法资格,可以作为适格的公证主体。

律师事务所分所基于律师具有调查权,所以其可以直接作为公证申请人;也可以基于跟委托人的代理关系,由委托人作为公证申请人、律师事务所分所作为代理人申办公证。

33 商标共存同意书申办公证

【问题】有当事人向公证处申办某商标共存同意书公证。经查找我国法律法规,对商标共存并没有相关明确规定。

【请问】商标共存同意书该如何办理公证?

【解答】

《商标法》并没有明确规定商标共存的规则,其第59条明确规定了在商标使用中应当容忍的共存情形。但对于不同商标所有人相同或近似的商标能否共存注册这一提问,现行《商标法》的第30条和31条则给出了否定答案。

一般而言,商标共存是指不同市场主体因法律的规定、历史格局的形成、共存协议的签署等因素,允许相同或近似的商标使用在相同或类似商品上,彼此保持必要的互不干扰的一种市场状态。它包含了因单方出具的"共存同意书"或双方签署的"共存协议"而形成的共存。

商标共存是在驳回复审或者驳回复审后行政诉讼阶段,冲突商标双方通过签订商标共存协议,经商标评审委员会(以下简称商评委)或者法院认可后方可合法共存。具体来说,申请商标由于存在相同或类似商品上的在先的相同或近似商标被商标局驳回后,申请人在驳回复审程序中与驳回引证商标所有人签订了申请商标与引证商标“共存”的协议,引证商标所有人同意申请商标在我国注册,申请人依据共存协议请求核准申请商标注册,经商评委审查可以共存,申请商标被核准注册,与引证商标共存。可见商标能否共存并非完全由协议人协商确定。

综上,建议最好采用协议的方式来明确商标共存的内容。办理公证时,除了按照一般程序进行审查外,还应当充分了解办理该公证事项的目的、用途,明确告知商标共存协议能否取得当事人想达到的效果还需取决于行政部门或司法部门的认定或裁判,防止当事人利用公证机构的公信力为其目的背书。

34 明股暗债协议可否办理公证

【问题】甲乙均为有限责任公司,其中甲为投资公司,乙方为一人公司。现甲乙签订一份《投资合作协议》,大致内容为:约定甲方向乙方投资800万元用于建设生猪屠宰项目,乙方需将其40%的股权转让给甲方。乙方每半年向甲方支付投资款的年化利率11%,两年支付完毕后,甲方将40%股权再转让给乙方。甲乙约定协议需要公证并赋予强制执行效力,乙方如不能按期支付,自愿接受法院强制执行。

【请问】以上公证事项可否办理公证?

【解答】

《民法典》第146条规定,行为人与相对人以虚假的意思表示实施的民事法律行为无效。以虚假意思表示隐藏的民事法律行为的效力,依照有关法律规定办理。

本案是一个典型的“名为投资、实为借贷”协议,不符合风险和收益共担的投资原则。本案中所称“投资”系一个“虚假意思表示”,依据该意思表示所实施的民事法律行为无效。“借贷”应认定为被“投资”这一虚假意思表示所隐藏的,双方当事人真心所欲达成的民事法律行为。

根据以上条款规定和分析,公证机构不应办理这类真意隐藏的协议公证。

35 签订保证合同的委托书是否可以公证

【问题】当事人因工作原因,不便亲往签订内容为提供个人连带责任保证的保证合同,故到公证处申请做一份委托其他人代为至银行签订保证合同的委托公证。

【请问】办理该内容的委托公证是否与《公证程序规则》第11条的规定相冲突?

【解答】

《民法典》第161条规定“民事主体可以通过代理人实施民事法律行为。依照法律规定、当事人约定或者民事法律行为的性质,应当由本人亲自实施的民事法律行为,不得代理”。一般来说,针对保证的承诺行为本身,我们认为该承诺应由保证人亲自作出,不能由他人代理。但是在保证人已经明确知晓保证内容并已作出明确保证承诺的情况下,保证人因合理理由委托他人代为签署合同的行为,法律并没有明确禁止。因此,自然人可以委托他人代为签订保证担保合同,公证处在充分告知连带责任保证的法律意义和可能存在的风险后，可以为其办理委托公证。

《公证法》第 26 条规定“自然人、法人或者其他组织可以委托他人办理公证，但遗嘱、生存、收养关系等应当由本人办理公证的除外。”《公证程序规则》第 11 条第 1 款规定“当事人可以委托他人代理申办公证，但申办遗嘱、遗赠扶养协议、赠与、认领亲子、收养关系、解除收养关系、生存状况、委托、声明、保证及其他与自然人人身有密切关系的公证事项，应当由其本人亲自申办。”这只是对保证委托后受托人申办保证（合同）的限制，因此应当告知当事人，委托公证如果下一步用于办理保证合同公证场合，则不得委托；如果不用于办理保证合同公证场合，则可以办理。

36 担保公司可否委托单位职工申办保证担保合同公证

【问题】在涉及国有担保公司申办保证担保合同公证时，存在公司法定代表人因故不能亲自到场申办，或是因业务经常发生，每一笔均须法定代表人面签不具有可操作性的情形。国有担保公司提出能否由法定代表人授权委托相关工作人员具体申办。

【请问】国有担保公司法定代表人委托他人申办保证担保合同公证，是否与《公证程序规则》第 11 条的规定相冲突？

【解答】

《公证法》第 26 条规定，自然人、法人或者其他组织可以委托他人办理公证，但遗嘱、生存、收养关系等应当由本人办理公证的除外。《公证程序规则》第 11 条第 1 款规定，当事人可以委托他人代理申办公证，但申办遗嘱、遗赠扶养协议、赠与、认领亲子、收养关系、解除收养关系、生存状况、委托、声明、保证及其他与自然人人身有密切关系的公证事项，应当由其本人亲自申办。

从《公证法》来看，禁止公证代理的主体很明显指向自然人，应当由本人办理公证的，这里“本人”就是自然人，法人不可能用“本人”这个称谓；如果说《公证程序规则》第 11 条是对《公证法》第 26 条的解释说明，那么它的规制范围也应该是自然人，为保持对象一致性，不能越权解释。另外，“法人”在法律上没有“本人”这种称谓的，因此从文义上说，此处是指自然人。遗嘱、收养、生存也都是自然人事项，更说明本人的准确含义。所以，从《公证法》第 26 条和《公证程序规则》第 11 条的规定来看，禁止委托的情形指向的是自然人的公证事项，不包括法人或其他组织申办的公证事项范围。所以，公司进行的担保合同公证是可以委托他人进行的。

另外，担保公司是经营保证担保业务的法人机构，有其独立的法律人格，法定代表人委托他人代为申办公证事项，与委托他人代为作出保证的承诺本身，不是同一概念，并不属于《公证程序规则》第 11 条规定的情形。

37 委托人是否可以变更受托人

【问题】委托人甲已在公证处办理委托公证，委托乙办理档案查询、房屋抵押等相关事宜，现因乙的个人原因不能再继续代理委托事项，甲想变更受托人，遂重新向公证机构申请办理委托公证。原委托书的委托期限未届满，且原委托书公证书已经部分使用，不能全部收回。

【请问】委托人是否可以变更受托人？

【解答】

一、委托人可以变更受托人

《民法典》第 161 条第 1 款规定"民事主体可以通过代理人实施民事法律行为";第 162 条规定"代理人在代理权限内,以被代理人名义实施的民事法律行为,对被代理人发生效力";第 163 条第 2 款规定委托代理人按照被代理人的委托行使代理权。

委托代理建立在双方自愿和信任的基础上,如果出现委托不能继续的事由,应当允许解除委托关系。取消委托或者辞去委托,从性质上属于单方法律行为,只需被代理人作出意思表示即可成立,无须与对方意思表示达成一致,委托代理人自被代理人取消委托或者代理人作出辞去委托的意思表示时终止。

二、重新办理委托公证时的注意事项

1.《民法典》第 173 条规定,"有下列情形之一的,委托代理终止:……被代理人取消委托或者代理人辞去委托"。故可以在征得委托人同意的情况下,由委托人签署撤销原委托书的声明书,以终止原代理人的代理权限,同时应当将代理权已经终止的情况和代理人享有的救济方式、渠道(依据)充分告知原代理人。

2.《民法典》第 166 条规定"数人为同一代理事项的代理人的,应当共同行使代理权,但是当事人另有约定的除外。"故公证人员应当做好充分告知义务,重点审查原委托书公证书无法全部收回的原因并做好书面记录,告知委托人若公证书仍在原代理人手中被继续使用,出现数人代理的情况,可能会给委托人带来的影响和法律后果,让委托人有充分的预见和判断。

3. 尽量联系原代理人,确认委托事项的办理情况,并告知其委托人需要就同一事项另行委托他人的意思表示,并征询其对此的意见和态度,但原代理人同意与否都不影响委托人重新办理委托意思表示的真实性及委托书的有效性。

4. 应当向相关不动产登记部门告知是委托已经发生变更的情形,尽量避免出现原代理人持已经被撤销的委托书进行代理的行为。

38　被判处没收个人全部财产的自然人可否申请办理处分财产的委托公证

【问题】甲于 2016 年被判无期徒刑、剥夺政治权利终身及没收个人全部财产。2020 年,甲的妻子购买了一套商品房。后因小孩读书问题,需要换房。甲的妻子欲出售 2020 年购得的商品房,然后另行购买一套学区房。因甲目前仍在服刑,故申请办理委托甲妻子售房的委托公证。

【请问】该委托公证能否办理?

【解答】

该委托公证可以办理。根据《刑法》第 59 条"没收财产是没收犯罪分子个人所有财产的一部或全部……在判处没收财产的时候,不得没收属于犯罪分子家属所有或者应有的财产"的规定,没收财产的范围是犯罪分子个人合法所有的财产,合法所有应理解为已实际取得所有权,不能包含犯罪分子将来可能取得的财产。本案中,甲欲委托出售的房屋,系服刑后才取得的财产,不应被认为是应当被没收的财产。另外,甲被判无期徒刑,剥夺政治权利终身,这是对其政治权利的剥夺,委托他人处分自己的财产,则是典型的民事行为,不受该判决结论的限制。

39 对已过诉讼时效的债权签订还款协议申办公证

【问题】债权已过诉讼时效，债权人在找不到债务人的情况下，经与保证人协商，保证人自愿与债权人签订还款协议。协议约定：由保证人向债权人偿还其中一部分借款，该笔款项偿还后，保证人便不再对该笔借款承担保证责任，债权人也不再追究保证人的保证责任。对达成的还款协议，债权人与保证人申请办理公证。

【请问】对已过诉讼时效的债权签订还款协议是否可以办理公证？

【解答】

根据《民法典》第192条第1款的规定，诉讼时效届满的法律效果是，义务人可以提出不履行义务的抗辩。诉讼时效期间届满后，义务人同意履行的，不得以诉讼时效期间届满为由抗辩；义务人已经自愿履行的，不得请求返还。根据《民法典》第693条规定了保证期间届满的法律效果：一般保证的债权人未在保证期间对债务人提起诉讼或者申请仲裁的，保证人不再承担保证责任。连带责任保证的债权人未在保证期间请求保证人承担保证的，保证人不再承担保证责任。根据《民法典》第701条的规定，保证人可以主张债务人对债权人的抗辩。债务人放弃抗辩的，保证人仍有权向债权人主张抗辩。

依据上述相关规定，公证事项符合《公证法》第11条、第28条的规定，按照《民法典》及相关法律规定，债权超过诉讼时效的，消灭的仅是债权人的胜诉权，而实体权利并没有丧失。超过诉讼时效后如果债务人自愿履行债务，债权人便可接受债务人的清偿而使债权得到满足。债务人履行部分债务意味着债务人对此笔债务的认可，债权人可以要求债务人对自愿履行债务部分履行全部义务。根据《民法典》中的意思自治原则，民事主体有权根据自己的意愿，按照自己的意思自主决定民事法律关系的内容及其设立、变更和终止，对自己的行为负责，自觉履行约定或法定义务，并承担相应的法律后果。另外，因该协议内容并不违法，没有侵害其他人的利益，也没违背公序良俗，所以在对双方当事人进行充分告知，尤其是对保证人将上述《民法典》及相关法律关于已过诉讼时效，保证人不再承担保证责任的相关规定进行充分告知后，保证人仍申请办理公证的，可以为其办理。

40 保证期间的诉讼时效问题

【请问】保证期间能否适用诉讼时效或除斥期间？法院对保证期限届满的案件是否应主动审查？

【解答】

依据《民法典》第188条规定："向人民法院请求保护民事权利的诉讼时效期间为三年。法律另有规定的，依照其规定。诉讼时效期间自权利人知道或者应当知道权利受到损害以及义务人之日起计算。法律另有规定的，依照其规定。但是，自权利受到损害之日起超过二十年的，人民法院不予保护，有特殊情况的，人民法院可以根据权利人的申请决定延长。"诉讼时效是权利人在法定期间内不行使权利，该期间届满后，发生义务人可以拒绝履行其给付义务效果的法律制度。该制度有利于促使权利人及时行使权利，维护交易秩序和安全。

依据《民法典》第199条的规定，“法律规定或者当事人约定的撤销权、解除权等权利的存续期间，除法律另有规定外，自权利人知道或者应当知道权利产生之日起计算，不适用有关诉讼时效中止、中断和延长的规定。存续期间届满，撤销权、解除权等权利消灭。”

依据《民法典》第692条的规定，“保证期间是确定保证人承担保证责任的期间，不发生中止、中断和延长。债权人与保证人可以约定保证期间，但是约定的保证期间早于主债务履行期限或者与主债务履行期限同时届满的，视为没有约定；没有约定或者约定不明确的，保证期间为主债务履行期限届满之日起六个月。债权人与债务人对主债务履行期限没有约定或者约定不明确的，保证期间自债权人请求债务人履行债务的宽限期届满之日起计算。”

依据上述规定，首先保证期间不能等同于除斥期间。一方面，从规范性质来看，除斥期间属于法律的强制性规定，不得由当事人改变。而保证期间以约定为原则，法定为例外，是可以由当事人自由约定的。同时，在合同有效期内，当事人也可以对保证期间进行变更。另一方面，从适用对象来看，除斥期间的适用对象主要为形成权。因为形成权将会根据一方的意志而产生法律关系发生、变更和消灭的效果。所以，通过除斥期间对形成权进行限制，从而使其在较短的时间内消灭，可以维护社会秩序的稳定性。而保证期间主要适用于请求权，即适用于债权人请求保证人承担保证责任的权利。

此外，保证期间也不是诉讼时效期间，这不仅因为保证期间不发生中止、中断和延长，而且当保证期间经过，保证人不再承担保证责任，保证人的实体责任消灭，这与诉讼时效制度不同，因为诉讼时效期间经过，债务人有抗辩不履行的权利，但实体债务仍然存在，只是过了诉讼时效期间，成了自然债务。保证期间是决定债权人能否取得可以要求保证人代债务人向其履行或者进行赔偿责任承担的债权请求权的期间，是决定债权人能不能够取得相应权利的期间，其既不属于除斥期间，也不属于诉讼时效期间，而是《民法典》规定的一种特殊期间。根据《中华人民共和国民法典理解与适用（合同篇）》之规定：保证期间届满后，将导致保证责任消灭。在此情形下，尽管主债务依然存在，但债权人只能向主债务人请求清偿债务，而不能请求保证人承担保证责任。由此可见，保证期间和诉讼时效的区别在于，保证期间的届满会导致保证责任本身的消灭，而不像诉讼时效那样仅仅导致保证人抗辩权的产生。无论是一般保证，还是连带责任保证，保证期间的经过都发生保证责任消灭的法律后果。对于诉讼时效期间，由于义务人的实体义务仍然存在，其只是享有履行抗辩权，因此，人民法院不能主动审查。但对于保证期间，由于法律明确规定其届满的后果是保证责任消灭，所以，人民法院应当主动审查。

第二部分　物权编问题

1　房屋继承完成后的处分

【问题】死者甲名下的一处房屋由其配偶乙和女儿丙共同继承，且已办理完毕不动产转移登记手续。现乙欲出售该房屋，乙、丙和甲的父母协商达成一致，乙可以出售该房屋，但出售的房款必须用于丙的教育学习。

【请问】

1. 房屋已经继承且过户完毕，甲的父母还可不可以作为协议人之一？

2. 如果乙未履行其承诺，如何追究其责任？

【解答】

甲的父母已经不是房屋的权利人，所以不能作为协议的主体。本案的实质是乙允诺将房款赠与女儿丙，并专项用于其教育学习。所以，本案比较妥当的处理方法是，乙和丙签署赠与合同，将房款赠与女儿丙。同时，女儿丙委托乙或第三人保管售房款，专项用于教育学习。如果乙或第三人违反保管义务，则法律上丙可以主张返还。

按房款赠与方式建构本案法律关系，才可能使当事人各方权利义务清晰明了。

2　可否依人民法院的调解书直接认定个人财产

【问题】甲和乙于2003年经人民法院调解离婚。调解书内容为：房屋一套归甲所有，甲方给付乙方1万元补偿。甲于2013年死亡，甲死亡前双方未去不动产登记部门办理变更登记，现甲的父母向公证处申请办理继承甲的遗产。

【请问】是否可以按照人民法院调解书直接认定为甲方个人财产？

【解答】

《民法典》第229条规定："因人民法院、仲裁机构的法律文书或者人民政府的征收决定等，导致物权设立、变更、转让或者消灭的，自法律文书或者征收决定等生效时发生效力"。由此可以看出，人民法院、仲裁机构作出的一些法律文书是可以不经登记或交付就直接引起物权变动的，它的生效时间就是当事人的物权设立、变动的时间。但哪一类法律文书可以直接引起物权变动，从法律文书的性质来看，对人民法院的法律文书可以分为确认性裁判、给付性裁决和形成性判决。对此，《最高人民法院关于适用〈中华人民共和国民法典〉物权编的解释(一)》第7条规定：

“人民法院、仲裁机构在分割共有不动产或者动产等案件中作出并依法生效的改变原有物权关系的判决书、裁决书、调解书,以及人民法院在执行程序中作出的拍卖成交裁定书、变卖成交裁定书、以物抵债裁定书,应当认定为民法典第229条所称导致物权设立、变更、转让或者消灭的人民法院、仲裁机构的法律文书”。此条规定明确了能够导致物权变动的法律文书指形成性文书、给付性文书,而确认性文书不能导致物权变动。本案中,法院作出的调解书是形成性文书,是能够直接导致物权的变动,故甲和乙共有的房屋归甲所有,现甲死亡,其父母要求办理继承公证,公证处是可以受理的。至于调解书中确定的甲给付1万元给前妻乙,这是属于债务关系,如果没有支付,继承人在继承甲的遗产时,应该要承担该债务。

3 村居合并后的公证申请人确定

【问题】某地村居合并,几个村合并为一个大的行政村,以前的行政村不复存在,但都成立有经济合作社,有农业局颁发的执照。现因旧村拆迁,新的行政村要收回原各个村民小组的土地,欲就召开收回集体土地使用权的村民代表会申请现场监督公证。

【请问】是以经济合作社为主体还是以合并后的行政村为主体申请公证?

【解答】

《土地管理法》第11条规定:“农民集体所有的土地依法属于村农民集体所有的,由村集体经济组织或者村民委员会经营、管理;已经分别属于村内两个以上农村集体经济组织的农民集体所有的,由村内各该农村集体经济组织或者村民小组经营、管理;已经属于乡(镇)农民集体所有的,由乡(镇)农村集体经济组织经营、管理”。《农村土地承包法》第13条规定:“农民集体所有的土地依法属于村农民集体所有的,由村集体经济组织或者村民委员会发包;已经分别属于村内两个以上农村集体经济组织的农民集体所有的,由村内各该农村集体经济组织或者村民小组发包。村集体经济组织或者村民委员会发包的,不得改变村内各集体经济组织农民集体所有的土地的所有权。国家所有依法由农民集体使用的农村土地,由使用该土地的农村集体经济组织、村民委员会或者村民小组发包”。

本案中,若合并前的各村集体土地归合作社经营管理,则以各个合作社的名义分别召开代表会议即可,需要办理公证的,由合作社提出申请;若合并前的各村集体土地归村民委员会经营管理,由于原各行政村已被撤销,则此次收回土地的会议应由新的行政村召集并申请办理公证。

4 村民小组委托村委会代持不动产的协议公证

【问题】某村小组欲将其所有的征地补偿款用于购置不动产,但因主体资格原因不能办理不动产登记手续,故村小组委托村委会代持该不动产,双方共同来申请办理该代持协议公证。

【请问】以上不动产物业代持协议能否办理公证?

【解答】

关于物权归属,学理上一般有法律物权和事实物权之区分。事实物权与法律物权存在不一,可以由代持等原因导致。《最高人民法院关于适用〈中华人民共和国民法典〉物权编的解释(一)》第2条规定:“当事人有证据证明不动产登记簿的记载与真实权利状态不符、其为该不动产物权的真实权利人,请求确认其享有物权的,应予支持”。《北京市高级人民法院关于审理房屋买卖合同纠纷案件适用法律若干问题的指导意见(试行)》第15条规定:当事人约定一方以他人名义购买房屋,并将房屋登记在他人名下,借名人实际享有房屋权益,借名人依据合同约定要求登记人(出名人)办理房屋所有权转移登记的,可予支持。根据法律规定及司法判例,村民小组因主体资格原因将自购房产登记于村委会名下,其对内效力是可以得到支持的。

本案中,公证机构决定能否办理该代持协议公证,首先要审查村民小组的民事主体资格。最高人民法院在给河北省高级人民法院的《关于村民小组诉讼权利如何行使的复函》(〔2006〕民立他字第23号)中提出:“遵化市小厂乡头道村第三村民小组(以下简称第三村民小组)可以作为民事诉讼当事人”。最高人民法院认定村民小组可以作为民事诉讼当事人,实际上是将村民小组纳入了《民事诉讼法》第48条“其他组织”的范畴。村民小组具有诉讼主体资格,亦当具有申请办理公证的主体资格。另外,村民小组将征地补偿款购房、委托村委会代持房屋等事项,需要经过民主议定程序。公证应重点审查各项民主议定结果及其过程的真实性、合法性、有效性,核实签署代表推选程序、结论和授权文书等。最后,公证机构要充分告知房屋代持法律关系中的潜在风险,包括:代持人擅自将房屋对外出租、出售或抵押的风险,房屋代持人对外负债有可能会导致代持房屋被司法查封的风险,因代持人一直未能获得满足政策条件的购房资格而长期无法实现所有权显名的风险,因村委会班子换届等原因导致纠纷的风险,房产购买到登记完成期间的风险隐患等。

5　不动产代持协议公证的审查尺度

【问题】父母出资以儿子名义买房,父母偿还贷款,只允许儿子居住,不得处分。父母和儿子想签署一份《房产代持协议》。

【请问】办理这类不动产代持协议公证需要注意哪些风险点?

【解答】

学理上,一般有法律物权和事实物权之区分。事实物权与法律物权存在不一,可以由代持等原因而导致。因此,公证机构应当告知法律物权与事实物权不一致可能带来的风险,当事人知道风险后依然坚持公证的,可以公证。风险的告知应尽量全面,包括因登记人擅自出售、抵押、个人债务被查封、死亡发生继承、离婚财产分割等;对可能影响登记人个人或家人再次申请购房主体资格、贷款利率、征信记录、税收等存在的风险。

6　房改房使用工龄的法律性质

【问题】司法审判现在还没有到达同案同判的程度,比如对于福利房继承中关于使用工龄的认定就有不同判例出现,公证员又没有法官的自由裁量权。

【请问】公证员面对这样的同案不同判的情况该如何在公证时进行相应处理?

【解答】

一、公证人面对法律规定不清晰时的职责义务

同案同判是理想状态,同案不同判是常态。如何做到同案同判是法院改革的事情,公证机构应当关注的是,如何面对同案不同判的客观事实。同案不同判的客观事实要求公证人要具有了解分歧的司法观点和倾向性意见。如果虽然存在同案不同判情形,但是倾向性观点也很明确,这个时候公证机构应当采取倾向性观点进行处理。如果不同司法观点势均力敌、难分伯仲,则可以按照法律规定不清晰进行处理。

在法律规定不清晰的时候,公证人无权为社会立法,公证机构不能决定采取何种规定,毕竟法院才有最终裁决权。在这个时候,公证人尽到咨询义务后,当事人是其决策的唯一主人,应把选择权交给当事人,由当事人自主决策自负其责。公证人履行咨询职责、当事人意思自治并自负其责、法院终局裁决,构成了解决法律规定不明确的三角原理。实际上,这也就是问题后挪法,将问题交给后续的司法程序进行评判。

在法国公证实践中,"原则是公证人应该服从现行的法律。不能要求公证人负起现行法律不明确的责任,更不能责成公证人去制定法律,他们根本没有这样的权力……公证人在执业中不仅应当遵守当时的有效法律,而且还要在法律规定不明确时,提醒当事人可能存在的不确定因素,并说明在此情况下可能会产生的后果……公证人应当,至少是处于法律安全的考虑,或更准确地讲,出于对法律清晰度的考虑,告知当事人他们的真实处境和与之相关的结果"。这句话可以说非常经典地阐述了公证人面对法律规定不明确时的处理办法,融合了公证人的咨询义务和当事人的民事实体决定权。

二、关于房改房工龄的处理方法

具体到工龄购房是否属于个人所有还是夫妻共有问题(特别是使用已故配偶工龄),曾经有过司法解释,但之后又公告作废了。目前法院对工龄购房的性质存在分歧,没有形成统一裁判观点,说明这个问题属于法律规定不明确的问题。法律没有明确规定的可以从当事人约定,通过意思自治确定约束当事人的规则。公证机构在各方利害关系人达成共识的前提下,可将该房屋确认为夫妻共有或一方所有。另外,在公证实务中,占用工龄的房改房确定为夫妻共有财产是比较安全的途径,按法律人职业义务要求,公证人要选择较安全的法律途径,故可以按这个思路办理。

7　单位集资建房已私下转让的声明书公证

【问题】某地开始进行房屋产权登记确权颁证清零行动摸底调查工作。调查发现,有好多个人集资的单位房产都是只有交款单据,而且好多原房主(只有交款收据和单位出的原房主花名表)已私下卖给了第三人。现在单位统一进行网签合同(直接由第三人和单位签合同),所以单位让原房主到公证处办理声明公证,内容大概是原房主于×年×月×日与他人签订了买卖合同,合同中约定已把房产卖给×××,今后不再对上述房产主张任何权利。

【请问】能否办理上述事项公证?

【解答】

根据《最高人民法院关于审理商品房买卖合同纠纷案件适用法律若干问题的解释》第2条规

定:“出卖人未取得商品房预售许可证明,与买受人订立的商品房预售合同,应当认定无效,但是在起诉前取得商品房预售许可证明的,可以认定有效”。现在政府在为购房人办理房产证,该项目手续已经完毕,双方交易的当时因开发商没有预售许可证,合同可能是无效的,但是现在手续齐全了,交易合同应是有效的。

根据《最高人民法院关于适用〈中华人民共和国民事诉讼法〉的解释》第 92 条规定:“一方当事人在法庭审理中,或者在起诉状、答辩状、代理词等书面材料中,对于己不利的事实明确表示承认的,另一方当事人无需举证证明。对于涉及身份关系、国家利益、社会公共利益等应当由人民法院依职权调查的事实,不适用前款自认的规定。自认的事实与查明的事实不符的,人民法院不予确认。”因此,交易双方对已经发生的交易进行确认,构成自认。对于这类公证需求,建议由买卖双方共同到公证处签署一份“交易确认书”,在确认书中双方共同确认房屋买卖交易真实,并当场在确认书上签字,将“交易确认书”附在买卖公证书的后面。

8 拆迁权益赠与是否需要获得其他利害关系人同意

【问题】政府进行棚户区改造,原房屋已经被拆迁,原产权人想把回迁协议中新选的房产权益赠与其中一名子女或者孙子女。

【请问】原产权人有多个子女或孙子女的,是否需要征得这些人的同意?

【解答】

权利包括既得权也包括期待权,拆迁权益为期待权。《民法典》第 5 条规定:“民事主体从事民事活动,应当遵循自愿原则,按照自己的意思设立、变更、终止民事法律关系”。自愿原则也就是意思自治原则,民事主体有权根据自己的意愿,从事民事活动,按照自己的意思自主决定民事法律关系的内容及其设立、变更和终止。本案中,产权人对房产的处分,是其依据自主意愿进行的有权处分,不需要其他子女的同意,子女或孙子女同意与否不影响合同效力。

9 物业公司申请对业主逐一签字的行为进行保全公证

【问题】某小区物业公司要使用公共区域的收益来安装摄像头,以便监控高空抛物。该小区共有 4000 多户业主,但未成立业主委员会,物业公司希望在公证员的陪同下,挨家挨户、逐个上门给业主签字,故申请公证机构对有 2/3 以上业主签字的行为进行保全证据公证。

【请问】公证员陪同物业工作人员挨个上门找业主签字效率低,是否有其他可行的方法?

【解答】

根据《民法典》第 278 条规定:下列事项由业主共同决定:

(1)制定和修改业主大会议事规则;

(2)制定和修改管理规约;

(3)选举业主委员会或者更换业主委员会成员;

(4)选聘和解聘物业服务企业或者其他管理人;

(5)使用建筑物及其附属设施的维修资金;

(6)筹集建筑物及其附属设施的维修资金；

(7)改建、重建建筑物及其附属设施；

(8)改变共有部分的用途或者利用共有部分从事经营活动；

(9)有关共有和共同管理权利的其他重大事项。

业主共同决定事项，应当由专有部分面积占比 2/3 以上的业主且人数占比 2/3 以上的业主参与表决。决定前款第 6 项至第 8 项规定的事项，应当经参与表决专有部分面积 3/4 以上的业主且参与表决人数 3/4 以上的业主同意。决定前款其他事项，应当经参与表决专有部分面积过半数的业主且参与表决人数过半数的业主同意。

本案中“使用公共区域的收益来安装摄像头”应属于上述条款第 9 项“有关共有和共同管理权利的其他重大事项”，决定前款其他事项，应当经参与表决专有部分面积过半数的业主同意且参与表决人数过半。在本案业主数量众多的情况下，确实没有必要去逐一获得确认。对此，可以考虑使用一些投票的 APP 或软件，由业主通过扫描二维码的方式进行，注册时注明代表的房号，公证机构对最终形成的投票结果进行审核并出具公证书。

10　林权转让是否需要履行集体决策程序

【问题】父亲准备将自己名下的林权转让给儿子，向公证机构申办转让协议公证。

【请问】

1. 林权转让是否需要审核转让人与受让人是否系同一集体组织成员？

2. 林权转让是否需要2/3 以上村民或者村民代表同意？

【解答】

根据《民法典》第 331 条规定，土地承包经营权人依法对其承包经营的耕地、林地、草地等享有占有、使用和收益的权利，有权从事种植业、林业、畜牧业等农业生产；第 334 条规定，土地承包经营权人依照法律规定，有权将土地承包经营权互换、转让。未经依法批准，不得将承包地用于非农建设；第 339 条规定，土地承包经营权人可以自主决定依法采取出租、入股或者其他方式向他人流转土地经营权。

《森林法》第 17 条规定，集体所有和国家所有依法由农民集体使用的林地(以下简称集体林地)实行承包经营的，承包方享有林地承包经营权和承包林地上的林木所有权，合同另有约定的从其约定。承包方可以依法采取出租(转包)、入股、转让等方式流转林地经营权、林木所有权和使用权。第 18 条规定，未实行承包经营的集体林地以及林地上的林木，由农村集体经济组织统一经营。经本集体经济组织成员的村民会议 2/3 以上成员或者 2/3 以上村民代表同意并公示，可以通过招标、拍卖、公开协商等方式依法流转林地经营权、林木所有权和使用权。

故，本案中，转让人有权自主向他人流转土地经营权，并向发包方备案，值得注意的是，在同等条件下，本集体经济组织成员享有优先权，故对其儿子是否为本集体经济组织成员应进行必要的审查。

11 房地登记不一致的农村宅基地建房归属

【问题】一位当事人咨询，农村宅基地土地使用证是儿子的名字，房产证是老人的名字，登记的是老房子的信息。现儿子出资把房子翻建了，没有建房审批手续，国土局不给办证。老人的其他子女均有宅基地。

【请问】以上公证是否有公证解决方案？

【解答】

根据《民法典》第362条的规定，宅基地使用权人依法对集体所有的土地享有占有和使用的权利，有权依法利用该土地建造住宅及其附属设施；第363条规定，宅基地使用权的取得、行使和转让，适用土地管理法的法律和国家有关规定。根据《土地管理法》第62条的规定，农村村民一户只能拥有一处宅基地。

本案首先要看老人与儿子是否分户，如果没有分户，虽宅基地土地使用证登记的是儿子的名字，但宅基地是应由这一户（包括老人和儿子）使用，并非由儿子个人使用，在该宅基地上翻建的房屋应根据出资情况，确定为老人与儿子共有还是儿子个人所有；如果已分户，宅基地登记在儿子名下，儿子户内家庭成员即具有使用权，儿子在该宅基地上翻建的房屋应属于儿子所有，至于没有建房审批手续，这属于行政审批问题，应由儿子继续完善审批手续。

鉴于上述情况，儿子为确认该房屋属于其所有，应当由家庭内部成员（老人、其他子女、儿子户内家庭成员）签订协议书，对老房子已拆除的事实、儿子出资翻建新建房屋的事实，根据"一户一宅"原则，宅基地使用权属于儿子户内家庭成员共同享有的内容进行确认，并对老房屋拆除后赔偿问题、新建房屋的归属等情况进行约定。公证机构可以对该协议进行公证，公证书可作为家庭成员确认宅基地建房权益的法律凭证。

12 无产权证明的宅基地建房施工现状保全公证

【问题】有一村民来公证处申请保全村里宅基地上的房屋施工现状公证。原因是他把原来的宅基地上房屋推翻重建，并在原来的基础上又加盖了二楼、三楼及地下室，并在该院落里的其他地方又加盖了房屋，该行为并没有经过任何的审批手续。在重建初期，该村民雇了一个施工队，后期由于某些原因，该施工队停工至今。该村民想申请保全证据公证，保全施工的现状。

【请问】办理宅基地建房施工现状保全公证，是否需要考虑房屋属于违建而不予公证？现在，申请人提供了一份村委会证明，证明该房屋不属于违建，公证处是否可以采信该证明？

【解答】

根据《民法典》第362条的规定，宅基地使用权人依法对集体所有的土地享有占有和使用的权利，有权依法利用该土地建造住宅及其附属设施。

本案需要解决的核心问题是保全证据公证申请人的资格问题。根据《公证程序规则》第9条规定："公证当事人是指与公证事项有利害关系并以自己的名义向公证机构提出公证申请，在公证活动中享有权利和承担义务的自然人、法人或者其他组织"。除此之外，还要根据公证事项的不同明确申请人所需具备的资格。就保全证据公证的申请人资格而言,除考虑申请人与公证事项是否有利害关系外,主要从证据的类型、载体和来源综合判定。具体到本案,村民就施工现场申请保全,基于村民与施工队之间的合同关系(且该关系不以书面形式为公证必备条件),可认定村民就施工现场具有利害关系,该利害关系并不以物权所有权为基础,换句话说施工队对该施工现场也具有申请人资格,原因即在于利害关系建立在不同的基础之上。

保全证据公证从功能上来说与法律行为类公证不同,其主要强调公证的客观性,不对事实作法律判断。公证人解决的是证据的真实客观性问题,至于该公证证据与案件的基本事实是否有关联性,保全证据所涉及的法律关系是否合法,由法官在审判活动中对所有证据进行质证、审查后,对案件的事实作出判断。因此,保全公证核心是对客观事实和现状进行如实反映,并不涉及房屋合法性判断。

村委会的证明,不能作为合法建造的依据(出具主体不适格),但可以证明申请主体跟保全事项具有利害关系。对申请人提供的材料,公证机构仅作形式上的审查,只要能够确定保全事项与申请人有利害关系即可。

13　宅基地分割协议能否办理公证

【问题】甲系本村村民,未分配过宅基地,经村委会和规划局证明,现该村已无宅基地可供分配。甲的父母同意将享有的宅基地使用权分割给甲一部分。

【请问】该宅基地分割协议能否办理公证?

【解答】

根据《民法典》第362条规定,宅基地使用权人依法对集体所有的土地享有占有和使用的权利,有权依法利用该土地建造住宅及其附属设施。《土地管理法》第62条第2款规定:人均土地少、不能保障一户拥有一处宅基地的地区,县级人民政府在充分尊重农村村民意愿的基础上,可以采取措施,按照省、自治区、直辖市规定的标准保障农村村民实现户有所居。

结合以上条文规定分析,在本案例中,在不能保障一户拥有一处宅基地的情况下,甲的父母亲对宅基地使用权的自愿分割行为是符合法律规定的,是值得鼓励的行为,公证机构可以对该宅基地分割协议进行公证。

14　宅基地建房是否可以出租用于商业

【问题】法院判决徐某偿还易某工程款160万元,徐某愿意将自建的有房屋所有权证的宅基地住宿楼租给易某,用租金抵扣工程款。易某刚好想开办一个养老院,就答应了徐某。双方就此签订了相应的合同,并就该合同向公证处申请办理公证。

【请问】涉及宅基地房屋租赁的合同能否申请办理公证?

【解答】

2019年9月11日,中央农村工作领导小组办公室、农业农村部联合印发了《关于进一步加强农村宅基地管理的通知》,该通知指出,鼓励村集体和农民盘活利用闲置宅基地和闲置住宅,通过自主经营、合作经营、委托经营等方式,依法依规发展农家乐、民宿、乡村旅游等,故可以受理该项公证申请。

在办理本案宅基地房屋租赁合同公证时,须注意以下事项:

(1)租赁合同的约定内容,尤其是对租赁期限的约定,应当符合《民法典》合同编的相关规定;

(2)提示协议各方,房屋的使用应当符合《土地管理法》的规定,需要审批或者备案的,需要履行相关审批或者备案手续;

(3)要注意协议方之间的债权债务关系是否真实,是否存在以租赁之名,行担保之实的情形;

(4)提示协议各方,提前对可能发生的土地征收及补偿和合同履行的影响等情况提前进行约定。

15 宅基地建房是否可以转让给同一集体组织成员

【问题】农村房屋只有集体土地使用证,没有房产证,当事人想与本村村民办理农村房屋买卖合同。

【请问】能否办理该宅基地建房转让协议公证?

【解答】

由于农村建房并没有严格的不动产登记制度,所以是可以根据集体土地使用证确认权属的,并不以有房产证为必要条件。依据有关政策规定,农村集体经济组织成员之间是可以转让宅基地建房的。由于宅基地以户为单位,所以转让方应以家庭成员均同意为妥。

16 宅基地建房可否办理抵押合同公证

【问题】甲公司与乙公司达成小麦买卖合同,合同约定甲向乙订购小麦900吨,货到后2日内付款。为了保障乙公司顺利实现债权,甲公司法定代表人自愿用其本人名下一处宅基地建房作为抵押,但是无法办理抵押登记手续,现向公证处申请办理订购合同和抵押合同公证。

【请问】宅基地建房可否办理抵押合同公证?

【解答】

《民法典》第397条第1款规定,以建筑物抵押的,该建筑物占用范围内的建设用地使用权一并抵押。以建设用地使用权抵押的,该土地上的建筑物一并抵押。《民法典》第399条规定:下列财产不得抵押:……(2)宅基地、自留地、自留山等集体所有土地的使用权,但是法律规定可抵押的除外。《民法典》第402条规定,以本法第395条第1款第1项至第3项规定的财产或者第5项规定的正在建造的建筑物抵押的,应当办理抵押登记。抵押权自登记时设立。

从以上条文规定来看,该案的抵押财产(宅基地上的建筑物视为与宅基地一并抵押),无法进行抵押登记,即抵押权无法设立,在实务的角度上,没有担保的意义和价值。针对无法办理抵押登记的不动产或法律规定不得设立抵押的财产而订立的抵押合同,虽然不影响合同的生效,但合同中涉及的抵押权是不能生效的，建议不予办理该抵押合同的公证。公证员应充分告知不受理的原因，以及在债权实现方面存在的巨大风险，建议当事人采取其他妥当的担保方式。

17　宅基地建房是否可以约定非本集体组织成员出资修建而成为共有人

【问题】有一个当事人自建了一栋五层楼的房子，有集体土地使用证和建设许可证，他的两个姐姐有出资建房。现在家庭内部协商，两个姐姐各得一层楼，但姐姐们的户口已经迁出去了。

【请问】

1. 以上家庭协议书能否办理公证？

2. 能否设定一个排它性居住权及期待权，即如果房屋拆迁，相应面积的赔偿款或回迁房面积由弟弟给付给姐姐，作为出资回报，同时告知这个回报条款只在双方之间具有效力，不能对抗第三人？

【解答】

这个问题属于农村集体组织成员与非本集体组织成员合作建房的法律关系。建房所涉土地属于农村集体建设用地，使用权人是弟弟，两个姐姐并非案涉宅基地所在地的农村集体组织成员。如果是合作建房的协议约定，弟弟负责提供宅基地，弟弟负责出资多少、两个姐姐各负责出资多少，两个姐姐对建成的房屋享有居住权，从这种合作内容来看，既解决了弟弟资金短缺问题，也满足了原告居住问题，符合亲戚之间的亲情互助的道德要求和善良风俗的习惯。弟弟和两个姐姐合作建设的房屋属于住宅房性质，双方对已建成房屋也没有分割的意思表示，根据约定两个姐姐仅有居住权，无转让、买卖宅基地等土地流转内容，且弟弟是农村集体建设用地使用权人，土地性质没有发生变化，未妨碍宅基地使用权的保障作用，不违反国家有关土地法律、法规的禁止性规定，这个协议是有效的。但是，如果协议约定的是两个姐姐各拥有一层楼的所有权，这个性质就变了，涉及将宅基地使用权转让给非本集体经济组织家庭成员的问题了，协议可能就是无效的了。

建议可以在协议中约定清楚如果日后涉及拆迁，拆迁利益如何分割，而且对于两个姐姐在协议中所享有的权利的传承问题也可以写进去。有些公证机构在遇到这类协议时，一般都让在协议中写上禁止反言的内容，如“立协议人均系完全行为能力人，签订本协议系立协议人协商一致自愿签订，立协议人对自己在本协议上签字行为负责，日后保证不出尔反尔，否认自己签订本协议的效力”。

18　夫妻一方单方签署的宅基地建房拆迁协议问题

【问题】原农村集体土地使用证上写明土地使用人为男方，实为夫妻二人于1994年共同批建，后其配偶于2000年死亡。该房屋于2015年拆迁，拆迁协议是由男方一人签订，现该房屋准备办理不动产权证书，不动产登记部门认为该拆迁协议是男方一人所签，将来补偿所得的房产直接登记为男方单独所有，为其个人财产。

【请问】应如何认定本案中农村拆迁安置房的权属？

【解答】

本案中农村拆迁安置房,应认定为夫妻共同所有的财产。土地使用权是农村居民因建造自有房屋而对集体所有土地的占有、使用的权利,是我国特有的一种用益物权形式,农村土地使用权的主体是特定的农村居民,农村土地使用权的享有主体原则上限制在集体经济组织成员之中,是集体经济组织赋予本集体内部成员所享有的与身份紧密相连的财产性权益,不具备相应身份者一般无权享有。

《土地管理法》第 48 条第 2 款规定:"征收土地应当依法及时足额支付土地补偿费、安置补助费以及农村村民住宅、其他地上附着物和青苗等的补偿费用,并安排被征地农民的社会保障费用。"《土地管理法》第 48 条第 4 款规定:"……对其中的农村村民住宅,应当按照先补偿后搬迁、居住条件有改善的原则,尊重农村村民意愿,采取重新安排宅基地建房、提供安置房或者货币补偿等方式给予公平、合理的补偿,并对因征收造成的搬迁、临时安置等费用予以补偿,保障农村村民居住的权利和合法的住房财产权益。"另根据宅基地的一户一宅原则,宅基地使用权归家庭户内成员共同享有,对于所涉的宅基地的补偿部分,应该是户内家庭成员共有。户内家庭成员必须具有在籍农村身份,为本集体经济组织成员。农村房屋拆迁一般是农村的宅基地和房屋拆迁分开补偿,所谓"分开补偿",是指土地补偿和地上附着物补偿的分离,即对宅基地上的房产进行评估并折价为货币,而宅基地则是由村民交还村集体,由村集体另行安置补偿房屋。

以上说的分开补偿的问题,应先审查房屋拆迁补偿安置协议的内容及村集体有关拆迁安置办法,是不是房地分开补偿以上述文件为准。如果是采取了分开补偿的方式,该案子补偿的房屋,显然应为户内家庭成员共有。根据案情所述,该农村集体土地上的房屋系夫妻二人共批共建,根据《民法典》第 1062 条的规定,夫妻在婚姻关系存续期间所得的财产,为夫妻共同财产,归夫妻共同所有,而本案中所涉房屋的补偿部分亦归夫妻二人共同所有,其中属于女方的产权份额在其去世后为其遗产,若无个人财产的相关约定,办理继承公证时,应当按照《民法典》第 1153 条的规定,先将该共同财产的一半分出为男方所有,其余为女方的遗产。

19 城镇居民购买农村房屋合同效力的认定

【问题】某城镇居民甲看上了乡下某乙一栋已经弃用的宅基地建房,准备购买该宅基地建房,进行花园式改造后用于周末度假使用。现甲乙双方向公证机构申办该宅基地建房的转让协议公证。

【请问】城镇居民购买农村房屋合同效力如何?

【解答】

城镇居民购买农村私有房屋的合同无效。城镇居民购买农村房屋合同原则无效,但不排除在例外的特殊情况下认定此类交易合同有效,应当结合历史背景、现有占有关系等考虑其效力。由于我国农村土地归集体所有,村民作为集体经济组织的成员只拥有宅基地使用权,并且一户只能拥有一处宅基地,宅基地是农民的重要财产权利,农民一旦失去住房及其宅基地,将会丧失基本生存条件。因此,对于城市居民购买农村宅基地上的私有房屋,现阶段我国的法律法规及政策还都是采取的禁止性原则,在审判实践中对于农村私有房屋买卖合同在一般情况下认定为无效。

但是,司法实践中的个案情况是非常复杂的,这种“合同无效”的处理原则也不能不分具体案情地一概适用。因此,北京市高级人民法院早在 2004 年 12 月针对此问题专门组织了研讨会,会议中达成共识并形成了会议纪要:农村私有房屋买卖合同以认定无效为原则,以认定有效为例外;从买卖双方的主体身份来看,如双方都是同一集体经济组织成员,经过了宅基地审批手续的,可以认定合同有效。2006 年 9 月 14 日,北京市法院民事审判实务疑难问题研讨会召开,这次会议认为:农村私有房屋买卖应当认定无效,2004 年会议纪要中所确立的原则是恰当的,仍应坚持,但是在以无效为原则之外要考虑个案的不同情况,所以可以根据实际情况依法确认合同的效力。

20　母亲为孩子出资购买房产是否可约定禁止小孩父亲居住

【问题】当事人双方是母子关系,母亲离异,孩子已经成年。母亲欲出资以孩子名义购买房产,银行贷款由母亲偿还,现母子二人要求办理居住权协议公证。

【请问】因父母离异,在办理《居住权协议》公证时,能否在协议中约定禁止父亲居住的内容?

【解答】

根据《民法典》第 465 条第 1 款的规定,依法成立的合同,受法律保护。依法成立的合同,仅对当事人具有法律约束力,但是法律另有规定的除外。这体现了合同的相对性,合同的相对性对应两个概念:一是在权利层面表现为当事人的权利受到法律保护;二是在义务层面表现为合同应当严守。本案中,离异另一方并不属于该居住权协议的合同相对方,也不属于“法律另有规定”的范畴,故在协议中不宜约定禁止另一方居住的情形。但是可以换一个角度来思考,因为母亲赠与了购房款给孩子,对于该赠与可以附义务,该义务即为不允许孩子的父亲居住或为其设定居住权。该义务合情合理,可以由母亲与孩子单独签署赠与合同,将该特殊义务写进去。

21　买卖双方是否可以在交易合同中为一方设立居住权

【问题】因为孙子上学问题,母亲以房屋买卖公证的形式将名下唯一的住房过户给儿子,但是担心自己老无所居,所以想设立居住权。

【请问】买卖双方是否可以在交易合同中为一方设立居住权?

【解答】

根据《民法典》第 366 条规定,居住权人有权按照合同约定,对他人的住宅享有占有、使用的用益物权,以满足生活居住的需要;第 367 条第 1 款规定,设立居住权,当事人应当采用书面形式订立居住权合同。

本案例中母亲为了保障自己的晚年生活,可以在买卖合同中约定居住权事项,使房屋所有权转移但保留居住权。本案所涉房屋是母亲的唯一住房,公证人员在办理时可以让申请人充分落实当地入学政策,如果非必要情况下可以建议母亲转让部分房屋份额,这样可以最大程度的保障自己的晚年生活,同时也不会影响家庭和谐。

22 赠与合同中附加居住权内容

【问题】父亲将房屋赠与给子女，向公证机构办理赠与合同公证，当事人想在赠与合同中附加居住权条款。

【请问】附加居住权的赠与，是在赠与合同中设置居住权条款还是办完赠与过户后另行签订居住权合同进行约定？

【解答】

根据《民法典》第661条规定，赠与可以附义务。赠与附义务的，受赠人应当按照约定履行义务。赠与时所附义务是赠与合同的重要条款，是赠与人做出赠与意思表示的重要影响因素，也是约束受赠人按约定履行义务的重要内容。因此，赠与时附加居住权，是赠与合同的重要内容，应当参照《民法典》第367条的规定在赠与合同中进行约定。附加居住权的赠与合同，在受赠人不履行居住权义务时，赠与人可依据《民法典》第663条的规定行使法定撤销权，撤销对受赠人的赠与。因此，在赠与合同中约定居住权条款，更有利于保护赠与人的权益。

23 再婚夫妻通过公证遗嘱设立居住权

【问题】夫妻二人系再婚夫妻，男方身患疾病，女方一直悉心照料，为保障女方今后老有所居，男方想通过公证遗嘱方式为女方设立居住权。

【请问】

1. 通过遗嘱设立居住权的，居住权何时设立？是从被继承人死亡之日起设立，还是进行登记设立？
2. 被继承人死亡后又由谁去完成居住权登记？

【解答】

根据《民法典》第368条规定，设立居住权的，应当向登记机构申请居住权登记。居住权自登记时设立。《民法典》第371条规定，以遗嘱方式设立居住权的，参照适用本章的有关规定。可以看出，居住权自向登记机构申请居住权登记时设立，当事人可以通过立遗嘱的方式设立居住权。遗嘱以立遗嘱人死亡为生效时间点，故通过立遗嘱的方式设立居住权的，居住权在立遗嘱人死亡后，由遗嘱中所涉居住权人持该遗嘱到居住权登记部门申请登记。

24 设立居住权的遗嘱是否跟处分遗嘱一并设立

【问题】老人想立公证遗嘱，把房子由儿子与女儿共同继承，同时又要把同一套房子让第三人无偿居住直到去世。

【请问】居住权以遗嘱的方式设立，属于立遗嘱人对用益物权的处置，是否要与房子所有权的处置分别设立遗嘱？还是属于附义务的遗嘱，作为遗嘱受益人继承遗产的条件？

【解答】

实际上，在中国民法体系下，根据遗嘱人的意思可以有两种方式：附义务的遗嘱和设定居住权的遗嘱。这两种方式会产生不同的法律效果，附义务的遗嘱不履行义务时，利害关系人可以请求取消继承。设定居住权的，等于继承人继承的是有负担的房屋，继承的房屋设定了用益物权——居住权。从保护遗嘱人意愿的强度来看，居住权作为法定的用益物权，其保护强度高于遗嘱附义务的方式。可以将两者方式的法律后果说明，由遗嘱人自行选择。

设定居住权的遗嘱与处分财产的遗嘱，既可以分别订立，也可以合并订立，并无法律障碍。设定居住权的遗嘱，在表述时，一定要明确是根据《民法典》的规定设定居住权，避免误解成是设定居住的附义务遗嘱。

25　设立了居住权的房屋是否还可以设立抵押权

【问题】一套房屋已设立了有期限的居住权，在居住权期间，房主想用此套房屋抵押贷款，向公证机构申办公证。

【请问】设立了居住权的房屋是否还可以设立抵押权？

【解答】

不动产已经设立居住权，仍然可以提供抵押担保。依据《民法典》第366条规定，居住权人有权按照合同的约定，对他人的住宅享有占有、使用的用益物权，以满足生活居住的需要。《民法典》第394条第1款规定，为担保债务的履行，债务人或者第三人不转移财产的占有，将该财产抵押给债权人的，债务人不履行到期债务或者发生当事人约定的实现抵押权的情形，债权人有权就该财产优先受偿。因此，居住权是用益物权，抵押权是担保物权，二者并不冲突。

实现抵押权时，居住权不会因此消灭。抵押权的实现，一般通过拍卖、变卖抵押财产的价款进行受偿，在物权转移时，并不影响不动产的使用，故居住权仍然存在。在尚未设立居住权的情况下，可以通过在抵押合同中进行约定来限制居住权的设立。但这仅仅是为维护抵押权人的合法利益不受损害，允许抵押权人预先通过约定方式限制或者禁止设立居住权，基于合同以契约的方式进行限制。因为设立居住权对于抵押权的实现势必带来一定影响，建议设立抵押时向不动产登记中心查询房屋情况。

26　个人名下海域使用权转移到公司名下

【问题】当事人A名下有一处海域使用权（有海域使用权证），当事人A注册了一个自然人独资的生物科技有限公司，当事人A是法定代表人。现A想将个人名下的海域使用权转至该公司名下。当事人向原登记机关（县人民政府）咨询申请，县政府经研究回复，个人名下的海域使用权直接登记为该公司名下不符合法律规定，要确定海域使用权的变更方式（转让或是当事人A对公司的增资），然后相关法律文书经公证后方可进行变更登记。

【请问】

1. A是否可以作为公司法人代表与本人（作为自然人）签订《海域使用权转让协议》？

2. 如果A选择增资的方式变更海域使用权，以办理声明书公证的形式是否合适？

【解答】

一、海域使用权转让

海域使用权可以依法转让，办理《海域使用权转让协议》公证，应注意审查所转让的海域使用权是否具备《海域使用权管理规定》第38条规定所要求的转让条件；公证员还应审核申请人主体身份资料，审查海域使用权权属状况（使用剩余年限，是否有抵押、查封、冻结等权利受限的情况）。

关于当事人A作为公司的法定代表人代表公司和其本人签订《海域使用权转让协议》的效力问题。鉴于本案具有特殊性，分类讨论如下：

1. 从自然人和公司法人是两个相对独立的民事主体的角度审视，公司可以和个人签署合同，该个人同时为该公司法定代表人也无不可，涉及出让（转让）公司资产或者购入资产的，可由公司召开股东会，由股东会出具《股东会决议》。如本案公司购入公司法定代表人名下海域使用权的情况，若不愿出现合同上法定代表人两次签字的情形，可以以股东会决议的形式委托其他被授权人与该法定代表人（作为自然人身份）签署上述《海域使用权转让协议》。上述情形下的特殊情况可能在于：该法定代表人本身为公司大股东（占股比例2/3以上），其本人即可出具有效力的《股东会决议》，从法律的角度似无不可，但从办理公证的角度，建议公证员应要求该法定代表人至少履行通知义务，其他股东也尽量参与上述股东会，该种方式在于避免大股东侵犯小股东权益，在公证环节即规避了以后可能的纠纷。

2. 本案具有特殊性，即生物科技公司（买受人）系当事人A设立的自然人独资公司，从实践的角度看来，当事人A作为公司的法定代表人代表公司和其本人签订《海域使用权转让协议》基本可视为自己签署合同，从法律规定看来，也可视为公司与个人签署合同，并无法律规定此种合同为无效合同。

二、增资扩股方式移转海域使用权

以增资入股（扩股）的形式变更海域使用权主体是法律法规所允许的，但从实践的角度，办理以不动产所有权、相关使用权形式的增资扩股的工商变更，工商管理机关一般要求先变更所有权、使用权的权属（该权属证明为工商要求提交的材料之一），该种现实情形导致了当事人想以增资扩股的形式变更使用权主体在事实上和实践中不可行。当然该种情形可以与当地政府和工商管理机构沟通后进行选择，但如果仅采用是当事人发表声明并办理声明书公证的形式，我们认为并不可行。综上，从实践的角度出发抑或根据法律法规的规定，当事人还是应该采用转让的方式变更上述海域使用权，如其目的系增资扩股，可将变更后的使用权证书作为提交资料交工商管理机构，提出相应申请。

附：相关法律规定

《民法典》第247条规定：矿藏、水流、海域属于国家所有。

《民法典》第328条规定：依法取得的海域使用权受法律保护。

《民法典》第395条规定："债务人或者第三人有权处分的下列财产可以抵押：（一）建筑物和其他土地附着物；（二）建设用地使用权；（三）海域使用权；（四）生产设备、原材料、半成品、产品；（五）正在建造的建筑物、船舶、航空器；（六）交通运输工具；（七）法律、行政法规未禁止抵押的其他财产。抵押人可以将前款所列财产一并抵押。"

《海域使用管理法》第27条规定：因企业合并、分立或者与他人合资、合作经营，变更海域使用权人的，需经原批准用海的人民政府批准。海域使用权可以依法转让。海域使用权转让的具体办法，由国务院规定。海域使用权可以依法继承。

《海域使用权管理规定》第37条规定：海域使用权有出售、赠与、作价入股、交换等情形的，可以依法转让。

《海域使用权管理规定》第 38 条规定："转让海域使用权应当具备下列条件：（一）开发利用海域满一年；（二）不改变海域用途；（三）已缴清海域使用金；（四）除海域使用金以外，实际投资已达计划投资总额百分之二十以上；（五）原海域使用权人无违法用海行为，或违法用海行为已依法处理。"

27　房地不一的土地使用权转让合同公证

【问题】当事人准备申请办理土地使用权转让合同公证。经了解，土地上有一处建筑物，并且有房产证。土地使用权人是老两口，房屋所有权人是老两口和儿子儿媳，出现了土地使用权人和房屋所有权人不一致的情况。

【请问】这类房地不一的问题，公证机构该如何处理为妥？

【解答】

2008 年最高法院公报案例中国信达资产管理公司西安办事处与陕西省粮油食品进出口公司西安中转冷库、陕西省粮油食品进出口公司借款担保合同纠纷案中土地使用权和地上建筑物分属于不同的人，仅是用土地使用权抵押，而地上房屋所有权人未同意，抵押无效。这个判例说明了房地一体原则，本案中也是房屋和土地使用权登记的权利人不同，房地一并转让就可以，不用纠结这个转让是土地使用权转让还是房屋所有权转让。

《民法典》第 357 条规定，建筑物、构筑物及其附属设施转让、互换、出资或者赠与的，该建筑物、构筑物及其附属设施占用范围内的建设用地使用权一并处分；第 397 条规定，以建筑物抵押的，该建筑物占用范围内的建设用地使用权一并抵押。以建设用地使用权抵押的，该土地上的建筑物一并抵押。抵押人未依据前款规定一并抵押的，未抵押的财产视为一并抵押。从以上规定可以看出，房地一体是基本原则，但是由于历史原因，房地会分属不同主体，可若转让时房地一体转让，合同效力就没有障碍。如因历史原因，不动产登记部门不给办理权属变更登记，根据物权变动原因与结果区分原则，合同作为原因行为仍然有效，公证员一定要将区分原则给当事人解释清楚。

28　执行和解协议增加了抵押物是否可以赋予强制执行效力

【问题】当事人凭公证机构出具的执行证书，已在法院执行局立案进入执行程序。现在，债权人、担保人达成执行和解，延长了履行期间，约定了新的利率，若不按时履行将恢复执行原执行证书。同时当事人对抵押物进行了置换，解除旧的抵押，抵押人提供新抵押物并签订新的抵押合同且进行抵押登记，但和解期间不冻结查封新抵押物。

【请问】在执行程序期间，现双方就新的抵押合同办理赋予强制执行效力公证，是否可以办理？

【解答】

《最高人民法院关于执行和解若干问题的规定》第 18 条特别规定了执行和解协议中担保条

款的效力，如果担保人向人民法院承诺被执行人不履行和解协议时自愿接受强制执行，恢复执行原生效法律文书后，人民法院可以依申请执行人的申请及担保条款的约定，直接执行担保财产或保证人的财产，不需要申请执行人另行提起诉讼。但如果申请执行人选择就履行和解协议提起诉讼，担保条款依然有效，申请执行人可以在诉讼中主张担保人承担责任。即申请执行人有选择权，故此时申请执行人选择利率更高的和解协议履行亦是其权利。故通过办理和解协议以及抵押合同一并公证并赋予强制执行效力是可行的。

29 未办理抵押登记的抵押物被他案查封后能否出具执行证书

【问题】银行与当事人签订了赋强的借款抵押合同公证，房产没有办理抵押登记，现在房产因其他案件被查封，当事人现在没有按合同约定还款，银行要求公证处出具执行证书。

【请问】本案中，公证机构是否可以申请出具执行证书？

【解答】

公证机构可以出具执行证书。只是进入执行程序后，银行对该房产没有优先受偿权，银行可以要求抵押人以抵押物价值为限承担责任。出具执行证书回应的是违约的债权债务关系，抵押是实现债务的担保手段，没有冲突。没有办理抵押登记，对该房产不享有优先受偿权，但仍可对该房产的剩余价值部分主张权利，或者要求债务人以其他财产进行偿还，房产只是能够实现债务的途径之一，甚至可以理解为房产仅为执行线索，故不影响出具执行证书。

30 附回购权的以物抵债协议是否可以公证

【问题】公司向B村镇银行抵押贷款，到期后未能如数还款，现B村镇银行与A公司签订资产抵债协议。协议约定：A公司将抵押物先抵给B村镇银行以抵消贷款，但是抵押物先不过户，等到按照抵债协议约定的时间到期，如果A公司能还完贷款，则A公司将抵押物回购，如不能还完贷款，则B村镇银行将抵押物评估拍卖。

【请问】本案中附回购权的以物抵债协议是否可以公证？

【解答】

《民法典》第410条第1款规定，债务人不履行到期债务或者发生当事人约定的实现抵押权的情形，抵押权人可以与抵押人协议以抵押财产折价或者以拍卖、变卖该抵押财产所得的价款优先受偿。协议损害其他债权人利益的，其他债权人可以请求人民法院撤销该协议。

结合案情可知，B村镇银行与A公司所做约定，其实质上属于债务到期后实现抵押权方式的一种协议；而根据案情中"等到按照抵债协议约定的时间到期"有关表述，可认定为贷款延期，亦可理解为是双方就启动实现抵押权程序(协议拍卖)所附的条件；在案情中所称"A公司将抵押物先抵给B村镇银行以抵消贷款，但是抵押物不过户，等到按照抵债协议约定的时间到期，如果A公司能还完贷款，则A公司将抵押物回购"等相关约定则有"让与担保"之意。让与担保并不违反法律法规强制性规定，可以根据当事人的意愿设定。本案中，公证机构应当告知当事人让与担保的法律意义和后果，在双方知悉后可以根据当事人自由意愿在以物抵债协议中规定让与担保的内容。

31　房地产抵押典当合同的赋强问题

【问题】申请人申办赋予房地产抵押典当合同强制执行效力公证，该房产系按揭贷款购买，贷款期限为30年，已办理抵押登记，按揭贷款尚未清偿。现抵押人将该房作为当物抵押给典当行，且已办理顺位抵押登记。对于该房产的剩余价值，抵押人与典当行议定了一个共同认可的房屋价值，未再进行评估。

【请问】

1. 以上操作是否符合典当管理办法？

2. 双方对典当房屋价值的确认是否合法可行？

【解答】

一、不违反《典当管理办法》的规定。依据《典当管理办法》第36条规定，当物的估价金额及当金数额应当由双方协商确定。房地产的当金数额经协商不能达成一致的，双方可以委托有资质的房地产价格评估机构进行评估，估价金额可以作为确定当金数额的参考。典当期限由双方约定，最长不得超过6个月。

二、本案中除赋强公证的告知之外，还应注意告知以下内容，以进行风险提示：

1. 以同一财产向两个以上债权人抵押的，公证员需将抵押物已经抵押的事实（查询结果）充分告知债权人（抵押权人），并告知其可能的法律后果和法律风险，以及实现抵押权时拍卖、变卖抵押财产所得价款的清偿顺序；

2. 基于房屋价值系抵押人与抵押权人议定，还应告知顺位在后的抵押权人（典当行）：在抵押房产担保的债权超过抵押财产实际价值的情况下，超出部分的债权只能作为一般债权，不具有优先受偿的效力。

相关法律条文：

《民法典》第414条规定："同一财产向两个以上债权人抵押的，拍卖、变卖抵押财产所得的价款依照下列规定清偿：（一）抵押权已经登记的，按照登记的时间先后确定清偿顺序；（二）抵押权已经登记的先于未登记的受偿；（三）抵押权未登记的，按照债权比例清偿。其他可以登记的担保物权，清偿顺序参照适用前款规定。"

32　管理部门不予登记的抵押权能否办理赋强公证

【问题】抵押人（非借款人）以采矿权抵押，有采矿证。之前办理过采矿权抵押登记，后来相关管理部门不给办理抵押登记了。

【请问】公证机构在告知银行抵押权不成立，没有优先受偿权的前提下，是否可以对此类抵押合同办理赋强公证？

【解答】

《民法典》第395条第1款规定："债务人或第三人有权处分的下列财产可以抵押：（一）建筑物和其他土地附着物；（二）建设用地使用权；（三）海域使用权；（四）生产设备、原材料、半成品、产品;(五)正在建造的建筑物、船舶、航空器;(六)交通运输工具;(七)法律、行政法规未禁止抵押的其他财产";第402条规定:"以本法第三百九十五条第一款第一项至第三项规定的财产或者第五项规定的正在建造的建筑物抵押的,应当办理抵押登记。抵押权自登记时设立"。依据上述规定,以采矿权设定抵押的应当办理抵押登记,抵押权自登记时设立。未登记,抵押权不成立,债权人不能就抵押物优先受偿。

依据《民法典》第215条之规定,当事人之间订立有关设立、变更、转让和消灭不动产物权的合同,除法律另有规定或者当事人另有约定外,自合同成立时生效;未办理物权登记的,不影响合同效力。故,如抵押合同特别约定办妥抵押登记合同才生效的,则该抵押合同成立但未生效。如未有前述约定的,抵押合同成立并生效。

《商业银行法》第36条规定:"商业银行贷款,借款人应当提供担保。商业银行应当对保证人的偿还能力,抵押物、质物的权属和价值以及实现抵押权、质权的可行性进行严格审查。经商业银行审查、评估,确认借款人资信良好,确能偿还贷款的,可以不提供担保。"因此,作为"对实现抵押权的可行性负有严格审查义务"的债权人(银行),一般均有严格的贷款审查程序和审查制度,合同中对抵押登记的办理通常也有严格而详细的规定,即使抵押合同成立并生效,公证机构也应审查抵押合同关于抵押登记的相关约定,确认负有办理抵押登记义务的一方或双方是否因为政策原因(不能办理抵押登记)已经履行不能。

依据最高人民法院的裁判观点:抵押合同成立并生效,抵押权因未办理抵押登记而未设立,债权人可以主张抵押人在抵押物价值的范围内对债务承担连带清偿责任,但债权人不能就抵押物主张优先受偿,但这需要进行个案裁判。综上,建议对本案慎重处理。

33 在已设立抵押权的建设用地上修建厂房

【问题】甲公司向丙银行借款200万元,并以其名下1万平米土地(工业用地)设立抵押,借款期限为一年。抵押期间,甲公司与乙公司达成合作开发协议,由乙公司出资在该土地上修建厂房等。

【请问】修建厂房是否应征得抵押权人的同意,该合作开发协议能否公证?

【解答】

首先,应明确《合作开发协议》的性质。参照《最高人民法院关于审理涉及国有土地使用权合同纠纷案件适用法律问题的解释》相关规定,如合作开发提供土地使用权的当事人只收取固定利益的,应当认定为土地使用权转让合同;如提供资金的当事人,只分配固定数量房屋,应认定为房屋买卖合同;如提供资金的当事人,只收取固定数额货币的,应当认定为借款合同。

其次,应明确抵押权新增建筑物的效力。根据《民法典》第417条的规定,"建设用地使用权抵押后,该土地上新增的建筑物不属于抵押财产。该建设用地权实现抵押权时,应当将该土地上新增的建筑物与建设用地使用权一并处分。但是,新增建筑物所得的价款抵押权人无权优先受偿。"

最后,应明确抵押财产转让的效力及抵押人的义务。根据《民法典》第406条第1款的规定,"抵押期间,抵押人可以转让抵押财产。抵押财产转让的,抵押权不受影响。抵押人转让抵押财产的,应当及时通知抵押权人。"

结合上述所提出的问题,我们假设不同的情形:(1)如该合作开发是由甲方提供土地使用权,乙方提供资金,且该项目是以甲方为建设单位取得建设工程许可证进行的合作开发,厂房建造竣工,以甲方名义取得不动产权利证后,根据约定,再分配房屋,办理不动产转移登记的,应认定为房屋买卖。在此情形下,公证处可以办理该《合作开发协议》公证,对于新增厂房不属于抵押财产,抵押人应当通知抵押权人。(2)如双方的合作开发,本质是土地使用权的转让,在建造厂房前,无法办理土地使用权转让登记手续,变更建设方的,建议不宜办理。(3)如名为合作开发,实质是借贷关系,建议不宜办理。

34　股权质押合同金额或期限变化是否可依约出具执行证书

【问题】股权质押合同当事人在合同中约定,如借款合同发生金额或者期限上的变化,原赋予强制执行效力仍有效。债权人申请执行证书时,有的公证机构认为借款合同金额、期限等发生了实质性变化导致其不是原来申请赋强的合同从而拒绝出具执行证书。

【请问】

1. 为了规避因合同内容变化而出现拒绝出具执行证书情况,是否可以建议当事人将合同从一般质押变为最高额质押?

2. 如果借款合同发生实质性变化,公证机构是否仍然可以依据质押合同中有关提前约定出具执行证书?

【解答】

一、《民法典》第 439 条第 1 款规定,出质人与质权人可以协议设立最高额质权。依《民法典》第十七章第二节最高额抵押权的有关规定,最高额质权是指为担保债务的履行,债务人或者第三人对一定期间内将要连续发生的债权提供担保财产的,债务人不履行到期债务或者发生当事人约定的实现质权的情形,质权人有权在最高债权额限度内就该担保财产优先受偿。当事人之间若可能发生多次借贷关系或借款金额、期限等合同内容有可能发生变化的情况下,设立最高额质押更能保障一定期间内发生的债务的履行,确保质权得以实现。

二、根据《最高人民法院关于公证债权文书执行若干问题的规定》第 6 条:"公证债权文书赋予强制执行效力的范围同时包含主债务和担保债务的,人民法院应当依法予以执行;仅包含主债务的,对担保债务部分的执行申请不予受理;仅包含担保债务的,对主债务部分的执行申请不予受理"的规定及结合其他法律、法规、司法解释、通知的有关规定,可以单独对质押合同办理具有强制执行效力债权文书公证,就质押财产申请强制执行。最高额质权设立的情况下,若借款在质押担保的债务发生期间内产生,则借款合同内容的变化并不影响公证机构出具执行证书,质权人有权在最高债权额限度内就该担保财产优先受偿;若为一般股权质押,基于当事人已经事先对强制执行效力的追击力进行了规定,所以根据意思自治原则,也应承认该特别约定之效力,公证机构可以出具执行证书。

35　是否可以用个人工资提供担保

【问题】当事人拟在合同中约定用一方工资向另一方的借款作为担保,并向公证机构申办担保合同公证。

【请问】是否可以用个人工资提供担保?

【解答】

正常情况下稳定的工资收入是能够进行质押担保的,这种通过劳务获得报酬的权利可以归为应收账款的范畴,是一种独立的担保物。如《最高人民法院关于适用〈中华人民共和国民法典〉有关担保制度的解释》第61条第4款"以基础设施和公用事业项目收益权、提供服务或者劳务产生的债权以及其他将有的应收账款出质,当事人为应收账款设立特定账户,发生法定或者约定的质权实现事由时,质权人请求就该特定账户内的款项优先受偿的,人民法院应予支持"的规定,如果法院冻结就只能冻结工资,而不是所有的财产。

在合同中约定工资担保的,不仅需要审查收入,还应当对工资收入的持续性和稳定性进行审查,避免出现签订合同后,工资被人为中断而导致不能代偿债务的空担保情况。

用工资担保类似于权利质押,是将来获得劳务报酬的权利,不存在交付的问题,也无法交付。这项权利取得必须以担保人付出劳务为前提,因此具有较强的人身属性,更大程度上属于人保性质。况且,工资如作为质押,目前也没有相应的登记部门。因此,不应单纯把工资担保进行诸如人保和质押的严格划分,合同宜约定在工资优先受偿的前提下,担保人对未受偿债务负有连带责任,这与工资担保并不矛盾。

36 安格斯牛作为质押物的赋强公证

【问题】公证处受理了一个流动资金借款合同,是用2000头安格斯牛作质押,质押清单只写明2000头安格斯牛,并未写明具体是哪2000头,银行解释说具体哪些牛,以实际交付的为准。

【请问】

1. 能否办理该事项公证?

2. 以后出具执行证书时,应注意哪些事项?

【解答】

首先应查清牛是谁的,有没有牛。如牛已经有了,则要调查属于谁的,即牛的来源渠道,最好采集一下牛的耳标信息。如以准备购买的牛为质押,则实际是权利质押,应审查其采购合同和购买的票据、证书及相关接收单据。

《民法典》第429条规定,质权自出质人交付质押财产时设立。质押是为了担保债权的,债权人对质物享有优先受偿权。作为赋强公证而言,公证机构出具执行证书时,应当注意执行标的是否包括合同约定的债务本金、利息、违约金、实现债权的费用、担保人的担保责任等内容。

37 用公司的经营权和收益进行抵押或质押

【问题】甲公司因经营周转需要,欲以公司的经营权和收益作抵押或质押,向相关机构借款。

【请问】公司的经营权和收益能否进行抵押或质押?

【解答】

《民法典》第395条规定:债务人或者第三人有权处分的下列财产可以抵押:(1)建筑物和其

他土地附着物;(2)建设用地使用权;(3)海域使用权;(4)生产设备、原材料、半成品、产品;(5)正在建造的建筑物、船舶、航空器;(6)交通运输工具;(7)法律、行政法规未禁止抵押的其他财产。抵押人可以将前款所列财产一并抵押。可以抵押的财产包括:不动产、动产和权利,抵押财产必须具有可转让性。

企业经营权,是指企业在经营过程中对企业财产经营、投资和其他事项所享有的支配、管理权。经营权,不是民法上的权利,而是国家机关赋予的资格(行政许可),该资格包括了权利、义务及责任,因此不能质押。能够质押的权利需要法律明确规定,例如知识产权。公司经营权有些是特许经营(经行政许可),不具有可转让性,因此不宜设定质押。

附件:《昆明市公证员协会公证机构办理银行贷款合同赋强公证的业务指引》

第一章　公证债权文书

第一条　赋强类型

公证机构可以对下列合同赋予强制执行效力:

(一)各类融资合同,包括各类保理合同、授信合同、借款合同、委托贷款合同、信托贷款合同等各类贷款合同,票据承兑协议等各类票据融资合同,开立信用证合同,信用卡融资合同(包括违约卡合约及各类分期付款合同)等;

(二)债务重组合同、还款合同、还款承诺等;

(三)各类担保合同、保函;

(四)最高额抵押、质押、保证合同;

(五)反担保合同;

(六)其他符合本指引第二条规定的其他债权文书。

第二条　赋强条件

公证机构对贷款银行运营中所签署的合同赋予强制执行效力应当具备以下条件:

(一)债权文书具有给付货币、物品、有价证券的内容;

(二)债权债务关系明确,债权人与债务人对债权文书有关给付内容无疑义;

(三)债权文书中载明债务人不履行义务或不完全履行义务时,债务人愿意接受依法强制执行的承诺。该承诺也可以通过承诺书或补充协议等方式在债权文书的附件中载明。

第三条　担保赋强

主债权债务合同没有赋予强制执行效力,当事人可以仅要求对担保合同赋予强制执行效力。

公证机构可以对连带责任保证合同赋予强制执行效力,但一般不宜对一般责任保证合同赋予强制执行效力;当事人坚持要求对一般责任保证合同赋予强制执行效力,公证机构决定办理的,应当要求保证人书面承诺放弃先诉抗辩权。

第四条　正在履行的贷款合同赋强

对正在履行的贷款合同申请赋予强制执行效力的,公证机构可对各方当事人重新订立的补充协议或还款协议进行公证并赋予强制执行效力,办理时应当对原债权债务关系的真实性、合法性及实际履约情况进行必要的审查。

第五条　赋强范围

贷款合同赋予强制执行的效力范围可以包括:

（一）本金；
（二）利息；
（三）违约金（罚息等）；
（四）实现债权的费用。

当事人应当在贷款合同中明确赋予强制执行的效力范围，包括前款规定的全部或部分事项。当事人可以约定本金赋予强制执行效力但利息选择采取诉讼方式解决纠纷。

第六条 律师费约定

贷款银行委托律师进行债务追偿产生的法律服务费，作为实现债权的费用构成部分的，公证机构应当要求当事人在贷款合同中明确可执行的具体费用标准，一般宜以逾期未清偿的本金、利息和违约金（罚息等）总额的一定比例计算。

第七条 一般告知

公证机构办理银行贷款合同赋予强制执行公证，应当重点告知当事人以下内容：

（一）赋予强制执行效力的法律依据、法律意义和后果；

（二）法律关于执行期间的规定以及向公证机构申请出具执行证书发生执行期限中止、中断的规定；

（三）约定核实方式的法律意义以及当事人的配合义务；

（四）公证机构不予出具执行证书的情形和法律效果；

（五）告知债务人、担保人其没有收到执行证书不影响执行证书的执行；

（六）当事人知悉基于意思自治而达成的关于赋予强制执行效力的特别约定内容对各方具有拘束力。

第八条 特殊告知

公证机构办理银行贷款合同赋予强制执行公证，应根据案件不同情形告知当事人以下内容：

（一）授信类贷款合同以及最高额担保合同债权债务的确定方法；

（二）公证机构可以依据贷款合同约定对预期违约进行认定并据此出具执行证书；

（三）依据本指引规定，发生特定合同关系和内容变更的，原贷款合同不再具有强制执行效力，须重新申办公证；

（四）依据本指引规定，发生特定合同关系和内容变更的，原贷款合同的强制执行效力继续有效；

（五）债权人提出的执行申请已超过执行期限，债务人、担保人均未提出抗辩的，公证机构有权出具执行证书。

第九条 债务核实方式约定

公证机构应当引导当事人设立出具执行证书时的债务核实方式，至少应当将电话、信函邮寄送达方式一并设定为兜底核实方式，要求当事人变更核实方式和邮寄地址的要事先通知公证机构。

采用信函邮寄送达方式进行核实的，应当约定采用中国邮政特快专递（EMS）方式。

第十条 债务分期履行

债务分为多期履行的，当事人可以在贷款合同中约定，一期或者连续几期不偿还到期债务的，其后各期均提前到期。

第十一条　同一人的合同变更

借款人与担保人系同一人，贷款合同关系和内容发生变更的，建议按以下方法处理：

（一）变更借款本金或者变更、追加担保或者新债务人加入的，要求当事人在贷款合同中明确约定应当重新申办赋予强制执行效力公证，否则公证机构不予出具执行证书。

（二）借款利率或借款期限发生变更的，要求当事人在贷款合同中明确约定该情形继续属于赋予强制执行效力范围，无需另行申办公证。

第十二条　第三人担保的合同变更

第三人为债务提供担保，贷款合同关系和内容发生下列变更情形之一的，应当获得该第三人事先书面同意并经公证，方可继续具有赋予强制执行效力：

（一）借款本金；

（二）借款利率；

（三）借款期限；

（四）变更、追加担保；

（五）新债务人加入。

前款规定的处理方法，建议在贷款合同中予以明确。

第十三条　借新还旧合同赋强

借新还旧的贷款合同赋予强制执行效力，公证机构知悉其借款用途的，应当将该情况告知担保人。

第十四条　预期违约

公证机构应当建议当事人在贷款合同中约定预期违约时公证机构出具执行证书的条件和程序。

预期违约时出具执行证书的条件和程序为：

（一）贷款合同中载明预期违约的具体情形；

（二）发生预期违约情形后，贷款银行通过公证机构向债务人发送宣布债务提前到期的通知函；

（三）在债权人与债务人就预期违约是否成立发生争议时，同意公证机构对预期违约是否成立进行认定。

第十五条　债权转让

公证机构应当建议当事人在贷款合同中明确约定，发生债权转让时，赋予强制执行效力作为从权利发生一并转让的法律效果。

第十六条　债务转让

公证机构应当要求当事人在贷款合同中明确约定，发生债务转让时，未对转让合同申办赋予强制执行效力公证的，原强制执行效力不及于新债务人。

第十七条　担保人对债务人追偿权

担保人要求对债务人的追偿权赋予强制执行效力的，应当建议担保人、债务人另行签署债权文书并申办公证；但经贷款银行同意的，也可以一并在贷款合同中进行记载。

第十八条 担保人之间的追偿权赋强

同一债务有两个以上第三人提供担保的,公证机构应当引导当事人对各自担保范围、担保份额以及担保人之间是否具有追偿权进行明确约定。

根据司法解释,同一债务有两个以上第三人提供担保的,担保人之间未约定连带债务共同担保,但是各担保人在同一份合同书上签字、盖章或者捺指印,承担了担保责任的担保人请求其他担保人按照比例分担向债务人不能追偿部分的,人民法院应予支持。

对担保人之间的追偿权赋予强制执行效力的,应当建议各担保人另行签署债权文书并申办公证;但经贷款银行同意的,也可以一并在贷款合同中进行记载。

第十九条 债务人、担保人死亡的特别约定

公证机构应当建议当事人在贷款合同中明确约定,债务人、担保人死亡时公证机构出具执行证书的条件和程序。

债务人、担保人死亡时出具执行证书的条件和程序为:

(一)在债务核实期间,债务人、担保人的法定继承人可以对债务履行情况提出异议,公证机构按照规定对异议进行审查并依法做出相应处理。

(二)公证机构在出具执行证书时,继续将债务人、担保人作为被执行人,由人民法院在实际执行时再依据有关执行规定变更被执行人。

第二十条 贷款合同定义

本指引所称贷款合同,既包括主合同也包括合同附件以及补充协议。

第二章 出具执行证书

第二十一条 审查内容

公证机构出具执行证书,应当重点审查下列内容:

(一)债权人履行合同义务的事实和证据,债务人依照债权文书已经部分履行的事实;

(二)债务人不履行或不完全履行的事实确实发生;

(三)债权人提交的已按债权文书约定履行了义务的证明材料是否充分、属实;

(四)向债务人(包括担保人)核实其对债权文书载明的履行义务有无疑义,以及债权人提出的债务人(包括担保人)不履行或者不适当履行债务的主张是否属实。

第二十二条 核实方式

公证机构在出具执行证书前,应当对债务人(包括担保人)已经履行、不履行或不完全履行债务的事实和证据、申请执行的标的以及出具执行证书要求具备的其他内容进行核实。

核实应当采取当事人在公证债权文书中或者申请办理赋予债权文书强制执行效力公证时约定的方式进行;根据需要,公证机构也可以依职权采用信函、微信、电子邮件、电话(传真)、当面告知、公告等能合理抵达当事人的方式进行核实。

公证机构应当将核实过程中收集的证明材料、制作的询问笔录、工作记录等书面材料归档保存。

第二十三条 异议处理

债务人、担保人或第三人对出具执行证书提出异议的,应当提供相应的证据材料予以证明。

公证机构经审查,认为异议成立的,不予出具执行证书或者调整执行证书的相应内容;认为

异议不成立的，应当告知异议人理由，不影响公证机构按照法定程序出具执行证书。

第二十四条　出具执行证书条件

公证机构出具执行证书应当具备下列条件：

（一）债权人提交的材料齐备，经核实确认真实；

（二）债务人、担保人不履行或不完全履行债务的事实经核实确认真实；

（三）债务人、担保人在规定期限内未按约定方式回复或虽回复但提出的异议不成立；

（四）被执行人、执行标的和申请执行的期限等经核实确认无误。

第二十五条　不予出具执行证书

有下列情形之一的，公证机构不予出具执行证书：

（一）公证债权文书存在最高人民法院《关于适用〈中华人民共和国民事诉讼法〉的解释》第四百八十条规定的"确有错误"不予执行的情形；

（二）债权人未能对其已经履行义务的主张提出充分的证据材料；

（三）债务人、担保人对其已经履行义务的主张提出了充分的证据材料；

（四）人民法院已经受理了当事人就具有强制执行效力的债权文书提起的诉讼。

公证机构决定不予出具执行证书的，应当向当事人作出书面决定。

第二十六条　执行证书内容要素

公证机构出具执行证书，应当参考司法部关于执行证书的内容、格式要求，对以下要素重点记载：

（一）申请执行人和被申请执行人的名称或姓名、申请日期、申请事项及申请出具执行证书的理由；

（二）申请执行人所提交的证据材料；

（三）公证机构查明的相关事实，包括但不限于：

1. 申请执行人与被申请执行人订立债权文书经公证并赋予强制执行效力的情况；

2. 申请执行人履行、被申请执行人不履行或履行不适当的事实；

3. 公证机构出具本执行证书前进行核查的过程。

（四）包含被执行人、具体执行标的、申请执行的期限在内的证书结论。

公证机构还可根据案件具体情况，记载申请执行期限是否存在中断或中止、抵押物（质物）的登记信息、可供执行标的物、实现债权的费用等信息。

第二十七条　执行证书送达

公证机构出具执行证书，应当向债权人送达；确有必要的，也可以向债务人、担保人送达。

执行证书是否送达债务人、担保人，依法不影响案件的执行。

第二十八条　预期违约处理

因债务人存在预期违约情形，债权人申请公证机构出具执行证书的，公证机构按以下程序处理：

（一）结合公证债权文书的具体条款，审核约定条件的合理性及可操作性；

（二）结合债权人主张全部债务到期的事实和理由，审查预期违约的事实是否成就；

（三）贷款银行已经通过公证机构向债务人发送宣布债务提前到期的通知函；

（四）债务人、担保人认为其行为不构成预期违约的，应当听取各方意见，作出合理的判断。

若公证债权文书未就预期违约做出明确约定，债权人依据“不安抗辩权”主张债务提前到期的，公证机构应当根据《民法典》的相关规定，参考前款规定审核“不安抗辩权”是否成立。经审查认为成立的，可以出具执行证书；不成立的，不予出具执行证书。

第二十九条 债权文书内容变更处理

债权人申请出具执行证书的债权文书发生内容变更的，公证债权文书有约定的，按其约定处理；无约定或约定不明的，参考本指引第三十一条、第三十二条、第三十三条的规定处理。

第三十条 债务人（担保人）死亡处理

出具执行证书前，债务人或担保人死亡的，公证机构按照下列方法处理：

（一）合同各方当事人如有特别约定的，按约定处理；

（二）无约定或约定不明的，债务核实期间，债务人、担保人的法定继承人可以对债务履行情况提出异议，公证机构对异议进行审查并依法做出相应处理；出具执行证书时，继续将债务人、担保人作为被执行人，由人民法院在实际执行时再依据有关执行规定变更被执行人。

第三十一条 利息总额超过规定

公证债权文书约定或债权人申请的利息、罚息、违约金等超过法律规定的，超额部分不予计入执行范围。

第三十二条 不主动审查执行期限

债权人提出的执行申请已超过执行期限，债务人、担保人均未提出时效抗辩的，公证机构有权出具执行证书。

第三十三条 实现债权费用的确定

债权人主张将公证债权文书约定的实现债权的费用计入执行标的的，应当提供发票、收据、确认函等相关费用确认或已实际支付凭证。

公证机构经审核，确认该实现债权费用在公证债权文书中有约定并且债权人提供了相关费用确认或已实际支付凭证的，可以计入执行标的。

第三十四条 债权债务确定

公证机构按照最高额担保合同或授信合同的具体规定和债权人的主张，确定债权债务的具体数额；确定时，应当充分听取债务人的意见。

第三十五条 担保债务追偿

担保人对债务人或者其他担保人进行追偿的，如在贷款合同中有赋强约定的，可以在执行证书中一并处理；如在贷款合同中未进行赋强约定的，应当在条件成就时，根据担保人的申请，另行出具执行证书。

第三部分　合同编问题

1　已签署的合同能否申请公证

【问题】当事人因向相关部门进行合同备案需要对已经签署过的合同申办公证。

【请问】

1. 是否可以对已签署的合同办理公证?

2. 如果可以办理公证,可以采取什么样的公证方式,通常需要审查哪些内容?

【解答】

《民法典》第490条规定,当事人采用合同书形式订立合同的,自当事人均签名、盖章或者按指印时合同成立。在签名、盖章或者捺指印之前,当事人一方已经履行主要义务,对方接受时,该合同成立。法律、行政法规规定或者当事人约定合同应当采用书面形式订立,当事人未采用书面形式但是一方已经履行主要义务,对方接受时,该合同成立。

从以上条文来看,合同遵循自愿原则,公证当事人可以自主决定公证申请的范围,对已经签署的合同可以申办公证,公证机构可以采取相应方式对处于不同阶段的合同进行公证。

对已经签署的合同,当事人因各种目的需要申请公证的,可以要求当事人重新签署合同后办理公证,也可以按照对《确认协议》进行公证的方式处理。《确认协议》作为证明对象,已经签署的合同作为《确认协议》的附件。《确认协议》的内容请参见附件。关于确认协议证明方式的使用,需要注意下列事宜:

1. 对当事人办证目的的合法性和合理性进行审查。办证目的合法合理的,可以采用《确认协议》证明形式进行处理。例如,有些当事人为嗣后办理有关行政登记需要对公证书办理公证的,其目的合法合理。如果当事人的公证目的不法或不合理的,公证员应当拒绝办理。办理目的的合法性和合理性,承办人员应当进行个案把握。

2. 公证机构对已经签署的合同的合法性具有审查义务。以《确认协议》形式进行公证,并不能免除公证员对合同合法性进行审查的义务。已经签署的合同必须具有合法性才能办理公证,公证机构必须按照合同公证的审查标准进行公证。

3. 确认人与合同的签署人应当一致。在合同签署人为自然人的情况下,必须是原合同签署人来进行确认。在合同签署人为公司等组织的情况下,必须是该公司来进行确认,公司委派的人员必须有公司关于授权他确认合同的权限。

4. 确认的内容包括两个方面内容:合同签署时的相关情况和合同履行的相关情况。《确认协议》对既往相关法律行为和事实的确认,具有当事人陈述的证据效力。《确认协议》作为一个新的意思表示,具有补强以往意思表示的功能。在起草《确认协议》的时候,要重点关注当事人的履约情况,关注合同是否已经发生重大变更需要做补充协议。

5. 不建议采用复印件与原件相符的形式对已经签署的合同进行公证。复印件与原件相符公证,属于认证事项而非实质审查事项,除非当事人明确要求采用这种方式。

6. 已经签署的合同条款存在问题或瑕疵的处理。经审查发现已经签署的合同存在问题或瑕疵的,如果该问题或瑕疵不影响合同效力的,可以要求当事人以补充协议的形式进行修改,当事人拒绝修改的,可以按《公证程序规则》第 34 条的规定处理。如果该问题属于会影响合同效力的,应当要求当事人以补充协议的形式进行修改,当事人不修改的,应当拒绝办理。

附件:

确认协议[注1]

确认人:甲方,基本情况。

乙方,基本情况。

为使合同向相关行政部门备案[注2],确认人谨在公证员面前确认如下内容:

1. 甲乙双方于××××年××月××日在×××市(县)签署了《××××协议》(附后)。上述时间、地点属实,双方(双方代表)均有签约主体资格和完全权限。[注3]

2. 上述《××××协议》是甲乙双方真实的意思表示,是在没有胁迫、受欺诈的情况下自愿签署的。

3. 上述《××××协议》自签署以来没有变更、解除、终止、撤销等情形,依然属于有效协议,甲乙双方均愿意继续履行该协议。

4. 双方确认目前该协议的履约情况是:××××××[注4]

5. 双方以补充协议的方式对上述协议进行了补充,补充协议见附件。该补充协议构成该协议的部分,具有法律效力。

上述确认是双方在知晓确认的法律后果下所自愿作出的,双方愿意承担因确认所产生的法律后果和责任。上述确认内容如有虚假,双方愿意承担一切法律责任。

本确认协议一式×份,甲乙双方各持×份,公证处存档×份,均具有同等法律效力。

附注:

1. 本格式适用于当事人对已经签署的合同进行确认,是双方(多方)对双方(多方)法律行为的确认。对单方法律行为进行确认的,建议采用《声明书》形式进行公证。

2. 当事人对相关文书进行确认,一般有特殊的原因,建议在此进行详细记载。

3. 在实践中,确认人如系公司,但授权确认人并非原合同的签署人的,表述可以相应调整为:××公司的授权代理人××确认,《××××协议》上的"××公司"的印章确系该公司所盖,上面"×××"签字确系该公司法定代表人(授权代表)所签。

4. 本部分内容可以不写。

2 合同是否可以做复印件与原件相符公证

【问题】当事人之前已经履行完毕的合同,为证明自己的业绩将合同用于下次投标活动,当事人申请对该合同做复印件与原件相符的公证。

【请问】

1. 合同是否可以做复印件与原件相符公证?

2. 如果可以办理,公证机构如何把握合同的真实性?

【解答】

选择用哪种类型的公证办理,主要取决于法律事实、当事人的需求以及相关部门的要求,有时还可能考虑经济性。

合同作为法律文本,可以做复印件与原件相符公证。对于真实性,有法律上的真实和事实上的真实。作为法律人只能选择法律上的真实,即使法官也是同样如此。审查合同及确定其内容事实需要通过证据来进行,有些由当事人来提供,有些由公证处调取、核实来获取。在实务中,由公证处调取、核实的通常是证人证言、书证、物证、相关部门文件、证明等以上证据达到足以证明合同上有关内容就可以了。

3 将款项打给他人的声明书是否可以公证

【问题】甲方是发包方,乙方是施工方。乙方现向公证处申请办理声明书公证,声明的内容为乙方同意将部分工程款打入某人账户内,该人为实际施工人。

【请问】以上公证事项是否可以办理?

【解答】

公证机构办理本声明书公证,会存在以下风险:一是该工程是否存在转包、违法分包的情形。本案中的结算主体不宜,提示当事人可能存在规避法律法规的情形。二是当事人可能涉及偷逃应当缴纳的税费。结算主体与合同主体应当一致,不一致的有可能是转移收入从而偷逃增值税、企业所得税等。三是少计收入是企业会计准则所不允许的。

《民法典》第 146 条第 1 款规定,行为人与相对人以虚假的意思表示实施的民事法律行为无效。综合以上因素,本案存在以合法形式掩盖非法目的的可能,不建议公证机构办理该声明书公证。如果要办理该声明书公证的,公证机构必须要审查确认当事人之间的转移支付的基础法律原因行为真实、合法。

4 受让人能否成为转让的通知主体

【问题】有当事人欲向债务人邮寄债权转让通知,并就邮寄行为向本处申办保全证据公证。

【请问】邮寄该通知的行为,由债权转让方还是受让方来实施更为合理?

【解答】

《民法典》第 546 条规定第 1 款规定,债权人转让债权,未通知债务人的,该转让对债务人不发生效力。

最高人民法院民法典贯彻实施工作领导小组编写的《中华人民共和国民法典理解与适用》一书认为,本条规定并未限制仅能由债权人作为通知主体,从促进交易便捷开展的角度,可以允许债权的受让人成为通知的主体，当然，受让人作为通知主体应属于例外情形。

我们认同以上观点。公证机构在办理债权转让通知邮寄保全公证时，既可以由债权转让方也可以由债权受让方进行通知并作为公证申请主体。

5 已注销的公司能否将债权转让给其他公司

【问题】已注销的A公司有待收货款，债务人国有企业B承认该笔债务。B企业要求A公司提供发票后付款，但A公司已注销无法开具发票，A拟将该笔债权转让给C公司，向B公司发送债权转让通知并由C公司开具货款发票，B公司要求A公司和C公司必须办理债权转让协议公证。

【请问】能否办理以上公证事项？

【解答】

依照《民法典》的有关规定及基本法理，法人的民事权利能力和民事行为能力，从法人成立时产生，到法人终止时消灭。法人的民事权利能力是法人享有民事权利、承担民事义务的能力，是法人作为民事主体的资格，即法人通过自己的行为参与民事活动、享有民事权利、承担民事义务的能力，并以自己的意思进行民事活动的资格。法人的民事行为能力是通过法人的法定代表人、代表机构或者代理人来实现的。甲公司注销登记后，其作为法人的民事权利能力以及民事行为能力均告消亡。此处消亡的含义，是自注销日起，甲公司不得再作为民事主体，发生新的法律关系。

依照《公司法》的规定，公司注销前应当进行清算。公司清算期间，不得开展新的经营活动。在公司清算完成后，如公司财产还有剩余的，向股东分配公司剩余财产。根据《最高人民法院关于适用〈中华人民共和国公司法〉若干问题的规定（二）》第19条及第20条的相关规定，公司应依法进行清算，以虚假清算报告骗取公司登记机关办理法人注销登记的，或者公司未经依法清算即办理注销登记，导致公司无法进行清算，债权人主张有限责任公司的股东、股份有限公司的董事和控股股东，以及公司的实际控制人对公司债务承担清偿责任的，人民法院应依法予以支持。公司债权人可以直接以自己名义向有限责任公司的股东、股份有限公司的董事和控股股东，以及公司的实际控制人提起诉讼进行维权。为保障公司债权人的相关权益，同时避免一些公司利用法律的漏洞，通过公司注销来躲避债务，公司登记机关往往会在企业注销依法提交相应文件时，一并要求公司股东或第三人提交《承诺书》，对于公司注销后又发现遗漏未处理债务的，要求其对该债务承担连带责任。在公司注销时公司股东或第三人对于公司注销后债务的自身承诺保证，属于债务保证性质，是一种债的加入。债权人可据此要求承诺的公司股东或第三人承担相应民事责任。正常情况下，企业注销前，会先进行债权债务清算，清算组会对企业资产负债进行核实，并且按照一定顺序对债权人进行清偿。如果企业注销的债权债务有遗漏，从实践来看，债权人可以要求对债务有承诺的股东或者第三人承担责任，或者向新成立的公司发起诉讼。

《民法典》第72条第3款规定，清算结束并完成法人注销登记时，法人终止。根据《民法典》的规定，公司在注销前应当依法进行清算，处理债权债务，在清算完毕后对公司进行注销登记。但在实践中，大量存在公司注销时尚有公司债权未实现的情形。此时公司法人人格已经消灭，但债权不因其主体的消灭而灭失，在公司注销登记后对尚未实现的债权，依据民法权利承继原则，原股东为权利继承主体。所以在公司注销登记后，尚未处理的债权并不因公司注销而灭失，权利义务应由公司股东承继，即由债务人向股东清偿。另根据《民法典》第 545 条第 1 款规定，债权人可以将债权的全部或者部分转让给第三人，但是有下列情形之一的除外：(1)根据债权性质不得转让；(2)根据当事人约定不得转让；(3)依照法律规定不得转让。所以如果要转让债权给第三方，应该由原 A 公司股东与 C 公司签订债权转让协议并办理公证。

6　债权受让人是否可以申请出具执行证书

【问题】银行已将经过公证赋强的债权打包卖给别的资产管理公司，现购买债权的资产管理公司根据赋强公证书到公证处申请出具执行证书？

【请问】是否可以受理上述公证事项？如果可以受理，需要注意些什么？

【解答】

可以受理资产管理公司出具执行证书的申请。公证赋强是个利益实现的增信措施，随基础合同利益转让而变动。司法部答复四川省司法厅的《关于经公证的具有强制执行效力的合同的债权依法转让后受让人能否持原公证书向公证机构申请出具执行证书问题的批复》（司复〔2006〕13 号）中明确规定："债权人将经公证的具有强制执行效力的合同的债权依法转让给第三人的，受让人持原公证书、债权转让协议以及债权人同意转让申请人民法院强制执行的权利的证明材料，可以向公证机构申请出具执行证书。"

在办理该项公证时，建议重点从两个方面着手：第一，对原来公证档案进行详细查阅，防止因程序瑕疵、事实不符等造成的执业风险；第二，详细核实债务履行情况，建议通过多种方式交叉核实。

7　价值议定书的价值明显高于市场价的赋强公证

【问题】有一借款人 2019 年在银行贷款 70 万元，用一房产抵押担保 56 万元，期限到 12 月 15 日（普通抵押）。现无法偿还，银行为化解不良贷款要继续做无还本续贷，还是用该房产做二次最高额抵押，新贷用于还旧贷。现在存在的问题是二次抵押抵押物价值不足，不动产部门要求出具一个价值议定书就给办理抵押登记，价值议定书的价值明显高于市场价。

【请问】能否办理以上事项公证？

【解答】

针对此种情况应重新对房屋进行评估后再出具价值议定书，在评估价值的基础上减去第一次普通抵押的价值，作为第二次剩余价值。在剩余价值范围内可进行第二次最高额抵押并办理抵押登记。如若要办理银行借款合同及最高额抵押赋强公证，银行所放第二次贷款时在最高额贷款中应告知其不得超过第二次的剩余抵押物价值，否则可能会面临难以执行的风险。办理赋予强制执行债权文书公证应该充分审查第二次抵押赋予强制执行的原因，双方真实意愿以及赋予强制执行的效力。

8 受理赋强公证是否必须申请人的配偶到场

【问题】张三有婚前个人所有房产一处，婚后想用该房产抵押向银行借款并申请对该借款协议赋予强制执行效力。

【请问】受理赋强公证是否必须申请人的配偶到场？

【解答】

就抵押物所有权而言，张三有权决定以婚前个人财物设定抵押担保向银行申请抵押借款并办理赋强公证，该担保处分无须配偶同意。

就债务角度而言，应考虑该债务是否属于夫妻共同债务。本案可以以张三个人单独或夫妻名义共同借款，应同借贷双方做债务归属确认。公证员在办理公证时，应当向当事人说明夫妻共同债务的意义，并征求双方意见。如果双方坚持只以张三名义借款的，应告知今后依然有被认定为夫妻债务的可能。公证机构可以给予公证而不需要配偶同意。

9 是否可以对最高额保证合同单独赋予强制执行效力

【问题】某房地产开发公司为其500户购房者贷款提供保证担保，与银行签订了最高额保证合同，但目前商品房购销买卖主合同还没有签署。

【请问】在没有签署主合同的情况下，公证机构是否可以先对该最高额保证合同单独赋予强制执行效力？

【解答】

《民法典》第690条规定，保证人与债权人可以协商订立最高额保证的合同，约定在最高债权额限度内就一定期间连续发生的债权提供保证。故，一般最高保证与普通保证相反，最高额保证会成立在先，预设一个未来可能发生债务的最高限，而一系列的具体债务合同则签订在后。公证机构可以先就最高额保证合同办理赋强公证。

10 公证机构出具执行证书时是否要主动审查保证期间

【问题】法官要依法主动审查保证期间。当事人在申请出具执行证书时，保证人自己不向公证机构提出保证期间抗辩。

【请问】公证机构是否应当主动援引保证期间？

【解答】

《最高人民法院关于适用〈中华人民共和国民法典〉有关担保制度的解释》第34条第1款规定，人民法院在审理保证合同纠纷案件时，应当将保证期间是否届满、债权人是否在保证期间内依法行使权利等事实作为案件基本事实予以查明。债权人在保证期间内未依法行使权利的，保证责任消灭。保证责任消灭后，债权人书面通知保证人要求承担保证责任，保证人在通知书上签字、盖章或者捺指印，债权人请求保证人继续承担保证责任的，人民法院不予支持，但是债权人有证据证明成立了新的保证合同的除外。

根据以上条款,因为债权人在保证期间内未依法行使权利的,保证责任消灭,属于从实体权利上的消灭,故公证机构出具执行证书时,对于保证期间是否届满,还是需要进行实质审查的。

11 反担保保证人签署的保证书是否可以赋强

【问题】甲公司向乙银行申请借款,由丙担保公司提供担保,丙公司提供担保后,要求甲公司的股东提供反担保保证,股东个人签署了一份反担保保证书。

【请问】反担保保证人签署的保证书能否办理赋强公证?

【解答】

保证书是一种单方意思表示,通常作为附件,附属于主、从合同,可以将该保证书连同主、从合同一并办理公证,并赋予强制执行效力。根据《最高人民法院关于人民法院办理执行异议和复议案件若干问题的规定》第22条第1款的规定可以看出,公证机关是可以对主合同和担保合同的真实性与合法性予以证明,并赋予其强制执行效力的。在主债权合同存续且有效的前提下,并且当保证人放弃自己的诉权并明确表示愿意接受司法机关的强制执行的时候,当事人可以单独就担保合同办理赋强公证。

12 展期贷款合同能否赋予强制执行效力

【问题】借款人贷款逾期,双方就此申请办理还款协议公证并附强。还款协议到期后,经双方一致协商,银行同意对还款协议项下的债务予以展期并签订了展期协议。

【请问】能否对已经赋强的还款协议展期?展期协议能否办理赋强公证?

【解答】

可以对已经赋强的还款协议进行展期,对展期协议也可以办理相应的赋强公证。

债权人、债务人及担保人之间,有权就债务的履行进行协商并达成新的履约协议。《民法典》第543条规定,"当事人协商一致,可以变更合同"。对债务进行展期,其实就是对原借贷合同约定的履行方式与期限的变更。当事人申办赋强公证,其目的在于督促义务人履行合同义务,确保债权人的债权得以实现,而非限制债权人行使其债权。本质上来说,办理赋强公证是解决债权人与义务人之间不可调和的矛盾的方式之一,而非债权人与义务人之间就债务履行问题进行自决时的限制。

展期协议是"债权文书"的形式之一,只要符合"以给付货币、物品、有价证券为内容",该协议就符合办理赋强公证的先决条件。换一个角度来看,展期协议其实是还款协议的另一种形式而已,两者本质上没有什么区别。

13 还款日期未到是否可以申请出具执行证书

【问题】债权人与债务人就其双方共同签订的借款合同已经办理赋强公证,合同签订后债权人履行了出借义务,但债务人一直未履行还款义务。虽然合同约定的还款期限尚未到期,但债权人想提前申请公证处出具《执行证书》。

【请问】公证机构能否受理该项申请?

【解答】

公证强制执行程序的起因,在于债务人的违约,而非合同的到期。由于合同是否到期与债务人是否违约之间没有必然的联系,因此,单凭合同是否到期这一个要素,是不能判断出债权人的执行申请是否应当得到支持的。对于合同尚未到期,债权人提出执行申请的,围绕借贷合同对还款的具体约定,大致可以分为以下两种情况加以对待。

其一,如果债权人与债务人约定的是到期一次性还本付息,则在约定的借款期限届满前,如债务人不存在《民法典》第578条规定的情形,即"当事人一方明确表示或者以自己的行为表明不履行合同义务的",债权人的执行申请不应得到支持。

其二,如果债权人与债务人约定的是分期还款(含按月付息,到期一次性还本),在最后一期还款期限届满前,债务人就一直没有履行合同约定的还款义务的,应当认为该情形符合《民法典》第578条有关"当事人一方明确表示或者以自己的行为表明不履行合同义务的,对方可以在履行期限届满前请求其承担违约责任"的规定,债权人可以要求债务人承担违约责任。一般来说,对于分期还款而言,当债务人存在某一期或几期的违约情形时,债权人均可宣告债权提前到期,并要求债务人履行全部未到期债务并承担相应的违约责任。因此,在此类情形下,即使合同尚未到期,债权人要求公证机构出具《执行证书》的申请也应当得到支持。

14 还款协议赋强之后能否针对同一笔贷款再进行赋强

【问题】在金融机构处理一笔逾期贷款的核销过程中,借贷双方向公证机构申请办理了该笔逾期贷款的《还款协议》公证,现已超过《还款协议》约定的最后还款期限。金融机构希望在已超过《还款协议》约定的最后还款期限的情况下,就该笔贷款签订《补充协议》或《展期协议》再次延长该笔贷款的还款期限,并申请对《补充协议》或《展期协议》赋予强制执行效力。

【请问】

1. 能否对该《补充协议》或《展期协议》办理赋强证?

2. 在签署《还款协议》时借贷双方约定了金融机构对于抵押人的抵押物经拍卖、变卖后享有优先受偿权,在出具执行证书时是否可以直接将抵押物的优先受偿权写进执行标的?

【解答】

一、可以办理

该《补充协议》或《展期协议》系对原还款协议内容的合意变更,原借款法律关系存续而延期。签订展期协议这一合同行为宣告了展期这一合意的确立,当然阻却了债权人本可在(原约定最后还款期限)到期时所主张的债务清偿请求权。若没有"到期"事实,债务人则享有期限利益抗辩,债权人也就无从就原还款协议向公证处申请签发执行证书。

本案中,债权人此时提出对展期后的债务履行经公证赋予强制执行效力的申请,公证机构怎么办?对此,应视情况办理。若原《还款协议》有"双方约定,在双方签订书面协议对本借款进行展期时,本还款协议的强制执行效力当然及于《展期协议》"类似内容,此时无须再次办理赋强公证;若原《还款协议》没有"双方约定,在双方签订书面协议对本借款进行展期时,本还款协议的强制执行效力当然及于《展期协议》"类似内容,则《还款协议》的强制执行效力并不当然及于《展期协议》;展期后的债务(担保义务)是否具有强制执行效力须经各方另行合意确定。签订展期协议并约定赋予协议强制执行效力是意思自治的体现,也符合公证机构受理强执公证的规范要求,故可就展期协议另行赋强。

这一问题的关键在于:

1. 若原合同对此情形有预设条款则依原合同,若无,则须经债权、债务、担保等原合同各方就此明确表示展期后是否仍然接受强制执行效力约束,另行合意确定是否对展期之后的债务、担保等义务赋予强制执行效力。

2. 原《还款协议》的强制效力条款,因《展期协议》确立的期限变更而变得不明确,易引发争议,此时即便债权人依据原《还款协议》及原定期限到期未获清偿的事实提出签发执行证书申请,债务人亦可主张展期带来的期限利益抗辩,公证机构不可冒然就原《还款协议》出具执行证书。

3. 申请对展期协议赋强系当事人对约定不明之内容进行明确、期待补强公力救济之意思自治,公证机构没有理由拒证。

二、可以直接将抵押物的优先受偿权写进执行标的

抵押权人就抵押物(价值)享有优先受偿权,系抵押制度的价值所在,也系抵押权的当然之义,既有法律规定又经当事人约定,公证处可将此内容直接写进执行证书。

15 展期合同未办理赋强公证是否可以出具执行证书

【问题】原借款合同和保证合同已办理赋强公证,但作为保证人的担保公司未对后续的展期合同申办赋强公证。现担保公司已经代偿债务,申请公证机构出具对债务人的执行证书。

【请问】本案中,公证机构能否出具执行证书?

【解答】

在未对关于追偿权的债权文书办理赋强公证的前提下,即使原借款合同、保证合同、展期合同办理了赋强公证,担保公司已履行保证责任,公证机构也不应出具执行证书。

当事人以签订展期合同的方式变更原合同的还款期限、纠纷解决方式等相关内容,是当事人的自由意思表示,展期合同的签订使原债权文书具有强制执行效力的基础发生了变化,而当事人又未对新达成的展期合同申请办理赋强公证,应视为当事人放弃了通过赋强公证解决债权债务纠纷的方式。本案中担保公司未对展期合同再申请办理赋强公证,展期合同也不具有强制执行效力。

本案中担保公司代为清偿债务的行为,表示保证合同约定的保证担保责任得以履行,担保公司未能就关于追偿权的债权文书办理赋强公证,其应依据《民法典》第700条"保证人承担保证责任后,除当事人另有约定外,有权在其承担保证责任的范围内向债务人追偿,享有债权人对债务人的权利,但是不得损害债权人的利益"之规定行使对债务人的追偿权,以保障自身的合法权益。

16 担保人追偿行为可否赋予强制执行效力

【问题】债务人甲向银行乙贷款，丙为保证人，承担连带保证责任。后甲逾期未还，乙诉至法院，胜诉，因甲无财产可供执行，故丙为甲代偿了5000余万元。现丙查询到甲方有资产可供执行，遂想与甲签署一份《还款协议》约定甲在一定期限内将丙代偿的借款偿还给丙，并想对上述《还款协议》办理公证并赋予强制执行效力。

【请问】担保人对债务人的追索权是否可以赋予强制执行效力？

【解答】

根据《民法典》规定，担保人为债务人履行债务后，有权向债务人进行追偿，担保人和债务人就追偿债务进行约定所签署的《还款协议》符合法律、法规规定的办理赋予强制执行效力公证债权文书的要件。

17 供电协议确定的电费是否可以赋予强制执行效力

【问题】一般情况下当企业交费时供电公司才供电，但国家有相关规定，不允许无故给企业断电，所以先由供电公司给企业供电。供电公司与某企业签订了《供电协议》，该供电协议没有明确的债权数额，只有在该企业违约时才能确定欠缴的电费数额。现当事人申请对该《供电协议》中电费的清缴赋予强制执行效力。

【请问】签订协议时，电费的债权数额尚不明确的，是否可以赋予强制执行效力？

【解答】

《民法典》第654条规定，用电人应当按照国家有关规定和当事人的约定及时支付电费。用电人逾期不支付电费的，应当按照约定支付违约金。经催告用电人在合理期限内仍不支付电费和违约金的，供电人可以按照国家规定的程序中止供电。供电人依据前款规定中止供电的，应当事先通知用电人。

缴纳电费是用电企业的义务，属于金钱给付债务，属于可以赋予强制执行效力的范围。行业通说认为，债权债务的确定，既包括合同签订时债权债务具体金额的确定，也包括计算方法的确定。本案中为计算方法的确定，以电力公司的电费催收通知单作为确定方法即可。

18 委托贷款合同能否赋予强制执行效力

【问题】证券公司成立“一号”专项资管计划，甲公司全额认购1亿的份额，专项用于委托商业银行向某房地产开发有限公司发放委托贷款。甲公司是委托人，商业银行是受托人。甲公司和证券公司签订《定向资产管理计划资产管理合同》，证券公司、商业银行、借款公司签订《委托贷款协议》，证券公司、商业银行、借款公司签订《抵押协议》，借款公司的股东签订了《股权质押协议》。现在当事人向公证处提出办理上述协议的赋予强制执行效力公证。

【请问】委托贷款合同能否赋予强制执行效力?

【解答】

委托贷款可以被赋予强制执行效力。当借款人不履行还款义务时,受托人(贷款银行)往往没有向公证机构申请强制执行证书的动力。故建议在委托贷款合同中约定委托人可以直接向公证机构申请执行证书,从而避免在签发执行证书时委托人是否有资格申请的争论。

本案涉及的法律关系层次较多,不同主体之间的给付义务不同,承办公证员应当逐一进行分析,根据当事人意愿确定是否赋予该给付义务以强制执行效力。

19 不动产买卖合同是否可以赋予强制执行效力

【问题】甲乙双方签署了不动产买卖合同,标的为一栋别墅,因涉及成交价款较高,当事人拟赋予该不动产买卖合同强制执行效力。

【请问】是否可以赋予不动产买卖合同强制执行效力?

【解答】

在不动产买卖合同中,主要义务有两项:卖方交付不动产的义务以及买方支付价款的义务。单务合同和双务合同均可以被赋予强制执行效力。本案可以对买方支付价款的给付义务赋予强制执行效力,但目前观点一般认为不宜对不动产交付赋予强制执行效力,目前的范围主要还是以金钱债务和一般物品给付返还为限。

20 不能办理过户手续的房产买卖合同办理证据保全或声明类公证

【问题】当事人双方早已对单位所建住房签订房屋买卖合同,并交付了房款,但因土地性质不明及手续或一些其他原因目前还不能办理过户手续,买房人到公证处想针对这个房屋买卖合同办理证据保全或者声明类公证,以防止毁约或其他纠纷。

【请问】公证机构是否能为当事人办理相关公证来帮助当事人双方解决一些事情?

【解答】

对无产权房出售的问题应慎重对待的原因有两点:一是基于法律对未取得产权的不动产不得交易这一规定的认可和坚决维护;二是可能会出现一房二卖及过户前当事人可能死亡等一系列风险。另外证据保全和声明书一定要控制在一个应有的范围,在申请事项可进行常规性细化分类的,尽量狭义控制其适用范围,不能随意扩大化,不是所有的公证事项都可以转化为这两类公证事项。

针对这类情况,无论办理签约的保全证据公证,还是卖房人陈述房屋已经转让的事实的声明公证,都是在鼓励非法交易,应慎重办理。

21 复合经营体整体转让中的税收筹划

【问题】当事人签订加油站整体转让合同,其中,转让资产中包含该加油站占用的国有土地使用权。如按照整体转让合同总价款计价,依据国有土地使用权转让中缴税规定和标准,需要缴纳高额的土地增值税。

【请问】对于该加油站的整体转让,公证能否为其设计合法的更优方案,为当事人进行适度税收筹划?

【解答】

办案加油站系整体转让,转让过程中包含有国有土地使用权问题、加油站整体经营设备问题以及成品油特许经营问题等。因此,综合考虑这些因素,可对加油站整体转让合同中涉及的上述标的进行拆分处理,供参考的建议方案如下:

1. 针对加油站国有土地使用权问题,签订国有土地使用权转让合同(涉及土地增值税)。

2. 针对加油站整体经营设备问题,签订加油站设备转让合同(不涉及土地增值税)。

3. 针对加油站成品油特许经营问题,签订咨询服务合同(不涉及土地增值税)。

通过对加油站整体转让合同中涉及的各类标的,分别签订合同进行拆分,同时以评估的公允价值分别作为以上三个合同的交易价格,对涉及国有土地使用权转让中的土地增值税进行了合理筹划,节省了转让成本。实际操作过程中,公证员应针对当地对加油站转让管理上的实际规定和要求,论证方案的可行性,以实现当事人整体转让之目的。

22 交易双方共同申请撤销预约协议的处理

【问题】出卖人与买受人在公证机构办理了关于拆迁安置房的预约合同公证及配套的委托类公证之后,因为买受人的原因,双方协商一致取消交易,当事人提出"撤销"上述预约合同、委托等公证书的申请。

【请问】

1. 双方当事人可否申请撤销公证书?

2. 是否必须为当事人出具撤销声明公证书?

【解答】

当事人取消交易的行为属于解除合同关系,不属于"撤销"公证书的情形。从降低交易风险的角度考虑,建议实务中重点关注以下几点:

1. 关注公证事项所涉及不动产的现状。公证员应当充分询问当事人该不动产是否完成交付,包括开发商是否交房、卖方是否将房屋交付给买方、是否进行过装修等内容。

2. 关注房款的支付情况和解除合同后已支付房款的处理方案。双方解除合同需要进行必要的返还和承担相应的违约责任,公证员应当充分了解双方对于解除合同之后,房款的退还事宜是否协商一致,并充分考虑退款过程中可能产生的风险,可以考虑将款项委托公证机构进行资金监管后,再行签署解除合同。

3. 关注双方办理解除买卖关系的真实原因、背景。在现实案例中,会出现买受人或原出卖人又将房屋再次转卖给第三人的情形,因此,公证员对于解除合同之后,将来可能发生的情形要有充分的预判,建议将原解除买卖关系事项和新形成的买卖关系事项一并处理,这样更有利用防范可能出现的风险。

当事人的声明书、解除合同等材料可以根据当事人的实际需求处理，在公证卷宗、业务系统中做好信息登记、备注，不一定非要出具公证书。

23　未办理产权证的房子能否办理转让预约协议公证

【问题】陈某想购买赵某名下的一套住宅，但该住宅要半年后才能办理产权证。产权证下发后陈某希望等 2 年后再办理过户手续。

【请问】

1. 未办理产权证的房子能否办理房屋买卖公证？

2. 该事情用房屋转让预约合同公证是否妥当？

【解答】

我国实行不动产登记制度，在不动产产权尚未进行登记，物权尚未确立时，房屋无法办理交易手续。在取得产权证同时满足过户条件期间，因等待时间过长，在此期间存在诸如房屋能否顺利办理产权证、能否顺利交房、房屋价格的市场变动等不确定、不可控因素，变数、风险较大，容易产生纠纷，所以虽然办理房屋买卖合同公证在法律上不存在障碍，但建议公证机构慎重办理。

根据《民法典》第 495 条规定，当事人约定在将来一定期限内订立合同的认购书、订购书、预订书等，构成预约合同。当事人一方不履行预约合同约定的订立合同义务的，对方可以请求其承担预约合同的违约责任。办理预约合同公证可以有效地规范双方的交易行为，并促进双方对于未履行完毕的义务顺利、有序的进行。在办理该类预约合同公证时建议充分告知当事人：预约合同非本约合同，预约合同难以强制执行，对守约方的保护力度低于本约，同时应明确约定违约责任。

根据《最高人民法院关于审理商品房买卖合同纠纷案件适用法律若干问题的解释》第 5 条规定，商品房的认购、订购、预订等协议具备《商品房销售管理办法》第 16 条规定的商品房买卖合同的主要内容，并且出卖人已经按照约定收受购房款的，该协议应当认定为商品房买卖合同。公证实践中，办理预约公证时买方实际已经支付部分房款，更有甚者已经交房开始装修入住，这种情况下，如果仅仅只是办理预约公证，对交易双方的风险过大，一旦交易双方出现违约不愿继续办理过户手续，将给守约方造成巨大的损失，这违背了公证预防纠纷的初衷。为定分止争，针对已取得产权证但尚未满足交易条件的情形，建议直接办理不动产转让协议公证，而非预约合同公证，在协议中明确约定交易标的、交易金额、付款方式、过户日期、违约责任、买卖双方的权利义务等，待过户条件满足之日直接办理网签过户手续，避免夜长梦多。

24　出租车转让合同是否可以公证

【请问】出租车转让合同是否可以办理公证？如果可以办理，公证机构进行审查时，应当注意哪些问题？

【解答】

车辆所有权意义上的出租车转让是不存在问题的。

出租车作为城市综合交通运输体系的组成部分，担负着为社会公众提供个性化运输服务的任务，因此涉及出租车转让的，我们首要考虑的是出租车经营权意义上的转让。出租车经营权的获得除了满足对经营者、车辆所要求的条件之外，还需要交通运输主管部门的审核批准，而且，交通运输主管部门对出租车经营权的转让也有严格的限定。根据交通运输部《巡游出租汽车经营服务管理规定》第17条的规定："巡游出租汽车车辆经营权因故不能继续经营的，授予车辆经营权的出租汽车行政主管部门可优先收回。在车辆经营权有效期限内，需要变更车辆经营权经营主体的，应当到原许可机关办理变更许可手续。出租汽车行政主管部门在办理车辆经营权变更许可手续时，应当按照第八条的规定，审查新的车辆经营权经营主体的条件，提示车辆经营权期限等相关风险，并重新签订经营协议，经营期限为该车辆经营权的剩余期限。"公证机关在依据上述有关规定进行审查和权利义务告知后，可以办理出租车经营权转让合同公证。

25 无权处分的买卖合同公证书是否应认定无效而撤销

【问题】房屋权利人购买了一手房后，又向开发商申请办理了退房手续。但退房后，该当事人又持原购房合同、房屋档案查询资料（疑似伪造）通过买卖合同将房子公证出售给第三人。第三人发现被骗以后报警，该当事人因诈骗罪被人民法院判刑。公安机关在立案调查过程中向公证处进行了调查取证，公证处知晓了上述事实后出具了撤销上述商品房买卖合同公证书的决定。现第三人不服上述撤销决定，提出复查申请，要求公证处撤销上述撤销公证书的决定。

【请问】

1. 公证机构原撤销公证书的决定是否合法、妥当？

2. 针对第三人要求撤销原撤销公证书决定的请求，该如何处理为妥？

【解答】

《民法典》第597条规定，因出卖人未取得处分权致使标的物所有权不能转移的，买受人可以解除合同并请求出卖人承担违约责任。

《民法典》第148条规定，一方以欺诈手段，使对方在违背真实意思的情况下实施的民事法律行为，受欺诈方有权请求人民法院或者仲裁机构予以撤销。

本案的法律适用可能涉及以上条文。我们认为，本案中当事人已经被以诈骗罪追究刑事责任，可以认定欺诈行为已经成立，受欺诈方有权请求人民法院或者仲裁机构对行为予以撤销。因此本案适用《民法典》第148条更为妥当，不宜适用第597条规定。

本案的房屋买卖合同属于可撤销的合同，而是否撤销应由受欺诈方决定，公证机构自行撤销该买卖合同公证书显有不妥，建议以此理由支持受欺诈方的请求，撤销原撤销公证书的决定。

26 车位转让协议的车位权属认定

【问题】某开发商将若干个车位转让给张某，签订了车位转让合同，实际上是为抵债。现张某想将这些车位转让从中获益，为保障购买方的权益和销售的公信力，张某申请办理车位再次转让合同公证。

【请问】以上事项能否办理公证？

【解答】

《民法典》第275条规定，建筑区划内，规划用于停放汽车的车位、车库的归属，由当事人通过出售、附赠或者出租等方式约定。占用业主共有的道路或者其他场地用于停放汽车的车位，属于业主共有。

本案的核心问题是车位所有权归谁问题，这个主要是看规划设计，看这个车位的规划用途。通过规划设计，可以判断车位是开发商所有或者是业主共有。开发商所有的，可以通过出售、附赠或出租方式由第三人享有。

本案中对车位权属的信息描述不足，难以判断这些车位的实际产权情况，公证员应当调查了解更多信息以有助于依据《民法典》以上条文规定作出车位权属的准确判断。要特别提示的是，要审核这些车位是否是人防车位，因为国家对其有特别政策的规定。

27　顶名买房的过户公证问题

【问题】甲乙系朋友，甲通过顶名购买了乙所在单位组织的团购商品房屋且缴纳了购房款，并向乙支付了名额费用。现不动产权证已颁发，登记在乙名下。甲乙双方如果现在办理买卖交易进行过户，因房产不满两年需缴纳增值税等税费，双方协商两年后再办理过户手续，现向公证机构申请办理公证以锁定两者的交易关系。

【请问】公证机构可以采取哪些法律形式锁定甲乙双方的交易关系？

【解答】

本案顶名购房的对象是商品房，顶名购房不存在规避国家政策的情形，之前的原因不影响甲乙双方完成该房屋的交易过户手续和公证手续。

公证机构可以通过以下公证形式锁定甲乙双方的交易关系：

1. 甲乙双方签署预约协议并办理公证。《民法典》第495条规定当事人约定在将来一定期限内订立合同的认购书、订购书、预订书等，构成预约合同。当事人一方不履行预约合同约定的订立合同义务的，对方可以请求其承担预约合同的违约责任。

2. 甲乙双方签署定金协议并办理公证。《民法典》第586条第1款规定，当事人可以约定一方向对方给付定金作为债权的担保。定金合同自实际交付定金时成立。

3. 甲乙双方可以签署正式的房屋买卖合同并办理公证。在买卖合同中对过户的时间做出特别约定即可。

28　违反限购政策的房屋买卖合同是否可以公证

【问题】甲拟在异地某个城市购买一处房产，但根据当地政策，甲因没有在当地缴纳社保的记录而没有购房的资格。现在甲拟与该房产所有权签订买卖合同，约定在甲方具有购房资格后办理过户手续。

【请问】违反限购政策的房屋买卖合同是否可以公证?

【解答】

最高人民法院在(2020)最高法民再328号裁判文书中,表明了违反限购政策的行为构成违背公序良俗原则的意见。最高人民法院在这份裁判文书中认为,《房产代持协议》因违反《国务院关于坚决遏制部分城市房价过快上涨的通知》(国发〔2010〕10号)而无效。该政策的目的在于遏制房价的上涨趋势,打击炒房和投机性购房的行为。考虑到借名买房的现象层出不穷,违反该政策会导致居民住房问题得不到解决,金融泡沫风险增加,社会危害性增强。因此,最高人民法院认为国家限购政策涉及公序良俗具有相当的合理性。

本案中,不具有购买资格的当事人直接签署买卖合同显然是违背限购政策的,可能因违反公序良俗而被认定为合同无效,故公证机构不应为这类合同办理公证。

29 不动产赠与合同能否使用电子签名方式

【问题】张某想将自己所有的房屋不动产赠与张小二所有,但因疫情原因,张小二无法到现场与张某签订赠与合同。我国《电子签名法》规定电子签名不适用于婚姻、收养、继承等人身关系的文书。

【请问】涉及不动产的赠与合同是否就不能使用电子签名的方式办理呢?

【解答】

根据2019年修改后的《电子签名法》第3条规定:民事活动中的合同或者其他文件、单证等文书,当事人可以约定使用或者不使用电子签名、数据电文。当事人约定使用电子签名、数据电文的文书,不得仅因为其采用电子签名、数据电文的形式而否定其法律效力。前款规定不适用下列文书:

(1)涉及婚姻、收养、继承等人身关系的;

(2)涉及停止供水、供热、供气等公用事业服务的;

(3)法律、行政法规规定的不适用电子文书的其他情形。不动产赠与没有直接出现在电子签名法限制的范围内。

根据《电子签名法释义》的规定,电子交易是一种新兴的交易方式,电子签名、数据电文并未在社会活动中获得广泛应用,广大民众的认知度不高。同时,电子签名、数据电文的应用需要借助于一定的技术手段,物质条件也会限制一部分民众使用这种交易方式。由于上述原因,并基于交易安全因素的考虑,一些国家和地区的电子签名法或电子商务法规定某些领域不适用这种交易方式。一般包括以下几种情况:

1. 与婚姻、家庭等人身关系有关的文件。如《美国电子签章法》规定,"关于遗嘱、遗嘱修改书或遗产信托的制定法、条例或者其他法律规则","关于收养、离婚或家庭法其他事项的州的制定法、条例或者其他法律规则",不适用该法关于电子签名效力的规定。我国香港地区《电子交易条例》规定,"遗嘱、遗嘱更改附件或任何其他遗嘱性质的文书的订立、签立、更改、撤消、恢复效力或更正",不适用本条例。

2. 与诉讼程序有关的文书。如《美国电子签章法》规定，该法关于电子签名效力的规定不适用于“与诉讼程序有关的需经签章的法庭传票或通知，或正式法庭文书（包括诉状、答辩状以及其他书面文件）”。

3. 与公用服务事业有关的文书。如《美国电子签章法》规定，该法关于电子签名效力的规定不适用于“公用服务（包括供水、供热及供电）的取消或终止”的通知。

4. 与不动产权益有关的文书。《新加坡电子交易法》规定，“任何用于买卖不动产或以其他方式处分不动产的契约及不动产下所发生利益的契约”、“不动产转移或不动产利益的转让”以及“产权证书”，不适用本法。

5. 其他文书。如《澳大利亚电子交易法》规定，与移民有关的文件或公民权证书，不适用本法；《新加坡电子交易法》规定商业票据不适用本法；我国台湾地区所谓“电子签章法”规定法令或行政机关之公告，可以排除其适用。

目前没有检索到相关的案例和著述对赠与适用电子签名的情形予以支持。

30　撤销赠与合同公证问题

【问题】赠与人夫妻二人于2006年购买的公房，当年办理了赠与公证，将房产赠予女儿，随后就办理了过户手续，现在房产在其女儿名下。现赠与人的债权人向公证处咨询称，因赠与人所欠债务一直未清偿，能否撤销赠予公证书事宜，因为法院执行局的法官说，得先撤销公证书，然后法院才能强制执行这房子。

【请问】上述赠与合同公证能否撤销？申请撤销公证书是否过时效？具体如何操作？

【解答】

公证员对当事人的咨询，首先要有风险意识，其次要有法律意识。由于该赠与经过公证，并且房屋已经过户，赠与合同如果没有附相应条件和义务，已经履行完毕。在作为赠与人的债权人来咨询撤销时，公证员首先要意识到，该债权人非赠与合同的当事人，该赠与合同如果非正常撤销，会给公证处、公证员带来什么？其次，债权人与赠与人是债权债务关系，与赠与法律关系不是一个法律关系，债权债务关系已经进入诉讼环节，该怎么处理应由法院来处理，如果案件与赠与有关系，也只能由法院通过审判方式来解决。

对于赠与合同的撤销，有任意撤销权和法定撤销权。由于房屋已经过户并经过公证，当事人是不能行使任意撤销权的。但法定撤销权，必须符合法律规定，具体见《民法典》第660、663、664等条款，并且是需要经过相关司法部门裁判的。

债权人如果作为利害关系人认为公证书有错误，是可以在自知道或应当知道这项公证之日起一年内向公证处提出复查，提出复查的期限自公证书出具之日起最长不超过20年，并且是需要提出书面复查申请及相关证明材料的。这个要按照相关复查投诉的规定来处理。

31　已设置抵押权的房产赠与问题

【问题】母亲欲将已设定抵押的房产赠与给儿子。

【请问】

1. 能否办理以上公证事项？

2. 如果可以办理，合同中可否附义务由儿子继续偿还银行贷款？

【解答】

《民法典》第406条规定：抵押期间，抵押人可以转让抵押财产。当事人另有约定的，按照其约定。抵押财产转让的，抵押权不受影响。抵押人转让抵押财产的，应当及时通知抵押权人。抵押权人能够证明抵押财产转让可能损害抵押权的，可以请求抵押人将转让所得的价款向抵押权人提前清偿债务或者提存。转让的价款超过债权数额的部分归抵押人所有，不足部分由债务人清偿。

从《民法典》的规定可以看出，抵押期间，抵押人是可以转让抵押财产的，赠与作为转让方式之一，该《赠与合同》合法，原则上可以办理公证，但需要注意以下问题：

1. 该《赠与合同》不能以规避债务为目的，不能损害债权人的合法利益（债权）。具体到该案，直系亲属之间的赠与于法合、于情通，公证员可以“审慎”受理，但需要充分询问和告知，并尽量了解赠与的真实目的，如果完全没有损害贷款银行权益的情形和可能，则可以办理公证；但如果是非直系亲属在该种情形下进行赠与，则不建议受理该公证申请，因为“于情不合，于法有碍”。

2. 在法律规定上，抵押人转让抵押财产的，应当及时通知抵押权人，在实践中，上述母子签署了《赠与合同》并办理公证后，并不能实现房产物权的转移，因为不动产登记机构一般不会受理已经设立抵押的房产变更申请，贷款银行在此情形下也一般不会同意办理解除抵押登记手续（哪怕是阶段性的解除），除非由子女与银行签署新的《贷款抵押合同》，银行在特定情形下会支持办理产权变更登记，并重新办理新的抵押登记。因此，公证员需耐心而详尽地告知公证当事人，签署合同后，房子并不能更名，在法律上，所有权依然还是属于赠与方，需还清贷款并解除抵押登记后，方可办理房产更名手续，前述之告知义务应详细体现在公证告知书以及询问笔录里。

3. 赠与合同当然可以附条件，即可以约定后续银行贷款由受赠人继续归还，但该约定（条件）可生效于赠与人和受赠人之间，受赠人不履行该还款责任，赠与人可撤销赠与合同，但该约定对于贷款银行无效，法律层面的还款义务人还是赠与人，赠与人并不能以此规避还款责任（义务），该项内容需告知公证当事人并体现在公证告知书以及询问笔录里。

32 按揭贷款房产是否可以办理赠与公证

【问题】单身母亲拟将自己一套按揭贷款房产一半产权赠与未成年子女，现向公证处申请办理赠与公证。

【请问】

1. 设立抵押权的房产是否可以进行赠与？

2. 通知抵押权人是否必须要书面送达？

3. 未成年人的监护人是否可以代为签订赠与合同？

【解答】

一、设立抵押权的不动产可以进行赠与

《民法典》第 406 条第 1 款规定，抵押期间，抵押人可以转让抵押财产。当事人另有约定的，按照其约定。抵押财产转让的，抵押权不受影响。

赠与属于不动产转让的方式之一。从该规定来看，抵押人与抵押权人没有相反约定的，抵押期间，抵押人可以转让该抵押财产。

二、通知抵押权人不以书面通知为必要

《民法典》第 406 条第 2 款规定，抵押人转让抵押财产的，应当及时通知抵押权人。抵押权人能够证明抵押财产转让可能损害抵押权的，可以请求抵押人将转让所得的价款向抵押权人提前清偿债务或者提存。转让的价款超过债权数额的部分归抵押人所有，不足部分由债务人清偿。

从该规定来看，抵押人转让抵押财产有通知抵押权人的义务，但没有明确规定通知的形式。根据法律形式没有明确规定采自由形式原则，抵押人可以决定采取适当的通知方式。公证实务中一般以书面通知为最佳方式。

三、未成年的监护人可以代为签订赠与合同

《民法典》第 23 条规定，无民事行为能力人、限制民事行为能力人的监护人是其法定代理人。根据该规定，监护人为未成年人的法定代理人，有权代为签订赠与合同。

33　父母赠与未成年房产的签署方式

【问题】C 系未成年人，父亲 A 已故，母亲 B 打算再婚，C 将由 A 的父母抚养。现 B 欲将其名下房屋赠与 C。

【请问】本案赠与的主体和形式如何确定更为妥当？

【解答】

本案可以考虑下列法律形式进行处理：

1. 由 B 作为赠与人和受赠人的法定代理人签署赠与合同。由于赠与合同属于受赠人纯受益的合同，不属于违反“自己代理”的情形，B 既可以作为赠与人又可以作为受赠人的法定代理人。本案中 C 的监护人为其母亲 B，C 的爷爷奶奶尚不是其法定监护人，不宜由他们作为法定代理人签署赠与合同。

2. 由 B 作为赠与人和 C 作为受赠人签署赠与合同。《民法典》第 22 条规定，不能完全辨认自己行为的成年人为限制民事行为能力人，可以独立实施纯获利益的民事法律行为或者与其智力、精神健康状况相适应的民事法律行为。房屋受赠属于纯获利益的民事法律行为，C 可以直接以受赠人身份作出。但要注意的是，依据《公证法》规定，受赠人申办公证依然需要由其法定监护人进行代理。

34　撤销经公证的赠与合同有哪些方式

【问题】赠与人与受赠人签署了一份经公证的不动产赠与合同，不动产尚未过户，当事人欲申请撤销该赠与合同。

【请问】撤销经公证的赠与合同有哪些方式?

【解答】

《民法典》第658条规定:赠与人在赠与财产的权利转移之前可以撤销赠与。经过公证的赠与合同或者依法不得撤销的具有救灾、扶贫、救助等公益、道德义务性质的赠与合同,不适用前款规定。从该规定来看,经公证的赠与合同,赠与人不享有任意撤销权。

在我国民法制度和公证法制度框架内,撤销经公证的赠与合同主要有下列方式:

1. 赠与合同协议解除。《民法典》第562条第1款规定,当事人协商一致,可以解除合同。赠与人和受赠人可以依据该条规定,协商解除经公证的赠与合同。

2. 赠与人行使法定撤销权。《民法典》第663条规定:受赠人有下列情形之一的,赠与人可以撤销赠与:(1)严重侵害赠与人或者赠与人近亲属的合法权益;(2)对赠与人有扶养义务而不履行;(3)不履行赠与合同约定的义务。赠与人的撤销权,自知道或者应当知道撤销事由之日起一年内行使。《民法典》第666条规定:赠与人的经济状况显著恶化,严重影响其生产经营或者家庭生活的,可以不再履行赠与义务。赠与人行使法定撤销权,一般应当向人民法院提出,公证机构无权直接认定法定撤销权是否成立而予以撤销。

3. 因赠与合同公证书错误要求公证复查撤销。《公证法》第39条规定,当事人、利害关系人认为公证书有错误的,可以向出具该公证书的公证机构提出复查。公证书的内容违法或者与事实不符的,公证机构应当撤销该公证书并予以公告,该公证书自始无效;公证书有其他错误的,公证机构应当予以更正。赠与人、受赠人可以依据该条规定向公证机构提出赠与合同公证书复查请求。

35 用于国外购房的现金赠与合同公证

【问题】父母现在国内,儿子现在加拿大。父母拟向儿子赠与200万元现金用于儿子在加拿大购置房产。双方向公证处申请办理赠与合同公证。据当事人介绍,目前国内政策不支持资金出境购买海外房产。

【请问】以上现金赠与合同公证能否办理?

【解答】

关于本案公证目的妥适性问题的判断。如果直接汇款,可能会被作为境外收入来源对待,需要在所在国缴纳个人所得税。如果赠与的话,则属于偶然所得,可能该国规定不收税。从税法分析来看,本案的公证目的具有妥适性。

现金赠与是常见形态,公证机构可以为其办理现金赠与公证。但公证员应当告知当事人我国实现外汇管制政策,现金的使用应当符合我国有关外汇管制政策。外汇管制政策属于行政法关系,一般不影响民事法律关系的设立。

36 让与担保下是否可以办理解除备案登记的协议公证

【问题】甲公司跟乙公司借款,用甲公司购买的商品房作担保,操作方式是把商品房直接通过签订预售合同的方式登记给乙公司。现在甲公司已经清偿完债务，甲乙双方向公证机构申请办理商品房屋解除备案登记的合同公证。承办公证人认为，签订商品房预售合同并不是真实买卖关系，而是以抵押为目的，办理该解除备案登记的协议公证欠妥。

【请问】以上公证事项是否可以办理？

【解答】

《民法典》第221条规定，当事人签订买卖房屋的协议或者签订其他不动产物权的协议，为保障将来实现物权，按照约定可以向登记机构申请预告登记。预告登记后，未经预告登记的权利人同意，处分该不动产的，不发生物权效力。预告登记后，债权消灭或者自能够进行不动产登记之日起90日内未申请登记的，预告登记失效。

本案中，甲乙公司以尚未取得不动产权证的商品房进行抵押登记，通常的做法应当是依据以上规定向不动产登记部门申请办理预告登记。但是，本案当事人没有选择预告登记方式，而是采取直接让渡商品房购销合同权益的方式，学理上一般称为“让与担保”。《最高人民法院关于适用〈中华人民共和国民法典〉有关担保制度的解释》第68条第1款规定，债务人或者第三人与债权人约定将财产形式上转移至债权人名下，债务人不履行到期债务，债权人有权对财产折价或者以拍卖、变卖该财产所得价款偿还债务的，人民法院应当认定该约定有效。当事人已经完成权利变动的公示，债务人不履行到期债务的，债权人请求参照《民法典》关于担保物权的有关规定就该财产优先受偿的，人民法院应予支持。从该规定来看，对让与担保的协议效力是持肯定态度的。

本案中，当事人采取让与担保形式转移商品房的权利，并不违反法律法规的规定，因此甲乙公司之间签署解除备案登记协议是可以办理公证的。

37　自然人是否可以委托他人在含有保证内容的合同上签字

【问题】当事人申办一份抵押借款合同公证，合同尾部有一栏是保证人配偶，需要由保证人配偶在该处签字。现在保证人的配偶在异地无法到公证机构签署该合同，拟委托保证人签署该合同。

【请问】本案中保证人的配偶是否可以委托他人签署该含有保证内容的抵押借款合同？

【解答】

《民法典》第161条规定，民事主体可以通过代理人实施民事法律行为。依照法律规定、当事人约定或者民事法律行为的性质，应当由本人亲自实施的民事法律行为，不得代理。《公证程序规则》第11条规定，当事人可以委托他人代理申办公证，但申办遗嘱、遗赠扶养协议、赠与、认领亲子、收养关系、解除收养关系、生存状况、委托、声明、保证及其他与自然人人身有密切关系的公证事项，应当由其本人亲自申办。

综合以上两个条文分析可以得出两个法律结论：第一，根据《民法典》的规定，保证不属于不得代理的情况，所以在借款关系中提供保证担保时，保证人可以通过委托代理人的方式办理相关事宜；第二，保证属于不可以委托他人代理申办公证的情形，保证人是需要亲自到公证机构办理公证并签署保证合同。本案即属于该条情形，保证人的配偶不得委托他人签署含有保证内容的抵押借款合同。

本案中还须向贷款人和借款人明确，保证人配偶在合同上签字的法律意义，是将配偶作为共同保证人，还是配偶为知悉合同内容而进行签字。如果保证人配偶确系共同保证人的，应当遵循《公证程序规则》第 11 条的规定。如果保证人配偶只是以知悉保证人进行保证的意思签署该合同的，则不属于《公证程序规则》第 11 条规制的范围。

此时应对《公证程序规则》做延伸解读。公证机构可否办理委托他人代为办理涉及保证担保内容的委托书公证？如果该委托书公证书用于当事人之间签署保证合同且不申办保证合同公证的，公证机构可基于《民法典》第 161 条规定办理该委托书公证；如果该委托书公证用于当事人签署保证合同且申办保证合同公证的，则应当根据《公证程序规则》第 11 条规定不予办理公证为妥。

38 保证期间如何进行公证审查

【问题】2018 年，某金融机构申办保证借款合同赋予强制执行效力公证，其中约定借款期限为 2018 年 2 月 1 日至 2021 年 1 月 31 日，保证期间为 2018 年 2 月 1 日起至债务履行期届满 2 年止。现在该金融机构向本公证处申请出具执行证书。

【请问】该《保证合同》的约定是否属于“约定的保证期间早于主债务履行期限或者与主债务履行期限同时届满的，视为没有约定”的情形？

【解答】

根据《民法典》第 692 条规定，保证期间是确定保证人承担保证责任的期间，不发生中止、中断和延长。债权人与保证人可以约定保证期间，但是约定的保证期间早于主债务履行期限或者与主债务履行期限同时届满的，视为没有约定；没有约定或者约定不明确的，保证期间为主债务履行期限届满之日起六个月。债权人与债务人对主债务履行期限没有约定或者约定不明确的，保证期间自债权人请求债务人履行债务的宽限期届满之日起计算。《最高人民法院关于适用〈中华人民共和国民法典〉有关担保制度的解释》第 32 条规定，保证合同约定保证人承担保证责任直至主债务本息还清时为止等类似内容的，视为约定不明，保证期间为主债务履行期限届满之日起 6 个月。

本案中，合同约定借款期限为 2018 年 2 月 1 日至 2021 年 1 月 31 日，保证期间为 2018 年 2 月 1 日起至债务履行期届满 2 年止。从字面上看已经很明确，保证期间开始计算的实际时间是 2021 年 1 月 31 日（债务履行届满日），不属于约定不明。

现在分析本案的约定是否属于“约定的保证期间早于主债务履行期限或者与主债务履行期限同时届满的”。合同中表述从债务发生时开始算保证期间确有概念模糊之处。所谓保证期间，是指按当事人约定或者法律规定，债权人向保证人行使请求权的效力存续期间，只有主债务到期或者提前到期，债权人对连带保证人的请求权才开始发生。本案中，合同中并没有约定债权到期之时保证期间结束，而是约定债务履行期届满两年时结束。债务履行期届满有两种情形：一种是按照合同约定的期限届满；另一种是因主债务人违约，被提前宣布届满。无论哪种方式使债务履行期限届满，从合同文意中都能够明确保证期间的开始计算时间和届满时间。

39　改变规划建设用途的租赁合同公证

【问题】现在一个小区的业主委员会想和一个酒店签订一个租赁合同，将小区设备层租给酒店进行酒店管理。但设备层的规划用途不是做酒店。

【请问】能否办理上述事项公证？

【解答】

根据《民法典》第350条规定："建设用地使用权人应当合理利用土地，不得改变土地用途；需要改变土地用途的，应当依法经有关行政主管部门批准"。根据《物业管理条例》第49条规定："物业管理区域内按照规划建设的公共建筑和共用设施，不得改变用途。业主依法确需改变公共建筑和共用设施用途的，应当在依法办理有关手续后告知物业服务企业；物业服务企业确需改变公共建筑和共用设施用途的，应当提请业主大会讨论决定同意后，由业主依法办理有关手续"；第54条规定"利用物业共用部位、共用设施设备进行经营的，应当在征得相关业主、业主大会、物业服务企业的同意后，按照规定办理有关手续。业主所得收益应当主要用于补充专项维修资金，也可以按照业主大会的决定使用"。

根据上述规定，业主委员会将小区设备层出租进行酒店经营，应当由业主依法向行政主管部门办理有关手续。否则，此租赁合同不宜办理公证。

40　租赁合同的特别约款是否有法律障碍

【问题】甲向银行申请借款，用名下一处房产进行抵押担保，该房产目前正处于出租状况。银行方面提出要求，甲与承租方签署租赁合同，特别约定承租方在合同中承诺在抵押权实现时提前解除租赁合同、放弃装修价款赔偿、优先购买权等权利。

【请问】该租赁合同的特别约款是否存在法律障碍？

【解答】

民法充分尊重当事人的意思自治，在各方自愿的前提下，约定的内容不违反法律强制性规定的，可以作为租赁合同的构成内容。现在对三个特别约定进行逐一分析。

承租方承诺在抵押权实现时提前解除租赁合同的约定，于法有据。《民法典》第562条第2款规定，当事人可以约定一方解除合同的事由。解除合同的事由发生时，解除权人可以解除合同。本案中将抵押权实现作为解除租赁合同事由是正当、合法的。

出租方和承租方可以对房屋装修的补偿进行约定，约定进行补偿或不补偿。"放弃装修价款赔偿"是对房屋装修款不进行补偿的约定，符合当事人意思自治原则。

承租人可以基于自主意思事先以明确表示方式行使优先购买权。《民法典》第726条第1款规定，出租人出卖租赁房屋的，应当在出卖之前的合理期限内通知承租人，承租人享有以同等条件优先购买的权利；但是，房屋按份共有人行使优先购买权或者出租人将房屋出卖给近亲属的除外。《民法典》第727条第2款规定，出租人履行通知义务后，承租人在15日内未明确表示购买的，视为承租人放弃优先购买权。从以上条文规定来看，出租人享有优先购买权。根据民事权利可以放弃的基本法理，出租人可以事先明确表示放弃优先购买权。

41 厂房租赁合同到期是否可以对机器现状进行公证保全

【问题】甲乙签订厂房租赁合同，租赁合同到期承租人不续租亦不返还厂房，还拖欠租金。现出租人申请保全证据公证，保全对象为厂房内的机器现状。

【请问】

1. 出租人是否有权申办该保全证据公证？

2. 如果能办理该保全证据公证，是否可以在承租人不知情的情况下办理保全证据公证？

【解答】

出租人在权利受到损害的情况下，有权申办包括证据保全在内的公证以保护自身权利。本案中，出租人希望保全厂房内的机械设备现状，其实本意应是固定承租人在合同已经到期的情况下依然占用未归还的现状，因此，应告知申请人修正其公证申请，即保全厂房仍被承租方占用，机器仍然放置在厂房内的状态，并不需要去保全机器本身的详细现状。

为保护承租人利益和知情权，公证机构应当要求出租人在厂房采用粘贴公告、寄送信函等方式通知承租人，出租人将采取措施进行公证保全。承租人未进行回复或表态的，不影响办理保全证据公证。

42 租赁合同到期后出租方可否申请公证保全收回房屋

【问题】出租人依据签订的租赁合同将某酒店租赁给个人经营，现租赁合同到期，承租人未依据合同返还房屋，且还在继续经营中。承租人还存在欠租金问题，共拖欠两个月的租金。出租人通知承租人3日内腾退房屋，现申请公证处在期限届满后随同前往办理收回房屋公证。另外，出租人提出，如果承租人不配合，将采取停车堵路的方式逼迫承租人归还房屋。

【请问】

1. 租赁合同到期，承租人不返还房屋，出租人能否自行强制收回房屋？

2. 如果仅有欠租行为，但合同未到期，能否自行强制收回房屋？

3. 出租人可否采取堵路等方式自力救济，以逼迫承租人返还房屋？

【解答】

租赁合同到期承租人不归还房屋，应采取向人民法院起诉的方式维权，而不得自行强制收回。《民法典》第733条规定，租赁期限届满，承租人应当返还租赁物。如果不返还，构成违约，出租人有权主张违约金并要求承租人赔偿损失。主张违约金、要求赔偿以及腾退房屋，都是有明确的民事诉讼案由的事项，即租赁合同纠纷、返还原物纠纷、损害赔偿纠纷等，因此，诉讼是正确和正常的维权形式，作为普通民事主体，只有在符合《民法典》侵权责任编第1177条规定的情况下，才能可以行使"自助行为"而维护自身权利，即需符合三个条件：(1)须有不法侵害状态存在；(2)须为保护自己的合法权益；(3)须情况紧迫而又来不及请求有关国家机关的援助、不立即采取措施将使合法权益受到难以弥补的损害。对于房屋的返还，本身就有包括协商、调解、仲裁、诉讼等正常合法方式进行权利维护的选项，也达不到"情况紧急而来不及请求有关国家机关援助"的程度，而房屋返还的时间所造成的损失一般也仅限于经济(租金或赔偿金)损失，很容易弥补。

如果出租方和承租人签订的租赁合同中对于期满出租人自行收回房屋有明文约定，那么按照意思自治原则，出租人可以单方收回，公证机构亦可就单方收回过程中的相关证据进行多种形式的保全。但此处有如下限制：权利人行使权利受法律保护，但社会秩序不受破坏是更高层面的要求，因此，如果行使权利过程中可能导致冲突发生或第三方权利受损，则权利人(出租人)不得实施，公证处更不能介入。

仅有欠租行为的情况下，如果合同有可以单方收回的约定，且收回不会造成社会秩序和第三人权利受损，出租人可以单方收回房屋，否则就只能依法维权，即采取协商、调解、仲裁或诉讼的方式；而如果没有单方收回的约定，根据《民法典》第722条的规定，"承租人无正当理由未支付或延迟支付租金的，出租人可以请求承租人在合理期限内支付；承租人逾期不支付的，出租人可以解除合同"，出租人有租金支付请求权，有合同解除权以及解除之后的房屋返还请求权，这些权利应向人民法院申请来得到保护，并不能自行强制主张和行使。

采取堵路方式，违反法律，且会造成他人权利损害，没有讨论的空间，当然不行。对于此类案子，可以建议申请人办理腾退房屋通知书送达、解除合同通知书送达、现场状况保全等方式，进行诉讼证据的固定和准备，以促成对方主动履行合同或推动维权诉讼的进程。

43　公证处可否配合法院办理腾房保全证据公证

【问题】银行已向执行局申请执行证书的执行，且有执行裁定，准备对被执行人名下的房产进行保全，目的是要换锁及办理产权变更登记。后询问过程中得知，被执行房屋已出租，租期未满，但未营业，承租方不愿意交出钥匙。

【请问】公证处可否配合法院办理该保全证据公证?

【解答】

《最高人民法院、司法部关于开展公证参与人民法院司法辅助事务试点工作的通知》相关规定，经执行机关申请，可以办理保全证据公证。

依据《最高人民法院关于审理城镇房屋租赁合同纠纷案件具体应用法律若干问题的解释》第14条规定，租赁房屋在承租人按照租赁合同占有期限内发生所有权变动，承租人请求房屋受让人继续履行原租赁合同的，人民法院应予支持。但租赁房屋具有下列情形或者当事人另有约定的除外：(1)房屋在出租前已设立抵押权，因抵押权人实现抵押权发生所有权变动的；(2)房屋在出租前已被人民法院依法查封的。本案宜分两种情况进行不同处理：

一是房屋在出租前已设立抵押权。房屋在出租前已设立抵押权，因抵押权人实现抵押权发生所有权变动，承租人请求受让人继续履行原租赁合同的将不会得到支持，也就是说"抵押权实现得破除在后的租赁"。该类保全不太容易发生纠纷。

二是房屋在出租后才设立抵押权。《民法典》第405条规定，抵押权设立前，抵押财产已出租并转移占有的，原租赁关系不受抵押权影响。但“原租赁关系不受抵押权影响”的前提是承租人须已经占有租赁物。租赁权性质上尽管属于债权，但却具有对抗所有权、抵押权等物权的效力。也就是说，尽管其性质属于债权，但却具有优于物权的效力。而之所以要对承租人进行如此强度的保护，主要在于保护其使用状态的稳定，而使用的前提则是占有，加之占有也具有一定的公示功能，为此，原租赁关系不受抵押权影响。本案中，合同中并没有约定债权到期之间保证期间结束，而是定债务履行期届满两年。债务履行期届满有两种情形：一种是按照合同约定的期限届满，另一种是因主债务人违约，被提前宣布届满。无论哪种方式使债务履行期限届满，都能从合同文意推出可以对抗后设立的抵押权。对该类保全要更加谨慎。

强制迁出、腾退房屋及屋内物品、换锁等行为都是强制执行的正常措施，办理保全公证时，公证人员应注意收集相关法院判决、执行裁定、腾房公告等材料，对保全对象事先应有所了解，与执行法官对接保全方案。此类保全容易引发纠纷，公证员应注重细节，多与执行人员沟通交流，对于较大面积、屋内物品较多或有搬家公司等其他人员在场的应更加慎重，设定方案时应注意控制流程，特别注意对字画、酒水、珠宝玉石等贵重物品及隐蔽空间的拍摄、记录。

44 房屋租赁合同双方能否向同一个公证机构申请收回租赁物保全证据公证

【问题】甲公司与乙公司两年前签订了房屋租赁合同，因双方在履行合同中存在着一方违约，按照合同约定乙方违约，甲方可以单方终止合同并可以收回租赁物，现甲、乙双方向公证处提请办理收回房屋的清场公证，两家公司主体（统一立场，拟收回房屋）同时向一家公证处申请办理同一个清场证据保全公证。

【请问】公证处是否能够同时受理甲、乙的申请？

【解答】

收回房屋的清场公证，应着重审查进场的合法性。利害关系人不应为保障自身合法权益而侵害他人的合法权益，如现实中因房屋承租人违约导致房屋出租人解除合同，出租人需对租赁房屋进行清腾，但租赁房屋被承租人自行锁闭，出租人自行将锁撬开。承租人违约不代表出租人“溜门撬锁”合法。根据基本情况，房屋的清场公证建议区分以下情形对待：

其一，两家公司均为拟收回房屋的所有权人/出租人或两家公司同为承租人，有生效法律文书且义务人不履行生效法律文书义务的或出租人与承租人均认可租赁事实的，可以受理且两家公司同时作为申请人。

其二，两家公司一为出租人一为承租人并同时申请办理公证的，可以同时受理，且两家公司同时作为申请人，由两家公司共同申请、共同参与公证保全过程。

45 委托他人向纪检部门进行举报的委托书公证

【问题】某当事人想向纪检部门举报他人，现向公证处申请办理该委托内容的委托书公证。

【请问】以上公证事项是否可以办理？

【解答】

《纪检监察机关处理检举控告工作规则》第 7 条规定,纪检监察机关应当接收检举控告人通过以下方式提出的检举控告:(1)向纪检监察机关邮寄信件反映的;(2)到纪检监察机关指定的接待场所当面反映的;(3)拨打纪检监察机关检举控告电话反映的;(4)向纪检监察机关的检举控告网站、微信公众平台、手机客户端等网络举报受理平台发送电子材料反映的;(5)通过纪检监察机关设立的其他渠道反映的。

《民法典》第 919 条规定,委托合同是委托人和受托人约定,由受托人处理委托人事务的合同。

从以上两个条文来看,委托他人向纪检部门进行举报,属于事务性委托,法律并无禁止性规定,可依《民法典》第 919 条的规定办理该类内容的委托书公证。

46　融资居间合同能否办理合同公证

【问题】某信息咨询公司从事金融助贷业务,帮助客户向银行融资,融资成功后收取借款金额 5% 的服务费。为防止客户融资成本后不付费,拟申请对融资服务居间合同办理公证。经审核,该公司营业范围载明“不包括金融”。

【请问】以上事项是否可以办理公证?

【解答】

《民法典》第 961 条规定,中介合同是中介人向委托人报告订立合同的机会或者提供订立合同的媒介服务,委托人支付报酬的合同。第 963 条规定,中介人促成合同成立的,委托人应当按照约定支付报酬。对中介人的报酬没有约定或者约定不明确,依据本法第 510 条的规定仍不能确定的,根据中介人的劳务合理确定。因中介人提供订立合同的媒介服务而促成合同成立的,由该合同的当事人平均负担中介人的报酬。中介人促成合同成立的,中介活动的费用,由中介人负担。

本案中,该信息咨询公司提供的金融助贷服务属于中介服务,它不属于金融业务,并不需要特许资质。虽然法律并不禁止该融资居间合同,但目前国家要求要减少中小微企业贷款中不必要的费用以减轻企业负担。本案中这类中介业务提取借款金额 5% 的服务费,可以说费率相当高,并不符合国家的政策,故公证机构不宜办理这类高服务费的融资居间合同公证。

47　个体工商户是否可以签署合伙协议

【问题】某养猪场以个体工商户名义运营,有一当事人要入股该养猪场,要求办理入股协议公证。

【请问】能否参照合伙企业法的规定办理该入股协议?

【解答】

该协议的准确名称应当是合伙协议。本协议适用的法律依据是《民法典》合同编的合伙合同一章,可以参照该章内容进行合伙协议内容设计。合伙企业法是特别商事主体法,本案中的合伙协议为一般民事合伙性质,故不宜参照合伙企业法。

《民法典》第 54 条规定,自然人从事工商业经营,经依法登记,为个体工商户。个体工商户可以起字号。根据该条规定,个体工商户具有民事主体资格,个体工商户所从事的事务(本案是经营养猪场)可以作为合伙事务,由合作人共同经营。

民事合伙协议的关键是充分了解案情和各方意愿,拟定较为可行和务实的协议内容。法律条款方面,要明确决策、分红、亏损、退出机制、内部融资、竞业禁止等必要内容,也要考虑必要的商务条款。对于经营性的风险,应当给予概括性或具体性的提示。另外,鉴于养猪场已经实际运行,合同协议中还应当对养猪场的资产、债务等财务情况进行列明,作为签订协议的基础要件,否则日后容易滋生纠纷。

48 委托书中是否可以加入“本委托不可撤销”的条款

【问题】陈某因资金周转想委托其朋友赵某代为出售其名下房产,并支付相应的酬劳费给赵某。赵某希望在售房加入“本委托不可撤销”条款,以形成其稳定预期。

【请问】办理售房委托公证书时,委托人能否在委托书中加入“本委托不可撤销”的条款?

【解答】

《民法典》第 173 条规定,被代理人取消委托或者代理人辞去委托的,委托代理终止;第 933 条规定“委托人或者受托人可以随时解除委托合同”。有观点认为第 933 条属于强制性规范,当事人不得通过约定予以排除适用,所以不得设定“不可撤销”的内容。另有观点认为,在商业场合从保护受托人合理信赖利益出发,可以写“不可撤销”的内容。无论是第 173 条的单方委托行为还是第 933 条的双务委托合同,法律均赋予了委托人的任意解除权,且未设定任何前置条件,委托人可以随时解除委托。

《民法典》第 153 条规定,违反法律、行政法规的强制性规定的民事法律行为无效。但是,该强制性规定不导致该民事法律行为无效的除外。违背公序良俗的民事法律行为无效。《民事诉讼法》第 13 条第 2 款规定,当事人有权在法律规定的范围内处分自己的民事权利和诉讼权利。当事人在不违背法律的情况下,有权对自己享有的民事实体权利和民事程序权利进行处分。但这种处分不得损害国家和社会公共利益,应当限于法律允许的范围内,否则,就要受到国家的干预。根据民法意思自治原则,委托人可以在其委托书中增加“本委托不可撤销”条款,以该条款对其自身的委托行为设定负担、义务,委托人以其真实意思表示放弃法律赋予的任意解除权。该条款并未违反法律法规的效力性强制性规定,在此基础上应该认定该委托内容有效。但是,关于限制任意解除权的约定并不能真正阻却任意解除权的行使,此类约定亦不适于强制履行,对于一方当事人主张任意解除权的,应当认定行使任意解除权的行为有效,而不能否定行使效果。对于解除方违反约定行使任意解除权的行为,可作为当事人违约的一种情形,追究解除方的违约责任。

在承办具体公证事务中,站在公证员的立场上来看,如果委托人要求加入“本委托不可撤销”条款,建议公证员向当事人告知可能产生的不利后果,由委托人自行决定是否加入该条款。在遇到法律留白或存有分歧的问题前面不要回避,而是在现有法律框架范围内,尽可能为解决人民群众的办证需要而直面问题，通过更多的实例来丰富办证经验。

49　传统医学师承合同公证中学徒人数问题

【问题】现在有一指导老师，以卫生部2006年的52号令带了两名中医师承学生，又想以国家卫计委2017年第15号令带两名专长学生。

【请问】如何准确理解师承合同公证中的学徒人数问题和卫生部2006年的52号令与卫计委2017年第15号令的适用问题？

【解答】

2017年7月1日起施行的《中医药法》第15条第2款规定："以师承方式学习中医或者经多年实践，医术确有专长的人员，由至少两名中医医师推荐，经省、自治区、直辖市人民政府中医药主管部门组织实践技能和效果考核合格后，即可取得中医医师资格；按照考核内容进行执业注册后，即可在注册的执业范围内，以个人开业的方式或者在医疗机构内从事中医医疗活动。国务院中医药主管部门应当根据中医药技术方法的安全风险拟订本款规定人员的分类考核办法，报国务院卫生行政部门审核、发布"。原国家卫计委根据《中医药法》的规定于2017年11月10日出台《中医医术确有专长人员医师资格考核注册管理暂行办法》(国家卫计委15号令)，但没有废止《传统医学师承和确有专长人员医师资格考核考试办法》(卫生部第52号令)。

原国家卫计委在解读(国家卫计委15号令)时，明确表示：卫生部令第52号继续实施，保留师承和确有专长人员通过国家统一考试取得医师资格的原渠道不变。该暂行办法实施前已按照卫生部令第52号规定取得《传统医学师承出师证书》和《传统医学医术确有专长证书》的，既可以申请参加国家医师资格考试，也可以申请参加中医医术确有专长人员医师资格考核(师承出师人员需继续跟师学习满2年)。

依据上述法律和规章的规定，可以办理《传统医学师承合同书》公证。目前两个文件都是有效的，目的不同，相互不冲突、不吸收。公证机构办理这类公证时，应当注意审查合同条款，明确合同条文是适用卫生部2006年的52号令，还是适用卫计委2017年第15号令，注意二者的区别。

50　业主委员会申请办理公证的主体问题

【问题】小区的业主委员会到公证机构申请办理公证。

【请问】业主委员会能否作为公证申请当事人？

【解答】

公证当事人，是指与公证事项有利害关系并以自己的名义向公证机构提出公证申请，在公证活动中享有权利和承担义务的自然人、法人或者其他组织。

要探究小区的业主委员会是否能作为公证当事人申请办理公证，首先应搞清楚业主委员会的法律地位。业主委员会固然不是法人，那是否能将其认定为其他组织？判断一个社会组织是否能作为法律主体，主要看其是否有独立意志或者能否为独立意志的载体。《民法典》第277条规定："业主可以设立业主大会，选举业主委员会。业主大会、业主委员会成立的具体条件和程序,依照法律、法规的规定。地方人民政府有关部门、居民委员会应当对设立业主大会和选举业主委员会给予指导和协助”。《民法典》第 278 条规定:“下列事项由业主共同决定:……(三)选举业主委员会或者更换业主委员会成员……”。业主委员会只是业主大会的一个常设执行机构,根据业主大会的授权负责处理业主大会的日常事务,本身没有独立的意思能力,也没有独立的财产能够承担相应的法律责任。业主委员会根据业主大会的授权对外代表业主进行民事活动,其虽系依法成立并向所在地住建部门进行备案,但不能成为其行为后果的最终承担主体,所以它不具有民事主体的资格,故业主委员会不能够作为公证申请人。

51 已判决的支付款进行公证提存

【问题】原告因合同纠纷将被告诉至法院,一审判决,被告败诉,并应于判决生效之日 10 日内向原告支付款项 500 万元。随后,被告提起上诉,二审维持原判。二审判决后,被告认可法院判决,准备向原告支付判决的 500 万元。但现在原告公司因长时间未经营,营业执照被吊销,账号被银行列为久悬账户(无法直接汇款),公司注册地没有公司办公场所,现已变为一家餐馆,工商局备档的公司注册信息中所预留的电话均为空号。现原告公司未向人民法院申请执行,仅由其法定代表人表示可以接收,并且只接受支票付款的方式,而由于公司账号已经不能使用,如按照其要求,就只能以支票形式直接支取给法定代表人个人。被告认为该款项应向公司而不应向法定代表人个人进行支付,且担心公司另一名股东不同意而后续因为付款问题产生纠纷,未同意以支票方式直接支取给法定代表人,现准备将上述款项提存至公证处。

【请问】

1. 债权人进行诉讼主张权利并胜诉之后,不接受债务人的主动清偿,也不向人民法院申请执行,可否办理提存公证?

2. 债权人依法已经取得权利,但因客观原因出现履行困难,且这些原因未明文规定为《民法典》或《提存公证规则》所设定的可提存情形,该如何判断和处理?如何进行公证方案设计?

【解答】

债权人依法取得权利但不接受债务人的主动履行,也不申请执行,属于法定的可以提存的情形,可以办理提存公证。司法部《提存公证规则》第 5 条对债务提存的条件进行了规定,“债务清偿期限届至,有下列情况之一使债务人无法按时给付的,公证处可以根据债务人申请依法办理提存:(一)债权人无正当理由拒绝或延迟受领债之标的;……。”《民法典》第 570 条规定,“有下列情形之一,难以履行债务的,债务人可以将标的物提存:(一)债权人无正当理由拒绝受领;……”。债权人不接受清偿,债务人无法履行义务,而由于债权人也未向人民法院申请执行,法院没有执行立案,债务人无法将清偿款以执行案款的形式缴纳到人民法院执行款账户。因此,将清偿款按照上述规定向公证机构进行提存是可以的,实务当中,也是这样做的。

本案中,原告胜诉取得了受偿的权利,但由于公司营业执照被吊销公司账户无法收款,被告申请办理提存公证,可以办理。对于《民法典》或《提存公证规则》中未明文规定,但如果可以认定为“债权人原因导致的履行困难”,我们也可以为债务人办理提存公证。

首先我们来看法律上关于原告公司营业执照被吊销后产生的后果。

《民法典》第69条规定，有下列情形之一的，法人解散：……（4）法人依法被吊销营业执照、登记证书，被责令关闭或者被撤销；《公司法》第180条规定，公司因下列原因解散：……（4）依法被吊销营业执照、责令关闭或者被撤销；《公司登记管理条例》第42条亦有同样的规定：有下列情形之一的，公司清算组应当自公司清算结束之日起30日内向原公司登记机关申请注销登记：……（4）依法被吊销营业执照、责令关闭或者被撤销。据此，我们确认，债权人公司被吊销营业执照后，产生的后续效果是公司解散。

《民法典》第70条规定，法人解散的，除合并或分立的情形外，清算义务人应当及时组成清算组进行清算。《公司法》第183条亦有规定：公司解散的，应当在解散事由出现之日起15日内成立清算组，开始清算。有限责任公司的清算组由股东组成。同时，《民法典》第72条对法人最终终止（法人主体人格消灭）的条件作出了规定，即需要"清算结束并完成法人资格的注销登记"。综上，公司执照吊销，公司解散的情形出现时，公司经营资格丧失，但保留民事主体资格进行清算，而按照公司法的规定，清算组的重要职权包括"清理债权债务"。

本案中，法定代表人提出只接受支票形式付款，由于债权人（收款人）是原告公司，收款只能使用公司账户，法定代表人的个人账户与其代表的公司的账户有本质区别，法定代表人个人账户无权接收属于公司的资产，除非公司有特别授权。而由于公司执照被吊销导致公司账号被银行列为久悬账户而无法使用，在这种情况下，有权接收公司债权清偿款的就只能是清算组。但原告公司的清算义务人（股东）并没有成立清算组，被告已经没有可以付款的渠道，而这种情况的出现，显然是债权人自身的原因。

按照《民法典》第570条的规定，可以进行债的提存的条件并没有本案中涉及的债权主体尚存但客观上无法接受清偿的情形，但该条文中设定了"口袋条款"，即"法律规定的其他情形"，本案的情况可以归入这里所说的"其他情形"。查阅《民法典》我们可以发现，在第529条有这样的规定："债权人分立、合并或者变更住所没有通知债务人，致使履行债务发生困难的，债务人可以中止履行或将标的物提存"。此条规定虽然也没有精准对应本案情况，但根据《中华人民共和国民法典注释本》（法律出版社2020年9月第1版），该书对第529条的条文主旨表述为"因债权人原因致债务履行困难时的处理"；同样，中国法制出版社2020年6月第1版的《中华人民共和国民法典（实用版）》对第529条的条文主旨，也表述为"因债权人原因债务人中止履行或提存"。本案中出现的情况，客观上就属于"因债权人原因致债务履行困难"。债权人因营业执照吊销而出现公司解散的法定情形，执照吊销同时还导致了账户无法使用的连锁效应，而因债权人未依法成立公司的权利义务继受主体清算组，导致了债务人丧失了清偿渠道，其将应向债权人支付的债务清偿款向公证机构提存当然也成为现实中的唯一选择。因此，综合本案中的情况，可以进行参照适用，将"债权人原因致债务履行困难"认定为《民法典》第570条所规定的"其他情形"，而作为受理提存公证的理由。

法律之所以设置提存制度，是为了促进民事法律关系能够顺利流转，目的是促进履约而非保护毁约，立法时考虑的是具有普遍性的情况，不可能面面俱到。但是提存被认可并普遍使用在《民法典》中有充分的体现，初略统计，《民法典》中涉及的提存条款相比之前的法律规定有了很大的增加，大约有19条相关规定，而这些条款设置了提存，却并未指出具体的提存机关，也没有规定提存中的具体操作，司法部《提存公证规则》制定于1995年，已经出现了严重滞后，这表明提存制度在后续还会出台更多的更详细的规定。因此,在使用提存制度、办理提存公证业务的时候,应该采取务实而不是拘谨的态度。

针对公证办理的建议方案如下:

(1)应由债务人向债权人进行送达收取清偿款的通知,形式上可以办理送达保全公证,可完善程序并落实债权人是否确实拒绝接受,以免在出具公证书之后因债权人抗辩而出现争议。

(2)在确认债权人拒绝受领之后,办理提存公证。

(3)《民法典》第572条之规定,标的物提存后,债务人应当及时通知债权人或者债权人的继承人、遗产管理人、监护人、财产代管人。因此,提存之后,作为提存人还应以可以留痕的方式,告知权利人债的标的已经提存,要求其到公证机构领受,通知亦可以建议当事人办理送达保全公证。

(4)根据司法部《提存公证规则》第18条规定,提存人应将提存事实及时通知提存受领人。以清偿为目的的提存或提存人通知有困难的,公证处应自提存之日起7日内,以书面形式通知提存受领人,告知其领取提存物的时间、期限、地点、方法。提存受领人不清或下落不明、地址不详无法送达通知的,公证处应自提存之日起60日内,以公告方式通知。公告应刊登在国家或债权人在国内住所地的法制报刊上,公告应在1个月内在同一报刊刊登3次。《民法典》第574条规定,债权人领取提存物的权利,自提存之日起5年内不行使而消灭,因此,公证处的通知或公告,均应将此法律后果明确告知提存标的受领人。《提存公证规则》中原有20年不领取提存物视为无主财产上交国库的规定,因上位法《民法典》已经有5年的规定,应按照5年来通知和办理。

(5)实务中有观点认为,为了避免5年后提存款项充公的情况出现,可以采用"资金监管"的方式进行处理。但在本案中不建议采用这种做法,原因是本案申请人的目的是清偿,是谋求办理之后产生法律效果,而监管尤其是义务人单方申请的监管,虽然钱放在公证处,但所有权并未转移,义务人可以取回,不产生清偿的效果。

52 征地补偿款进行公证提存

【问题】甲承包了A村的荒地并将部分转包给乙,乙在其承包土地上种植树木,现包括乙承包地块在内的A村土地被依法实施征收。此前相关部门已对乙种植的树木进行清点,按相关补偿标准确定补偿数额,但乙对补偿数额不满,故一直未签订补偿协议。

【请问】公证机构能否受理该笔补偿款的提存申请?

【解答】

根据《提存公证规则》第2条、第3条的规定,提存公证是公证处依照法定条件和程序,对债务人或担保人为债权人的利益而交付的债之标的物或担保物(含担保物的替代物)进行寄托、保管,并在条件成就时交付债权人的活动;以清偿为目的的提存公证具有债的消灭和债之标的物风险责任转移的法律效力;以担保为目的的提存公证具有保证债务履行和替代其他担保形式的法律效力。因此,提存是指由于债权人的原因而致债务人无法向其履行债务时,债务人将标的物交给提存机关从而消灭债务的制度。也就是说,债权债务关系明确是办理提存公证的基本条件。

本案属于以清偿为目的的提存,清偿提存公证具有债的消灭和债之标的物风险责任转移的法律效力。本案的土地承包经营人未签订补偿协议，相关利害关系方就征地补偿款数额存在争议，显然不符合办理提存公证的条件，在相关利害关系方未签订协议，且合同性质即债的性质尚无法判断、债权人、债务人尚未明朗的情况下，公证机构若要受理该类提存业务，对债的发生、债的类型、标的物的审查是必须的。针对本案，至少要对征收依据、补偿标准、征收程序的合法性进行综合把控，对地上树木及其他附着物的数量清点、价值评估结果的真实性、合理性予以定论，这无疑超出了公证机构的职能和专业范畴，一旦受理即可能面临巨大风险。

综合以上两点，基于提存是针对特定之债的替代性履约方式，在据以明确债权债务关系的凭证不充分、专业手段难以覆盖所有核查通道的情况下，公证机构不宜受理提存公证申请。本案中，为顺应政府继续推进相应工作程序的需求，公证机构可以通过提供证据保全、标的物保管等法律服务来变通处理。

53　履约超期的债务是否可以办理公证提存

【问题】政府单位因财政资金问题，逾期支付工程款，现债权人联系不上了，政府单位向公证处申请办理提存。

【请问】能否办理上述事项公证？可以办理的话，需要增加违约金和滞纳金吗？

【解答】

根据《提存公证规则》第 5 条规定，债务清偿期限届至，有下列情况之一使债务人无法按时给付的，公证处可以根据债务人申请依法办理提存：(1)债权人无正当理由拒绝或延迟受领债之标的的；(2)债权人不在债务履行地又不能到履行地受领的；(3)债权人不清、地址不详，或失踪、死亡(消灭)其继承人不清，或无行为能力其法定代理人不清的。“债务清偿期限届至”是清偿提存产生清偿提存效果的关键前提条件。“届至”的意思即“将要到来”。清偿提存效果是指达到消灭债务关系，详见《民法典》第 557 条之规定。

从《民法典》第 570 条的规定来看，有下列情形之一，难以履行债务的，债务人可以将标的物提存：(1)债权人无正当理由拒绝受领；(2)债权人下落不明；(3)债权人死亡未确定继承人、遗产管理人，或者丧失民事行为能力未确定监护人；(4)法律规定的其他情形。没有强调“履行届至”条件。

《民法典》第 571 条规定，债务人将标的物或者将标的物依法拍卖、变卖所得价款交付提存部门时，提存成立。提存成立的，视为债务人在其提存范围内已经交付标的物。从此规定来看，《民法典》对提存制度进行了很大的改变，提存不再仅仅是原《合同法》规定的债的清偿方式之一。提存成立的，则视为债务人在其提存范围内已经交付标的物，但并非必然、绝对地导致债务消灭。只有债务人提存的标的物不存在任何瑕疵或者提存的标的物与债的标的相符，才构成《民法典》第 557 条第 3 项规定的“债务人依法将标的物提存”，达到债务清偿的法律效果。

从本案例情形来看，政府单位已经是典型逾期履行，所负担债务已经不仅仅是“债务清偿期界至”时的单一给付义务，会涉及相关违约、滞纳等未确定义务的履行，故应告知政府单位，可就现实债务办理提存，但债权人拥有继续追索违约金支付的权利。

54 农村承包合同承包费进行公证提存

【问题】甲承包了一个村一百多户村民的地，合同签了 30 年，目前该交第二个十年的钱，有 80 多户村民不接受，表示承包费用要涨，目前甲想申请办理提存公证，用于证明他没有逾期付款。

【请问】能否办理上述事项公证？还有就是需要甲提供村民拒绝受领债务的证据吗？

【解答】

《民法典》第 570 条第 1 款规定："有下列情形之一，难以履行债务的，债务人可以将标的物提存：(一)债权人无正当理由拒绝受领；(二)债权人下落不明；(三)债权人死亡未确定继承人、遗产管理人，或者丧失民事行为能力未确定监护人；(四)法律规定的其他情形"。因此，就法律角度而言，需要证明村民无故拒绝受领，公证实务上一般需送达通知给村民以证明其不愿意受领。

就风险角度而言，这种农村集体事件风险极可能转移到公证机构，就谨慎性而言，不建议公证机构办理提存。农村此类承包合同，因租金的增价机制存在内部合理性缺陷，引致的纠纷很多，更需要当事人之间协商处理。

55 提存款受领问题

【请问】

1. 公证机构如何审查提存受领人的主体资格？

2. 提存受领人是否必须到场？

3. 公证机构可否按提存受领人的要求，将提存款直接转给其他主体？

4. 如果提存受领人是公司，可否将提存款直接转到该公司的法定代表人或股东个人账户？

【解答】

一、应当对提存受领人的主体资格进行实质审查

《提存公证规则》第 23 条第 2 款规定，提存受领人领取提存标的物时，应提供身份证明、提存通知书或公告，以及有关债权的证明，并承担因提存所支出的费用。提存受领人负有对待给付义务的，应提供履行对待给付义务的证明；第 24 条规定，因债权的转让、抵销等原因需要由第三人领取提存标的物的，该第三人应当提供已取得提存之债债权的有效法律文书。因此，对于提存受领人主体身份必须实质审查，这是提存款领取的核心问题，主体错误将导致整个提存错误，即便可能通过追索程序追回错误发放的款项，但耗时费力还不一定有结果，且对外还需承担赔偿责任，所以公证机构对提存受领主体应进行实质审核。

二、本问题较模糊，应视具体情况讨论

1. 如果是委托他人代领的，依据《提存公证规则》第 23 条的规定，受托人应提供有效的授权委托书；

2. 如果提存受领人去世，由其继承人、遗产管理人领取的，应当提交继承公证书或其他有效的法律文书；

3. 在某些法定情况下，如发生债权的转让、债权的抵销等，可以由提存人、提存受领人以外的第三人领取提存标的物，依据《提存公证规则》第 24 条的规定，该第三人应当提供已取得提存之债债权的有效法律文书。

从便民利民的角度出发，若有明确的提存受领人，且提供了该提存受领人名下的账户信息，可以在该提存受领人不到场的情况下，将提存款发放到该提存受领人的账户，转账记录即是有效的提存受领凭证。

三、如明确的提存受领人要求按其指示转款，原则上应由该受领主体领取，但其能够给出合理的原由，并书面承诺不得因此逃避法律责任和税缴义务，相应产生的后果由其承担后，公证机构可要求其出具书面转款委托，再配合按需相应支付，支付后该受领人还需进行书面收款确认。

四、在自然人之间进行指示转移交付是可以的，作为提存受领人的公司需将提存款转至公司法定代表人或公司股东的个人账户的，除上述审核要求外，还应审核公司股东会意见，避免公证机构成为法定代表人或公司股东抽逃公司资产的帮手。

56　提存人是否有权申请领取提存款

【问题】甲与村委会签订土地承包合同，双方约定在合同期限内，村委会不再向甲收取土地承包费，于是甲向公证处申请办理土地承包费的提存公证业务，公证处已按照程序办结。现甲向公证处称，其已和村委会另行达成协议，村委会不向公证处申请受领该笔土地承包费，甲欲向公证处申请取回该笔土地承包费。

【请问】甲是否有权申请取回该笔土地承包费用？

【解答】

甲可以取回提存款，前提条件是村委会同意或采用书面形式表示抛弃提存受领权。《提存公证规则》第 26 条规定："提存人可以凭人民法院生效的判决、裁定或提存之债已经清偿的公证证明取回提存物。提存受领人以书面形式向公证处表示抛弃提存受领权的，提存人得取回提存物。提存人取回提存物的，视为未提存。因此产生的费用由提存人承担。提存人未支付提存费用前，公证处有权留置价值相当的提存标的。"

根据上述规定，结合本案，甲应向公证机构提出取回提存款的申请，同时提供与村委会达成的协议，收到申请后公证机构应向提存受领人村委会核实协议真实性，并取得村委会抛弃提存受领权的书面材料，公证机构在扣除相关提存费用后，将余款支付给提存人。公证机构应注意告知提存人取回提存物的法律后果，由提存人签字确认后记录附卷。

57　提存人提取提存款问题

【问题】拆迁办对一户居民房屋进行了强制拆迁，并将被拆迁户的拆迁补偿款提存于公证处，现在该被拆迁人与开发商已经实现了产权调换。

【请问】开发商该如何领取该笔提存款？

【解答】

《民法典》第 574 条规定:“债权人可以随时领取提存物。但是,债权人对债务人负有到期债务的,在债权人未履行债务或者提供担保之前,提存部门根据债务人的要求应当拒绝其领取提存物。债权人领取提存物的权利,自提存之日起五年内不行使而消灭,提存物扣除提存费用后归国家所有。但是,债权人未履行对债务人的到期债务,或者债权人向提存部门书面表示放弃领取提存物权利的,债务人负担提存费用后有权取回提存物。”《提存公证规则》第 26 条第 1、2 款规定:“提存人可以凭人民法院生效的判决、裁定或提存之债已经清偿的公证证明取回提存物。提存受领人以书面形式向公证处表示抛弃提存受领权的,提存人得取回提存物。”《提存公证规则》第 24 条规定:“因债权的转让、抵销等原因需要有第三人领取标的物的,该第三人应当提供已取得提存之债债权的有效法律文件。”行政机关因执行公务而申办提存公证的,参照《提存公证规则》。

本案提存人为拆迁办,被拆迁人为提存受领人,提存人因为行政行为执行公务申办了提存公证,其目的是在达不成补偿安置协议的情况下,“清偿”拆迁行为带来的给予被拆迁人的货币。被拆迁人因房屋被强制拆迁,享有该房屋的拆迁补偿款领取权,其可以随时领取该笔提存款。但本案被拆迁人即提存受领人并未领取该笔提存款,而是重新选择了补偿方式即房屋置换,且已跟开发商实现了产权调换。鉴于本案拆迁补偿方式发生了改变,被拆迁人通过房屋置换得到了补偿,提存之债视为清偿,提存人拆迁办可以取回该笔提存款。

本案中开发商如何取得该笔提存款?鉴于房屋拆迁补偿可以现金补偿也可进行房屋置换,实际操作过程中现金补偿与房屋置换往往不一样,所以在本案中提存款跟房屋置换的价值可能并非等价,基于此情况,建议由拆迁办按照流程取回提存款后,再按照其与开发商签订的支付协议及相关政策,将该笔款项支付给开发商。公证机构在办理提存款领回时应重点审查:提存受领人即被拆迁人的主体资格;提存的清偿依据,如产权调换协议;被拆迁人实际占有或控制安置房的依据,如房屋查档证明、备案登记表、物业交割协议等。

58 涉及债权债务的提存协议公证

【问题】卖方(债务人)因欠债准备卖房还债,买方可以一次性支付购房款,鉴于买方担心交付购房款后无法顺利办理过户手续,债权人担心卖方取得购房款后不清偿债务。故三方协商一致将该笔购房款提存于公证处,待给付条件达成,将该笔款项打至债权人账户。

【请问】

1. 三方签订的提存协议是否可以办理公证?

2. 公证处是否需要对卖方(债务人)与债权人的债权债务关系进行实质性审查?

【解答】

一、三方签订的提存协议可以办理公证

房地产交易过程中公证机构提供的资金监管服务能够为交易双方之间架起一座信任桥梁,能保障交易安全,维护经济流转秩序,本案可以三方协议提存方式办理。

本案属于非典型的担保提存,这类担保提存多出现于交易标的物的交付需办理登记等情形,如房地产交易、公司收购交易,此类交易因价款的即时支付与标的物的滞后交付存在矛盾,需要

变更债务履行途径以作为保障。

本案卖方根据资金监管协议的约定在条件成就时领取房款，如交易不成功，则由买方取回房款，具有非典型担保性质。

二、建议对债权债务关系进行实质性审查

根据《提存公证规则》第12条规定："公证员应当按《公证程序规则（试行）》第23条规定，审查下列内容：（一）本规则第九条所列材料是否齐全，内容是否属实；（二）提存人的行为能力和清偿依据；（三）申请提存之债的真实性、合法性；（四）请求提存的原因和事实是否属实；（五）提存标的物与债的标的是否相符，是否适宜提存；（六）提存标的物是否需要采取特殊的处理和保管措施。"

根据《提存公证规则》第24条规定："因债权的转让、抵销等原因需要有第三人领取标的物的，该第三人应当提供已取得提存之债债权的有效法律文件。"

本案中，房屋交易成功后，监管资金由债权人领取，根据相关规定，其领取时需提交有效的法律文件，即证明债权债务关系成立的证明材料，根据《提存公证规则》的相关规定，需要对以下问题进行审查：（1）提交的材料是否齐全，内容是否属实；（2）请求提存之债的真实性、合法性；（3）请求提出的原因和事实是否属实等。故本案中建议对卖方（债务人）与债权人的债权债务关系进行实质审查。

59　居间合同能否办理提存公证

【问题】甲乙双方（均为自然人）签订了居间合同，合同中约定甲方为乙方承揽一项工程，如办成，则乙方付给甲方50万元服务费。现双方互不信任，想就该笔服务费申请办理提存公证。

【请问】

1. 能否办理提存公证？

2. 办理过程中需要注意事项？

【解答】

一、可以办理提存公证

《提存公证规则》第2条规定，提存公证是公证处依照法定条件和程序，对债务人或担保人为债权人的利益而交付的债之标的物或担保物（含担保物的替代物）进行寄托、保管，并在条件成就时交付债权人的活动。第3条规定，以清偿为目的的提存公证具有债的消灭和债之标的物风险责任转移的法律效力。以担保为目的的提存公证具有保证债务履行和替代其他担保形式的法律效力。而《民法典》则扩大了提存制度的适用范围，该法第837条规定，收货人不明或者收货人无正当理由拒绝受领货物的，承运人依法可以提存货物；第916条规定，储存期限届满，存货人或者仓单持有人不提取仓储物的，保管人可以催告其在合理期限内提取；逾期不提取的，保管人可以提存仓储物。

提存作为行使权利、履行义务的方式在担保、票据、合同领域均可适用，提存不再仅仅是原《合同法》规定的债的清偿方式之一，提存会更多的应用于民事法律关系的订立、变更和消灭，这意味着除了《民法典》规定的几种法定情形外，协议提存也会大量出现。因此，公证提存证书的适用范围,应当涵盖《民法典》规定的几种法定情形的提存以及当事人双方(多方)为行使权利、履行义务所做的约定提存。

本案中,鉴于双方签订了居间合同,合同中约定了双方的权利义务,为了保障权利得到实现,义务得以履行,双方将该笔服务费提存于公证处,待承揽事务办成达到双方约定的支付条件时,公证处按要求将该笔费用支付给甲方,这样的法律关系体现了提存担负担保协议履行的功能,属于担保性提存,符合公证处受理提存公证的条件。

二、办理时需要注意的问题

1. 该项工程是否可以由第三方承揽,即对产生服务费用提存的基础法律关系的真实性与合法性要予以审查;

2. 注意对甲方个人身份的审查,注意其是否为公职人员、要排除政策违规或者涉嫌犯罪的潜在风险,确定这一居间行为为普通经济合同;

3. 注意对提存的居间费用的领取条件设置要明确、可行、具有可操作性;

4. 对完成要求、期限要作明确规定,如居间目的不能实现,相关费用如何退回等相关条款要明确、可行。

60 可否受理担保人单独申请的提存公证

【问题】《供销合同》主要内容为供货方一年内分多次供货给采购方,每次供货后结清当次货款。现有担保人为采购方在合同期内提供200万元的货币担保。担保人申请办理提存公证,将200万元提存到公证处,合同到期后无纠纷,自己领回,若有纠纷,凭法院裁决处置提存款。

【请问】可否受理担保人单独申请的提存公证?

【解答】

公证处可以受理担保人单独申请的担保提存公证,尤其在推行“承诺制”办理公证的当下。担保的从属性决定了担保提存之担保人可能承受之法律后果的从属性和或然性。公证处对债的真实性应该进行审查,却非审查不能即不可受理。在公证员已提示担保人对此自行负责,且已告知其担保提存法律后果后,担保人仍明确表示依“合同到期后无纠纷,自己领回,若有纠纷,凭法院裁决处置提存款”之自定提存款领取条件和程序来申办担保提存,公证处应予受理。公证机构实践中应避免家长主义,尊重担保人的意思自治,让其风险自负。

61 二手房买卖房款提存公证

【问题】二手房买卖中,卖方要求买方一次性支付120万元房款后才给过户,买方现要申请公积金贷款,必须过户后才能贷款,所以现在买方只能先借上钱给了卖方,卖方才给他过户,可这笔贷款银行是要往卖方的帐户上打,所以卖方相当于收了双份房款,卖方说会退还一份房款,但现在买方怕卖方不退还,所以想办提存公证。

【请问】能否办理上述事项公证?

【解答】

双方有合同(协议)中约定以提存方式给付的,可以办理提存公证。担保提存一般是依提存人与债务人的约定或法律的规定而产生的,具有保证债权履行和替代其他担保形式的法律效力。商品经济流转频繁,由公证机构作为第三方为减少交易风险提供担保提存法律服务,从而督促合同各方按照合同约定完全履约,担保提存是保障交易安全的重要手段。《民法典》第 390、406、432、433、442 ~ 445 条是以保管或者担保为目的的提存规定。办理时需注意,当事人要明确约定提存物的给付条件,以便具有可操作性。

62　法院执行款能否办理公证提存

【问题】公证处接到法院执行庭的电话,他们有件执行案件,执行款已经放在法院账户上,但是执行申请人现在联系不上,执行款一直存放在法院账户,现在法院为规范账户,需要把这笔执行款提存到公证处账户。

【请问】能否办理以上事项公证？如果可以办理,需要注意哪些事项？

【解答】

可以办理。公证是法定提存机构,可以办理提存事务。法院是执行款项的管理者,并需在规定期限内将执行款进行发放。《最高人民法院关于执行款物管理工作的规定》第 16 条规定:"有下列情形之一,不能在规定期限内发放执行款的,人民法院可以将执行款提存:(一)申请执行人无正当理由拒绝领取的;(二)申请执行人下落不明的;(三)申请执行人死亡未确定继承人或者丧失民事行为能力未确定监护人的;(四)按照申请执行人提供的联系方式无法通知其领取的;(五)其他不能发放的情形";第 17 条规定:"需要提存执行款的,执行人员应当填写执行款提存审批表并附具有提存情形的证明材料。执行款提存审批表中应注明执行案件案号、当事人姓名或名称、交款人姓名或名称、交款金额、交款时间、交款方式、收款人姓名或名称、提存金额、提存原因等情况。报经执行局局长或主管院领导批准后,办理提存手续。提存费用应当由申请执行人负担,可以从执行款中扣除"。

办理上述提存公证,需要注意以下事项:

1. 首先需要注意法院提存的目的,是规范管理还是另有隐情,需要了解案件背景情况。实操中执行款项到位,法院已经可以结案,发放结案通知,并可以解除被执行人失信、限高等措施,对于被执行人及执行法官来说基本已经"案结事了",申办提存可能是为了符合管理规定。

2. 注意告知受领人领取提存物的权利,自提存之日起 5 年内不行使而消灭,提存物扣除提存费用后归国家所有。关于"提存物归国家所有"的问题,《民法典》第 574 条第 2 款但书条款,属于经除斥期间债权人不领取的提存物归国家所有的例外规定,当有取回权存在时,即使经过除斥期间也不会发生提存物归国家所有的法律效果。

3. 关于"通知义务",《民法典》规定义务人为债务人,公证提存规则要求公证处也有通知义务,但通知不是提存生效的条件,且此案中法院作为执行款项的管理者已进行了通知,按上述规定要求还需对此提供证明材料,公证处即使未履行通知义务也不会导致提存的无效。但个人认为公证处反而应该利用公证大数据或其他信息查找受领人,若能助力解决执行款发放,也算使该公证事务回归了公证参与司法辅助的初衷。

63 法院提存款是否可依受领人指示转给法定代表人账户

【问题】法院提存款提存到公证处，受领人为异地的法人，也希望领取此笔提存款，但单位账户被冻结，单位出具授权，委托法务领取现金或者打到法定代表人的个人账户。

【请问】受领方不入账是否违反了财务制度？

【解答】

对于公司用个人账户来收款，有两个方面问题，一是违反财务制度，尤其将来可能会和税务扯上关系，如偷、漏税；二是将个人财产和公司资产混同，如果是股东，根据相关判例，会承担连带责任。由于是人民法院提存，其实可以通过人民法院来解决，由人民法院来决定是否可行，这样能有效降低风险和说服当事人。

64 家属主动返赃给受害人是否可以进行公证提存

【问题】犯罪嫌疑人因非法集资被刑拘，嫌疑人家属想返赃给受害人，但受害人狮子大张口，要了很多赔偿，达不成和解。嫌疑人的代理律师想把证据能认定的部分款项委托公证处保管，检察院也赞成这种做法，但不给公证处出任何书面意见或司法辅助函。

【请问】

1. 能否办理上述事项公证？
2. 是否可以把生效法律文书设置为领取条件？
3. 如到时被害人仍拒绝领取，公证处应该怎么处理？

【解答】

这种情况检察机关是不会出文书的，只有自己描述公证目的。公证处可以把生效法律文书设置为领取条件，犯罪嫌疑人通过公证处代为支付为自己的积极退赃行为增信，公证付款的条件是法院定谳的判决内容。判决书生效后，被害人拒绝领受，公证机构将情况记录在案、固定证据，然后提交给法院。这个公证的重点是为被告积极表现增信，受害人不领取，对公证不会产生影响，不过，公证机构应及时将情况告知法院等待法院处理。这种涉及检察、公安的刑事领域的钱款，公证的核心就是防止违纪风险，同时为自然人行为增信。

65 刑事案件民事赔偿金进行公证提存

【问题】刑事案件中，协商支付的民事赔偿金或经判决确定的民事赔偿金，对方当事人拒不领取。

【请问】可否办理该公证提存？

【解答】

提存主要分为两种情形，一种是担保性提存，按各方当事人的约定提交并附条件相应领取；

另一种是清偿性提存，在双方权利义务关系明晰的前提下，权利人无正当理由拒不领取或是查找不到权利人的，义务人可以单方申请将款项提存，从而产生其义务得到免除的法律后果。本案中应为清偿性提存，必须以有效的赔偿依据为前提，也就是说如果当事人间的刑事案件已得到生效的法律文书确认，而义务人愿意按此履行时，权利人没有正当理由而不予配合的情况下，义务人可以办理该款项提存；而如果是在案件尚未判决，当事人间有过协商后又反悔的，导致义务人不能按原约定进行赔偿的情形下，则不宜受理，因为赔偿的支付依据不足，不具有可履行性，即便履行也不能免除义务人的法律责任，故此情形下不宜受理公证提存。

66　公安机关取保候审金进行公证提存

【问题】公安机关的取保候审金想退回当事人，因当事人已无法联络，公安机关想将取保候审金提存到公证处。

【请问】能否办理上述事项公证？

【解答】

《刑事诉讼法》第 68 条规定，人民法院、人民检察院和公安机关决定对犯罪嫌疑人、被告人取保候审，应当责令犯罪嫌疑人、被告人提出保证人或者交纳保证金；第 72 条第 2 款规定，提供保证金的人应当将保证金存入执行机关指定银行的专门账户。公证机构可以根据公安机关的申请办理提存公证，需要公安提供相关执行文书及当事人无法查询的证明。

67　政府退还罚款进行公证提存

【问题】镇政府作出行政处罚决定，对违建农民罚款 3 万元，后因决定中引用法条不对，又撤销处罚决定。现在镇政府要把 3 万元退回给农民，但农民拒收。现镇政府向公证机构申请办理提存。

【请问】能否办理上述事项公证？

【解答】

政府撤销行政行为，应当退还罚款，所要退的款并非债务，即非合同之债。公证提存，只是针对于合同之债，行政法律关系中这种退款不是公证提存的范围。如为了帮助政府解决问题，可以为政府办理送达保全及资金监管公证，由镇政府发函催告行政相对人，要求其提供账号，将款项退回；如果行政相对人拒绝提供账号，可以将该资金交由第三方公证机构保管，行政相对人到公证处领取该笔款项。

68　将牛提存或将牛变卖所得价款进行公证提存

【问题】张某经营一家养牛场。后当地政府以污染为由将养殖场拆除。拆除后，政府要求张某领回牛。张某拒绝，政府遂将牛暂交其他养殖场代为养殖。现政府拟通过将牛提存(保管)的方式解决(或将牛变卖所得价款提存/保管)。

【请问】能否办理上述事项公证？

【解答】

该案审查的关键是政府主张的提存事由是否正当、合法。应当要求政府提供拆除的相关决议文件，以形式判断拆除行为合法性。如果不能提供相关决议文件，尽到必要通知义务，则拆除行为的合法性是存在疑问的，不宜为后续的提存办理公证。如经过审查拆除决议文件，判断无违法行为，则可以进行提存。

《民法典》第570条第2款规定："标的物不适于提存或者提存费用过高的，债务人依法可以拍卖或者变卖标的物，提存所得的价款"。因此，不宜保存标的物的提存，一般应当变卖后，对变现价款进行提存。针对相关评估机构对牛的价值进行评估的过程，公证机构可以办理保全证据公证，相关评估结果可以作为公证文书附件。

第四部分　人格权编问题

1　能否在遗嘱中写明“不准儿女参加葬礼”

【问题】立遗嘱人有一子一女，自称两人均不孝顺，不履行赡养义务。立遗嘱人现患有帕金森病，打算立一份公证遗嘱，不对其名下任何财产作出处分，仅要求由其配偶处理身后事，特别指出不准其儿女干涉后事处理，不准参加葬礼。

【请问】该遗嘱内容是否违反公序良俗？

【解答】

祭奠权是近亲属之间对于已故亲属的祭祀，包含权利人对亡者的哀思、怀念等精神利益。祭奠权是一种应受到法律保护的人格权，其是基于近亲属的身份关系而产生的。在行使祭奠权时，应当本着互谅互让、互相尊重的精神，合情、合理、合法行使祭奠权，以安慰生者、告慰亡者。死者有遗愿，让其配偶来操办丧事，这符合风俗习惯和常理，但明确表明不准子女前来参加葬礼，则可能太不近人情，可能有违公序良俗。

按照通说，在祭奠权中，公民对已经去世的亲属表示祭奠，体现了社会基本的道德伦理观念，是社会全体成员在公共生活中普遍遵循的道德准则和行为规范，它符合我国传统的民间习惯和社会公德的要求。因此，建议公证员代书时表述为立遗嘱人对自己后事安排的嘱托，但不要明确写“不准儿女参加葬礼”这样的文字。

2　丈夫能否委托妻子在试管婴儿胚胎解冻同意书上签名

【问题】甲乙结婚多年未育，决定采用试管婴儿辅助生殖。培育受精胚胎成功后，妻子乙因身体原因不适宜移植，医疗机构遂将胚胎冷冻。一年后，妻子乙经治疗，适宜移植胚胎，拟进行胚胎解冻并将胚胎移植至其体内。根据医疗机构要求，解冻胚胎必须夫妻双方亲自到医院签字同意。但丈夫甲因刑事犯罪原因，被收押待审，医疗机构建议当事人办理公证，由丈夫委托妻子签署同意书。

【请问】

1. 公证机构能否受理上述委托事项？

2. 如果能，办理公证时需要注意些什么问题？

【解答】

一、公证机构可以受理该委托

根据卫生部《人类辅助生殖技术和人类精子库伦理原则》相关规定，不育夫妇对实施人类辅助生殖技术过程中获得的配子、胚胎拥有其选择处理方式的权利，技术服务机构必须对此有详细的记录，并获得夫、妇或双方的书面知情同意，人类辅助生殖技术的实施必须经夫妇双方自愿同意并签署书面知情同意书。此处知情及同意书签署，是履行人类辅助生殖的伦理和程序所需。在丈夫确实因客观情况无法亲至医院签字的情况下，受理该委托，并未违反公证程序规则的相关规定。某甲因刑事案件被羁押，并不影响生育的民事权利行使，公证机构可以受理。

二、办理该委托公证须注意的事项

如果办理，一般建议公证机构收集夫妻双方提供身份证、户口本、结婚证等相关身份及关系文书，也应注意收集夫妻双方与医疗机构签订关于体外受精—胚胎移植的医疗服务合同，以确定前述冷冻胚胎事实。委托文书代书制作时，应注意先记载某甲应允解冻胚胎的意思表示，再就委托意向和范围做描述。办理公证签署相关文书时，公证员也可就解冻胚胎、移植等相关实体法律事实及后果对甲进行必要告知。

3 父亲捐献自己人体器官给子女能否用声明书形式公证

【问题】一未成年子女身患肾脏疾病，需要接受器官移植，经器官配型选择，其父亲愿意捐献自己肾脏给子女，医院希望公证父亲捐献人体器官的意愿。

【请问】能否由父亲发表声明同意进行捐赠，公证机构对该声明书进行公证？

【解答】

根据《民法典》第1006条规定“完全民事行为能力人有权依法自主决定无偿捐献其人体细胞、人体组织、人体器官、遗体。任何组织或者个人不得强迫、欺骗、利诱其捐献。完全民事行为能力人依据前款规定同意捐献的，应当采用书面形式，也可以订立遗嘱。自然人生前未表示不同意捐献的，该自然人死亡后，其配偶、成年子女、父母可以共同决定捐献，决定捐献应当采用书面形式”。《民法典》第1007条规定“禁止以任何形式买卖人体细胞、人体组织、人体器官、遗体。违反前款规定的买卖行为无效”。《人体器官移植条例》第10条规定“活体器官的接受人限于活体器官捐献人的配偶、直系血亲或者三代以内旁系血亲，或者有证据证明与活体器官捐献人存在因帮扶等形成亲情关系的人员”。

声明是指自然人、法人或者其他组织在民事、经济活动中所作出的公开的意思表示，其书面形式即声明书。声明书公证是公证机构根据自然人、法人或其他组织的申请，依法证明其在民事活动中的单方意思表示的真实性、合法性的活动。声明书公证的意义在于，通过公证机构记录声明人的意思表示，确保意思表示真实，防止他人伪造、篡改或者冒名顶替，消除声明书接受者的疑虑。根据以上规定可以得知，当事人人体器官移植的意思表示可以办理声明书或者确认书公证。

办理公证时需注意在声明书中限定器官接受人在上述规定的人员范围之内，避免成为买卖人体器官等违法犯罪活动的帮凶。另外，目前从事器官移植的医疗机构对器官移植有一套较为严格的程序，会给当事人提供一些较为规范的法律文本，公证员注意在办证时结合《民法典》《人体器官移植条例》进行审查,并将关于器官移植的相关法律意义和后果向当事人释明,确保其意思表示真实无误。

4　未成年人拟改回生父姓是否需要继父同意

【问题】某女甲当时为了逃避生育二胎罚款,女方与男 A 离异,离异时已怀有身孕。离异 10 多天后,该女又与男 B 再婚。小孩出生后,由于瞒报,小孩的出生医学证明记载的父亲为男 B,小孩随男 B 姓。几年后,该女子与男 B 离婚,离婚时约定该小孩由女方抚养。与男 B 离婚后,该女子为小孩做了亲子鉴定,鉴定结果显示男 A 与该小孩是生物学上的父子。小孩 12 岁时,男 A 去世,女方此时希望孩子能随男 A 姓,并向公证机构申请办理同意更名的声明公证。

【请问】小孩的继父(男 B)是否需要办理同意改名的声明公证?

【解答】

小孩的继父需要到场办理同意改名的声明公证。根据《民法典》第 1015 条规定,自然人应当随父姓或者母姓。这里,法律没有说是随生父姓或者生母姓,所以,该条款中的“父母”应当理解为包括了生父母、继父母和养父母。因此,小孩出生后随继父姓,于法有据,应当受到法律保护。《民法典》第 1012 条规定,自然人享有姓名权,有权依法决定、使用、变更或者许可他人使用自己的姓名,但是不得违背公序良俗。这赋予了自然人变更姓名的法律依据。但是,需要注意的一点是,《民法典》第 1016 条规定,自然人决定、变更姓名,或者法人、非法人组织决定、变更、转让名称的,应当依法向有关机关办理登记手续,但是法律另有规定的除外。这为自然人姓名的变更设置了相应的条件。《户口登记条例》第 18 条规定,公民变更姓名,依照下列规定办理:(1)未满 18 周岁的人需要变更姓名的时候,由本人或者父母、收养人向户口登记机关申请变更登记;(2)18 周岁以上的人需要变更姓名的时候,由本人向户口登记机关申请变更登记。依照该条例规定,未成年人的更名,需要父母同时提出申请,这里的父母,自然也包括生父母、继父母和养父母。

本案中,在该未成年人已随继父姓的情况下,要将姓氏更改为生父的姓氏,需要征得继父的同意。需要特别提醒的一点是,由于未成年人已经 12 周岁,因此在办理相关事项时,还需要征求该未成年人的意见。

5　声明人是否可以声明随外婆姓

【问题】当事人想要办理声明书公证,声明的内容是更改姓名,更改完了即不是随父姓也不是随母姓,而是随外婆姓。

【请问】能否声明不随父母姓而随外婆姓?

【解答】

《民法典》第 1012 条规定:自然人享有姓名权,有权依法决定、使用、变更或者许可他人使用自己的姓名,但是不得违背公序良俗。《民法典》第 1015 条规定:自然人应该随父姓或者母姓,但是有下列情形之一的,可以在父姓和母姓之外选取姓氏:(1)选取其他直系长辈血亲的姓氏;(2)因由法定扶养人以外的人扶养而选取扶养人姓氏;(3)有不违背公序良俗的其他正当理由。

少数民族自然人的姓氏可以遵从本民族的文化传统和风俗习惯。

本案中,声明人更改姓氏随外婆姓,符合《民法典》第1015条第1项的规定,可以为其办理声明书公证,作为到户籍管理部门变更姓名的法律文书。办理公证过程中,建议在询问笔录中加入告知条款内容:“根据《民法典》第1016条规定,自然人决定、变更姓名,或者法人、非法人组织决定、变更、转让名称的,应当依法向有关机关办理登记手续,但是法律另有规定的除外。民事主体变更姓名、名称的,变更前实施的民事法律行为对其具有法律约束力。”

6 以人工授精方式出生的子女父亲确定问题

【问题】当事人甲与乙于1998年结婚,2020年离婚,离婚时双方无子女,在2021年1月甲做了试管婴儿生下一个儿子,在此期间甲没有再婚,但是医院出具的出生证明上父亲一栏写的是乙,给这个孩子改姓是需得到父亲的同意。

【请问】这个父亲是出生证上记载的父亲还是提供精子的生物学父亲,或者是没有父亲(因为是离婚后才做的试管婴儿),能否办理以上改姓公证?

【解答】

本案中,女子是单身离异状态做的试管婴儿手续,如果是用了精子库的精子,是实行严格保密制度的,那么该孩子无法认定生物学的父亲,出生医学证明登记错误的可以更改(做亲子鉴定)。建议母亲携带亲子鉴定报告、更正后的新出生医学证明以及试管婴儿手续证明向派出所申请更改子女姓名。

7 购物保全公证书附件图片是否能对相关人员脸部打马赛克

【问题】公证机构根据权利人申请办理批量现场购物保全公证。公证员拍摄现场照片时,拍摄到了涉嫌侵权店铺的工作人员及顾客的脸部图像。权利人的代理律师认为,为避免因侵犯这些人的肖像权或个人隐私,申请公证处出具公证书时,对相关人员面部打“马赛克”。

【请问】公证处能否对公证书附件图片中出现的人脸打马赛克?

【解答】

公证书附件图片,是公证书客观记录真实事实情况的载体,一般情况,为确保证据真实性、原始性,不建议对保全过程中取得的图片做打马赛克、调整光线、颜色等处理。

实务中,常有人认为拍摄店员或相关人员人脸,担心侵犯对方的肖像权。实际上,我国在原《民法通则》中即规定了自然人的肖像权法律原则,规定了“以营利为目的”的肖像权侵权的构成要件。《民法典》人格权编第四章中第1018~1023条共计6个条款,详细规定了肖像权的具体内容,概括而言,包括以下几点:(1)明确将“肖像”的内涵界定为“自然人可以被识别的外部形象”,改变了以面部特征为中心界定“肖像”的立场;(2)明确了肖像权的行使方式,构建了肖像许可使用制度;(3)肖像权侵权的构成要件不再要求“以营利为目的”;(4)新增肖像权合理使用制度,从而平衡公共利益与个人私权的保护。《民法典》第1019条规定:“任何组织或者个人不得以丑化、污损,或者利用信息技术手段伪造等方式侵害他人的肖像权。未经肖像权人同意,不得制作、使用、公开肖像权人的肖像,但是法律另有规定的除外。未经肖像权人同意,肖像作品权利人不得以发表、复制、发行、出租、展览等方式使用或者公开肖像权人的肖像。”第1020条就合理使用行为进行了详细列举:(1)为个人学习、艺术欣赏、课堂教学或者科学研究,在必要范围内使用肖像权人已经公开的肖像;(2)为实施新闻报道,不可避免地制作、使用、公开肖像权人的肖像;(3)为依法履行职责,国家机关在必要范围内制作、使用、公开肖像权人的肖像;(4)为展示特定公共环境,不可避免地制作、使用、公开肖像权人的肖像;(5)为维护公共利益或者肖像权人合法权益,制作、使用、公开肖像权人的肖像的其他行为。公证现场购买侵权物品证据保全的过程中拍摄到的相关人员脸部照片,属于上述合理使用范畴,一般情况下不构成肖像权侵权。

但实务中,很多当事人可能担心显示店员或相关人员脸部的取证照片,可能给店员的后续工作带来不利的影响(如被领导批评产生不好的社会影响),或者招致一些不必要的争议、纠缠。因此,建议公证机构现场购物保全时,注意以下细节:

1. 避免面部特写。拍店员及相关人员时,避免店员脸部特写,可以把重点放在店员身处店内、店员向代理人销售物品等场景,店员身上的工作服店铺标识等细节。

2. 公证书中不完整打印。保全完毕选取公证书附件图片时,考虑回避当事人脸部非常突出、非常清晰的照片。如果必须保留,可以只选取部分照片做附件,保全现场拍的全部照片刻盘存档。

8 涉及当事人家人隐私的保全证据公证

【问题】当事人到公证处申请保全某手机App上发布的文章内容,文章内容中含有大量照片,涉及当事人的配偶与他人生活的亲密合照,以及一个孩子从出生到长成为少年的不同时期个人照、合照。当事人称孩子是其配偶与第三者的非婚生子女,自己欲收集相关证据,用于与配偶进行离婚诉讼。

【请问】以上事项,公证是否适宜受理证据保全公证?

【解答】

《最高人民法院关于适用〈中华人民共和国民事诉讼法〉的解释》第106条明确规定:“对以严重侵害他人合法权益、违反法律禁止性规定或者严重违背公序良俗的方法形成或者获取的证据,不得作为认定案件事实的根据。”

1. 关于“严重违背公序良俗原则”的解读。公序良俗原则的适用基本属于法院裁量规则,公证员在适用公序良俗原则时,往往要参考有关司法判例,故以“严重违背”作为前置条件是比较合适的。实务中,如果取证方法违背公序良俗原则,但情形较轻的,当事人也可以采用。取证方法严重违背公序良俗的,则不可以采用。例如,当事人邀约公证员一起“现场抓奸”的,则应认定为取证方法严重违背公序良俗原则。

2. 关于“违反法律禁止性规定”的解读。对于法律明确禁止的取证方法,公证员不得使用。例如,根据我国刑法有关规定,公证员不应使用专用间谍器材进行保全工作。

3. 关于“严重侵犯他人合法权益”的解读。实务中,保全行为的方法往往存在侵害他人合法权利的可能,在这种场合是否可以公证,公证员应谨慎判断保全行为是“严重侵害”还是“轻微侵害”他人合法权益。如属于轻微侵害的，则公证员可以进行保全，如果属于严重侵害的，则不应保全。为了使公证保全行为避免被认定为“严重侵犯他人合法权益”，故延伸出一项公证规则，即在办理保全证据公证中，应当采取必要手段使对他人权利的侵犯降低至最小。公证员应当提出各种建议和采取切实措施，减轻对他人权利的侵犯程度。这符合权利冲突时的处理原则——“比例原则”。

本案中，当事人所申请保全内容，为手机 App 中发布的相对公开的内容，一般而言，发布人愿意公开发布，即可认为该内容不属于发布人要刻意保守、不希望他人获知的隐私信息，公证办理证据保全时，尊重客观情况记录内容即可。

9 公证处可否为中介公司出具当事人婚姻状况的法律意见书

【问题】某中介公司因办理相关业务想委托公证处核实当事人的婚姻情况作为前置材料。中介公司已经将需要委托公证处核实当事人婚姻状况的情况告知当事人，并要求当事人签署同意委托公证处查询本人婚姻状况的委托书。

【请问】可否为中介公司出具当事人婚姻状况的法律意见书？

【解答】

《民法典》第 1032 条规定：“自然人享有隐私权。任何组织和个人不得以刺探、侵扰、泄露、公开等方式侵害他人的隐私权。”《民法典》第 1033 条规定，除法律另有规定或者权利人明确同意外，任何组织和个人不得……处理他人的私密信息。

当事人的婚姻状况信息一般应属于其私密信息，按照隐私权进行保护，但根据《民法典》第 1033 条的规定，经权利人同意的，可以处理他人的私密信息。本案中，中介公司已经要求当事人出具相关同意和授权的文书，那么公证机构可以依据该知情同意书和授权书处理该当事人的婚姻状况信息，向中介公司出具相关法律意见书。

10 “配偶出轨”视频监控证据保全公证能否办理

【问题】李某到公证处咨询，称其配偶出轨，经常与第三者亲密出入某小区，该小区的视频监控有明确证据。李某想申请公证处为其办理到小区物管处调取并保存上述视频的公证。

【请问】此类“配偶出轨视频”保全是否会涉嫌侵犯配偶的隐私权？公证机构该如何处理为妥？

【解答】

此类案件属于法无明文禁止的公民私力救济事件，判断是否可以承办，建议从是否侵犯隐私权，是否违背公序良俗，是否属于真实原始证据的角度来考虑。

首先，应当明确当事人申请保全的目的应是自我权益的拯救，证据用途合法。例如，如果李某收集该证据是用于离婚诉讼证实配偶有婚外亲密异性关系人存在，可以受理。

其次，考虑视频拍摄的位置、拍摄的对象主体和内容是否有侵犯隐私权的可能。如果视频是属于李某自己家庭居住的小区物管的公共监控区域内的视频监控录像，一般而言，监控位置均为公共区域，在这些范围的视频较少有侵犯隐私的嫌疑。如果是李某自家装的监控，其时间、空间信息难以确定，不适宜办理。另一方面，监控的小区应当是申请人与其配偶居住的小区，如果是第三者居住的小区，则会侵犯对方居住信息等隐私，不适宜办理。

再次，应考虑监控内容。对象主体是否有明确特征能表明监控视频中是其配偶？如果监控内容是两人很多时间节点固定出入该区域，或有一些特定亲密动作，则可以办理。如果监控内容是某些特征不明显主体的户外过分亲密举动等则不适合办理。

最后，技术处理上，应该实地查看该监控摄像头的实际位置，核对视频内的位置是否一致。保全提取应直接到物管处调取并使用现场复制并截取相关内容的方式办理，以防止整段视频泄露与本案无关的其他人隐私信息。为防止证据被恶意使用，可以办理完毕证据保全后，密封该公证书，待法院受理诉讼后，由李某向法院申请调取。

此类案件办理，一定要比普通证据保全更为谨慎，做到确保真实，确保私力救济不侵犯他人私权。

11　网页保全中涉及第三人的个人信息或隐私处理

【问题】网页保全中，常常可能涉及第三人的个人信息，比如电话号码、姓名、地址等，也常涉及个人隐私，比如头像、财产信息、特定行踪信息等。公证员无法保证保全申请人必然合法使用证据保全公证书，无法排除以合法行为掩盖非法目的等情况。

【请问】公证员受理网页保全时，涉及上述情况是否可能造成侵权？有何妥当处理方式？

【解答】

本问主要涉及保全公证中个人信息处理和隐私保护问题。

首先，需要搞清楚个人信息和个人隐私的定义、范围和区别。根据《民法典》第 1034 条第 2、3 款规定："个人信息是以电子或者其他方式记录的能够单独或者与其他信息结合识别特定自然人的各种信息，包括自然人的姓名、出生日期、身份证件号码、生物识别信息、住址、电话号码、电子邮箱、健康信息、行踪信息等。个人信息中的私密信息，适用有关隐私权的规定；没有规定的，适用有关个人信息保护的规定。"可见，只有私密信息的个人信息才纳入隐私权保护范围，非私密信息则受个人信息规定的保护。

其次，公证保全行为是否会构成侵权行为。《民法典》第 1030 条针对征信机构等信用信息处理者、第 1226 条针对医疗机构及其医务人员、第 1039 条针对国家机关、承担行政职能的法定机构及其工作人员对于履行职责过程中知悉的自然人的隐私和个人信息提出了应当予以保密、不得泄露或者向他人非法提供的要求，否则将承担侵权责任。因此，公证机构办理保全证据行为不当的可能构成侵权。那么，保全证据公证的哪些行为容易造成对个人信息和隐私的侵权？《民法典》第 1033 条规定了隐私权的 6 种侵害行为，公证员在办理保全证据时均应加以注意。回到本问，保全证据过程中，除法律另有规定或者权利人明确同意外，处理他人的私密信息则可能造成侵权。个人信息处理方面，《民法典》第 1035 条规定了个人信息处理的原则和条件："处理个人信息的，应当遵循合法、正当、必要原则，不得过度处理……个人信息的处理包括个人信息的收集、存储、使用、加工、传输、提供、公开等。"因此，保全证据过程中涉及个人信息和隐私内容的收集、存储、加工、传输和公开行为都很可能容易引发公证侵权纠纷。

如何防范和降低公证保全过程中对个人信息和隐私的侵权风险？这个问题要结合上述信息处理规则和《民法典》第1036条处理个人信息的免责事由综合考虑。包括：(1)在该自然人或者其监护人同意的范围内合理实施的行为；(2)合理处理该自然人自行公开的或者其他已经合法公开的信息，但是该自然人明确拒绝或者处理该信息侵害其重大利益的除外；(3)为维护公共利益或者该自然人合法权益，合理实施的其他行为。

具体到公证办理，主要考虑以下几个方面：(1)所涉个人信息为申请人自己的信息，当然符合权利人同意免责的范围。(2)申请人保全的是第三人的个人信息，应当分两种情况考虑：若第三人本身涉嫌侵犯申请人的权利，保全以固定侵权人的信息从而锁定侵权人身份为目的时可以保全，其"侵权"是维权的必要条件；若第三人不涉嫌侵犯申请人权利，而仅仅作为申请人与他人争议纠纷中的证明材料，则该保全应当谨慎受理或拒绝，除非经该个人信息的自然人同意。(3)在上述两项信息都有的情况下，比如单位工资清单除了自己的还涉及他人的工资信息的，保全时可以进行适当遮挡或马赛克处理，限度以尽量显示截图完整性又能达到防止他人的信息泄露为宜。(4)即便对已公开的个人私密数据也不必然免除保全固定该证据可能产生的侵权，公证员需要审查该公开是自然人自己的行为还是他人的违法公开行为，以及结合申请人办理该保全证据的目的综合考虑，考虑保全所维护的权利与保全他人个人信息"侵权"的轻重，从而满足必要原则和不过度使用。(5)实践中，有些公证机构采取密封公证书、代寄送达相关部门、申请人签署保密承诺、证据采取必要技术措施等处理方式也是值得借鉴的。

12 网络上内容限定范围可见的证据如何公证保全

【问题】当事人称某男在抖音发布不雅内容，并对内容设置了仅特定朋友可见，只有某男的几个朋友(包括当事人)可以看到此内容。当事人提交的内容显示某男裸体与当事人拥抱的照片、示爱、开房、借钱、涉嫌诈骗等内容。

【请问】公证处如对该抖音号内容进行保全证据，是否会侵犯某男的个人隐私？

【解答】

本问主要涉及保全公证中个人隐私保护和非公开范围的内容保全问题。

根据《民法典》第1032条规定：隐私是自然人的私人生活安宁和不愿为他人知晓的私密空间、私密活动、私密信息。任何组织或者个人不得以刺探、侵扰、泄露、公开等方式侵害他人的隐私权。隐私权赋予权利人对私人生活的控制权，这种控制权包括防御他人窃取个人隐私，是否向他人公开隐私及公开范围的决定权。本案中保全目标发布在抖音上，内容设置为有限特定朋友可见，其中包括当事人自己，说明某男认为该内容不适宜公开，所以才限制发布范围，因此抖音设置部分可见构成了某男的网络私密空间。从内容看，该保全目标亦涉及某男的私密生活，因此该保全内容涉及某男的隐私无疑。但这种情况并不必然阻却公证保全的办理，公证处是否构成侵犯某男的隐私权，关键看公证申请人查看该信息是否构成侵犯某男隐私权，以及查看是否具备合法正当性。只要申请人不违法，那公证机构基于法律特定职能，在履行好保密义务的情况下亦不构成侵权。

针对限制范围可见的内容保全主要从以下两方面考虑：一是申请人在可见范围内，则该信息视为隐私权利人自愿向申请人公开；二是该信息对申请人造成直接的不利影响和侵权。甚至在不满足可见范围条件下，从其他途径获知（比如其他在可见范围内的知情人）该信息侵害了申请人权利，也可通过该途径进行保全。本案当事人在该内容的可见范围，且当事人认为该内容涉嫌诽谤（公证员需经初步判断认为确实存在侵权的），如果不办理公证保全，难以维护自己合法权益，因此当事人查看并申请办理公证具有合法正当性。但需要注意的是，如果保全造成隐私权侵犯程度将远远高于需要维护的权利（比如合同权利），那么即便满足上述两个条件，公证保全的正当性和必要原则都无法成立。另外，保全内容要严格控制在有限的范围内，避免公开产生的侵权。实践中，有些公证机构办理完公证，采取公证处保管公证书的方式保密，在将来的诉讼中，由人民法院调取使用，防止当事人滥用公证书，扩大隐私知晓范围。这类凡涉及限定范围可见的信息的保全，诸如 QQ 空间、微信朋友圈等均可适用上述原则处理。

13　未实名的 QQ 邮箱能否办理邮箱证据保全公证

【问题】某公司使用员工个人 QQ 邮箱作为某项目联系邮箱，通过该邮箱项目双方多次沟通方案、阶段性成果和财务往来信息。现项目合作出现纠纷，公司欲申请办理该邮箱内邮件证据保全公证。经查看，该个人 QQ 邮箱未实名。

【请问】公司能否作为申请主体申请该 QQ 邮箱内邮件证据保全公证？如果可以，办理时候需要如何确保不侵犯他人通信隐私？

【解答】

可以办理公证。由于互联网规则问题，电子邮箱实名问题并未被严格管理，电子邮箱证据保全，并不必须以实名为前提，注意审核邮箱在使用环节的前后证据链。比如，本案中邮箱是否真实记录在合同中，邮箱中相关事务是否与公司合同事务相关。办理时，必需请注册员工到场确认同意。

办理时应注意的细节，建议参考中国公证协会《办理保全互联网电子证据公证的指导意见》，以下摘录其中重要条款：第四条，公证机构受理公证申请后，除按照《公证程序规则》的规定向当事人进行告知外，还应当重点告知下列内容并载入询问笔录：……（四）当事人申请保全网上聊天记录、电子邮件的，公证人员应当告知其如果不能证明对方的真实身份，则保全的电子信息可能不具有证据效力；第十三条，实名制邮箱的注册人或者非实名制邮箱的密码持有人申请办理保全互联网电子邮件公证的，应当保证其申请登录邮箱保全电子邮件的行为不会侵犯他人的通信秘密、个人隐私。公证机构受理后，应当审查保全电子邮件的行为是否存在侵犯他人通信秘密、个人隐私的情形。

法人或者其他组织申请保全其员工使用的用于公务的电子邮箱内的邮件，应当提交其与该员工签订的有关公务邮箱仅用于公务的书面约定，或者经该员工书面同意，或者由该员工亲自操作提取、固定相关电子邮件。

14 当事人多次婚史信息是否要在公证书中一一列明

【问题】某甲和某乙系夫妻，出售房屋给某丙，三人共同向公证处申请办理房屋买卖合同公证。公证员审核卖方证件材料时发现，某甲和某乙夫妻二人，在购买取得房屋所有权期间内，有多次结婚离婚登记，房屋在二人离婚时曾有过财产分割约定，约定房屋归属两人共同所有。

【请问】在房屋买卖合同公证书中，是否必须将其与婚姻相关的信息一一列明在公证书中？

【解答】

办理房地产交易相关公证时，公证处应当按照法律主义原则尽到审慎审核义务，对出售房屋标的物权属状况做审核。属于自然人财产的，应当结合其婚姻状况，确定财产是否属于夫妻共有，以便作出准确判断。

做权属判断是公证员必需的，公证书内是否要完整罗列、还原与权属判断相关的证据材料、时间信息，却值得商榷。《民法典》第 1032 条规定，隐私是自然人的私人生活安宁和不愿为他人知晓的秘密空间、秘密活动、秘密信息。一般而言，当事人婚姻状况确切信息，属于当事人不愿为他人知晓的秘密信息。公证员承办业务时，依据当事人的意思表示，收集完整证据并向当事人做信息核实和确认，于笔录里进行记录，在公证词中不予以表述，此举并无不妥。

第五部分　婚姻家庭编问题

1　涉及放弃婚姻自由权利的承诺书公证

【问题】个别地区的不动产登记部门，在接受购房人的委托公证书的同时，要求婚姻状况为未婚或未再婚的购房人另行办理声明（承诺、保证）公证，并在声明书（承诺书、保证书）中明确：保证在委托书有效期限内保持未婚（未再婚）状态。

【请问】以上公证事项是否可以办理？

【解答】

当事人有婚姻的自由，这类承诺涉嫌侵犯公民的婚姻自由权，不宜直接承诺这样的内容。但可以考虑不动产登记部门的需求，对承诺内容进行变通，在实现目的的同时也不侵犯当事人的婚姻自由权。在起草单方法律文书时，既要考虑到不动产登记部门的需求，也要注意维护当事人的合法权利。在文书中不要简单地只表述"保证在委托书有效期限内保持单身状态"，而应当充分与不动产登记部门进行沟通，掌握登记部门为了避免婚姻变化引发权属争议的需求，建议文书表述为：本人承诺在委托书有效期限内保持单身状态，如果婚姻状况发生变化，在婚姻状况变化之日起30日内，向不动产登记部门提交婚姻状况材料进行报备，如不履行报备义务，所引发的纠纷和法律责任由本人自行承担，与不动产登记部门无关。

2　解除同居关系协议是否可以公证的问题

【问题】甲（男）乙（女）1998年举办婚礼未领结婚证，开始同居至今，生育一子今年21岁，但两人的户籍登记在一个户口簿上，均记载为已婚，登记为夫妻关系。甲今年在银行申请贷款时，因为没有结婚证银行不给贷款，找当地派出所要求变更户籍记载，更改为未婚，派出所要求双方办理解除同居关系协议书公证后才可以更改。经询问双方，均表示感情尚好，也不准备分开，就是为了办贷款而签订该协议。公证员告知，你们感情尚好，又有一个儿子，补办婚姻登记手续是最好的办法。但当事人不愿意补办婚姻登记手续，想办理解除同居关系协议书公证。

【请问】该解除同居关系协议可以公证吗？

【解答】

《最高人民法院关于适用〈中华人民共和国民法典〉婚姻家庭编的解释（一）》第3条规定：当事人提起诉讼仅请求解除同居关系的，人民法院不予受理；已经受理的，裁定驳回起诉。当事人因同居期间财产分割或者子女抚养纠纷提起诉讼的,人民法院应当受理。从法院的审判实践中看,未经结婚登记以夫妻名义共同生活,双方属同居关系,不受法律保护,所以对于仅诉请解除同居关系的不受理。法院仅就同居期间子女抚养及财产问题作出处理。最高人民法院在原《关于适用〈中华人民共和国婚姻法〉若干问题的解释(二)》中就不再使用“非法同居”了。如果单纯二人签订同居协议,这属于违反公序良俗。如果针对同居男女就同居期间的财产分割的协议,法院的判断其有效性也是按照一般民事协议的标准判断。如果男女双方签订财产分割协议,分割协议中双方确认同居期间取得的共有财产如何分割,便以间接的方式证明二人是没有结婚是同居,再加上民政部门的未曾登记结婚的查询记录,看派出所是不是能够给办理户籍婚姻状况的变更。对于未婚男女不办理结婚登记同居,法律只是并未过多约束。

综上,同居关系男女双方因解除同居而涉及分割财产及子女抚养签订的协议,可以办理公证;如果当事人仅就解除同居关系签署协议申办公证的,因解除同居关系并不具有法律意义,公证机构一般不宜办理公证。

3 同居关系中购买不动产的继承问题

【问题】黄某生前未婚,无子女,父亲健在,母亲先于其死亡,有一同居女友卢某,已经共同生活了五年。卢某与前夫育有一子,跟黄某同居后,三人一起生活,且卢某的孩子在二人同居时只有1岁,孩子在生活中都是称呼黄某为爸爸。2019年,卢某才顺利办理了离婚登记,卢某与黄某便共同出资首付款以黄某名义按揭一套房屋(黄某出资6万元,卢某出资11万元左右),准备结婚当婚房。现在,黄某死亡,经过家人协商,想把房子给卢某的孩子及卢某,由卢某继续偿还按揭贷款,黄某的父亲表示无法偿还贷款,也自愿不要房屋。现在申请办理公证。

【请问】是否可以由黄某父继承了之后,变更产权并出售给卢某。能不能有更简便的方法(不愿意以诉讼方式)?

【解答】

黄某与卢某的关系应当依照同居关系进行处理。基于此,二人共同所购之房形式上虽仅登记为黄某所有但实际为二人共同共有:属于黄某出资的份额,其父确实具有继承权,但卢某出资部分即使未登记在黄某名下也应视为卢某的份额。故建议各方基于自愿原则确认以上权属认定结果。这样可能是最有利于其利益保护,也是最为尊重事实的一种处理方式。

不建议让黄某父亲将全部房产继承下来再通过赠与和买卖的形式过户到卢某名下,这样的操作方式与事实不符。卢某同样面临没有能力全部偿还贷款无法办理产权变更的难题;另外,一旦上述房屋转移到黄某父亲名下,将面临人性考验和黄某父亲可能发生死亡继承的风险。

此外,根据《民法典》第1131条的规定,对继承人以外的依靠被继承人扶养的人,可以分给适当的遗产。与黄某共同生活的卢某的孩子可以适当分得遗产。

4 能否将怀孕作为协议条件

【问题】某男甲与某女乙为恋人关系,二人家境和生活经历迥异。甲系当地某企业家独子,目前已经在尝试接手家族企业的经营。由于乙平时屡次表示不喜欢小孩子，甲的父母担心二人结婚后不会要小孩，导致家族事业后继无人。因此要求甲乙结婚后必须生小孩，并许诺乙一笔高额的生育奖励，乙考虑后表示同意。现甲乙双方就该事项达成书面协议，并向公证机构申请办理公证。

【请问】该协议是否可以办理公证？

【解答】

《民法典》第 8 条规定，民事主体从事民事活动，不得违反法律，不得违背公序良俗。本案中，虽然甲乙双方是自愿缔结协议，但是，该协议违背了公序良俗。现实中，怀孕生子成为获取奖励的条件的情况并不鲜见，但这并不是法律所倡导的健康善良的价值观。生育的权利，系夫妻双方平等享有的权利。进入文明社会以后，生育不仅是人类实现自身种族延续的手段，也成为了维系家庭组织关系的重要纽带。倡导巩固正常健康的家庭关系，是《民法典》婚姻编的基本功能和重大历史使命。将怀孕生子作为获取奖励的途径，并不是正常健康的家庭关系应当包含的内容，并不值得提倡，法律也不会对此行为进行保护。

5 设立对离婚决策的考察协议书公证

【问题】父亲准备离婚，但因为顾虑小孩成长，双方协商，女方给男方一年考察时间。在考察期间，男方表现好的继续维持婚姻，男方表现不好的双方解除婚姻。

【请问】能否办理上述设立离婚决策的考察协议书公证？

【解答】

《民法典》第 1041 条第 2 款规定，实行婚姻自由、一夫一妻、男女平等的婚姻制度。婚姻自由是《民法典》第 1041 条规定婚姻家庭关系的基本原则之一，结婚离婚是不能附任何条件的。本案中双方约定的所谓“女方给予男方一年考察时间”的考察协议书，尽管是夫妻双方自愿约定，约定事项不但没有法律依据，而且违反《民法典》规定的婚姻自由原则，应属于无效协议，对双方没有约束力，不能产生当事人期望的法律效果，不应办理公证。

6 夫妻之间的忠诚协议可否办理公证

【问题】夫妻双方拟约定，如果男方出轨，家庭全部财产归女方所有。

【请问】夫妻之间的忠诚协议可否办理公证？

【解答】

本案从三个方面进行分析论证：

其一，依目前通说，夫妻忠诚协议属于自然债务条款，不具备强制执行效力。《民法典》第 1043 条规定，夫妻应当互相忠实，互相尊重，互相关爱。《最高人民法院关于适用〈中华人民共和国民法典〉婚姻家庭编的解释（一）》第 4 条规定，当事人仅以《民法典》第 1043 条为依据提起诉讼的，人民法院不予受理；已经受理的，裁定驳回起诉。夫妻之间签订忠诚协议，应由当事人本着诚信原则自觉自愿履行，法律并不禁止夫妻之间签订此类协议，但也不赋予此类协议强制执行力。(来源:最高人民法院民法典贯彻实施工作领导小组《中华人民共和国民法典婚姻家庭编理解与适用》一书。)从司法观点来看,这类忠诚协议属于自然债务条款,法律并不禁止但也不赋予其强制执行效力。

其二,对于自然债务条款,公证机构应当告知当事人具有受领保持力但不具有强制执行力的法律效果,由当事人依意愿自治原则决定是否签署和公证。

自然债务是指债权人不得以诉讼的方法请求强制履行,但债务一旦履行,则债权人有权受领并保有该受领效力的债务。我们认为,自然债务条款具有可公证性,原因在于自然债务条款并不违背现行法律法规,而且自然债务虽然存在效力瑕疵,但是并非完全没有法律效力,经公证的自然债务条款不产生强制执行效力,但仍有存立证据和进行法律辅导的效用。对于自然债务条款,公证机构应当尽到咨询义务,告知当事人法律意义和法律效果,由当事人决定是否签署该条款和申办公证。公证机构可以依当事人申请办理夫妻忠诚协议公证。

其三,夫妻忠诚协议的内容不得违背公平原则。《民法典》第6条规定,民事主体从事民事活动,应当遵循公平原则,合理确定各方的权利和义务。夫妻忠诚协议的内容不得违反公平原则。一般地,当一方违背忠诚协议时,可以由另一方进行有一定金额的赔偿,不宜规定"净身出户"等类似条款内容。本案中,如果男方出轨,家庭全部财产全部归女方所有,有违公平原则,不建议设置这样的条款。

7 情人分手补偿协议能否公证

【问题】男女双方是情人关系,男方为明星,双方拟就分手补偿协议进行公证,男方给女方高额补偿,女方承诺不公开恋情。

【请问】以上协议能否办理公证?

【解答】

一般认为,分手费属于自然之债,所谓自然之债,就是不受法律强制执行力保护的债,对于自然之债,债务人不履行时,债权人不能请求法院强制执行,债务人自愿履行,则履行有效。男女双方是自由恋爱,并且是友好分手,一方给予另一方的补偿,另一方承诺不公开原先的恋情,这种协议不违反法律禁止性规定。实践中,通常将其转变为附义务的赠与合同来处理。但所附义务,要切实可行。在赠与合同中应明确受赠人的附随义务,违背义务则赠与行为撤销,受赠人应返还所赠资金。高额的分手费,属于在钢丝绳上行走,随时可转变为敲诈勒索,建议谨慎办理。

8 恋情结束后共同购买房屋的处理

【问题】男女朋友关系出资购买了一套房屋,办理了共同共有的不动产权证书,并有银行贷款。现在两人分手了,约定房产归女方所有,女方给男方经济补偿,因为政策原因房产限售,5年后才能进行交易过户。

【请问】现在男女双方到公证处申请公证,二人需做什么公证才能保证双方的利益?

【解答】

《民法典》第 303 条规定："共有人约定不得分割共有的不动产或者动产，以维持共有关系的，应当按照约定，但是共有人有重大理由需要分割的，可以请求分割；没有约定或者约定不明确的，按份共有人可以随时请求分割，共同共有人在共有的基础丧失或者有重大理由需要分割时可以请求分割。因分割造成其他共有人损害的，应当给予赔偿"；第 304 条规定："共有人可以协商确定分割方式。达不成协议，共有的不动产或者动产可以分割且不会因分割减损价值的，应当对实物予以分割；难以分割或者因分割会减损价值的，应当对折价或者拍卖、变卖取得的价款予以分割。共有人分割所得的不动产或者动产有瑕疵的，其他共有人应当分担损失"。依据上述之规定，本案可以按照共有财产分割协议进行公证。

在现实生活中，上述情况发生后男女双方关系大多较为紧张，可以根据个案的不同，充分与当地不动产登记机构进行沟通，若有需要，可以在上述协议签订，一方支付完另一方房屋钱款后，由收款方单独出具一个委托书，从而在房屋需出售时，一方可以单独处分房屋，无需再由另一方出面配合办理相关过户手续。另外该案在办理过户时税收部门是根据"赠与"还是"买卖"的方式来进行征税，也应提前落实。

9　认定重婚后继承法律关系的确定

【问题】王某生前与李某曾向人民法院提起诉讼离婚，但法院未判决二人解除婚姻关系，后王某在与李某未解除婚姻关系的情况下，又与朱某登记结婚，并取得结婚证书，现当事人李某申请办理已故配偶王某遗产的继承公证。

【请问】被继承人王某与朱某的婚姻效力如何认定？朱某是否能认定为被继承人王某的法定继承人？

【解答】

《民法典》第 1127 条规定，遗产按照下列顺序继承：第一顺序：配偶、子女、父母；第二顺序：兄弟姐妹、祖父母、外祖父母。继承开始后，由第一顺序继承人继承，第二顺序继承人不继承；没有第一顺序继承人继承的，由第二顺序继承人继承。《刑法》第 258 条规定：有配偶而重婚的，或者明知他人有配偶而与之结婚的，处二年以下有期徒刑或者拘役，即有配偶的人与他人以夫妻名义同居生活的，或者明知他人有配偶而与之以夫妻名义同居生活的，应按重婚定罪处罚。一般包含以下几种情形：

1. 与配偶登记结婚，与他人又登记结婚而重婚；
2. 与原配偶登记结婚，与他人没有登记却以夫妻关系同居生活而重婚；
3. 与原配偶未登记而确以夫妻关系共同生活构成事实婚姻，后又与他人登记结婚而重婚；
4. 与原配偶未登记而确以夫妻关系共同生活构成事实婚姻，后又与他人没有登记却以夫妻关系同居生活而重婚；
5. 没有配偶，但明知对方有配偶而与其登记结婚或以夫妻关系同居而重婚。

从上述几种情况来看，王某与朱某的婚姻应认定为重婚，根据《民法典》第 1051 条之规定，有下列情形之一的，婚姻无效：(1)重婚；(2)有禁止结婚的亲属关系；(3)未到法定婚龄。被继承人王某与李某的婚姻确未解除,又与朱某登记结婚,属重婚,婚姻无效。

根据《民法典》第1054条的规定,无效或被撤销的婚姻自始没有法律约束力,当事人不具有夫妻的权利和义务。同居期间所得的财产,由当事人协议处理;协议不成时,由人民法院根据照顾无过错方的原则判决。对重婚导致的婚姻无效的财产处理,不得侵害合法婚姻当事人的财产权益。

综上,王某在与李某还未解除婚姻关系的情况下,李某作为已故王某的配偶,在处理好王某与朱某同居期间所得的财产后,可以申请办理王某遗产的继承公证。但朱某与王某的婚姻无效,朱某不能认定为被继承人王某的法定继承人。

10 军人退伍安置费的继承

【问题】甲乙二人离婚,后甲死亡。现在退役军人事务部给甲发放退役军人安置费,甲的继承人有父母和女儿。甲的母亲想继承该笔钱,甲的女儿放弃。

【请问】甲与配偶乙已离婚,该笔费用是否属于夫妻共同财产?

【解答】

根据《民法典》第1062条及《最高人民法院关于适用〈中华人民共和国民法典〉婚姻家庭编的解释(一)》第71条的规定,"人民法院审理离婚案件,涉及分割发放到军人名下的复员费、自主择业费等一次性费用的,以夫妻婚姻关系存续年限乘以年平均值,所得数额为夫妻共同财产。前款所称年平均值,是指将发放到军人名下的上述费用总额按具体年限均分得出的数额。其具体年限为人均寿命七十岁与军人入伍时实际年龄的差额"。军人退伍安置费属于婚姻关系存续期间所得部分为夫妻共同财产。

本案中,应先判断这笔安置费是不是或有多少属于夫妻共同财产,判断清楚后如果确系夫妻共同财产,那么可以请原配偶领走属于其的部分,属于甲的部分按照继承公证程序办理即可。

11 婚前财产协议可否约定互不继承各自财产

【问题】当事人欲办理婚前财产协议公证,因双方均为再婚,为避免遗产继承纠纷,二人协商一致,准备在婚前做一个财产协议约定,互不继承各自财产。

【请问】对于"互不继承各自财产"的协议条款是否符合遗嘱的规定?

【解答】

对于"互不继承各自财产"的协议条款是否符合遗嘱的规定,司法实践中,存在不同的观点:

一种观点认为:继承权本质上是一种取得财产的权利,既然是财产权利,只要法律不加禁止,权利人有权放弃。只要作出放弃继承权的意思是真实的、自愿的,该行为并不违反法律的强制性规定,就是合法有效的。法律首先考量的是被继承人真实意思的表示。该种协议属于相对关系,夫妻之间相互放弃对方遗产的继承权,是一种互为对价的承诺行为,未经对方同意不得反悔,有利于定分止争,应属有效。

另一种观点认为:根据《中华人民共和国民法典》第1121条第1款的规定:"继承从被继承人

死亡时开始”以及第 1124 条第 1 款的规定：“继承开始后，继承人放弃继承的，应当在遗产处理前，以书面形式作出放弃继承的表示；没有表示的，视为接受继承”。故，继承人放弃继承的意思表示，应当在继承开始后，遗产分割前作出。依据《中华人民共和国民法典》第 1127 条之规定，配偶为第一顺序法定继承人。依据《中华人民共和国民法典》第 1123 条之规定，继承开始后，如无遗赠扶养协议或遗嘱的，按照法定继承办理。即在法定继承人并未丧失继承权或自行放弃继承的情况下，被继承人生前只能通过遗赠扶养协议或遗嘱的形式排除法定继承人的继承权。故婚前协议或夫妻约定“互相不发生继承关系”的约定虽然涉及被继承人对其财产的处置，但不具备自书遗嘱的法定形式要件，不符合遗嘱的法律相关规定。

我们倾向性认为：婚前财产协议或夫妻财产约定并不必然具备遗嘱的法定形式要件，极易引发纠纷，作为主要发挥预防纠纷职能的公证机构，涉及夫妻间互相排除遗产继承权的内容应当建议当事人另行通过遗嘱的方式办理。

12　安置补偿房屋的夫妻共同财产问题

【问题】两夫妻共有一套房屋，配偶去世后，尚未办理继承，房屋被拆迁，补偿到一套安置房。

【请问】该安置房是否属于夫妻共同财产？

【解答】

物权登记起到的是对外公示效力，所以对于外部关系而言特别是交易而言，应当认定登记人具有处分权。从登记人是否存在共有人而言，应当看登记依据的原因行为。本案的房屋登记是基于拆迁关系产生，那就要看原来的拆迁房屋的权属（房屋虽然灭失了，但并不是自然消灭，而是因为有对价的拆迁行为所致，有价值转移过程）。也就是说，要认可原来所有权利人的权利。换个思维角度，死者原来对房屋享有的权益，不可能灭失，这肯定不符合常理和法律精神。

从安置补偿房屋的来源分析，安置房的获得前提是以夫妻两人的被拆迁房屋的所有权转化而来，被拆迁房屋已经消灭。根据民法物权效力的延伸理论，安置房的获得是对被拆迁房屋的补偿，是前一物权的权利延伸，是夫妻财产在形式上的变更，也是夫妻房屋权利的转换形式，并不能改变房屋产权的状况，仍为夫妻共同财产。

13　夫妻共同共有的房产放弃共有产权声明公证

【问题】夫妻双方共同共有的房产，现当事人一方只想办理声明书公证的方式放弃共有产权，不办理赠与或财产约定。

【请问】能否办理该弃权声明书公证？

【解答】

关于这个问题，我们应当区分情况分析。一种情况是在夫妻关系存续期间，夫妻一方主动声明放弃共有产权。这里的“放弃”应是放弃一方的真实意思表示；另一种情况是夫妻关系存续期间，因解决实际问题需要，夫妻一方被动声明放弃共有产权。例如，夫妻双方为了符合购房限制政策或为了满足银行贷款要求，夫妻一方被动的声明放弃共有产权的就属于这种情况。那么，这里的“放弃”可以认为并不是放弃一方的真实意思表示，进而得出此类《放弃共有产权声明》中的“放弃”一词明显不具有使放弃成为遗弃物或无主物的特征，也就不是法律意义上的“放弃共有权”。在该声明中，只要符合声明人的真实意思表示、不违反法律法规的规定和公序良俗，在声明人签名后该声明就具有了法律效力。但如果出现了离婚、继承等纠纷时，声明人再提出按照夫妻共同财产进行分割的请求往往很难得到法院支持。因为如果将该声明理解为财产约定，根据《民法典》第1065条第2款规定：“夫妻对婚姻关系存续期间所得的财产以及婚前财产的约定，对双方具有约束力。”这种情况下，声明人很难举证推翻自己的声明。

如果将该声明理解为《赠与合同》，在声明人已经对声明进行公证或是受赠人已经完成了不动产登记（或变更登记）的情况下，根据《民法典》第658条规定，声明人作为赠与人想要行使任意撤销权就会受到很大的限制，想要行使《民法典》第666条规定的穷困抗辩权也会面临极大的举证难度。但不论对声明进行哪种理解，根据《民事诉讼法》第69条规定：“经过法定程序公证证明的法律事实和文书，人民法院应当作为认定事实的根据，但有相反证据足以推翻公证证明的除外。”所以，作为公证机构，我们应当根据《公证法》《公证程序规则》的规定，在办理公证过程中应当告知当事人声明的法律意义与后果。

综上，夫妻双方共同共有的房产，现当事人一方想只以办理声明书的方式放弃共有产权，不办理赠与或财产约定，只要是当事人自愿的前提下，并无不妥，可以对其弃权声明办理公证。

14 夫妻分别登记股权份额的财产共有认定问题

【问题】一对夫妻在婚姻存续期间开办了一个有限责任公司，丈夫有70%的股权，妻子有30%的股权，现在丈夫死亡，其配偶申请办理继承公证。

【请问】请问如何确定该公司股权中属于丈夫遗产的部分？

【解答】

根据最高人民法院公报2009年第5期登载的彭丽静与梁喜平、王保山、河北金海岸房地产开发有限公司股权转让侵权纠纷案[最高人民法院（2007）民二终字第219号]的观点：夫妻双方共同出资设立公司的，应当以各自所有的财产作为注册资本，并各自承担相应的责任。因此，夫妻双方登记注册公司时应当提交财产分割证明。《民法典》第1062条规定：夫妻在婚姻关系存续期间所得的下列财产，为夫妻的共同财产，归夫妻共同所有：（1）工资、奖金、劳务报酬；（2）生产、经营、投资的收益；（3）知识产权的收益；（4）继承或者受赠的财产，但是本法第1063条第3项规定的除外；（5）其他应当归共同所有的财产。夫妻对共同财产，有平等的处理权。据此，未进行财产分割的，应当认定为夫妻双方以共同共有财产出资设立公司，在夫妻关系存续期间，夫或妻名下的公司股份属于夫妻双方共同共有的财产，作为共同共有人，夫妻双方对该项财产享有平等的占有、使用、收益和处分的权利。

对于本案是按照夫妻共同财产办理，还是按照个人财产办理，应该尊重所有继承人协商的结果。如果从商事外观上说，被继承人持有的70%的股权对外属于被继承人的个人财产，但是如果从夫妻内部来说，双方没有明确约定，双方给自所持股权都是夫妻共同财产，如果妻子愿意按照70%的股权作为丈夫的个人遗产来进行继承与分割，属于妻子对自己的权利放弃，公证处将财产权利状况给当事人讲清楚了,妻子愿意按照商事外观主义原则,将70%算作丈夫的遗产进行继承分割,这是妻子对自己实体权利义务的放弃,并不违反法律规定。如果是妻子主张按照对内关系来分割遗产,按照整个公司一般的股权为遗产,也是可以有理有据的。

15　两全分红型保险是否属于夫妻共同财产

【问题】被继承人桑某2021年死亡,其与魏某2017年结婚,桑某2019年在邮储银行购买中邮人寿保险公司的两全分红型保险,魏某不知情。

【请问】该保险财产是否属于夫妻共同财产?

【解答】

两全保险又称混合保险,是寿险行业最常见的一种险种类别。被保险人参加两全保险,如果在保险有效期限内死亡,保险公司向其受益人给付保险金;如果被保险人在保险期限届满仍生存,则被保险人本人可得到保险金。如果被保险人在保险合同上没有约定受益人,被保险人死亡后,保险赔偿作为遗产。如果约定有受益人,则不能作为遗产。《保险法》第42条规定:被保险人死亡后,有下列情形之一的,保险金作为被保险人的遗产;由保险人依照《继承法》(已失效)的规定履行给付保险金的义务:(1)没有指定受益人,或者受益人指定不明无法确定的;(2)受益人先于被保险人死亡,没有其他受益人的;(3)受益人依法丧失受益权或者放弃受益权,没有其他受益人的。受益人与被保险人在同一事件中死亡,且不能确定死亡先后顺序的,推定受益人死亡在先。

根据上述规定可知,保险金只有在没有指定受益人、受益人先于被保险人死亡或者受益人丧失、放弃受益权,且没有其他受益人的情况下,才可以作为被保险人的遗产。另外,保险赔偿金是全部作为被保险人的遗产还是作为夫妻共有财产呢?《最高人民法院第八次全国法院民事商事审判工作会议纪要》第5条规定:"婚姻关系存续期间,夫妻一方作为被保险人依据意外伤害保险合同、健康保险合同获得的具有人身性质的保险金,或者夫妻一方作为受益人依据以死亡为给付条件的人寿保险合同获得的保险金,宜认定为个人财产,但双方另有约定的除外。婚姻关系存续期间,夫妻一方依据以生存到一定年龄为给付条件的具有现金价值的保险合同获得的保险金,宜认定为夫妻共同财产,但双方另有约定的除外。"

在本案中,保险金支付的原因是被保险人死亡的事实,也就是来自被保险人的人身利益,如果没有指定受益人或出现没有受益人的情形,根据最高人民法院的意见,该保险金宜认定为被保险人的个人财产办理继承权公证。

16　声明其配偶在婚续期间继承的房屋是其配偶的个人财产

【问题】一对夫妻在办理继承权公证时,继承人的配偶以单方声明书的形式,声明其配偶在婚续期间继承的房屋是其配偶的个人财产,不作为两人的夫妻共同财产。

【请问】能否办理以上公证事项?

【解答】

《民法典》第1062条规定:夫妻在婚姻关系存续期间所得的下列财产,为夫妻的共同财产,归夫妻共同所有:(1)工资、奖金、劳务报酬;(2)生产、经营、投资的收益;(3)知识产权的收益;(4)继承或者受赠的财产,但是本法第1063条第3项规定的除外;(5)其他应当归共同所有的财产。夫妻对共同财产,有平等的处理权。《民法典》第134条规定:民事法律行为可以基于双方或者多方的意思表示一致成立,也可以基于单方的意思表示成立。《民法典》第143条规定:具备下列条件的民事法律行为有效:(1)行为人具有相应的民事行为能力;(2)意思表示真实;(3)不违反法律、行政法规的强制性规定,不违背公序良俗。

综上所述,声明是一种单方民事法律行为,行为人只要相应的民事行为能力,意思表示真实,不违反法律、行政法规的强制性规定,不违背公序良俗就可以。继承人的配偶以单方以声明书的形式,声明其配偶在婚续期间继承的房屋是其配偶的个人财产,不作为两人的夫妻共同财产,可以办理公证。

17 保险赔偿金是否属于夫妻共有财产

【问题】某人生前在单位购买的商业保险受益人一栏中填写了自己配偶,现当事人去世。

【请问】

保险赔偿金属于夫妻共有财产还是个人财产呢?

保险公司让出具关于财产分配的公证,公证处认为应按法定继承公证方式办理,哪种方式更妥当?

【解答】

《民法典》第1063条规定:下列财产为夫妻一方的个人财产:(1)一方的婚前财产;(2)一方因受到人身损害获得的赔偿或者补偿;(3)遗嘱或者赠与合同中确定只归一方的财产;(4)一方专用的生活用品;(5)其他应当归一方的财产。《保险法》第18条第3款规定:受益人是指人身保险合同中由被保险人或者投保人指定的享有保险金请求权的人。投保人、被保险人可以为受益人。

婚姻关系存续期间,夫妻一方作为被保险人依据意外伤害保险合同、健康保险合同获得的具有人身属性的保险金,或者夫妻一方作为受益人依据以死亡为给付条件的人寿保险合同获得的保险金,宜认定为个人财产,但双方另有约定的除外。婚姻关系存续期间,夫妻一方依据以生存到一定年龄为给付条件的具有现金价值的保险合同获得的保险金,宜认定为夫妻共同财产,但双方另有约定的除外。

综上所述,保险赔偿金可以认定为是个人财产,可以按法定继承办理公证事项。

18 父母为子女出资购房的补签赠与合同公证

【问题】2021年父母出资为女儿(已经结婚)购房,有转账记录,产权证已经登记到女儿名下,现在父母与女儿到公证处办理公证,能否以赠与合同公证的方式为其办理(明确2021年的转账购房款是赠与给女儿一人)。

【请问】是否可以受理上述公证申请？

【解答】

现代社会中，子女刚就业，缺乏独立购房能力，为了子女能够安居乐业、生活幸福，父母在子女购房时大都会给予力所能及的支持。而父母为子女购房出资的性质以及归属又关涉各方切身利益，所以这个问题已经成为社会热点。对此，我国《民法典》及《最高人民法院关于适用〈中华人民共和国民法典〉婚姻家庭编的解释（一）》对原《婚姻法》及司法解释进行了吸收与整合，针对父母为子女出资购房问题作出了相关的法律规定。

《民法典》第1062条第1款第4项规定："夫妻在婚姻关系存续期间所得的下列财产，为夫妻的共同财产，归夫妻共同所有：……（四）继承或者受赠的财产，但是本法第一千零六十三条第三项规定的除外……"第1063条第1款第3项规定："下列财产为夫妻一方的个人财产：……（三）遗嘱或者赠与合同中确定只归一方的财产……"《最高人民法院关于适用〈中华人民共和国民法典〉婚姻家庭编的解释（一）》（法释〔2020〕22号）第29条第2款规定："当事人结婚后，父母为双方购置房屋出资的，依照约定处理；没有约定或者约定不明确的，按照民法典第一千零六十二条第一款第四项规定的原则处理。"具体地讲，在现行法律框架下，我国法定夫妻财产制以婚后所得共同制为原则，夫妻在婚姻关系存续期间继承或受赠的财产原则上为夫妻共同所有，除非遗嘱或者赠与合同中确定财产只归一方。

关于父母出资为子女购房的问题，我们首先要判断这一法律关系的性质是什么？实践中，对父母为子女购房出资的性质是借贷还是赠与，各方有争议。对待这点，我们要根据查明的事实，准确认定双方的法律关系是借款还是赠与，不能仅依据法条当然地认为是赠与法律关系。需要注意适用《关于适用民事诉讼法的解释》第105条的规定，充分运用逻辑推理和日常生活经验法则，对证据有无证明力和证明力大小进行判断，从而准确认定法律关系的性质。

从我国现实国情看，大多数父母出资的目的是要解决或改善子女的居住条件，多无出借的意思表示，因此，在父母一方主张为借款的情况下，根据举证责任分配应当由父母来承担证明责任，这也与通常的认知相吻合。可参考北京市高级人民法院（2019）京民申2635号民事裁定书。在认定为赠与的情况下，我们还需要准确认定是对一方的赠与还是对双方的赠与。这一问题在司法实践中更具争议。而现行法首先引导当事人采取事前约定的方式来规避纠纷的发生，我们在司法实践中通常建议当事人采用财产约定公证方式来解决后顾之忧是符合法律精神的。另外，父母子女间由于十分密切的身份关系和受特有的中国传统家庭文化影响，父母子女间往往没有规范的书面赠与合同存在。一般认为，在一方父母出全资并且在购买不动产后将不动产登记在自己一方子女名下的，认定其是赠与自己子女一方的意思表示，符合当事人本意，也符合法律规定的精神。《最高人民法院关于修改〈关于民事诉讼证据的若干规定〉的决定》（法释〔2019〕19号）第97条规定："……以及对于口头遗嘱或赠与事实的证明，人民法院确信该待证事实存在的可能性能够排除合理怀疑的，应当认定该事实存在。"但个案中需要通过对真实性、关联程度、相互联系等进行综合审查得出确切结论。

综上，赠与合同中，赠与人是将自己的财产赠与受赠人，不得将不是自己的财产赠与他人。具体在本案中，父母赠与子女的只是用于购买房产的出资，而已经完成产权登记的房产父母是无权处分的，所以不能以赠与合同公证的方式为其办理公证。

19 父母为子女购房的法律性质确定

【问题】父母不是全额出资，只是出了首付款，房产登记在父母、子女名下，由父母做主贷人，并由父母来负责偿还贷款。

【请问】公证机构是否可以出具法律意见书认定登记在子女名下的份额为父母赠与子女，是子女的个人财产？

【解答】

根据《民法典》第209条第1款“不动产物权的设立、变更、转让和消灭，经依法登记，发生效力；未经登记，不发生效力，但是法律另有规定的除外”的规定，不动产经登记发生效力。法律意见书一般适用于对于某种法律关系给出专业的法律意见，而不适宜作为认定产权归属之用。

根据子女的婚姻状况不同，上述案例可分情况作不同的公证事项选择：

若父母出资时子女的婚姻状况为未婚，根据《最高人民法院关于适用〈中华人民共和国民法典〉婚姻家庭编的解释（一）》第29条第1款“当事人结婚前，父母为双方购置房屋出资的，该出资应当认定为对自己子女个人的赠与，但父母明确表示赠与双方的除外”的规定，公证员可建议当事人保留好付首付及偿还贷款的转账凭证等证据，并由当事人就其意识表示发表声明，办理声明公证，可以此认定该房屋中属于子女名下的部分应为子女的个人财产。

若父母出资时子女的婚姻状况为已婚，应根据《最高人民法院关于适用〈中华人民共和国民法典〉婚姻家庭编的解释（一）》第29条第2款“当事人结婚后，父母为双方购置房屋出资的，依照约定处理；没有约定或者约定不明确的，按照民法典第一千零六十二条第一款第四项规定的原则处理”以及《中华人民共和国民法典》第1062条第1款“夫妻在婚姻关系存续期间所得的下列财产，为夫妻的共同财产，归夫妻共同所有：……（四）继承或者受赠的财产，但是本法第一千零六十三条第三项规定的除外”的规定。

综上，个人认为公证处不适宜以法律意见书的形式来认定登记在子女名下的份额为父母赠与子女的个人财产。公证员应建议当事人做财产约定协议，在协议中约定父母支付的首付款及贷款偿还作为对子女个人的赠与，并约定该房屋属于子女的部分作为子女的个人财产。

20 认定一方婚前购买的财产为其个人财产

【问题】被继承人甲2002年购房，2004年结婚，2005年离婚，离婚协议未涉及该房产。2019年甲去世，现在已经联系不到其前妻，无法核实有无婚内财产协议。

【请问】该房产登记在甲名下，是否可以直接认定为甲的个人财产办理继承公证事项？

【解答】

《民法典》第1063条规定：“一方的婚前财产为夫妻一方的个人财产”；第1065条规定：“男女双方可以约定婚姻关系存续期间所得的财产以及婚前财产归各自所有、共同所有或者部分各自所有、部分共同所有。约定应当采用书面形式。没有约定或者约定不明确的，适用本法第一千零六十二条、第一千零六十三条的规定。”

公证员在判断一项财产是否为甲的个人财产需考虑两个层面的问题：(1)该财产是否为甲婚前取得；(2)甲与其配偶是否对该财产的权属有书面形式的约定。一般而言，当夫妻间就不动产物权归属发生争议时，对于夫妻家庭关系内的财产问题，在未涉及第三人利益情况下，通常优先适用《民法典》婚姻家庭编的相关规定，不以产权登记作为确认不动产权属的唯一依据，只要有充分证据足以确定该不动产的权属状况，且不涉及第三人利益，就会优先保护事实物权人，尊重夫妻之间的真实意思表示，按照双方约定履行。

故公证员在办理公证过程中，涉及审查不动产的权属在夫妻间是否有书面形式的约定的情形，一般应通过询问双方当事人进行审查，如不进行必要的探知，很难说公证可以达到纠纷预防的效果。在确实联系不到另一方当事人的情形下，公证员除查阅不动产登记簿外，还应询问甲该财产权属、来源、取得时间和现状，向其释明法律风险，记载于询问记录；并应告知当事人，如夫妻向家庭以外的第三人处分物权，通常适用《民法典》物权编等调整一般主体之间财产关系的相关法律规定。不动产登记与事实状态之间如有差异，为了避免纠纷，请其联系另一方当事人办理物权转移登记手续，使事实物权人与登记物权人相一致。

综上，本案中，公证机构在审查中因无法联系甲的前妻，且在对甲的继承人询问过程中了解甲无婚内财产协议，在释明法律风险、充分告知的前提下，公证员可以以不动产登记为准办理继承公证，不用实质审查是否有婚内财产协议。

21　父母赠与子女首付款锁定指定赠与的方式

【问题】婚后父母赠与子女一方首付款用于按揭购房，贷款仅由该子女一人申办，按揭由该子女个人财产偿还或者说由其父母每月偿还。这种情况当事人想申请办理首付款赠与合同公证，以期在夫妻离婚时，房产能被认定为该子女个人财产。

【请问】能否申请办理首付款赠与合同公证，这种公证能否达到认定房屋为个人财产的效果？

【解答】

《最高人民法院关于适用〈中华人民共和国民法典〉婚姻家庭编的解释(一)》第29条规定：当事人结婚前，父母为双方购置房屋出资的，该出资应当认定为对自己子女个人的赠与，但父母明确表示赠与双方的除外。当事人结婚后，父母为双方购置房屋出资的，依照约定处理；没有约定或者约定不明确的，按照《民法典》第1062条第1款第4项规定的原则处理。《民法典》第1063条规定，下列财产为夫妻一方的个人财产：(1)一方的婚前财产；(2)一方因受到人身损害获得的赔偿或者补偿；(3)遗嘱或者赠与合同中确定只归一方的财产；(4)一方专用的生活用品；(5)其他应当归一方的财产。

综上所述，当事人婚后，父母为双方购置房屋出资的，该出资认定为对夫妻双方的赠与，但父母明确表示赠与一方的除外。所以，父母可将首付款赠与个人所有，以后由父母每月偿还贷款(保留父母银行卡还款记录)，这样下来可以认定房子为个人财产。

22 通过遗赠扶养协议公证办理户口迁移

【问题】某甲想把户口迁回农村,其叔叔某乙为该村村民且未婚无子女,派出所告知其可办理扶养协议类型的公证,协议内容为由某甲对某乙进行扶养,某乙同意某甲将户口落到其户内。经向当事人了解,某乙在村里没有宅基地建房,也没有其他财产。

【请问】能否办理该遗赠扶养协议公证?

【解答】

《民法典》第1158条规定:"自然人可以与继承人以外的组织或者个人签订遗赠扶养协议。按照协议,该组织或者个人承担该自然人生养死葬的义务,享有受遗赠的权利。"遗赠扶养协议制度目的是为了解决无法定扶养人或法定扶养人无扶养能力的人的生活保障问题,是我国法律规定的有自己特色的遗产转移方式,也是民间实践经验的总结,是我国继承法立法的一个重大突破和有益探索,《民法典》在原《继承法》的基础上进一步完善了遗赠扶养协议制度。

本案能否办理遗赠扶养协议公证,与某乙在订立协议时,是否拥有具体明确的财产无必然联系,关键取决于当事人的意思表示和行为是否符合遗赠扶养协议的法律规定。如当事人双方仅为了解决落户问题,按照相关部门的户口迁移要求申请办理该公证事项,而实际上无遗赠扶养的意思表示,也不实际实施遗赠扶养的民事法律行为,按照《民法典》第146条规定,"行为人与相对人以虚假的意思表示实施的民事法律行为无效。以虚假的意思表示隐藏民事法律行为的效力,依照有关法律规定处理",公证员不宜继续为其办理相关公证。

探求当事人真正的公证目的是公证员的本职。无论是实质审查还是形式审查,均不能排斥对所待证事实的目的审查。一方面,对于违法行为,任何公民和组织都有义务进行阻止,公证机构当然也不例外。另一方面,公证机构有义务正确引导当事人按照其真实的意思表示选择符合其真实目的的法律行为,并帮助其实现合法目的,而不能纵容违法或成为规避政策的不当渠道。如果公证事项是对事件本来面貌的歪曲反映,则公证书的效力必将受到影响,久而久之,对公证事业的发展损害巨大。公证目的的主观性意味着在公证实践中,公证员只能对当事人认真询问并对询问记录中记载当事人所陈述的公证目的进行审查。如因当事人故意隐瞒,公证员难以审查出当事人办理公证之真实目的,公证员及公证机构应可以免责。

本案中,遗赠扶养协议公证与其真正的公证目的不一致,建议公证员与派出所沟通联系后,为其办理落户扶养协议,协议内容不涉及遗赠,具体包括以下几个方面:(1)明确某乙同意某甲将户口落到其户内,由某甲对某乙进行扶养;(2)明确、细化具体的扶养措施;(3)明确具体的违约责任,以双方约定的方式解决落户后不扶养的问题,最大限度地保障扶养协议的正常履行。

23 遗赠扶养协议中是否可排除其他子女的赡养义务

【问题】一个80岁的老人有四个女儿,老人名下有一套房子,去年已经出售,并把出售房屋的钱给了大女儿的儿子。现在其他女儿有意见,老人自己也觉得做法不妥,但是钱已经被外孙用完了,现在欲跟大女儿的儿子签订一份协议,由外孙管其生养死葬,不要其他女儿负担她的生活。

【请问】是否可以办理该遗赠扶养协议公证？

【解答】

《民法典》第1158条规定："自然人可以与继承人以外的组织或者个人签订遗赠扶养协议。按照协议，该组织或者个人承担该自然人生养死葬的义务，享有受遗赠的权利。"根据本案的情况，如果老人在未给予售房款的情形下签订遗赠扶养协议，可最大限度地保障老人的权益。但本案的特殊情况在老人未签订遗赠扶养协议的情况下就已将售房款给了大女儿的儿子，是一种赠与行为，且赠与标的已经交付。在这种情况下，需慎重处理。如确有办理需求的，建议可由老人及外孙和全部子女签订一份赡养协议，明确由外孙承担老人的赡养义务，其承担的赡养费用如超过老人已给付的售房款的，老人的其他子女依需承担法定的赡养义务。在这种情况下，对于该份协议的内容需做全面的思考并做较为细致的告知。

24　律师见证遗赠协议的过户公证

【问题】甲乙双方签订《遗赠扶养协议》，并申请律师见证，协议约定乙方负责甲方的日常生活起居、医疗保障等义务，甲方去世后，甲方名下的房屋所有权归乙方所有，乙方表示自愿接受该房屋产权。现甲方去世，乙方持律师见证的《遗赠扶养协议》申请办理产权过户，不动产登记部门要求办理继承公证，现乙方申请办理继承公证。

【请问】本案是否可以办理继承公证？

【解答】

本案不能按继承公证受理。上述《遗赠扶养协议》设定了负责生活起居、医疗保障等义务，是遗赠人与受遗赠人之间签订遗赠人具有被扶养意愿且自愿为此赠与一定财产或者其他权益的遗赠扶养协议，遗赠人去世后，公证不能按继承公证受理。本案宜按接受遗赠或扶养人取得遗赠财产的公证办理。公证处可简单受理接受遗赠声明书公证，或经确认遗赠扶养协议中约定的遗赠条件成就后，根据扶养人的申请，为其办理确认享有受遗赠的权利的公证。扶养人取得遗赠财产的公证办理过程应注意重点审核以下问题：

1. 遗赠人的死亡事实。本案没有表述遗赠人死亡的状况，但作为遗赠事实的开始，公证员受理时，应必须注意审核遗赠人是否正常死亡，死亡证明上相关处理人员信息。

2. 遗赠扶养协议的真实性、有效性。本案遗赠扶养协议未经公证，仅由律师办理见证，使用协议时需要首先解决协议的真实性、有效性问题。实务中，一般可采取向律师核实、询问，要求当事人提供其他相关证据方式，形成遗赠抚养协议的真实性证据链，由公证员综合判断。另外，公证员还应注意审核判断该协议签订后是否有变更、撤销情形，是否有与协议相反的影响协议生效的其他文书。

3. 遗赠扶养协议的履行情况。本案协议约定"乙方负责甲方的日常生活起居、医疗保障等义务，甲方去世后，甲方名下的房屋所有权归乙方所有"。此为遗赠扶养协议中确定的扶养条件，是受遗赠人取得遗赠财产的权利来源。受理时应注意核实受遗赠人是否尽到协议基本条款义务。

4. 遗赠扶养协议所涉财产和具体权益情况。公证受理时，还需辨别、确认遗赠扶养协议所涉财产是否有负债、是否有共有，是否有其他权利负担。

25 丧偶儿媳是否可以与公公签署遗赠扶养协议

【问题】有位申请人现单身，儿子去世，申请人欲与儿媳签订协议，约定儿媳为申请人养老送终，申请人去世后将其存款留给孙子(未成年)，儿媳同意两人到公证机构申请办理一个遗赠扶养协议公证。

【请问】该协议书的性质是否为遗赠扶养协议公证?

【解答】

依据《民法典》第1158条之规定:自然人可以与继承人以外的组织或者个人签订遗赠扶养协议。按照协议，该组织或者个人承担该自然人生养死葬的义务，享有受遗赠的权利。由此可以看出遗赠扶养协议的特征之一是扶养人是遗赠人法定继承人以外的人，而法定继承人包括了父母、子女、配偶、兄弟姐妹、(外)祖父母、(外)孙子女、尽主要赡养义务的丧偶儿媳或女婿等。此外，从受益人方面来说，我国的遗嘱继承和遗赠以受益人是否为法定继承人来区分。该案例中，依据《民法典》第1129条的规定，如丧偶儿媳对申请人尽了主要赡养义务，则作为第一顺序继承人。《民法典》第1128条规定，申请人的独子已经先于申请人去世，孙子有权代位继承申请人的遗产。如由儿媳尽主要赡养义务，则儿媳及孙子均为其法定继承人，故该协议书本质上不应简单定性为遗赠扶养协议。

该协议书从性质上更像是死因处分的继承合同，被继承人生前与法定继承人或继承人以外的人通过协议方式处分自己的遗产，对合同相对方取得或放弃继承权约定条件及对待义务，但我国除遗赠扶养协议外尚未建立继承合同制度。

综上，可以办理该事项公证，但建议直接以无名合同为当事人拟写协议进行公证，参照遗赠扶养协议条款，基于民法意思自治原则、公平原则(对价)等，该协议应属有效。

26 分户协议公证的问题

【问题】村民为了享受低保，父母子女将户口分开，派出所让他们办理分户公证，公证处拒绝受理后，又来申请办理父母子女析产协议公证。

【请问】公证机构能否办理分户协议公证?

【解答】

关于分户的性质，根据《户口登记条例》的规定，公民因结婚、离婚、收养、认领、分户、并户、失踪、寻回或者其他事由引起户口变动的时候，由户主或者本人向户口登记机关申报变更登记。分户，一般指子女成年或者成家后，从父母户口里面独立出去，自成一户。户籍管理制度中的分户，是指公民虽同居一处，但经济独立，分别生活，可以分别建立户籍档案。分户的标准是房屋所有权的变更或者婚姻家庭关系的变更。也就是说，分户可以涉及财产，也可以不涉及财产。当事人欲通过办理分户公证或子女析产协议公证，以符合领取低保政策要求，我们认为，这是一个形式合法，目的也合法的公证事项，因为认真分析下来，当事人并没有主观恶意，而且分户是当事人的户籍权利，并没有被法律禁止。仅通过户籍分户就享受低保政策，并没有违背政策要求，或许可以理解为通过自己的积极行为满足政策要求。

子女析产协议公证的可行性要根据实际情况，要具体问题具体分析。一是子女析产协议往往涉及赠与、继承、析产、遗嘱等多种内容。办理子女析产协议公证过程中，公证员对涉及财产的内容应当以依法认定物权归属为中心，综合考虑当事人真实意思表示作出分析判断，建议当事人依法办理不同公证事项；二要无论是否涉及财产，都应当注意维护婚姻家庭关系稳定，依法保护未成年人、妇女和老年人合法权益，弘扬社会主义核心价值观；三要注意告知当事人，办理公证后，所涉财产属于不动产或者准不动产（如汽车、船舶等）应当按照法律规定经过产权过户、变更登记后才发生物权变动或公示对抗效力。

综上所述，本案建议办分户协议公证，毕竟符合当事人的真意，但不赞成办子女析产协议公证，因为不反映当事人意见的真意，这种虚构的财产分割结果，容易埋下今后家庭成员之间的纠纷隐患。

27 证明家中只有几个子女的公证

【问题】当事人只生育三个孩子，两个女孩一个男孩，但是当年有亲戚落户到当事人家，就变成五个孩子，长子变成三子了。现在落户的亲戚都迁出去了，想证明家里只有三个孩子，派出所才给变更户籍。

【请问】能否办理以上事项公证？

【解答】

公证处不宜直接判定该户只有三个孩子和户籍登记的三子实际为长子的问题，而应采取保全证据的方式最大限度形成证据链条，由户籍登记机关根据公证证据去进行认定。比如，如果迁出的两个别人家的孩子都成年了，这两个孩子的言辞证据、这两个孩子的亲生父母的言辞证据、户主与配偶的言辞证据就可以形成证据链条。这里说的言辞证据，比如由上述相关人员发布声明，我们对该声明证明签字属实，更为谨慎的可以采取对其在声明书上签字的行为进行保全证据。还有就是收集迁出去的两个孩子的出生证明、学籍档案、学生手册等，看上面记载的父母是谁。对于上述相关人员的言辞证据中涉及计划生育之类的，需要注意，公证书最好直接提交给公安机关为好，具体公证方案还需和户籍登记机关沟通一下。这类公证虽然有助于公安机关了解真相，但是公证员也要注意防范执业风险。

28 不做亲子鉴定是否可以承诺孩子为双方亲生子女

【问题】男女双方离婚后一直没有分开居住，期间生育有一子，没有出生证，找关系将孩子户口上在男方名下。现在男女双方要分开，准备办理孩子的监护权协议公证。这种情况，男女双方不想做孩子的亲子鉴定，承诺愿意放弃做亲子鉴定并说孩子就是他们双方生的。

【请问】能否办理以上事项公证？

【解答】

民事诉讼中有自认，自认是指诉讼过程中，一方当事人对另一方当事人的事实主张明确承认从而免除对方举证责任的规则。亲子关系属身份关系,《最高人民法院关于民事诉讼证据的若干规定》明确规定:自认不适用于身份关系。诉讼中法院确认亲子关系,除当事人自认外,还应有基本的事实作为鉴别的基础。因此,当事人自认亲子关系并不当然免除另一方当事人的举证责任,当事人仍应对基本事实承担举证责任。基本的案件事实包括婚姻关系的事实证明或者同居的事实证明、子女出生的医学证明。本案中如果无法提供正式的出生医学证明,应该提供其他证据佐证,如孩子出生的情况及周边群众对于孩子为谁的孩子的基本认知。

由于亲子鉴定涉及当事人的人身自由权,诉讼中都是申请人提出亲子鉴定的申请,法院没有权力强制另一方当事人做亲子鉴定,因此,另一方当事人拒绝做亲子鉴定的,法院无法启动鉴定程序。在此情形下,法院鉴别亲子关系也是比较困难。但法官不能以事实不清为由拒绝审判或任意裁决。解决这个问题的方法就是依据证据规则推理。《最高人民法院关于适用〈中华人民共和国民法典〉婚姻家庭编的解释(一)》第 39 条规定,父或者母向人民法院起诉请求否认亲子关系,并已提供必要证据予以证明,另一方没有相反证据又拒绝做亲子鉴定的,人民法院可以认定否认亲子关系一方的主张成立。父或者母以及成年子女起诉请求确认亲子关系,并提供必要证据予以证明,另一方没有相反证据又拒绝做亲子鉴定的,人民法院可以认定确认亲子关系一方的主张成立。

综上所述,本案中如果无法提供正式的出生医学证明,应该提供其他证据佐证,可以办理孩子的监护权协议公证。

29 以公证提存方式处理离婚过程中财产分割手续

【问题】男女双方现欲离婚,为避免正式办理离婚手续时因财产分割问题产生纠纷,双方欲在离婚前签订离婚协议,约定以下内容:(1)正式办理离婚手续后,男方补偿女方 10 万元;(2)婚后共有的房屋归男方所有,女方配合男方办理房屋过户手续后,男方支付女方 30 万元房屋分割款;(3)以上款项在双方签订离婚协议且办理离婚登记前,由男方提存至公证处;待双方领取离婚证之日,男方支付女方第一笔款项 10 万元;待房屋过户手续办理完毕且男方取得新的不动产权证之日,男方支付女方第二笔款项 30 万元。

【请问】

1. 男女双方在办理正式离婚前签订的离婚协议是否能公证?
2. 男女双方对所支付款项申请公证提存是否可行?

【解答】

依据《民法典》第 464 条的规定:"合同是民事主体之间设立、变更、终止民事法律关系的协议。婚姻、收养、监护等有关身份关系的协议,适用有关该身份关系的法律规定;没有规定的,可以根据其性质参照适用本编规定。"该法第 1087 条第 1 款规定:"离婚时,夫妻的共同财产由双方协议处理;协议不成的,由人民法院根据财产的具体情况,按照照顾子女、女方和无过错方权益的原则判决。"因此,男女双方离婚时,对涉及的夫妻共同财产提前协议进行分割并无不妥,只要是双方协商一致自愿签订,显然是属于合法有效的约定,是可以办理公证的,且更有利于双方权益的实现。

同时,《民法典》第 1088 条规定了离婚经济补偿:夫妻一方因抚育子女、照料老年人、协助另一方工作等负担较多义务的,离婚时有权向另一方请求补偿,另一方应当给予补偿。具体办法由双方协议;协议不成的,由人民法院判决。第 1090 条规定了离婚经济帮助:离婚时,如果一方生活困难,有负担能力的另一方应当给予适当帮助。具体办法由双方协议;协议不成的,由人民法院判决。

双方在办理正式离婚前签订的离婚协议可以办理公证,办理时应注意以下两点:

1. 协议中涉及双方约定在办理正式离婚手续时一方对另一方的离婚经济补偿或离婚经济帮助等,应注意用语的表述,避免被理解成为限制离婚或强迫离婚的条件而无效,如表述为"冷静期届满之日,女方应配合办理正式离婚登记并领取离婚证的,对此男方给女方 10 万元;如不配合的,则男方不予以支付"等。

2. 男女双方在办理正式离婚前签订离婚协议并申请办理公证的,应当对协议附生效条件,该协议生效的前提应是双方离婚事实成就,所以应在协议中约定"本协议自双方办理正式离婚登记之日起生效"。

公证提存事务中,公证提存分为清偿提存和担保提存。以清偿为目的的提存公证具有债的消灭和债之标的物风险责任转移的法律效力;以担保为目的的提存公证具有保证债务履行替代其他担保形式的法律效力。据案情所述,对离婚过程中涉及的共有财产分割折价补偿款、离婚经济补偿经或离婚经济帮助资金等,以约定方式办理公证属于担保提存。担保提存由当事人事先采取预防措施,以保障协议后续履行的顺利性和及时性,对此,公证机构应充分运用担保提存的预防性功能来强化公证法律服务的效用性。

本案中,当事人可以在离婚协议中约定提存条款,也可签署专门的提存协议来处理两笔款项支付事宜。无论采用何种约定方式,当事人所约定的两笔款项的给付条件必须明确、具体,有可操作性,便于公证机构审核和认定,避免将来因对给付条件产生理解歧义而向公证机构提出抗辩事由。

同时,因《民法典》第 1077 条规定了离婚冷静期:"自婚姻登记机关收到离婚登记申请之日起三十日内,任何一方不愿意离婚的,可以向婚姻登记机关撤回离婚登记申请。前款规定期限届满后三十日内,双方应当亲自到婚姻登记机关申请发给离婚证;未申请的,视为撤回离婚登记申请。"因此,为了避免出现付款方恶意懈怠提出申请,收款方的权益无法保障和顺利实现的情况,公证机构应注重通过设计给付条件来加强公证职能,双方可以在协议中约定:第一笔需支付的款项 10 万元,自任何一方向本公证处提供离婚证原件并经本公证处对离婚证核验完毕之日起 ××× 日内,由本公证处直接划付至收款人 ××× 的银行账户。而不宜约定为:第一笔需支付的款项 10 万元,在双方正式办理离婚后,须由双方共同向本公证处提出支付申请,再由本公证处支付给 ×××。

30 离婚时把自己婚前按揭房屋归女方所有

【问题】一对夫妻离婚,现男方想把婚前按揭的一套房屋留给女方。

【请问】是办理赠与合同还是离婚财产协议公证较好?

【解答】

依据《民法典》第 1076 条规定:夫妻双方自愿离婚的,应当签订书面离婚协议,并亲自到婚姻登记机关申请离婚登记。离婚协议应当载明双方自愿离婚的意思表示和对子女抚养、财产以及债务处理等事项协商一致的意见。所以在《离婚协议》中双方可以将婚前按揭的房屋分割归女方所有。

在具有身份关系的财产分割中,男方或女方进行这样的分割,可能基于多种原因,如离婚后孩子是否由女方抚养,或者女方是全职家庭主妇生活困难,或者银行按揭贷款在婚后一直是由女方负责偿还,或者男方在婚姻存续期间有重大过错的,这些因素都将导致双方在离婚时影响财产的分配。《民法典》第1088条规定:夫妻一方因抚育子女、照料老年人、协助另一方工作等负担较多义务的,离婚时有权向另一方请求补偿,另一方应当给予补偿。具体办法由双方协议;协议不成的,由人民法院判决。

赠与合同更多体现的是无偿性,通过赠与合同也可以实现男方将婚前财产转移至女方名下的效果,但对离婚导致的其他问题,如子女抚养、债务承担等无法体现,不能达到帮当事人还原事件全貌和"一揽子"解决的效果。从税收上来说,赠与要缴纳契税,但离婚财产分割协议不用缴纳契税,当事人的变更成本会更小一些。

综上,都可以办理公证,但建议办理《离婚财产协议》公证较为合适。

31 夫妻复婚后将原约定归小孩的房产变更为女方所有

【问题】一对夫妻离婚约定房产归子女,现双方已复婚,想变更约定房产给女方,向公证机构办理变更协议公证。

【请问】能否办理以上公证事项?

【解答】

《最高人民法院关于适用〈中华人民共和国民法典〉婚姻家庭编的解释(一)》第32条规定:婚前或者婚姻关系存续期间,当事人约定将一方所有的房产赠与另一方或者共有,赠与方在赠与房产变更登记之前撤销赠与,另一方请求判令继续履行的,人民法院可以按照《民法典》第658条的规定处理。《民法典》第658条规定:赠与人在赠与财产的权利转移之前可以撤销赠与。经过公证的赠与合同或者依法不得撤销的具有救灾、扶贫、助残等公益、道德义务性质的赠与合同,不适用前款规定。

综上所述,结合本案,夫妻离婚约定房产归子女不属于经过公证的赠与合同或者依法不得撤销的具有救灾、扶贫、助残等公益、道德义务性质的赠与合同,可以办离婚协议变更协议公证,离婚协议中涉及赠与子女的内容,应属父母单方赠与,在未过户之前,物权尚未移转,所以协议并没有履行完毕,可单方撤销变更。因此,可以为其办理约定房产变更为女方的公证。

32 离婚调解协议书是否可以再变更

【问题】法院调解的离婚调解协议书约定房产归孩子所有(孩子未成年),调解协议已生效,但房屋未过户。现男女双方要变更协议内容并申请公证,约定房子归女方所有,女方金钱补偿给男方。

【请问】离婚调解协议书是否可以再变更？

【解答】

根据本案的情况，是在人民法院主持下，双方达成的离婚调解协议书，约定将房产归孩子所有，现已生效。双方决定变更协议内容，将协议中的房产约定归女方所有，女方金钱补偿男方。经法院的离婚调解协议书，从本质上来说，仍然只是离婚协议。既然是离婚协议，在当事人自愿的前提和不违反法律强制性规定的条件下，是可以变更的。

《民法典》第659条规定：赠与的财产依法需要办理登记或者其他手续的，应当办理有关手续。夫妻双方在《离婚协议》中约定将房产赠与子女，虽然该协议对子女设定了利益，但该利益是否实现取决于夫妻双方是否现实履行赠与房产的产权过户义务。在房产过户至子女名下之前，赠与关系并未成立，子女对该房产不享有所有权。即使房屋产权证书已交与该子女，但因《离婚协议书》是夫妻之间对于离婚财产如何处理的安排，而并非夫妻与子女之间签订的书面赠与合同。

《最高人民法院关于适用〈中华人民共和国民法典〉物权编的解释（一）》第7条规定："人民法院、仲裁机构在分割共有不动产或者动产等案件中作出并依法生效的改变原有物权关系的判决书、裁决书、调解书，以及人民法院在执行程序中作出的拍卖成交裁定书、变卖成交裁定书、以物抵债裁定书，应当认定为民法典第二百二十九条所称导致物权设立、变更、转让或者消灭的人民法院、仲裁机构的法律文书。"法院出具的民事调解书与当事人之间签订的离婚协议不同，如果当事人签订的离婚协议，二人协商一致可以解除，从最高人民法院的观点看，离婚协议中约定的财产归孩子所有，在没有转移登记之前，财产仍然视为二人共有。但是如果是法院民事调解书中是房产归孩子所有，发生了权利转移，如果改变该内容，需要经过权利人同意，也就是需要孩子同意。如果民事调解书的内容确定房产归未成年子女所有，按照原《最高人民法院关于适用〈中华人民共和国物权法〉若干问题的解释（一）》来说，该调解书具有形成力，未成年子女取得物权，现在男女双方有协商确定房产归另一方所有，其实质可以理解为未成年子女的监护人将未成年的财产进行了处分，该处分显然不能说是为了未成年人的利益进行的处分。公证机构根据情况可以建议男女双方另行约定房屋的归属，但是对于孩子按照等价有偿原则，对房屋进行折价，由取得房屋的父亲或母亲给付对价。这样将来孩子成年后，就可以依据该协议向父亲或母亲主张债权。这种方式在业内可能有争议。有些公证机构办理过遗产继承公证，继承人中有未成年人的，未成年人不放弃继承，但是遗产分割采取折价补偿的方式，未成年人的监护人代理其取得补偿款。对于这个处理方式也是见仁见智的问题，应该难以达成共识。

33　同居期间生育小孩的抚养约定公证

【问题】甲男与乙女同居并育有一子，据出生医学证明记载：乙女未达法定婚龄，现甲男想将孩子落到自己户口本上，当地户籍管理部门要求女方出具同意由男方抚养该子的公证书。

【请问】如果双方现在均达到婚龄，也愿意将孩子交男方，出生证上有男女名字，可否通过委托监护或者声明的形式出具？

【解答】

《民法典》第1071条规定"非婚生子女享有与婚生子女同等的权利,任何组织或者个人不得加以危害和歧视。不直接抚养非婚生子女的生父或者生母,应当负担未成年子女或者不能独立生活的成年子女的抚养费"。该案例不属于委托监护关系。委托监护是指监护人将监护权临时委托给非监护人,由其代行监护权。本案中不管小孩由谁抚养,父母都是他的法定监护人,监护人之间对抚养和监护的约定,不属于委托监护关系。

综上,可以办理抚养约定协议公证。

34 双方可否约定一方不出非婚生子女的抚养费

【问题】有男女双方到公证处咨询,二人未婚但育有一女,现分手,想要协议约定不抚养一方不出抚养费,同时约定男方给予女方补偿款作为女方不得干涉男方结婚的条件。

【请问】以上条款内容是否可以公证?

【解答】

法律上并没有明确规定非婚生子女抚养费的内容,这是因为非婚生子女抚养费和婚生子女抚养费一样,都属于抚养费的范畴。《民法典》第1071条规定:非婚生子女享有与婚生子女同等的权利,任何组织或者个人不得加以危害和歧视。不直接抚养非婚生子女的生父或者生母,应当负担未成年子女或者不能独立生活的成年子女的抚养费。《民法典》第1085条规定:离婚后,子女由一方直接抚养的,另一方应当负担部分或者全部抚养费。负担费用的多少和期限的长短,由双方协议;协议不成的,由人民法院判决。前款规定的协议或者判决,不妨碍子女在必要时向父母任何一方提出超过协议或者判决原定数额的合理要求。

婚姻自由原则是指男女双方有依法缔结或解除婚姻关系,不受任何人强迫或干涉的自由。婚姻自由,包括结婚自由和离婚自由两个方面。结婚自由是建立婚姻关系的自由;离婚自由是解除婚姻关系的自由。二者互相结合,组成了婚姻自由的完整内容。结婚自由即结婚须男女双方完全自愿,不许任何一方强迫他方或任何第三者加以干涉。只有实行结婚自由,男女双方才能按照本人的意愿选择理想的对象,建立以爱情为基础的美满幸福的婚姻关系。但是,结婚自由必须符合法律规定的条件和程序。离婚自由,是指依法解除没有感情的婚姻关系,为当事人重新建立幸福的家庭创造前提条件。同时,离婚自由也必须符合法律规定的条件和程序。

协议只是对立协议人双方有约束力,不妨碍子女在必要时向父母任何一方提出超过协议或者判决原定数额的合理要求。即在符合一定条件下,孩子是可以对抚养费提出要求的。根据《最高人民法院关于适用〈中华人民共和国民法典〉婚姻家庭编的解释(一)》第58条的规定,具有下列情形之一,子女要求有负担能力的父或者母增加抚养费的,人民法院应予支持:(1)原定抚养费数额不足以维持当地实际生活水平;(2)因子女患病、上学,实际需要已超过原定数额;(3)有其他正当理由应当增加。

综上所述,如果双方约定不抚养一方不出抚养费及给予补偿款不干涉男方婚姻生活的条件,都是违反《民法典》相关规定,建议当事人修改条款后办理。

35 孩子抚养权变更是否需征求年满八周岁以上小孩的意见

【问题】夫妻双方离婚时对小孩抚养权进行了约定，现因孩子上学，需办理孩子抚养权的变更协议公证，孩子已经年满8岁。

【请问】公证机构办理该变更协议时，是否须征求该小孩的意见？

【解答】

《民法典》第1084条第3款规定："离婚后，不满两周岁的子女，以由母亲直接抚养为原则。已满两周岁的子女，父母双方对抚养问题协议不成的，由人民法院根据双方的具体情况，按照最有利于未成年人的原则判决。子女已满八周岁的，应当尊重其真实意愿。"《未成年人保护法》第107条规定："人民法院审理继承案件，应当依法保护未成年人的继承权和受遗赠权。人民法院审理离婚案件，涉及未成年子女抚养问题的，应当听取有表达意愿的未成年人子女的意见，根据保障子女权益的原则和双方具体情况依法处理。"

综上所述，离婚后孩子抚养权的变更协议公证，如果已经年满8岁，可以要求孩子到场征求其意见，实践中通常做法为公证询问笔录详细记录情况，并可现场采取录音录像、拍摄照片存入卷宗。

36 抚养费过高的约定协议公证书可否撤销

【问题】当事人到公证处称，其离婚时约定向另一方给付抚养费并在公证处办理了公证，但现其收入大幅下降，难以支付原约定的抚养费标准，申请撤销原公证书。

【请问】超过以上标准的抚养费约定协议公证书是否可以撤销？

【解答】

《民法典》第1085条规定：离婚后，子女由一方直接抚养的，另一方应当负担部分或者全部抚养费。负担费用的多少和期限的长短，由双方协议；协议不成的，由人民法院判决。前款规定的协议或者判决，不妨碍子女在必要时向父母任何一方提出超过协议或者判决原定数额的合理要求。

当事人双方签订协议后，如因客观情况发生变化，可以重新协商变更原离婚协议的相关条款，只要不属于可撤销民事法律行为的范围，可以撤销。

37 离婚冷静期中的子女抚养权协议公证

【问题】两人想离婚，因为离婚冷静期，无法立即登记离婚，二人想办理一个孩子抚养权的协议：如果两人离婚成功，孩子抚养权归女方所有。

【请问】在婚内是否可以这样办理的协议？如果可以，是否可以附生效条件？

【解答】

离婚冷静期的子女抚养权协议，可以办理公证。《民法典》第1076条规定：夫妻双方自愿离婚的,应当签订书面离婚协议,并亲自到婚姻登记机关申请离婚登记。离婚协议应当载明双方自愿离婚的意思表示和对子女抚养、财产以及债务处理等事项协商一致的意见。离婚冷静期依然可归结为婚姻关系存续期间,离婚协议的拟定,基本都是婚内拟定、离婚后生效;子女抚养权协议属于离婚协议的一部分,协议离婚,应当对子女抚养权及夫妻共同财产进行明确约定,并以双方办理离婚登记为生效条件。双方签署抚养权协议后,一方反悔、不同意离婚的,另一方可向法院起诉离婚,该抚养权协议公证书可作为抚养方的有利证据提交给法庭,同样可以起到争取抚养权的作用。

38 收养关系是否可以采用声明公证方式

【问题】一小孩的母亲已故,父亲正在服刑(无期徒刑),姐姐已出嫁。其父无法抚养故要把小孩送养他人,需要办理小孩的收养登记事宜。但他父亲现因服刑不能亲自到民政部门办理,所以民政部门要求当事人找公证处上门办理声明公证,声明他因为服刑原因,无法抚养儿子,愿意把儿子送养给他人抚养。

【请问】能否办理以上公证事项?

【解答】

《民法典》第161条规定:民事主体可以通过代理人实施民事法律行为。依照法律规定、当事人约定或者民事法律行为的性质,应当由本人亲自实施的民事法律行为,不得代理。一般认为,收养关系属于重要人身关系变更,依其性质不得委托代理。所以,办理本案声明公证不妥。依理应有民政部门人员到监狱当面履行登记审查职责。

结合本案情况,我们不建议公证处做声明公证,可以考虑由公证机构到监狱做收养协议公证后(法律行为公证),再由送养人委托公证机构代为办理收养登记,代为办理收养登记本质上属于行政行为,不是民事法律行为,可以代为办理。

39 父母能否单方送养非婚生子女

【问题】一女孩16周岁,是一名在校高中学生,现因早恋怀孕生子,但不知道孩子父亲是谁,因无力抚养到公证处办理非婚生子方单方送养。

【请问】非婚生子女,母亲能否单方送养?

【解答】

满足条件,可以单方送养。《民法典》第1097条规定:"生父母送养子女,应当双方共同送养。生父母一方不明或者查找不到的,可以单方送养。"

办理收养公证,应本着最有利于被收养人的抚养、成长的原则,同时又要保障被收养人和收养人的合法权益,兼顾平等自愿、不违背公序良俗等,重点围绕是否符合单方送养的条件,收养人是否符合收养条件等进行审查,由双方签订收养协议,被收养人年满8周岁的,还应征得其同意。

这种情况比较敏感,注意审查送养人的身份、孩子的出生证明、落实无法查找生父等情况。送养人现在情况是符合《民法典》所规定的"有特殊困难无力抚养子女的生父母"这一送养人条件的，可以送养。关于孩子生父问题，可由送养人书面作出承诺后，单方与收养人签订收养协议。如认为必要或稳妥起见，可考虑征得送养人同意后，联系送养人父母来共同参与办理相关收养公证，公证机构对收养协议办理公证。

40　爷爷作为监护人是否可以送养

【问题】一孩子父亲去世，母亲无力抚养，后经法院判决孩子爷爷为监护人，现在孩子爷爷要将孩子送养，民政局要求来申请办理送养声明。

【请问】能否办理以上事项公证？

【解答】

《民法典》第1093条规定：下列未成年人，可以被收养：(1)丧失父母的孤儿；(2)查找不到生父母的未成年人；(3)生父母有特殊困难无力抚养的子女。《民法典》第1094条规定，下列个人、组织可以作送养人：(1)孤儿的监护人；(2)儿童福利机构；(3)有特殊困难无力抚养子女的生父母。特殊情况下，只有未成年人的父母均不具备完全民事行为能力且可能严重危害该未成年人的，该未成年人的监护人可以将其送养。在本案中，若无特殊情形，只能由孩子的母亲对孩子进行送养。《民法典》第1104条规定收养人收养与送养人送养，应当双方自愿。收养8周岁以上未成年人的，应当征得被收养人的同意。《民法典》第1105条第1款规定：收养应当向县级以上人民政府民政部门登记。收养关系自登记之日起成立。

综上，本案如果是收养8周岁以上未成年人的，应当征得被收养人的同意，由孩子的母亲对孩子进行送养，公证机构对送养协议办理公证。收养办理后告之应当向县级以上人民政府民政部门登记，收养关系自登记之日起成立。

41　抚养事实公证办理注意事项

【问题】一当事人来公证处申请办理抚养实事公证。送养人为未婚先孕的一名女子，与收养人签订了送养协议（未公证），收养方符合收养的条件，但无法审查送养条件，现在收养方已经抚养孩子3年，但未落户，派出所要求公证处办理抚养实事公证。

【请问】能否办理以上事项公证？

【解答】

抚养事实公证属于有法律意义的事实公证类别，其区别于登记收养与事实收养。公证机构对抚养事实进行证明后，能够产生什么样的法律效果，依据《司法部关于贯彻执行〈中华人民共和国收养法〉若干问题的意见》（2000年司发通〔2000〕33号）规定："原收养法实施期间建立的收养关系，符合原收养法规定的，公证机构可以给予公证；不符合原收养法规定的，公证机构不得办理收养和解除收养关系公证，但可对当事人之间抚养的事实进行公证。"从此规定来看，公证机构可以对原收养法实施期间（1992年4月1日至1999年4月1日）形成的抚养事实进行公证。

民政部、公安部、司法部、卫生部、人口计生委《关于解决国内公民私自收养子女有关问题的通知》（民发〔2008〕132号文）规定："夫妻双方在婚姻关系存续期间私自收养弃婴和儿童，后因离婚或者丧偶，女婴由男方抚养，年龄相差不到40周岁，抚养事实满一年的，可凭公证机构出具的抚养事实公证书，以及人民法院离婚判决书、离婚调解书、离婚证或者妻死亡证明等相关证明材料，到（县）市人民政府民政部门申请办理收养登记。”

司法部编订的《公证书格式》（2011年版）中有“抚养事实公证书”的格式，该格式的附注说明：“本格式适用司发通〔2000〕033号文规定的对抚养事实的公证。对其他扶养事实的公证可以参照适用本格式。”根据“对其他扶养事实的公证可以参照本格式”的描述可以判断，格式制定者并没有限定只能办理司发通〔2000〕033号规定的抚养事实公证。也就是说，根据有关政策或实际需要，公证机构有权办理上述文件以外的抚养事实公证。

公安机关凭借抚养事实公证，允许小孩以“非亲属”身份落户口，是特定时期各地的地方政策。之后民政部、司法部、公安部等部门联合发布了《关于解决国内公民私自收养子女有关问题的通知》，成为解决这类问题的准则，应当根据该联合通知的规定来办理。该文件中有关于“抚养事实公证”之特殊适用规定。

综上所述，抚养事实公证为法律事实之证明，只要事实能够确认，公证机构即可以办理公证。至于其使用目的、可行与否，应尽到必要提醒。

42 未办理收养登记的关系处理方法

【问题】外甥女自出生之日起一直与姨母生活，双方未办理收养手续，户口簿记载二人非母女关系，时至2021年外甥女年满23周岁，现姨母希望确认二人系母女关系。

【请问】能否办理以上事项公证？

【解答】

《民法典》第1105条第1款规定：收养应当向县级以上人民政府民政部门登记。收养关系自登记之日起成立。本案中，单纯从当事人的诉求来看，姨母与外甥女申请确认其母女关系，排除亲生情况，只有收养这一路径。按外甥女年龄推算，其于1998年出生，即其与姨母开始共同生活发生于1992年4月1日实施的《收养法》之后、1999年4月1日实施的《收养法》之前，可以排除事实收养的情况。《司法部关于贯彻执行〈中华人民共和国收养法〉若干问题的意见》（司发通〔2000〕033号）规定：“原收养法实施期间建立的收养关系，符合原收养法规定的，公证机构可以给予公证；不符合原收养法规定的，公证机构不得办理收养或解除收养关系公证，但可对当事人之间的抚养事实进行公证。”据此文件规定，本案可适用1992年4月1日实施的《收养法》，该法第15条规定“除前款规定外，收养应当由收养人、送养人依照本法规定的收养、送养条件订立书面协议，并可以办理收养公证；收养人或者送养人要求办理收养公证的，应当办理收养公证”。

综上，本案不可以办理收养公证，确认母女关系，但可以对当事人之间的抚养事实进行公证。但回到当事人的办证目的上来，如果当事人申请确认母女关系是出于未来养老和财产继承问题考虑，可以引导当事人办理遗赠扶养协议公证。

43 交给朋友抚养的子女是否还有继承权

【问题】被继承人王某于2021年2月死亡，王某有4个子女。其中一个女儿A在9岁时因政善生活离开被继承人到另一个城市跟随被继承人的朋友杨某生活，其间王某每个月支付生活费，A为了上学改姓杨，户籍也随迁至杨某，杨某夫妇的档案中将A写成了女儿，查询了户籍档案，被继承人王某户籍所在地派出所都没有A的信息，无法证明A与被继承人王某的亲属关系，现仅能了解到有部分知情人。

【请问】A是否认定为杨某的养女，是否有权继承被继承人王某的遗产？

【解答】

根据《民法典》第1111条的规定，“自收养关系成立之日起，养父母与养子女间的权利义务关系，适用本法关于父母子女关系的规定；养子女与养父母的近亲属间的权利义务关系，适用本法关于子女与父母的近亲属关系的规定。养子女与生父母以及其他近亲属间的权利义务关系，因收养关系的成立而消除”。《民法典》第1107条的规定，“孤儿或者生父母无力抚养的子女，可以由生父母的亲属、朋友抚养；抚养人与被抚养人的关系不适用本章规定”。

本案解决问题的关键点在于收养关系的确认。如果被继承人将女儿A交给朋友杨某的行为构成收养法律关系，则根据“养子女与生父母以及其他近亲属间的权利义务关系，因收养关系的成立而消除”的规定，自然不需要再考虑A的继承问题。如果收养不成立，而是“抚养”，那么在办理继承公证时需要考虑A的继承人身份。根据《民法典》第1105条的规定，“收养应当向县级以上人民政府民政部门登记。收养关系自登记之日起成立”。因本案未说明王某将女儿A交由朋友抚养的时间，应分情况进行不同处理：

1. 原《收养法》实施前，即在1992年4月1日前成立的事实收养关系，亲友、群众公认，或有关组织证明确以养父母与养子女关系长期共同生活的收养关系，由于当时并没有规定收养的专门法律规定，所以事实收养关系虽未办理合法手续，也应按收养关系对待。故该情况下，当事人可以申办事实收养公证。公证员可以让A和兄弟姐妹做亲子鉴定并配合知情人的证人证言，凡当事人能够证实双方确实共同生活多年，以父母子女相称，建立了事实上的父母子女关系，且被收养人与其生父母的权利义务关系确已消除的，可以为当事人办理收养公证。

2. 原《收养法》实施后，即1992年4月1日后的收养关系均应依登记成立，判断收养关系是否成立，仅须审查是否在民政部门进行过登记。如本案抚养关系发生的时间晚于1992年4月1日，则公证员应审查杨某与A是否在民政部门进行过收养登记，如没有进行过登记，则收养关系不成立，可以继承王某的遗产。

44　恢复收养关系和养子女的继承问题

【问题】被继承人是养父（1999年死亡），养母和养子健在。养子与养父母曾在法院解除收养关系（1977年），后又在公证处办理了恢复收养关系的证明公证（1986年），现养子要求继承遗产。

【请问】养子（成年后）和养父母的收养关系是否已经恢复？

【解答】

关于收养关系是否恢复的问题，《民法典》在第五编第五章进行了规定，其中对收养和被收养的条件提出了明确的要求。《民法典》第1093条规定了丧失父母的孤儿、查找不到生父母的未成年人和生父母有特殊困难无力抚养的子女这三类未成年人可以被收养。第1098条规定了收养人应当同时符合无子女或者只有一名子女，有抚养、教育和保护被收养人的能力，未患有在医学上认为不应当收养子女的疾病，无不利于被收养人健康成长的违法犯罪记录和年满30周岁这5项构成要件。而解除收养关系，《民法典》规定在被收养人成年之前，一般不得解除收养关系。同时《民法典》也规定了一些准予解除的特殊情形，例如收养人和送养人签署解除协议、收养人不履行抚养义务和收养人、被收养人之间关系恶化，无法共同生活等等。

从以上规定可以看出，收养关系中被收养人一方是未成年人是收养关系成立的前提，而解除收养关系中被收养人成年是限制条件。同时，《民法典》对于建立和解除收养关系都规定应当履行登记手续。换言之，我们可以把收养关系的确立和解除理解为一事一申请、一事一受理、一事一审批、一事一备案。所以，虽然对收养关系的恢复，我国《民法典》没有明确的规定，但收养关系恢复的本质是在收养人和被收养人之间设立新的收养关系，它应当要符合我国《民法典》对该关系设立的规范性要求。

另外，司法部在1993年1月11日颁布了《关于可以办理恢复收养关系公证的复函》(〔93〕司公函005号)的规范性文件，认为："对于自幼收养的养子女，由养父母抚养成年后，因某种原因与养父母解除了收养关系，但又申请办理恢复收养关系公证的，经公证处审查，如果解除收养关系是经公证机关公证或人民法院调解或判决的，且恢复收养关系确实有利于对收养人的赡养的，可予以办理恢复收养关系公证。收养人可以不受收养法第六条第(二)、(三)项的限制；被收养人可以不受收养法第四条的限制。"但根据我国《立法法》的规定，司法部公证司的这个文件效力位阶过低，同时其参照的《收养法》在《民法典》生效后已经废止，这一规范性文件已缺乏权威性，在司法实践中直接适用存在很大难度。

45 未办理收养手续的"收养"子女能否继承财产

【问题】吴某和陈某于1987年登记结婚，婚后生育女儿吴某芬，2007年陈某因手术留下后遗症，肌肉严重萎缩，并有脑萎缩现象，无法表达其意愿。根据残疾人联合会的登记，陈某为二级智力残疾人，监护人为其母亲李某。陈某残疾后，吴某于2013年单方抱养吴某怡，但未办理收养手续，户口本登记信息显示，二人为非亲属关系。吴某于2019年7月份去世，遗有房产两套。现陈某的监护人李某和吴某芬向公证处申请继承公证。

【请问】

1. 未办理收养手续且单方抱养的吴某怡是否可以作为吴某的法定继承人参与继承？

2. 如果吴某怡可办理继承，谁可以作为其监护人？

3. 是否可以由李某作为陈某的监护人代为办理继承手续？

【解答】

根据1992年4月1日施行的《收养法》第15条规定："收养应当向县级以上人民政府民政部门登记。收养关系自登记之日起成立。"吴某2013年单方抱养吴某怡，未办理收养手续，收养的法律关系未成立，吴某怡不能认定为吴某的养子女。

根据原《收养法》第23条"自收养关系成立之日起，养父母与养子女间的权利义务关系，适用法律关于父母子女关系”的规定，吴某怡不能作为吴某的法定继承人参加继承。但根据原《继承法》第 14 条“对继承人以外的依靠被继承人扶养的缺乏劳动能力又没有生活来源的人，或者继承人以外的对被继承人扶养较多的人，可以分给他们适当的遗产”的规定，吴某怡在吴某死亡时未成年，属于依靠被继承人吴某扶养的缺乏劳动能力又没有生活来源的人。吴某怡可以适当分得吴某的遗产。

根据《民法典》第 23 条“无民事行为能力人、限制民事行为能力人的监护人是其法定代理人”的规定，故李某作为陈某法定代理人，可以由李某代为办理继承手续。吴某怡因不符合收养手续，收养关系不成立需要结合日常生活照看等相关情况确定其监护人。如确无合适人选，可以根据《民法典》第 27 条第 3 款规定，由其他愿意担任监护人的个人或组织担任。

本案若继承人之间无异议，李某可以作为陈某监护人并代为办理继承手续，但如果继承人对此有异议，则建议先以诉讼方式进行确认，再办理公证。

第六部分　继承编问题

第一节　遗嘱和遗嘱继承

1　埋葬于何处的内容是否可以写进遗嘱

【问题】甲有两次婚姻，都在本村，第二任丈夫去世多年，她想葬在第二任丈夫家族墓地。现甲申请订立一份公证遗嘱，遗嘱内容中有继承人必须要将自己埋葬于何处的内容。

【请问】埋葬于何处的内容是否可以写进遗嘱？

【解答】

遗嘱的内容一般来说分为两类：一类是财产的处理；另一类是事务的处理。关于身后事的处理，如不要葬于公墓，要将骨灰撒向长江等，属于事务性遗嘱，在可行性上与公证处关系不大，遗嘱人的遗愿能否得到执行，主要看家属的意愿，属于家庭内部的事务，无论能否得到执行，其后果不会对继承人造成多大影响，只是被继承人的遗愿能否实现的问题。只要向当事人告知清楚，将来遗愿有可能得不到执行，这种类型的公证遗嘱是可以受理的。

2　诉讼权利是否可以作为订立遗嘱的标的

【问题】张三与其丈夫李四于婚后购买一套房产，登记在其丈夫李四名下，二人生育有两个儿子。李四去世后，因此套房产的权属和继承问题，一家人发生纠纷。张三与大儿子为原告起诉了小儿子，诉讼争议焦点：(1)房产是否为张三与李四共有；(2)李四的份额如何继承。在诉讼过程中，张三担心自己身体问题，故前往公证处申请遗嘱公证，遗嘱主要内容：(1)上述房产中属于自己的份额以及自己应该继承丈夫的份额都留给自己的大儿子；(2)如果诉讼没有结束，希望大儿子替自己主张相应权利。

【请问】诉讼权利是否可以作为订立遗嘱的标的？

【解答】

当事人的诉讼要求实质是对实体利益的期望和追求，外化为诉讼权利，具有人身权属性，这种权利会因诉讼人的死亡而导致失去相应的承受者。

《民法典》第1122条对遗产的范围作了界定："遗产是自然人死亡时遗留的个人合法财产。依照法律规定或者根据其性质不得继承的遗产，不得继承。"诉讼权利不具有财产属性，因此，诉讼权利不宜作为遗产标的进行继承。

基于以上理由，如张三死亡，则失去诉讼原告资格，故不能以张三的名义继续诉讼。又因为人民法院不准许变更诉讼请求，故张三的遗嘱继承人可以以自己的名义重新起诉，要求按照遗嘱进行遗产分割，至于张三生前诉讼中主张的相应的权利，可根据实际情况，以遗嘱继承人有权主张的范围和形式进行处理。

3　办理共有房产的遗嘱公证是否需要共有人同意

【问题】当事人甲与其哥哥乙按份共有一处不动产，现甲欲立遗嘱处分其在该不动产中的份额。

【请问】公证机构办理该遗嘱公证是否要求立遗嘱人的哥哥同意？

【解答】

依据《民法典》第1133条第1款的规定："自然人可以依照本法规定立遗嘱处分个人财产，并可以指定遗嘱执行人。"立遗嘱人可依法自由处分自己的个人合法财产。立遗嘱人在遗嘱中处分其自己所有的份额，无须经过其他共有人同意。

4　能否为被查封的房产办理遗嘱公证

【问题】当事人名下有5套房产，涉及诉讼，均被查封，现当事人想设立公证遗嘱，将5套房产留给自己的女儿。

【请问】公证机构能否为被查封的房产办理遗嘱公证？

【解答】

民事诉讼中的查封，是人民法院为限制债务人处分其财产而最常采用的一种强制措施。实施查封后，不动产所有权人即丧失对被查封物的处分权。虽然权利受限，但不动产所有权人对该不动产仍享有产权。既然享有产权，也非不能继承之财产，依据《民法典》的规定，自然人立遗嘱处分其个人财产于法有据，公证机构理应予以受理。

5　能否为有限产权房办理遗嘱公证

【问题】《房屋所有权证》上附记内容为：有限产权，不得交易。如需转让，只能由××单位回购，用于解决其他职工住房困难问题。

【请问】该类型的不动产可以办理遗嘱公证吗？如出于谨慎考虑不予办理，若当事人提供了单位有关部门可以办理的意见是否可以办理？

【解答】

一、该类型的不动产可以办理遗嘱公证，理由如下

(1)"有限产权"是我国市场经济条件下，在城市职工住房制度改革中，职工住房由实物分配向货币分配的过渡中形成的产物，是一种政策性住房。一般而言，"有限产权"购房人及单位的具体权利和义务在购房合同里面会有详细的约定，合同里的限制性条款构成有限产权房所有权人在对该不动产的所有权限制，使不动产登记的所有权人在占有、使用、收益、处分权能上受到不同程度的限制，但这并不能否定已经登记的不动产所有权人对该不动产享有产权。

（2）本案中房产证上附记内容表明，其“有限产权”有限之内涵仅限于其交易对象，而并非产权份额之上加以限定，该“有限产权”当为产权人的个人财产。根据《遗嘱公证细则》第17条的规定，就财产而言，“遗嘱人证明或者保证所处分的财产是其个人财产”即可满足公证机构出具公证书的要求，至于财产是否确为其个人财产、该财产权利是否设限或完整均不在公证员审查范围之内。

（3）依据《城市房地产管理法》第2条第4款：“本法所称房地产交易，包括房地产转让、房地产抵押和房屋租赁。”而房地产转让，在该法第37条中亦明确，“房地产转让，是指房地产权利人通过买卖、赠与或者其他合法方式将其房地产转移给他人的行为”，该条文中对转让的界定明显排除了继承之情形，故产权人死亡后其继承人继承当不受此限。既然享有产权，也非不能继承之财产，那么依据《民法典》之精神，自然人立遗嘱处分该个人财产于法有据，公证机构理应予以受理。

二、不需要也不应当要求当事人提供单位有关部门可以办理的意见

限制交易的有限产权于继承并无冲突，该类不动产的继承不因产权人外任何机构的意思表示而受影响，故有关单位或部门可以办理的意见不应作为公证员办理遗嘱公证的审查内容。要求当事人提供单位有关部门可以办理的意见的思路，既不能体现公证员尽到审慎之义务，亦于法无据于理不通，无谓加重了当事人的负担，实不可取。

6 公租房的租赁权益是否可以立遗嘱进行处分

【问题】遗嘱人与本地房管所签订了《供方租赁（住宅）合同书》，合同期限至2028年12月31日止，合同中明确约定未经房管所书面同意，不得转租、转让、转借，否则房管所有权解除合同，现遗嘱人来到我处要求立遗嘱，表示在其百年之后该租赁权益由其孙女享有。

【请问】公租房的租赁权益是否可以立遗嘱进行处分？

【解答】

对于公租房的租赁权是否可以继承各地规定不一，不可一概而论。部分地方对公租房租赁权有明确规定，可以由其法定继承人予以继承，在此条件下，申请人可自愿订立遗嘱，在遗嘱中写明租赁权在其百年后的归属；有的地方规定公租房的租赁权益不是遗产，不能够继承也不能够指定继承受益人，原公租房承租人死亡后，原共同居住人可以继续承租，或者符合租赁条件的配偶、子女按顺序租赁，或者协商确定承租人，此种政策下，不宜受理当事人的遗嘱申请。

7 立遗嘱时是否可以不列明具体财产

【问题】一对年轻夫妻到公证机构立遗嘱，称担心将来发生意外，他们的遗产会涉及兄弟姐妹，为了防止因遗产发生的家庭纠纷，想通过遗嘱把他们二人名下的全部财产留给子女。因为现在不确定将来会有多少财产,所以就不注明具体财产,只概括写他们名下的全部财产。

【请问】立遗嘱时是否可以不写具体财产,只概括写名下全部财产?

【解答】

遗嘱人可以对遗产做概括性处分,包括现有以及将来产生的财产。依据《民法典》第1121条第1款的规定,"继承从被继承人死亡时开始",以及第1123条的规定:"继承开始后,按照法定继承办理;有遗嘱的,按照遗嘱继承或者遗赠办理;有遗赠扶养协议的,按照协议办理。"遗嘱是在遗嘱人死亡时生效,遗嘱人死亡时,处分的财产并不存在的,则遗嘱不发生效力。即使是现有财产,在遗嘱生效前,遗嘱人也是可以以实际行动进行处分的。对遗嘱而言,关键不是立遗嘱时财产存在与否,而是遗嘱生效时财产是否存在。

8　遗嘱形式不符合法律规定该如何处理

【问题】被继承人生前立有一份书面遗嘱,是由其工作单位的工会主席代书的,当时在场的还有被继承人的两个儿子(被继承人的全部法定继承人),他们在遗嘱上签名,工会主席也在上面签了名。遗嘱的受益人为被继承人唯一的孙子即其小儿子的儿子,现孙子来公证机构申请办理遗嘱继承公证,被继承人的两个儿子及代书人工会主席均确认遗嘱的真实性,并认可遗嘱的内容是立遗嘱人的真实意愿。

【请问】遗嘱的形式不符合法律的规定,但遗嘱的内容确实是立遗嘱人的真实意思表示,是否可以认定该遗嘱有效?

【解答】

《民法典》第1135条规定:"代书遗嘱应当有两个以上见证人在场见证,由其中一人代书,并由遗嘱人、代书人和其他见证人签名,注明年、月、日。"

根据《民法典》第1140条的规定:"下列人员不能作为遗嘱见证人:(一)无民事行为能力人、限制民事行为能力人以及其他不具有见证能力的人;(二)继承人、受遗赠人;(三)与继承人、受遗赠人有利害关系的人。"

被继承人的两个儿子属于继承人、与受遗赠人有利害关系的人,不能作为遗嘱见证人,故该代书遗嘱只有工会主席一个无利害关系的见证人在场见证并签名,从法律规定的形式要件上看该代书遗嘱无效,在遗嘱无效的前提下公证机构显然不能为其受理遗嘱继承公证。

在确定代书遗嘱不符合形式要件规定而无效但当事人均认可遗嘱的内容的情况下,公证机构可以为申请人提供其他形式的法律支持,帮助当事人尽可能地按照遗嘱内容来执行遗嘱。本案可以尝试采取被继承人的所有法定继承人与遗嘱受益人办理协议公证的方式对遗嘱中所涉遗产进行处理。各方在协议中确认该遗嘱是老人的真实意思表示,愿意遵照老人的遗愿进行遗产分配,按照老人的遗愿配合遗嘱受益人取得遗产,该遗产与其他法定继承人无关,同时在协议中设定违约责任。若不动产登记中心认可公证机构公证的遗产分割协议的公证书,可凭借遗产分割协议的公证书办理房产转移登记。

9 公证机构能否担任遗嘱执行人

【问题】一个年过花甲的老人向公证处咨询，要办理遗嘱公证，同时要求在遗嘱中明确遗嘱执行人为公证机构。

【请问】公证机构担任遗嘱执行人的法律依据？

【解答】

《民法典》规定了遗嘱执行人制度，第 1133 条第 1 款规定："自然人可以依照本法规定立遗嘱处分个人财产，并可以指定遗嘱执行人。"第 1145 条规定："继承开始后，遗嘱执行人为遗产管理人……"

公证机构作为独立承担民事责任的组织，从法律规定上看是可以作为遗嘱执行人的。公证机构在担任遗嘱执行人有两个优势，一是专业的法律服务机构在处理继承法律关系和其他相关法律关系方面具有专业性；二是公证机构基于自身的公信力是继承人之外较为能够被接纳的机构组织。《民法典》自 2021 年 1 月 1 日施行以来，各地公证机构刚开始涉足遗嘱执行人，大多是在理论层面做了展望和探索，还没有太丰富或者成熟的管理经验，更多可借鉴的经验和需要关注的地方还需一些实际承办的公证案例来支撑，希望未来全国公证机构能够多做这方面的探索与实践，尽快积累出公证机构作为遗嘱执行人的经验与理论成果。

10 遗嘱公证中如何把握"必留份"

【问题】办理遗嘱公证时，甲有一儿一女，其中女儿乙为智力二级残疾，甲欲立下遗嘱，准备将自己的财产由儿子丙继承，现在甲申请办理遗嘱公证。

【请问】遗嘱没有为"两无人员"保留必要份额的，公证机构是否可以受理该遗嘱公证？

【解答】

《民法典》第 1141 条规定："遗嘱应当为缺乏劳动能力又没有生活来源的继承人保留必要的遗产份额。"遗嘱人订立遗嘱时其遗嘱自由受到必留份制度的限制。

我国的必留份制度是为了保障有特殊困难的继承人的基本生活需要，使遗产发挥对弱势群体的扶养。必留份权利人为同时具备缺乏劳动能力和没有生活来源两个条件的法定继承人。我国的必留份制度没有对必留份规定具体的份额，在实践中要根据个案的具体情况而确定，以满足必留份权利人的基本生活需要。必留份权利优先于清偿债务和税款，在遗产不足以清偿债务时，也应当为其保留必要的遗产份额。我国必留份制度的上述特征区别于一些大陆法系国家规定的特留份制度，将"是否缺乏劳动能力又没有生活来源"和"必留份的份额"留下了很大的自由裁量空间，并不明确具体，故必留份的份额可能大于应继承的份额，也可能小于应继承的份额。

《最高人民法院关于适用〈中华人民共和国民法典〉继承编的解释（一）》第 25 条规定："遗嘱人未保留缺乏劳动能力又没有生活来源的继承人的遗产份额，遗产处理时，应当为该继承人留下必要的遗产，所剩余的部分，才可参照遗嘱确定的分配原则处理。继承人是否缺乏劳动能力又没有生活来源，应当按遗嘱生效时该继承人的具体情况确定。"该条司法解释充分说明继承人"是否缺乏劳动能力又没有生活来源”和“必留份的份额”，应当按遗嘱生效时该继承人的具体情况确定，而并非设立遗嘱之时确定。从遗嘱设立到遗嘱生效，可能发生遗嘱变更、撤销的情形，也可能发生上述“缺乏劳动能力又没有生活来源的继承人”的有无或变化的情况，不宜在设立遗嘱时过于限制和深究。

本案中，可以为甲办理遗嘱公证，但应注意以下问题：

(1)公证员尽到必要的告知义务，释明必留份制度的法律意义和后果。特别应告知立遗嘱人，当遗嘱生效时，如仍然存在“缺乏劳动能力又没有生活来源的继承人”，则遗产处理时，将需要为其留下必要份额，可能会导致遗嘱部分无效的法律后果。

(2)建议立遗嘱人在遗嘱中增加专门条款，就遗嘱生效时，如存在缺乏劳动能力又没有生活来源的继承人，如何对遗产进行分配和处理。

11　上门办理的遗嘱公证注意事项

【问题】遗嘱人因年龄大且行动不便，子女申请公证机构上门办理遗嘱公证，公证员担心在家里遗嘱人易受到家庭其他成员的胁迫，想要让遗嘱受益人签一份声明，声明自己没有胁迫老人，日后若有其他继承人主张遗嘱无效，以此证据证明遗嘱人未受胁迫。

【请问】用此声明可以规避公证机构的责任吗？

【解答】

《民法典》继承编对自然人订立遗嘱的形式和方法作了详细规定，《民法典》第1139条规定：“公证遗嘱由遗嘱人经公证机构办理。”因此，公证员应当严格按照《公证法》《公证程序规则》《遗嘱公证细则》等规定的程序和方式方法，为遗嘱人办理遗嘱公证。依据《遗嘱公证细则》第5条规定，“遗嘱人申办遗嘱公证应当亲自到公证处提出申请，遗嘱人亲自到公证处有困难的，可以书面或者口头形式请求有管辖权的公证处指派公证人员到其住所或者临时处所办理”，在人力、物力允许的情况下，公证员亲自到医院、监狱、民宅等地为行动不便的当事人办理遗嘱公证，提供利民、便民的公证服务，能充分彰显公证机构的社会责任和以人民为中心的服务理念。

遗嘱公证必须体现遗嘱人的真实意思表示，遗嘱内容合法、办理遗嘱的公证程序合规。公证员询问遗嘱人时应当对意思表示的真实性予以充分关注，单独询问遗嘱人订立遗嘱是否出于个人自愿，有没有欺诈胁迫的情形，也可以增加询问没有利害关系的见证人。

让遗嘱受益人签署声明自己没有胁迫老人的方法，显然是不妥当的。《遗嘱公证细则》第12条规定，“公证人员询问遗嘱人，除见证人、翻译人员外，其他人员一般不得在场”。《民法典》第1140条明确规定，继承人、受遗赠人，与继承人、受遗赠人有利害关系的人，不能作为遗嘱见证人。遗嘱受益人不应当参与到订立遗嘱的过程中，对遗嘱人是否立遗嘱，立什么遗嘱，也不应当提供意见。

特别提示，2020年10月20日司法部关于修改《公证程序规则》的决定(2020年10月20日司法部令第145号公布)将第53条第1款修改为：“公证机构办理遗嘱公证，应当由二人共同办理。承办公证员应当全程亲自办理，并对遗嘱人订立遗嘱的过程录音录像。”新增加的规定要求对遗嘱人订立遗嘱的过程录音录像，这样可以在一定程度上解决遗嘱人是否受胁迫的问题。

12 可否在遗嘱中直接指定遗产管理人

【问题】遗嘱人A要求在其遗嘱中直接指定遗产管理人为B。

【请问】

1. 遗嘱执行人与遗产管理人二者在具体职责上有何区别?
2. 是否可以在遗嘱中直接指定遗产管理人?

【解答】

一、遗产管理人与遗嘱执行人二者的区别

遗产管理人是对死者的财产进行妥善保存和管理分配的人。遗嘱执行人是指有权执行遗嘱人所立遗嘱,使遗嘱内容得以实现的人或组织,包括处理被继承人身后之事、遵照遗嘱人的意愿分配遗产的行为和活动。二者之间的区别:

(1)适用范围不同。遗嘱执行人以有效遗嘱存在为前提,适用于遗嘱继承;遗产管理人不以遗嘱为必要前提,适用于法定继承或遗嘱继承。

(2)产生方式不同。遗嘱执行人的产生方式主要是遗嘱直接指定;遗产管理人则可以由遗嘱执行人担任,继承人担任或推选,有关组织担任、法院指定产生。

(3)行为依据不同。遗嘱执行人依遗嘱和法律执行遗嘱,遗产管理人在无遗嘱时只依法律规定管理遗产,在有遗嘱但无遗嘱执行人时依照遗嘱和法律管理遗产。

二、可以在遗嘱中直接指定遗产管理人

《民法典》第1133条规定:"自然人可以依照本法规定立遗嘱处分个人财产,并可以指定遗嘱执行人。自然人可以立遗嘱将个人财产指定由法定继承人中的一人或者数人继承。自然人可以立遗嘱将个人财产赠与国家、集体或者法定继承人以外的组织、个人。自然人可以依法设立遗嘱信托。"

本条明确规定了自然人可以通过遗嘱指定遗嘱执行人,对于自然人是否可以在遗嘱中指定遗产管理人,《民法典》没有明确规定。但根据民法自愿原则,也就是意思自治原则,民事主体有权根据自己的意愿,自愿从事民事活动。这从《民法典》对遗嘱的规定也可以看出,《民法典》通过立法的形式确认了遗嘱自由,充分尊重被继承人的意愿,遗产的受益人、分配原则等都来自遗嘱的指定。自然人当然可以在遗嘱中设定遗产管理人,甚至可以在遗嘱中对遗产管理人的报酬进行明确,但该遗产管理人行使职责的前提必须是遗嘱合法有效。在遗嘱无效时,遗产管理人只能依据法律规定产生。

13 遗嘱中可否注明以公证遗嘱为准的内容

【问题】当事人拟在遗嘱中注明以公证遗嘱为准,今后所有涉及遗嘱内容的变更和撤销均须通过公证方式进行,其他遗嘱形式不得对抗公证遗嘱。当事人的目的是以防其在受胁迫或意识不清时订立其他形式的遗嘱(比如不情愿、迫于无奈在代书遗嘱上签名)。

【请问】遗嘱条款中可否注明以公证遗嘱为准?

【解答】

《民法典》第1142条规定,"遗嘱人可以撤回、变更自己所立的遗嘱。立遗嘱后,遗嘱人实施与遗嘱内容相反的民事法律行为的,视为对遗嘱相关内容的撤回。立有数份遗嘱,内容相抵触的,以最后遗嘱为准"。该条文取消了原《继承法》第20条第3款其他遗嘱不得撤销、变更公证遗嘱的规定,增加了"视为对遗嘱相关内容的撤回"的规定。彻底改变了原《继承法》及《最高人民法院印发关于贯彻执行〈中华人民共和国继承法〉若干问题的意见》第42条"遗嘱人以不同形式立有数份内容相抵触的遗嘱,其中有公证遗嘱的,以最后所立公证遗嘱为准"所确立之公证遗嘱效力优先原则。

前后形成的法律行为,总是以后面法律行为的意思表示为准的。作为单方法律行为,后面的意思表示总是可以改变前面意思表示的。变更遗嘱是当事人的权利,他之前在前面遗嘱中是否作过限制无关。所以,不宜在遗嘱中注明以公证遗嘱为准的内容。

14 遗嘱公证中的瑕疵弥补问题

【问题】公证处已办理完一位老人的遗嘱公证,由于这位老人的双眼得了白内障已失明,无法签名、按手印,以盖章来代替签名,但盖章是由公证人员来进行的,公证人员之前与老人沟通过,他也同意让公证人员来代为盖章,在录像过程中,公证员没有再问其意见,就直接盖了,现在老人也回家了。

【请问】事后再让老人补做个声明并录像,声明内容是在某年某月办理的公证遗嘱中,公证人员为其代盖印章的行为是经过他同意的,把该声明附卷宗,这样操作可以补救吗?

【解答】

可以采取以上方法补救。《民法典》第135条规定:"民事法律行为可以采用书面形式、口头形式或者其他形式;法律、行政法规规定或者当事人约定采用特定形式的,应当采用特定形式。"《民法典》第140条第1款规定:"行为人可以明示或者默示作出意思表示。"根据上述规定,采取的以上补救措施,可以证明当事人明示了自己的意思表示。

15 未成年人遗嘱信托问题

【问题】遗嘱人拟立遗嘱将其财产遗留给未成年子女,并希望在子女成年之前由遗嘱人的妹妹作为遗嘱执行人保管遗产,遗产包括动产和不动产。

【请问】

1. 这样的信托类遗嘱公证可以办理吗?

2. 信托期间如何处理涉及的不动产?

【解答】

一、遗嘱信托可以办理公证

《民法典》第1133条第4款规定:"自然人可以依法设立遗嘱信托。"作为《民法典》中新增的重要内容,遗嘱信托对家庭财产的管理和传承具有重要意义,为个性化、多元化、立体化的遗嘱行为提供了明确的法律支撑。

遗嘱信托是指委托人生前通过遗嘱的形式，在遗嘱中详细列明在其死后财产的交付、管理、受益人的范围、财产收益的分配、受托人的权利义务等内容，待遗嘱生效时成立信托计划，受托人按照遗嘱内容执行信托计划，确定受益人，按照遗嘱中规定的收益分配原则、条件、比例进行财产收益的分配，故遗嘱委托人可以在死后继续按其遗愿操控信托资产的安排。遗嘱信托制度借鉴了英美法系的规定，是涉及信托法律制度和继承法律制度两个领域的综合性法律制度。在西方，遗嘱信托常被喻为"从坟墓里伸出来的手"，即遗产委托人可以在死后继续按其遗愿操控信托资产的安排。遗嘱信托主要有三方面优势：一是实现财富的稳定传承，特别有利于保护特殊继承人。二是通过信托财产的隔离制度，保障财产安全。三是有利于实现遗产的稳定增值。

公证机构的中立性，使其在遗嘱信托领域具有得天独厚的优势，因此，公证行业积极参与公民的遗嘱信托活动，既是公证制度的本质公益属性使然，又是公证行业实现自身社会价值的重要方式，更是满足人民群众日益增长的公证法律需求的必然选择。公证机构在该项全新的制度中应积极探索，不断拓展公证服务的广度和深度，以契合人民群众对身后遗产安排规划的个性化需求，使当事人为家人未来生活提前规划的心愿落到实处。公证在遗嘱信托中具有以下几个方面的独特价值：

(1)公证机构可以提供专业的遗嘱信托设立服务。

(2)公证对遗嘱信托内容保密。

(3)提供遗嘱信托文书起草、保管、执行等全方位服务。

(4)公证机构可以作为信托的监察人。

二、关于信托期间如何处理不动产的问题

遗嘱信托的生效不仅要符合《民法典》继承编中关于遗嘱的规定，也要符合《信托法》的相关规定，但是从目前的法律规定来看，不论是《信托法》还是《民法典》，都没有制度化的规定，这是目前遗嘱信托实施的主要困境。

一般而言，信托财产以其隔离制度来保障财产安全。信托财产一旦确定即受到法律严格保护，不仅独立于委托人的其他个人财产，也独立于受托人的固有财产，同时阻隔受益人的支配意志，是专门为实现信托目的而存在的财产。《信托法》第 16 条规定，"信托财产与属于受托人所有的财产(以下简称固有财产)相区别，不得归入受托人的固有财产或者成为固有财产的一部分。受托人死亡或者依法解散、被依法撤销、被宣告破产而终止，信托财产不属于其遗产或者清算财产"。但目前因信托资产的登记公示制度的缺失，"信托不动产以何种形式登记"在遗嘱信托实际操作中存在较大的困难。就本案中不动产的处分而言，因目前不动产登记中心暂无信托类型的所有权登记形式，面临两难困境：

(1)如果将不动产登记在受托人名下，如何区分是信托财产还是受托人财产？如何避免司法查封等不利于受益人的情形？

(2)如果将不动产登记在受益人名下，则受托人如何管控该不动产？如何避免受益人的监护人或本人不按遗嘱内容处分该财产，使得信托形同虚设？

以上困境目前实践中没有太好的处置办法，都是"摸着石头过河"。遗嘱信托怎样从概念性规定走向实践，形成完善的遗嘱信托规范，有待于实践经验的积累和相关部门积极研究出台对策。

16　遗嘱保管公证审查问题

【问题】当事人在公证员面前自书了一份遗嘱，提交给公证机构，要求进行保管。

【请问】

1. 公证处办理遗嘱保管时是否需要审查遗嘱内容，实质审查还是形式审查？

2. 直接保管密封的文件（不能确认是不是遗嘱）是否可以？

【解答】

《办理遗嘱保管事务的指导意见》对“保管时是否需要审查遗嘱内容，实质审查还是形式审查，直接保管密封的文件（不能确认是不是遗嘱）是否可以”未作明确规定。

我们建议，公证机构办理保管业务，应当审查遗嘱内容，但仅限于形式审查。如是否符合遗嘱形式要求，是否署具姓名、日期，遗嘱受益人是否明确，遗嘱内容是否存在歧义之处，代书遗嘱中代书人、见证人签名（或指印）是否齐全等，提示遗嘱人形式方面欠缺可能导致遗嘱无效的法律后果，毕竟，公证保管的遗嘱能够最终实现遗嘱人的遗愿，也是公证行为所追求的根本目的。

我们不建议直接保管密封的文件。国外公证同行有直接保管密封文件的做法，但不符合国内办理公证的相关要求。一是《办理遗嘱保管事务的指导意见》第6条规定了保管的方式，“（一）申请人在公证人员面前将申请保管的遗嘱密封于信封内交与公证员”，此处明确了所保管的文件须为遗嘱。二是如果不能确认密封文件是遗嘱，将给公证机构后续工作带来极大被动，埋下纠纷隐患：首先，保管证书证词与证明对象不符；其次，仅凭申请人口述有失公证审查之职责；最后，设想遗嘱领取人在领取保管的遗嘱后，如果领到的文件不是遗嘱，公证机构将很难面对当事人的诘责，影响公证机构的公信力。

17　公证机构进行遗嘱检认的内容和方法

【问题】陈某于2021年5月死亡，其儿子持陈某于2021年2月在其住所立的自书遗嘱一份，向不动产登记中心申请房屋继承过户。根据遗嘱记载，陈某指定将其名下的一处房屋遗留给儿子继承。不动产登记中心因无法确认陈某的遗嘱是否为最后一份有效遗嘱，要求陈某儿子提供遗嘱有效证明。

【请问】公证机构如何对本案的遗嘱进行检认？

【解答】

公证机构可以办理确认遗嘱效力的公证事项。参考《昆明市公证员协会公证机构办理遗嘱检认的业务指引（试行）》第2条规定，“遗嘱检认是公证机构依据遗嘱继承人、受遗赠人、遗嘱执行人或遗产管理人等的申请，对被继承人生前所立遗嘱的真实性、有效性进行判断的公证专业性活动”。可以使用遗嘱检认方式办理确认遗嘱效力的公证事项。

公证机构进行遗嘱检认，应当对遗嘱的真实性进行确认，对遗嘱是否具备有效要件进行判断，并对是否存在影响遗嘱效力的障碍事由进行排查，并核实确认提请检认的遗嘱是否为遗嘱人生前所立的最后一份有效遗嘱。

公证机构可根据个案情形，采取下列方法对遗嘱进行检认：

（1）登录全国公证信息平台，查询遗嘱人是否订立公证遗嘱、公证保管遗嘱或签订遗赠扶养协议。必要时，可调阅相关档案材料。

（2）对遗嘱上的笔迹、指模，音像资料等进行技术鉴定。

（3）询问代书人、见证人。

（4）询问遗嘱受益人、法定继承人或相关利害关系人。

（5）询问证人。

（6）到遗嘱人所在单位或社区进行走访调查。

（7）通过媒体或公证机构网站等形式发布公告。

（8）公证机构认为有必要的其他方法。

18 代书遗嘱处分财产不明的效力问题

【问题】甲的父亲于2021年7月1日死亡，甲持父亲乙于2021年1月请人代书的一份遗嘱原稿到公证机构申请办理遗嘱继承公证，遗嘱中明确现在居住的房产由长子××继承。

【请问】如该代书遗嘱符合法律规定的遗嘱有效的实质及形式要件，仅未写明房产的详细座落、面积等具体信息，能否受理此公证申请？

【解答】

遗嘱财产有一定的指向性描述，仅只是无房屋的具体信息，如遗嘱受益人能够提供证明材料证实申请继承的房屋确系立遗嘱人立遗嘱时所居住的房屋，则可以办理遗产继承公证。在对其他法定继承人进行核实时，也请征求他们对遗产标的的确定是否有异议。

19 遗嘱条款有歧义该如何处理

【问题】甲与乙是夫妻关系，乙已去世，现甲立遗嘱将共有的房产让其儿子丙继承，遗嘱中这样写"上述房产中属于我的份额由我的儿子丙继承"，遗嘱中没写其应继承乙的份额。现遗嘱受益人丙向公证处申办遗嘱继承公证。

【请问】丙能通过遗嘱继承的份额是甲原有的百分之五十份额还是原有的百分之五十份额加甲应继承乙的份额？

【解答】

这个条款内容存在歧义可能，它可以指"原本的份额"，也可以指"现在的总份额"。我们认为，宜确定为现有的"现在的总份额"，这样更符合遗嘱人表达该意思的现时状况（包括原本份额和应继承的份额）。

20 部分受益人在遗嘱上签名的遗嘱效力问题

【问题】一位老人立了份遗嘱，部分受益人在遗嘱下方签了名，并写了"同意"，现老人死亡，其继承人向公证机构申请办理遗嘱继承公证。承办公证员认为遗嘱是保密行为,部分受益人在遗嘱下方签了名,所以遗嘱无效。

【请问】该如何确定该遗嘱的效力?

【解答】

本案的关键在于该遗嘱是否符合《民法典》有关遗嘱的规定。公证员应对该遗嘱进行检认,未发现影响遗嘱效力事由的,可以依据该遗嘱办理继承公证。《民法典》第1143条规定了遗嘱无效的情形。就本案而言,部分受益人在遗嘱下方签了名,并写了"同意",不属于遗嘱无效的情形,该行为不影响遗嘱的法律效力。

21 以何种方式固定代书遗嘱的核实情况

【问题】遗嘱受益人持代书遗嘱前来咨询,称其不想立即办理继承手续,可又担心办理遗嘱继承时,会联系不上遗嘱的代书人和见证人,也担心立遗嘱人的其他第一顺序继承人因年纪大或其他原因无法配合公证机构的调查核实。

【请问】能否将遗嘱是否为最后一份有效遗嘱的调查核实程序前置,先为遗嘱代书人、见证人和其他第一顺序继承人办理证人证言?目前的顾虑是:通常在办理证人证言时,都会向申请人告知,仅证明证人证言的形成过程,不对证言内容的真实性进行审查和作出证明,所以感觉又有点矛盾。

【解答】

1. 对相关证人和利害关系人陈述的事实和表达的意见进行公证保全固定是可以的,但保全的证据是否能够达到确认代书遗嘱有效的效果则是不无疑问的。这种方案对遗嘱受益人有一定的价值,但不是十分确定的价值,存在一定风险性。

2. 比较妥当的方式是建议遗嘱受益人向公证机构提出遗嘱检认申请,由公证机构出具遗嘱检认书确认遗嘱的效力。

22 公证遗嘱优先效力问题

【问题】甲于2018年1月订立一份公证遗嘱,2019年又自立一份自书遗嘱,内容均为处分同一套房屋。2021年6月,甲去世,甲于2021年1月1日至其去世期间,未立新遗嘱。

【请问】

1. 其订立在先的公证遗嘱是否还具有优先效力?其订立的自书遗嘱的效力如何?

2. 甲于《民法典》生效后去世,是否适用《民法典》对遗嘱的相关规定?

【解答】

依据原《继承法》规定,遗嘱人可以撤销、变更自己所立的遗嘱。立有数份遗嘱,内容相抵触的,以最后的遗嘱为准。自书、代书、录音、口头遗嘱,不得撤销、变更公证遗嘱。所以,在《民法典》生效之前的订立了公证遗嘱,之后又订立了自书遗嘱的,自书遗嘱不得撤销公证遗嘱,不论遗嘱内容是否相同。

《民法典》取消了原《继承法》第20条第3款关于其他遗嘱不得撤销、变更公证遗嘱的规定，增加了“视为对遗嘱相关内容的撤回”的规定。改变了原《继承法》及《最高人民法院关于贯彻执行〈中华人民共和国继承法〉若干问题的意见》所确立的公证遗嘱效力优先原则。

虽然《民法典》改变了公证遗嘱效力优先原则，但《民法典》生效前订立的公证遗嘱的效力，具体要看最高人民法院的司法解释，一般来说实体法会遵循“法不溯及既往”原则，《民法典》实施之前的民事行为应该不受影响。《最高人民法院关于适用〈中华人民共和国民法典〉时间效力的若干规定》第23条规定：“被继承人在民法典施行前立有公证遗嘱，民法典施行后又立有新遗嘱，其死亡后，因该数份遗嘱内容相抵触发生争议的，适用民法典第一千一百四十二条第三款的规定。”《民法典》第1142条第3款规定：“立有数份遗嘱，内容相抵触的，以最后的遗嘱为准。”从该司法解释文义来看，“民法典施行后又立有新遗嘱”这是废除之前公证遗嘱优先性的条件，如果没立新遗嘱，则原公证遗嘱依然具有优先性，比如上述案件中，依然应当认可公证遗嘱的优先性。

23 其他法定继承人对遗嘱提出异议的处理

【问题】公证机构在办理遗嘱继承公证过程中，有继承人提出其父亲在立遗嘱的时候存在身体病重、神志不清的情况，不认可遗嘱的效力。

【请问】

1. 公证机构如何确认被继承人“最后一份有效遗嘱”？

2. 遗嘱受益人以外的法定继承人对遗嘱效力提出异议，公证机构应当如何进行处理为妥？

【解答】

一、如何确认被继承人“最后一份有效遗嘱”

《民法典》实施前，因公证遗嘱效力优先，“是否为被继承人生前最后一份公证遗嘱”的问题，公证员登录公证行政管理系统公证遗嘱库就可以进行查询。《民法典》实施后，因其取消了公证遗嘱的优先效力，而目前我国尚无统一的遗嘱登记制度，也未建立明确的遗嘱检认制度，如何确定“最后一份有效遗嘱”，成为公证员办理遗嘱继承公证业务面临的现实困难。但因为“最后一份有效遗嘱”确认难，公证员在以往办理遗嘱继承业务中所积累的大量经验和能力，为公证行业在遗嘱执行及遗嘱继承领域赢得了施展专业能力和获得未来相关业务空间的机会。一般情况下“最后一份有效遗嘱”，应以全体法定继承人对遗嘱为“最后一份有效遗嘱”无异议为确认标准。特殊情况下，如果有法定继承人没有到场或采取其他方式表达意见的，建议公证机构通过媒体或公证机构网站等形式发布公告，公告期满，无人对遗嘱为“最后一份有效遗嘱”提出异议。

二、继承公证中的异议处理程序

异议人应当是“法定继承人或其他利害关系人”，无利害关系人不得主张；公证机构可以要求异议人提供必要的证明材料以支持其主张；公证机构收到异议主张，应当对异议理由进行分析判断，根据异议理由是否成立进行研判，而采取妥当的措施，而不能不管异议理由是否成立而简单拒绝之：

(1)认为异议理由成立的，公证机构应不予公证，可建议当事人通过诉讼方式解决争议；

(2)认为异议理由不成立的,从审慎态度出发,公证机构不适宜直接作出无视异议的决定,可以给予异议人一定期限提起诉讼,当事人在期限内提起诉讼的,应当终止办理公证;异议人在期限内未提起诉讼的,公证机构经研判后,可以自行决定是否继续办理公证。

24 遗嘱中设立了居住权的继承公证

【问题】被继承人于2013年7月去世,去世前留有一份自书遗嘱,自书遗嘱内容为将房产给自己的独生女儿,但让再婚妻子保留对该房屋的居住权。现所有继承人均主张该遗嘱为有效遗嘱,要求独生女继承后将上述房屋对外出售,另行购买一套房屋供继母居住。

【请问】办理继承公证时,公证机构是否有义务关注遗嘱设定的该居住权是否实现?

【解答】

这是一个附义务的自书遗嘱。义务就是为其再婚妻子保留对该房的居住权利。依据《民法典》第371条的规定,以遗嘱方式设立居住权的,参照适用本章(第十四章居住权)的有关规定,故居住权可以以遗嘱的方式设立。根据《民法典》第1144条规定:"遗嘱继承或者遗赠附有义务的,继承人或者受遗赠人应当履行义务。没有正当理由不履行义务的,经利害关系人或者有关组织请求,人民法院可以取消其接受附义务部分遗产的权利。"所以对于遗嘱继承人来说,必须要履行遗嘱中所附的义务,即保证继母享有的居住权。

其他继承人要求独生女继承后将上述房屋对外出售,另行购买一房屋供继母居住的行为,需要征得继母的同意,不然会被认为不履行遗嘱中所附的义务。告知当事人,遗嘱生效后,须进行居住权登记,否则不能取得居住权。

当然,以上是法律层面的分析,具体到遗嘱继承公证的办理,因为居住权的设立和实现,是进行遗嘱继承公证的后续事情,不是公证机构办理遗嘱继承公证的必要前置程序,公证机构告知继承人其所负的义务和法律后果后可以出具遗嘱继承公证书。

附件:《昆明市公证员协会公证机构办理遗嘱检认的业务指引(试行)》

(本办法经2021年5月6日昆明市公证员协会四届常务理事会表决通过。)

第一章 总 则

第一条 法律依据

根据《中华人民共和国民法典》《公证程序规则》《遗嘱公证细则》制定本业务指引。

第二条 定义

遗嘱检认是公证机构依据遗嘱继承人、受遗赠人、遗嘱执行人或遗产管理人等的申请,对被继承人生前所立遗嘱的真实性、有效性进行判断的公证专业性活动。

第三条 遗嘱检认的范围

《中华人民共和国民法典》规定的遗嘱形式为本业务指引中遗嘱检认的范围。

第四条 法律适用

公证机构进行遗嘱检认,应当根据遗嘱人的死亡时间,结合最高人民法院有关司法解释,决定适用《中华人民共和国民法典》或原《中华人民共和国继承法》。

第二章　遗嘱检认的内容

第五条　遗嘱真实性确认

公证机构进行遗嘱检认，应当对遗嘱的真实性进行确认，具体审核下列内容：

（一）遗嘱上遗嘱人、代书人、见证人的签字、捺印、印章是否属实，录音录像遗嘱的音像资料是否真实，遗嘱是否确系遗嘱人所立；

（二）遗嘱有无伪造、篡改。

第六条　遗嘱有效要件判断

公证机构进行遗嘱检认，应当对遗嘱是否具备有效要件进行判断，具体审核下列内容：

（一）遗嘱人订立遗嘱时，是否具有完全民事行为能力；

（二）遗嘱人订立遗嘱时，意思表示是否真实，是否存在受欺诈、胁迫等情形；

（三）遗嘱内容是否违反法律、行政法规的强制性规定，是否违背公序良俗。

第七条　效力障碍事由排查

公证机构进行遗嘱检认，应当对是否存在影响遗嘱效力的障碍事由进行排查，具体审核下列内容：

（一）遗嘱形式是否符合法律规定；

（二）遗嘱是否为缺乏劳动能力又无生活来源的继承人保留必要的遗产份额；

（三）是否存在遗嘱继承人、受遗赠人先于遗嘱人死亡或者终止的情形；

（四）遗嘱是否处分了国家、集体或他人的财产；

（五）法律、法规规定的其他影响遗嘱效力的事由。

第八条　最后一份有效遗嘱的核实

公证机构进行遗嘱检认，应当对提请检认的遗嘱是否为遗嘱人生前所立的最后一份有效遗嘱进行核实，具体审核下列内容：

（一）遗嘱人在订立所检认的遗嘱后，没有重新订立内容相抵触的其他遗嘱；

（二）遗嘱人在订立所检认的遗嘱后，没有实施与遗嘱内容相反的民事法律行为；

（三）遗嘱人没有就遗嘱处分的财产与他人签订遗赠扶养协议。

第三章　遗嘱检认的方法和程序

第九条　遗嘱检认

公证机构在办理遗嘱公证时，可以事先与遗嘱人约定进行遗嘱检认的规则。

公证机构可根据个案情形，依据与当事人事先约定的遗嘱检认规则以及履行公证职责需要，决定采取下列方法对本指引第五至八条规定的检认内容进行确认：

（一）登录全国公证信息平台，查询遗嘱人是否订立公证遗嘱、公证保管遗嘱或签订遗赠扶养协议，必要时，可调阅相关档案材料；

（二）对遗嘱上的笔迹、指模，音像资料等进行技术鉴定；

（三）询问代书人、见证人；

（四）询问遗嘱受益人、法定继承人或相关利害关系人；

（五）询问证人；

（六）到遗嘱人所在单位或社区进行走访调查；

（七）通过媒体或公证处网站等形式发布公告；

（八）公证机构认为有必要的其他方法。

询问及核实也可通过信函、电子邮件、视频、短信、电话等通讯方式进行。

公证机构采取以上方法进行遗嘱检认时，应当留存相关的文字记录或音像资料等材料。

第十条　证明材料

当事人向公证机构申请遗嘱检认，一般应当提供下列证明材料：

（一）遗嘱；

（二）遗嘱人的死亡证明；

（三）遗嘱人的法定继承人名单；

（四）遗嘱人的婚姻状况证明；

（五）遗嘱所处分财产的凭证；

（六）申请遗嘱检认的遗嘱继承人、受遗赠人、遗嘱执行人或遗产管理人的有效身份证件；

（七）公证机构认为确有必要提供的其他材料。

第十一条　非公证遗嘱检认和异议程序

公证遗嘱属于公文书，其他形式遗嘱属于私文书，对非公证遗嘱的检认，公证机构应当采取更为审慎的处理方法。

对非公证遗嘱进行检认，除遵循本指引一般规定外，还应当按照下列规定进行：

（一）全体法定继承人对遗嘱效力无异议。

（二）如果有法定继承人没有到场或采取其他方式表达意见的，建议公证机构通过媒体或公证处网站等形式发布公告，公告期满，无人对遗嘱效力提出异议。

（三）如果有法定继承人或其他利害关系人对遗嘱提出异议的，公证机构可以要求异议人提供必要的证明材料。公证机构审查后，认为异议成立的，应当终止检认；认为异议不成立的，可以给予异议人一定期限到人民法院提起诉讼，异议人在期限内提起诉讼的，应当终止检认；异议人未在期限内提起诉讼的，公证机构经研判后，可以决定是否继续进行检认。

法定继承人或其他利害关系人对公证遗嘱提出异议的，按照前款第（三）项规定进行处理。

第十二条　终止程序

公证机构进行遗嘱检认，发现存在下列情形之一的，可以终止检认：

（一）遗嘱执行人、遗产管理人拒绝配合公证机构开展核实工作，导致无法继续进行检认的；

（二）法定继承人、遗嘱受益人、利害关系人针对该遗嘱或继承事项已经提起诉讼的；

（三）法定继承人、利害关系人向公证机构提出复查公证遗嘱的申请，公证机构作出撤销或部分撤销该公证遗嘱决定的。

公证机构进行复查期间，遗嘱检认程序中止。

（四）其他导致遗嘱检认无法继续进行的情形。

第十三条　检认结果和文书形式

公证机构进行遗嘱检认的法律文书可以为下列形式：

（一）未发现影响遗嘱效力事由的，公证机构出具遗嘱检认书，载明遗嘱有效的判断意见。

根据当事人的申请和意愿，该遗嘱检认书可以作为公证法律事务单独受理和出具，也可以作为遗嘱继承公证的卷内法律文件。

(二)发现存在可能会导致遗嘱无效或部分无效事由的,公证机构不予出具遗嘱检认书,建议当事人到人民法院确认遗嘱效力;当事人坚持要求公证机构出具遗嘱检认书的,公证机构可以载明无法确认遗嘱效力的保留性意见。

(三)终止遗嘱检认的,根据当事人请求,公证机构可以出具终止检认的决定。

第四章　其他事项

第十四条　日后附注事项

公证机构出具遗嘱检认法律意见书时,发现有下列情形之一的,应当在法律意见书中进行附注说明:

(一)遗嘱附有义务的,提示遗嘱受益人应履行遗嘱所附义务;

(二)遗嘱继承人、受遗赠人有丧失继承权、受遗赠权可能的;

(三)遗嘱继承人已经明确表示放弃遗嘱继承,或受遗赠人已经明确表示放弃受遗赠的;

(四)公证机构认为有必要进行提示的其他情形。

第十五条　遗嘱执行、遗产管理权力外观

公证机构进行遗嘱检认时,涉及遗嘱执行人、遗产管理人的,可以根据遗嘱执行和遗产管理的需要,并根据遗嘱执行人、遗产管理人的申请,单独出具遗嘱执行人公证书、遗产管理人公证书。

第十六条　公证收费

根据云南省公证收费的有关规定,遗嘱检认属于自主定价或协商收费的公证法律事务。

公证机构办理遗嘱检认,建议由当事人签署相关公证收费确认文件。

第二节　法定继承

1　公有住房租赁权是否可以继承

【请问】公有住房租赁权是否可以由原租赁权人的父母、配偶、子女进行继承?

【解答】

公有住房租赁权是否可以继承主要看当地的政策,当地政策支持的可以按继承处理,当地政策不支持的则不宜按继承处理。如《天津市公有住房变更承租人管理办法》第5条规定,“公有住房承租人死亡或者户籍迁出本市的,承租人的配偶、子女、父母可以申请过户。公有住房使用权过户只能由一人申请,符合过户条件的家庭成员有两人以上(含两人)的,应当达成一致意见后方可申请过户”。虽然,天津市的规定没有明确表述为继承,但是所规定的当承租人死亡,可以申请过户的人员与《民法典》规定的法定继承人相吻合。该办法中并未明确限定,在继承人中谁享有优先权,而是规定了继承人享有平等的权利,房屋承租权过户到谁的名下,各继承人可自行协商,由此可见,这个规定保护了承租人权利的顺延和传递。

在实际操作中,可以两种方式来解决该问题:第一种,可以参照一般的不动产所有权继承办

理公证即可，只是需要表述清楚继承的是租赁权，其所继承的租赁权期限为多长。第二种，可以声明书公证的方式来共同声明确认该租赁权由谁来继承，声明书的主体资格认定可以参照法定继承人来确定。

2　手机号码是否可以办理继承公证

【问题】被继承人死亡，遗留有以其名义登记的手机号码，其继承人向公证机构申请办理该手机号码的继承公证。

【请问】手机号码是否属于遗产并办理继承公证？

【解答】

1. 根据《电信网码号资源管理办法》的规定，手机号码属于国家所有。通信公司可以通过通信管理部门申请号码资源，手机号码的使用者通过与通信公司签订的《入网服务协议》，享有对手机号码的使用权，并依据《入网服务协议》享有通信公司提供的各种通信服务。因此，在此需要明确的是公民对手机号码享有的是使用权，而不是所有权。

个人对手机号码的使用权的财产属性问题：

(1)手机号码的使用权本身具有价值，如一些靓号的使用权价值不菲，再如一些商人的手机号码的使用权会附着很多商业利益。

(2)公民依据与通信公司签订的《入网服务协议》而获得服务也是有价值的，如手机积分、预存的话费、返还话费等。

基于以上两点不难看出公民对于手机号码的使用权是具有财产属性的，手机号码的使用权能成为一种有价值的资源。

2.《民法典》第 1122 条规定："遗产是自然人死亡时遗留的个人合法财产。依照法律规定或者根据其性质不得继承的遗产，不得继承。"随着社会的发展，现在财产范围越来越大，财产的种类、表现形式等也多样化，可继承的遗产范围也应随着时代变迁相应扩大。依据《民法典》的上述规定，一般原则上只要是合法的财产或财产性权利，并且依照法律规定或者根据其性质可以继承的财产，就应属于遗产的范围，尽管目前法律对手机号码使用权是否可作为遗产处理未有明确规定，但随着数码科技的发展，个人的手机号码、网络域名、淘宝账户、游戏账号等都具有财产利益。结合民法理论，手机号码使用权也是一种财产性权利，可以作为遗产对待。既然手机号码使用权具有财产属性，又被公民合法拥有，个人与通信公司签订的《入网服务协议》也明确规定手机号码的使用权可以转让，所以手机号码使用权可以成为继承标的，可以办理继承权公证。

3. 参考全国各地公证同行解决此问题的途径及适用性，有如下处理建议和方式：

(1)如果在当事人符合过户条件且近亲属内部无纠纷的情况下，可以建议当事人直接去通信公司办理过户手续。

(2)如果手机号码所属的通信公司认为仅需要办理亲属关系公证，可以为当事人办理亲属关系公证。

(3)如果手机号码所属的通信公司认为需要继承权公证方能过户的，可以办理继承权公证，具体可以表述为死亡人与××通信公司签订的《××入网服务协议》项下的合同权益（涉及手机号码：××××）（手机号码：××××）由××继承。

（4）以保证书方式办理的，实践中被手机号码所属的通信公司接受的公证《保证书》如下：

保 证 书

保证人：×××，男（女），出生日期，公民身份号码：住址：

关系人：×××，男（女），出生日期，公民身份号码：于××年××月××日去世，生前住址：××××。

我是关系人×××的×××，关系人×××于××年××月××日去世，其生前在中国××公司拥有××××的手机号码使用权且该手机号码一直正常使用未欠费、停机，因其生前未立遗嘱亦未以任何形式处分上述手机号码使用权，该手机号码使用权已发生继承，本人经与其他合法继承人协商后同意由我继承使用该手机号码，为办理手机号码使用权的转移变更登记手续，特作如下保证：

1. 关系人×××死亡的事实及所有继承人对该手机号码使用权的继承均无任何异议。

2. ××公司依据本保证书为本人办理完毕上述手机号码使用权的转移变更后如因该手机号码的使用权发生争议造成相关方面损失时本人自愿承担赔偿责任。

3. 以上保证是本人真实意思的表示，如若有假本人愿承担法律责任。

总之，手机号码使用权继承问题，不管采用何种途径、何种形式，宜事先与手机号码所属的通信公司进行沟通，在符合公证条件的前提下，以能够满足手机号码所属的通信公司要求为原则，达到"证出事结"的根本目的。

3 限购车辆的牌照是否可以单独继承

【问题】车辆管理所依据继承公证书办理车辆继承及牌照过户手续。多数情况下，一线城市中的限购牌照成为继承人继承车辆的主要目的，而限购牌照存在隐形的财产价值，与继承收费、风险责任不成比例，继承标的的计算，一般只是按照车辆的价值计算的，而一线城市中的限购车牌的价值远远超过了车辆本身的价值。

【请问】是否可以参照手机号码单独办理限购车辆的牌照继承？

【解答】

《机动车登记规定》第12条规定："车辆管理所办理机动车变更登记时，需要改变机动车号牌号码的，收回号牌、行驶证，确定新的机动车号牌号码，重新核发号牌、行驶证和检验合格标志。"第52条第1款规定："办理机动车转移登记或者注销登记后，原机动车所有人申请办理新购机动车注册登记时，可以向车辆管理所申请使用原机动车号牌号码。"申请使用原机动车号牌号码应当符合下列条件：（1）在办理转移登记或者注销登记后6个月内提出申请（2017年公安部调整为1年）。（2）机动车所有人拥有原机动车3年以上（2017年公安部调整为1年）。（3）涉及原机动车的道路交通安全违法行为和交通事故处理完毕。

机动车号牌是附属于机动车的，从上述两条规定可以得出，机动车在办理变更登记（转移、注销）时，原机动车号牌由车辆管理所收回，确定新的机动车号牌号码并重新核发号牌。但在符合一定的条件下，可以由原机动车所有人申请保留使用原机动车号牌。所以，不宜参照手机号码继受办理协议公证,而应办理车辆继承公证。

4　企业年金的继承问题

【问题】高某的父亲是某企业的职工,其父亲在单位缴纳企业年金时签订的申请书上,指定了高某为受益人,现单位要求办理公证。

【请问】因高某父亲指定了受益人,那么这笔企业年金就不能按照夫妻共同财产来分配,即高某母亲不能享有一半财产的权利,这种认定有无不妥?

【解答】

关于企业年金是否系遗产的问题。企业年金是指企业及其职工在依法参加基本养老保险的基础上,自愿建立的补充养老保险制度。企业年金的性质属于养老保险金,依据法律规定,死者生前缴纳的企业年金属于夫妻共同财产。

企业年金中指定受益人的规定,是来自于《企业年金试行办法》。在中华人民共和国人力资源和社会保障部、中华人民共和国财政部发布的《企业年金办法》于 2018 年 2 月 1 日起施行后,《企业年金试行办法》已同时废止。

所以高某父亲的企业年金是属于夫妻共有财产,其中一半为高某父亲的遗产,按照正常的继承办理即可。

5　没有签署商品房买卖合同的房屋继承资格问题

【问题】死者生前买了一套商品房,只有购房的收据及交物业费的票据,开发商说认购书都没有签。

【请问】公证处是否可以受理该商品房的继承公证?

【解答】

可以受理公证,根据法律规定,合同的成立有多种形式,并非只有书面合同才行,如有购房的收据,交房的相关文件,转账到开发商的账户记录等,可以作为购房合同成立的证据。继承的标的是购买房屋的合同权利。办理继承公证后,开发商依据公证书,由继承人与开发商签订正式的《商品房买卖合同》,申请办理网签备案手续。

6　被查封冻结的公司股权是否可以继承

【问题】刘某死亡,遗留有某公司股权(自然人独资,死者兼法定代表人和股东),但因生前债务被冻结查封,因公司要继续经营更换法定代表人和股东,继承人来申请办理继承公证。

【请问】被查封冻结的公司股权是否可以继承,是否需等解封后再受理?

【解答】

根据《民法典》第 1122 条“遗产是自然人死亡时遗留的个人合法财产。依照法律规定或者根据其性质不得继承的遗产,不得继承”的规定,本案被继承人的房产和公司股份虽然被冻结查封，但其不是依照法律规定或者根据其性质不得继承的财产，仍属于其遗产，故可以办理继承公证。

根据《民法典》第1161条的规定，“继承人以所得遗产实际价值为限清偿被继承人依法应当缴纳的税款和债务。超过遗产实际价值部分，继承人自愿偿还的不在此限”。本案中，由于被继承人死亡，确定继承人来继续经营公司和处理相关债务问题也是当务之急，所以不必等解封后再受理，可以在受理时告知继承人相关法律后果即可。

7 争讼中的房屋是否可以办理继承公证

【问题】房产所有人于1998年去世，2004年房屋所有人的儿子在未经其他人许可的情况下，把该房产予以出售，现买主已针对该套房屋提起诉讼。

【请问】争讼中的房产是否可以办理继承公证？

【解答】

《公证法》第31条规定：“有下情形之一的，公证机构不予办理公证：……（四）当事人之间对申请公证的事项有争议的；……”

从案情描述来看，本案中继承人内部之间似乎有争议，就案涉房屋与第三人也存有争议，所以从妥当性考虑，不宜办理该继承公证。进一步说，该套房屋已然成为讼争物，如果草率受理，办理继承公证后，也可能面临公证结果与未来判决结果相矛盾的局面，会使公证陷入非常尴尬的境地，平添公证的执业风险。

8 农民专业合作社成员出资额的继承问题

【问题】农民专业合作社的一成员死亡，工商登记显示认缴出资10万元。

【请问】农民专业合作社成员死亡后，其出资额和相应权利是否可以办理继承公证？

【解答】

农民专业合作社既不同于企业法人，也不同于社会团体法人，而是一种全新的经济互助组织。农民专业合作社以其成员为主要服务对象，提供农业生产资料的购买，农产品的销售、加工、运输、贮藏以及与农业生产经营有关的技术、信息等服务。成员死亡的，其法定继承人符合法律及本社章程规定的条件的，在章程规定的时间内提出入社申请，经成员大会或者理事会讨论通过后，办理入社手续，并继承被继承人与合作社的债权债务。否则，按照退社办理。

对于认缴出资额的问题，建议与合作社进行沟通，具体了解一下合作社的实际经营状况，最终由法定继承人来决定是按照原值继承还是依照合作社现有资产规模依照原出资比例继承，或者直接放弃。

9 农村合作社成员资格是否可以继承

【问题】农村合作社成员死亡后，其继承人申请办理继承公证。

【请问】农村合作社成员资格是否可以继承？

【解答】

根据《农民专业合作社法》第15条规定："农民专业合作社章程应当载明下列事项：(一)名称和住所；(二)业务范围；(三)成员资格及入社、退社和除名；(四)成员的权利和义务；(五)组织机构及其产生办法、职权、任期、议事规则；(六)成员的出资方式、出资额，成员出资的转让、继承、担保；(七)财务管理和盈余分配、亏损处理；(八)章程修改程序；(九)解散事由和清算办法；(十)公告事项及发布方式；(十一)附加表决权的设立、行使方式和行使范围；(十二)需要载明的其他事项。"

从该规定第(六)款来看，农村合作社成员死亡继承的是成员的出资额，即财产性权利，而非成员资格。至于成员资格能否被继承，首先应当看合作社章程的规定，按照章程的规定办理，若章程规定可以继承成员资格的，则可依据规定由其法定继承人当然继承成员资格，若章程对此项未作出明确规定的，则可根据社员大会的决议来决定其是否可依继承取得成员资格。若在合作社章程中没有明确规定，且社员大会没有通过的情况下，则该合作社成员的法定继承人不能继承其成员资格。其财产性权利的继承，由其法定继承人按普通继承程序办理。

10　信托关系中的继承标的确定

【问题】甲生前与他人共同委托受托人乙以乙方的名义共同向丙公司进行投资，双方约定，甲作为其唯一的受益人获得丙公司的利润分红或者其他投资收益。现甲死亡，其继承人申请继承甲的上述信托财产。

【请问】本案信托关系中的继承标的如何确定？

【解答】

《信托法》第15条规定："设立信托后，委托人死亡或者依法解散、被依法撤销、被宣告破产时，委托人是唯一受益人的，信托终止，信托财产作为其遗产或者清算财产；委托人不是唯一受益人的，信托续存，信托财产不作为其遗产或者清算财产；但作为共同受益人的委托人死亡或者依法解散、被依法撤销、被宣告破产时，其信托受益权作为其遗产或者清算财产。"《信托法》第48条规定："受益人的信托受益权可以依法转让和继承，但信托文件有限制性规定的除外。"

在本案例中，甲参与的是集合信托投资，是多个委托人兼受益人之一，不是该信托的唯一受益人，其死亡后，信托续存，在信托文件没有限制性规定的情况下，可以对其信托受益权而非信托财产办理继承公证。

11　欠条继承公证是否要核实欠条的真伪

【问题】被继承人的子女称，父亲生前借了一些钱给朋友，没有签署过借款协议，只有朋友手写的欠条，现向公证机构申请继承债权。

【请问】公证机构受理该债权继承是否需要核实欠条真伪，是否继承人承诺属实即可？

【解答】

根据中国公证协会《办理继承公证的指导意见》相关规定，公证员办理继承时，如涉及“记名财产”，应当收集财产权属（权利）凭证原件。欠条属于广义的“记名财产”，应收集、查看原件，对材料情况进行询问。公证员对材料真实性存疑的，应当进行必要核实，一般在实务中，以函询方式进行函证或者其他方式进行核实；如果债务人不配合的，可以以继承人承诺方式确认债权存在并办理继承公证。

12 以出让方式取得土地使用权的继承

【问题】被继承人以出让方式取得土地使用权，并办理了土地使用权证，自己在土地上建造了房屋，但未办理房产证。

【请问】是否可以办理土地使用权的继承公证？

【解答】

《城镇国有土地使用权出让和转让暂行条例》（1990 年 5 月 19 日中华人民共和国国务院令第 55 号发布，根据 2020 年 11 月 29 日《国务院关于修改和废止部分行政法规的决定》修订）第 48 条规定：“依照本条例的规定取得土地使用权的个人，其土地使用权可以继承。”该条例规定取得土地使用权的方式包括划拨土地使用权、出让土地使用权、转让土地使用权、租赁土地使用权。该四类土地使用权的取得人如果是个人，则可以在权利人死亡后，由其继承人继承。公证机构可以办理以出让方式取得土地使用权的继承公证。

13 土地使用权和房屋权利人不一致的继承问题

【问题】国有土地使用证上登记的是父子二人的名字，房屋所有权证登记的是儿子的名字，且到不动产部门查询到办理房屋所有权证的所有手续均是儿子办理的，后父亲去世，儿子现在到不动产部门办理过户手续，被要求办理继承公证。

【请问】本案土地使用权和房屋权利人不一致，公证机构办理继承公证时，该如何处理为妥？

【解答】

被继承人名下登记的国有土地使用权，属于被登记机构确认的财产，是被继承人的合法财产，根据《民法典》第 1122 条的规定，“遗产是自然人死亡时遗留的个人合法财产。依照法律规定或者根据其性质不得继承的遗产，不得继承”。因此，被继承人的国有土地使用权是被登记机关确认的财产、是具有价值的，可以办理继承公证，有法可依。

根据《城市房地产管理法》第 32 条规定，“房地产转让、抵押时，房屋的所有权和该房屋占用范围内的土地使用权同时转让、抵押”。这是我国房地产物权变动中关于“地随房走，房随地走”最明确的法律规定。在通常情况下，为避免权利冲突，地上建筑物的所有权人与土地使用权人是一致的，但不排除在某些情况下地上建筑物的所有权人与土地使用权人不一致的情形。此时，建筑物的所有权人根据上述法条的规定，取得了其占用土地的法定土地使用权，即使该土地使用权未登记在建筑物所有人名下。

本案中,地上房屋已登记在儿子名下,国有土地使用权登记在父子二人名下,属于不动产统一登记制度确立前,存在的历史遗留问题,即房、地权利人登记不一致。实践中,基于不动产统一登记制度及房地一体化的原则,公证机构受理本案时,在法定继承人协商同意的前提下,建议由儿子继承该国有建设用地使用权,其他继承人予以放弃。其他继承人不放弃的建议继承人寻求诉讼方式予以解决。

14　仅有拆迁协议能否办理继承公证

【问题】某甲在房屋拆迁时与棚户区改造办公室签订了拆迁购楼协议,该协议项下只有拆迁前的房屋坐落、面积及拆迁后的意向位置、面积等信息,无拆迁后购买房屋的信息,某甲死亡,其继承人能提供的只有拆迁购楼协议、发票和棚户区改造办公室出具的购房证明。

【请问】本案中能否仅依据发票和购房证明办理继承权公证?

【解答】

根据《民法典》第1122条第1款规定,"遗产是自然人死亡时遗留的个人合法财产"。故只要是自然人的合法财产,在自然人去世后都可以依法继承,原房屋因拆迁改造签订的拆迁购楼协议也属于财产范畴。因各种原因导致仅有拆迁前的房屋坐落、面积的,办理公证时为避免将来《不动产权证书》上记载的地址和购房证明或发票上记载不一致的情况,建议在坐落位置后加注"该不动产实际坐落位置及《不动产权证书》编号以不动产登记部门核发的《不动产权证书》实际记载为准"之类的说明。

建议以继承合同项下的权益来办理此类公证。根据《民法典》第209条第1款规定,"不动产物权的设立、变更、转让和消灭,经依法登记,发生效力;未经登记,不发生效力,但是法律另有规定的除外"。在我国,不动产物权变动同时需要法律行为和依法登记,双重法律事实决定不动产物权变动的效力。此类案件中,拆迁后购买的房屋尚未取得《不动产权证书》,未完成不动产物权的登记和设立,故应以继承合同项下的权益来办理此类公证。

15　继子女是否享有代位继承权

【问题】被继承人A去世,被继承人有一个儿子B先于其去世,B结过两次婚,有一个继女C,B和其继女C形成了抚养关系。

【请问】与B形成抚养关系的继女C是否享有代位继承权?

【解答】

《民法典》第1128条规定:"被继承人的子女先于被继承人死亡的,由被继承人的子女的直系晚辈血亲代位继承。被继承人的兄弟姐妹先于被继承人死亡的,由被继承人的兄弟姐妹的子女代位继承。代位继承人一般只能继承被代位继承人有权继承的遗产份额。"《最高人民法院关于适用〈中华人民共和国民法典〉继承编的解释(一)》对晚辈直系血亲的范围作了进一步解释说明。该司法解释第15条规定,"被继承人的养子女、已形成扶养关系的继子女的生子女可以代位继承;被继承人亲生子女的养子女可以代位继承;被继承人养子女的养子女可以代位继承;与被继承人已形成扶养关系的继子女的养子女也可以代位继承”。该条文用列举的方式对代位继承人的范围作出了规定,根据列举法条的特点,本条并没有关于继子女代位继承权的规定,故继子女不享有代位继承权。

本案中,被继承人的亲生子女 B 先于其去世,如 B 的亲生子女或养子女申请继承,则符合代位继承的条件;而 B 的继子女 C 则因不在代位继承晚辈直系血亲的范围内,而不享有代位继承权。

16 被继承人兄弟姐妹子女的代位继承权

【问题】被继承人甲于 2021 年死亡,遗有房屋一间,生前未婚,无子女,父母、祖父母和外祖父母均先于其死亡,被继承人有一个姐姐乙,两个妹妹丙和丁,乙先于甲死亡(2018 年死亡),乙有两个子女 A 和 B。

【请问】A 和 B 要求和被继承人的妹妹丙和丁共同继承遗产是否准予?

【解答】

一、被继承人的兄弟姐妹的子女代位继承的解读

《民法典》第 1128 条规定,“被继承人的子女先于被继承人死亡的,由被继承人的子女的直系晚辈血亲代位继承。被继承人的兄弟姐妹先于被继承人死亡的,由被继承人的兄弟姐妹的子女代位继承。代位继承人一般只能继承被代位继承人有权继承的遗产份额”。

代位继承制度是法定继承中一项重要的制度,《民法典》在原《继承法》的基础上增加对被继承人的兄弟姐妹的子女可以代位继承的规定,扩大了法定继承人的范围。将原来代位继承的范围由“被继承人的子女的直系晚辈血亲”扩大到“被继承人的兄弟姐妹的子女”,将被继承人的兄弟姐妹的子女规定为法定的代位继承人,就有可能使侄子、侄女、外甥、外甥女成为代位继承的法定继承人,能够代位继承其叔伯、姑、舅、姨的遗产,减少遗产因无人继承而收归国家或集体所有的现象的发生,有利于遗产在旁系血亲中流转。

理解上述新规,应该从以下三个方面进行把握:

(1)代位继承有顺序限制。代位继承人要根据被代位继承人的地位和顺序来继承遗产。被继承人的子女是第一顺序的继承人,其直系晚辈血亲以第一顺序继承人身份参加继承,第二顺序继承人不继承。被继承人的兄弟姐妹是第二顺序继承人,其子女在代位继承中是以第二顺序继承人的身份参加继承,只在没有第一顺序继承人继承时,也没有被继承人的子女的晚辈直系血亲继承时,才能根据法律规定代位继承。也就是说,代位继承分为两种情况,第一种是子女的代位继承,是在第一顺序继承人继承时发生的;第二种是兄弟姐妹的子女代位继承,这是在第二顺序继承人继承时发生的。

办理公证时要特别注意,被继承人的子女的直系晚辈血亲与被继承的兄弟姐妹的子女是不能同时代位继承。根据《民法典》第 1127 条的规定,继承开始后,由第一顺序继承人继承,第二顺序继承人不继承。因此,当被继承人有第一顺序继承人的任何一人要求继承遗产时,或被继承人的子女的晚辈直系血亲代位继承时,被继承人的兄弟姐妹不能继承,该兄弟姐妹的子女亦不能代位继承。

(2)代位继承有亲等限制。被继承人的子女的晚辈直系血亲可以是被代位继承人的子女、孙子女、外孙子女、曾孙子女等,不受辈分限制,以亲等近者优先。但兄弟姐妹的子女仅限于其子女。

(3)代位继承有份额限制。代位继承人一般只能继承被代位继承人有权继承的遗产份额。

二、本案的代位继承法律关系

本案中,被继承人已经没有第一顺位继承人,也没有其子女的直系晚辈血亲代位继承的情况。这时应由第二顺位继承人乙、丙、丁三人继承。因被继承人甲的兄弟姐妹乙先于被继承人死亡,故由乙的子女 A、B 代位继承,且继承份额以乙有权继承的遗产份额为限。

17　发生转继承后是否还存在代位继承

【问题】张三、李四夫妇有 3 个子女,张甲、张乙和张丙。张丙和王五生有儿子张丁,2003 年张丙和王五离婚,张丁由其父张丙抚养。2021 年 1 月,张丙因意外死亡,遗有财产若干,张丙生前未立有遗嘱和遗赠扶养协议。张丙死亡后,张丁随祖父母张三、李四生活;2021 年 7 月,张三死亡,张三生前未立有遗嘱和遗赠扶养协议,但张丙的遗产迄今未分割。现当事人就张丙的遗产继承申办继承公证。

【请问】发生转继承后是否还存在代位继承?

【解答】

本案中,因张丙的死亡而发生第一次继承。因张丙生前未立有遗嘱和遗赠扶养协议,故其遗产应按法定继承处理。按照《民法典》第 1127 条规定的法定继承的原则,继承开始后,在被继承人既有第一顺序继承人又有第二顺序继承人情况下,应由第一顺序继承人继承。张丙的第一顺序法定继承人包括其子张丁,其父张三和其母李四,故张丙的遗产应由他们三人依法继承。

张丙的遗产未分割之前,张三作为张丙的继承人在其之后死亡,因张三生前未表示放弃继承张丙的遗产,故由张三的死亡发生第二次继承,其中会涉及转继承与代位继承的问题,具体包括:

(1)本案中的转继承问题。根据《民法典》第 1152 条的规定,"继承开始后,继承人于遗产分割前死亡,并没有放弃继承的,该继承人应当继承的遗产转给其继承人,但是遗嘱另有安排的除外"。张丙死亡后继承开始,张丙的继承人张三在张丙之后、遗产未分割之前死亡,因张三生前未表示放弃继承张丙的遗产,由张三的死亡发生转继承,张三应当继承的遗产转给其继承人。本案被转继承人张三生前未立有遗嘱和遗赠扶养协议,其法定继承人是其合法继承人。

(2)本案中的代位继承问题。法定继承制度中包括代位继承的原则,而无论法定继承是发生在直接继承还是转继承之中。有观点认为,转继承中不存在代位继承,理由是转继承的客体是继承遗产的权利,而遗产所有权必须在财产分割之后才能取得,如果被转继承人在遗产分割前就已经死亡,其实际上是没有取得遗产的所有权,那么根据我国《民法典》第 1128 条第 3 款规定:"代位继承人一般只能继承被代位继承人有权继承的遗产份额。"所以,转继承中是不存在代位继承的。我们认为,该观点过于机械地理解继承编法律条文,不仅忽略了社会生活的实际状况和民众对遗产继承的普遍认识,也未体会到《民法典》保护私有财产和有利于遗产有效利用的立法精神。以法条的推论就否定转继承中的代位继承的做法,会在处理继承案件法律适用过程中推论出部分遗产无主需要收归国有的情形，排斥被继承人的晚辈直系血亲继承遗产，如此结果明显和我国遗产向后辈流转的普遍认识和家庭伦理观念相悖，不仅不利于减少遗产纠纷，而且严重影响构建和谐的家庭伦理关系，实不可取。

所以，转继承按照法定继承处理的，同时要考虑代位继承事实的存在及代位继承权的实现问题。本案中，张丁的父亲张丙是张三之亲子，又先于张三死亡，张丙死亡时就发生有代位继承的事实。故在确定张三的法定继承人中，除了其配偶李四及其子女张甲、张乙以外，还应包括其先故之子张丙的儿子张丁。不能因为要分割的张三的遗产是张三继承其子张丙的，而否定张丁的代位继承权及其实现。

18 转继承的客体是财产还是权利的争议

【问题】被继承人甲于2021年1月死亡，甲的儿子乙于2021年2月死亡，乙的妻子丙、女儿丁均在世。

【请问】丙对乙应继承的遗产是否有一半的所有权？

【解答】

一、关于转继承的客体问题，存在两种不同观点

1. 一种观点认为，转继承是继承权利的转移，在发生转继承时，继承人继承遗产的权利转由转继承人享有，故不应将被转继承人应继承的遗产份额视为其同配偶的共同财产。理由主要有：

（1）按照最高人民法院《关于贯彻执行〈中华人民共和国继承法〉若干问题的意见》（现已失效）第52条所表达的观点，在发生转继承情况下，转继承的客体是被转继承人的继承选择权利。同时，考察国外的继承立法例可以发现，国外虽然没有转继承这个概念，但有些国家继承法关于接受继承的权利和放弃继承的权利中规定的情形与转继承有些相近。如《法国民法典》第781条规定："如应当继承遗产的人死亡，死前并未明示或默认放弃或接受遗产，该人的继承人得以其名义接受或放弃之。"《日本民法典》第916条规定："继承人未表示承认或放弃而死亡时，自其继承人知悉自己有继承开始时计算。"从这些国家立法的规定来看，转继承都是对继承权利的规定，而不是对遗产本身的取舍。

（2）继承开始后，继承人之间对于遗产即刻自动享有由法律拟制的共同继承状态，即所有继承人依法享有共同管理和共同享有遗产的权利，但是对于每一位继承人个体而言，此时并不因此获得独立的、确定的遗产支配（处分）权利，在该状态下无权单独确认继承份额或处分遗产，遗产的占有、使用、收益和处分的权能处于整体共有共享。继承开始后，并不能理解为每一位继承人已经实际取得归属于其名下的物权，只有待全体继承人明确表达继承或放弃的意思之后，物权变动的不确定状态消除后，每一位继承人才能实际取得物权。对于放弃继承的继承人，其放弃的意思表示追溯至继承开始，视为继承开始时就不享有物权；对于表示继承的继承人，其取得物权的效力追溯至继承开始，自继承开始时发生效力。

（3）更进一步来说，转继承的客体是继承决定权，属于形成权，即明确接受或放弃继承的权利，属继承既得权范畴。其客体既不是继承期待权，也不是已经归属于转继承人的财产权利和财产义务，这是转继承的一个显著特点。因此，被转继承人的法定继承人取得的不是财产所有权，所以，应由被转继承人继承的遗产并不因被转继承人和转继承人之间的配偶身份关系而发生所有权的共有关系，既不能将被转继承人应继承的遗产作为其已取得所有权的财产而认定为夫妻共有财产，也不能认定其中一半属配偶另一方、另一半是本人遗产而按法定继承处理。

(4)《最高人民法院关于适用〈中华人民共和国民法典〉婚姻家庭编的解释(一)》第 81 条规定："婚姻关系存续期间，夫妻一方作为继承人依法可以继承的遗产，在继承人之间尚未实际分割，起诉离婚时另一方请求分割的，人民法院应当告知当事人在继承人之间实际分割遗产后另行起诉。"此条款里也提到了"实际分割"。再对应分析一下转继承的这个条款中的"应当继承的遗产"的立法本意，可以理解为转继承人所转继承的"遗产"，是被转继承人应当继承，但是其生前未实际分割而得到的遗产，因为未分割取得该遗产，所以该遗产还未转化为夫妻共同财产。《民法典》对于转继承的规定，是将继承法司法解释中转继承条款上升到民法典中，两者在文字表述上的不同，不是质的不同。

2. 另一种观点认为，转继承转的不是继承权，而是遗产所有权，即转继承的客体是转继承人个人应该取得的遗产份额，这个遗产份额在发生转继承时视为继承人的既得财产，故该遗产份额已然是继承人同配偶的共同财产。理由主要有：

(1)1985 年 9 月 11 日公布实施的《关于贯彻执行〈中华人民共和国继承法〉若干问题的意见》(现已失效)第 52 条规定，"继承开始后，继承人没有表示放弃继承，并于遗产分割前死亡的，其继承遗产的权利转移给他的合法继承人"，而转继承的表述在《民法典》第 1152 条中规定为"继承开始后，继承人于遗产分割前死亡，并没有放弃继承的，该继承人应该继承的遗产转给其继承人，但是遗嘱另有安排的除外"。可以看出，《民法典》在表述转继承客体时有了更改，从继承遗产的权利改为应该继承的遗产，客体从权利化变为了实体化。从字面理解该条款，《民法典》规定的是"应当继承的遗产转给其继承人继承"，而原来的继承法司法解释规定的是"其继承遗产的权利转移给他的合法继承人"。两者区别：一个是"应当继承的遗产"，另一个是"其继承遗产的权利"。转继承是两次独立的继承，所以《民法典》生效以后，按照《民法典》的规定，被转继承人生前没有表示放弃的视为接受了继承，事实上其已经取得了其应继承的遗产的份额所有权，所以其应继承的份额有配偶的一半。即配偶事实上已经取得了应继承遗产的一半的所有权。

(2)最高人民法院民法典贯彻实施工作领导小组主编的《民法典婚姻家庭编继承编理解与适用》一书认为："审判实践中，要注意转继承转移的是被转继承人应继承的遗产份额，如被转继承人有配偶存在，且无另外特别约定的情形下，被转继承人继承的遗产应作为夫妻共同财产。此时，如没有特别约定，应根据《中华人民共和国民法典》第 1153 条规定，将共同所有财产的一半分割给配偶所有，其余的作为被转继承人的遗产由转继承人继承。即转继承人继承的是被转继承人应取得的遗产，而非被转继承人继承的全部遗产。"作者也支持上述观点，认为在转继承中，被转继承人有配偶存在的，被转继承人继承的遗产应作为夫妻共同财产。

3. 依据《民法典》物权编第 230 条的规定，"因继承取得物权的，自继承开始时发生效力"。第 1124 条的规定，"继承开始后，继承人放弃继承的，应当在遗产处理前，以书面形式作出放弃继承的表示；没有表示的，视为接受继承"。第 1153 条第 1 款的规定，"夫妻共同所有的财产，除有约定的外，遗产分割时，应当先将共同所有的财产的一半分出为配偶所有，其余的为被继承人的遗产”。继承开始后,继承人没有表示放弃继承,视为接受继承,即取得了遗产。因继承取得物权的,自继承开始时发生效力,故应为夫妻共同所有的财产。

二、公证行业内部对此也存在争议,观点对立,理由同上

目前尚无最新的司法判例出来,所以争议可能还要持续一段时间。在没有明确的规定之前,建议要发挥公证员的主观能动性,既能解决老百姓的事情,又能确保避免出现新的纠纷,在释明法律意义和风险之后,充分尊重当事人的意思自治,让当事人去选择,确认有关财产的权属,公证档案中将当事人的意思表示和确认内容如实记录下来即可。

19 遗嘱继承和代位继承的竞合

【问题】A 的父母先于其死亡,A 无配偶、无子女,A 生前立遗嘱将财产留给其哥哥某乙的儿子 B,在立遗嘱时该 B 的父亲某乙健在,但在 A 去世之前某乙已经去世,现 B 欲继承 A 的遗产。

【请问】B 是遗嘱继承人还是受遗赠人?

【解答】

1. 遗嘱赠与和遗嘱继承的区别。遗嘱赠与(遗赠)和遗嘱继承同属单方、无偿、要式、死因民事法律行为,都是通过立遗嘱的方式处分财产。根据《民法典》的规定,遗赠与遗嘱继承的区别主要体现在如下两个方面:

(1)接受遗产的主体范围不同。根据《民法典》第 1133 条的规定,“自然人可以立遗嘱将个人财产指定由法定继承人中的一人或者数人继承。自然人可以立遗嘱将个人财产赠与国家、集体或者法定继承人以外的组织、个人”。受遗赠人可以是立遗嘱人的法定继承人之外的组织、个人,甚至是国家、集体;而遗嘱继承人只能是自然人,并且必须是法定继承人范围之内的自然人。

(2)权利的行使方式不同。根据《民法典》第 1124 条的规定,“继承开始后,继承人放弃继承的,应当在遗产处理前,以书面形式作出放弃继承的表示;没有表示的,视为接受继承。受遗赠人应当在知道受遗赠后六十日内,作出接受或者放弃受遗赠的表示;到期没有表示的,视为放弃受遗赠”。受遗赠人只有在知道受遗赠的 60 日内明确作出接受的意思表示时才视为接受,否则视为放弃遗赠;而遗嘱继承人在继承开始后,遗产分割处理前,没有明确表示放弃的视为接受继承。

2. 代位继承是法定继承的一种特殊情况。根据《民法典》第 1128 条的规定,“被继承人的子女先于被继承人死亡的,由被继承人的子女的直系晚辈血亲代位继承。被继承人的兄弟姐妹先于被继承人死亡的,由被继承人的兄弟姐妹的子女代位继承。代位继承人一般只能继承被代位继承人有权继承的遗产份额”。它是指被继承人的子女或兄弟姐妹先于被继承人死亡时,由被继承人子女或兄弟姐妹的晚辈直系血亲代替先死亡的长辈直系血亲继承被继承人遗产的一项法定继承制度。

3. 具体到本案,有两种观点:

(1)一种观点认为:A 立遗嘱将财产遗留给 B,属于遗嘱赠与。代位继承只适用于法定继承,在遗嘱赠与和遗嘱继承中不发生代位继承。本案不属于法定继承,因此,被继承人 A 的兄弟姐妹先于被继承人 A 死亡的,由被继承人的兄弟姐妹的子女代位继承这一法律事实,无适用的前提,更不会使遗赠转换为遗嘱继承。所以,本案中,公证机构应出具接受遗赠公证书。

(2)另一种观点认为:在遗嘱设立之时,A立遗嘱将财产遗留给B,因B的父亲某乙还在世,B不在A的法定继承人范围之列,故该行为确为遗嘱赠与无疑。但该遗嘱性质因某乙的死亡发生了转化。某乙死亡后,B作为某乙的代位继承人已经成为了A的法定继承人之一。故本案中,公证机构应按遗嘱继承办理。

4. 我们认为,代位继承只适用于法定继承,即在遗嘱继承中不发生代位继承是指:如果遗嘱受益人先于遗嘱人死亡,则该遗嘱继承人的晚辈直系血亲不能代位继承该遗嘱继承人依遗嘱应继承的遗产。但本案不涉及代位继承适用的问题,而仅仅是依照代位继承这一特殊法定继承制度进行法定继承人的范围锁定问题。

结合本案,A立遗嘱将财产给B,其性质为遗嘱继承还是遗嘱赠与关键应考虑遗嘱生效时B是否享有代位继承权。在本案中需厘清的有两个方面的问题。

(1)确定法定继承人范围的时间点问题。本案中确定法定继承人范围的时间点应为遗嘱生效的时间,即被继承人A死亡的时间而非遗嘱设立的时间。

(2)确定法定继承人范围的依据问题。确定法定继承人范围不能机械教条地仅依据《民法典》第1127条进行简单判断。B是否属于法定继承人之列,能否按法律的规定继承A的遗产还需结合有关代位继承的法律规定。依据《民法典》第1128条的规定,"被继承人的兄弟姐妹先于被继承人死亡的,由被继承人的兄弟姐妹的子女代位继承"。故享有代位继承权的B理应属于法定继承人之列。本案中,在遗嘱生效时,在无第一顺序继承人的情况下,基于某乙先于A死亡的事实,B享有代位继承权,故B作为A的法定继承人无疑。

本案应以遗嘱继承的方式办理为宜。

20　多名被继承人在同一事件中死亡的继承问题

【问题】某甲父母离异,其未婚无子女,某甲与母亲同日因煤气中毒死亡,某甲留有小额遗产,现无法医鉴定报告及能证明该母子死亡先后顺序的证明材料。

【请问】在无法证明多名被继承人死亡先后顺序的情况下,公证机构该如何处理为妥?

【解答】

《民法典》第1121条第2款规定:"相互有继承关系的数人在同一事件中死亡,难以确定死亡时间的,推定没有其他继承人的人先死亡。都有其他继承人,辈份不同的,推定长辈先死亡;辈份相同的,推定同时死亡,相互不发生继承。"针对以上问题,根据《民法典》第1121条的规定:(1)若甲没有第一顺序或者第二顺序继承人,而在其母亲尚有第一顺序或者第二顺序继承人的情况下,那么可以推定甲先于其母亲死亡,按法定继承程序办理。(2)若甲与其母亲均有第一顺序或者第二顺序继承人,则可以推定其母亲先于甲死亡,同样按法定继承程序办理。

21　整体放弃继承权的声明书是否可以公证

【问题】当事人对于被继承人的财产,就想做笼统的全部放弃继承权的声明书公证。

【请问】

1. 在告知法律后果后,公证机构是否可以受理该类内容的放弃继承权声明书公证?

2. 如果是对于涉港澳台或涉外的遗产,可以做笼统放弃继承的声明吗?

【解答】

当事人有权在法律规定的范围内处分自己的民事权利,当事人概括放弃被继承人的全部遗产,这是当事人行使自己的处分权。从风险角度来说,如果放弃继承的当事人概括性放弃了继承,但是其他继承人隐瞒了被继承人的巨额财产,超出了概括放弃继承的人心里预期,可能会以意思表示不真实为由否定自己的概括放弃的意思表示。如果被继承人是普通的人,不存在被隐瞒巨额遗产,或者在存在尚未发现的巨额遗产的可能性的情况下,当事人坚持概括性放弃,我们在做好充分告知的情况下,也可以办理。

对于用于域外的放弃继承声明类文书,首先表达放弃继承的意思表示的行为发生在域内,我们审查按照域内法审查其民事行为能力和意思表示,对于所涉及的继承法律关系,使用遗产所在国(地区)的法律,我们没有义务和能力审查,概括放弃继承不损害我国主权、不损害国家利益,不违背公序良俗的,我们可以予以公证。

22 负有巨额债务的继承人是否可以放弃继承权

【问题】被继承人的配偶及子女向公证机构申请办理继承公证,被继承人的三名子女均明确表示放弃,由被继承人的配偶继承被继承人名下的不动产若干。但公证员在审查中发现,被继承人的子女中有一人对外负有上千万的巨额债务。

【请问】负有巨额债务的继承人是否可以放弃继承权?

【解答】

本案中,具有完全民事行为能力的继承人,放弃继承的法律行为是其对自己权益处分意思自治的体现,应当充分予以尊重。但是,该放弃继承权的行为是否有效,受到法律的约束:

1. 就法定义务而言,依据《最高人民法院关于适用〈中华人民共和国民法典〉继承编的解释(一)》第32条规定,“继承人因放弃继承权,致其不能履行法定义务的,放弃继承权的行为无效”。因此,如果继承人因放弃继承权导致其不能履行法定义务的,则应当认定该放弃继承的行为无效。

2. 就合同义务而言,如果该继承人放弃继承权的行为目的在于逃避对自己债务的履行,放弃继承导致不能履行合同义务的,是否因此认定放弃继承权的行为无效,存在争议。继承权系源于血缘、婚姻等身份关系产生,放弃继承权可能基于情感利益或者其他家庭因素考量,会涉及其他继承人的利益,比如其他继承人尽了主要赡养义务或者其他继承人生活有特殊困难又缺乏劳动能力等,需要在其他继承人利益与债权人利益之间作出平衡。放弃继承权虽可能导致继承人责任财产不足以清偿债务,但不宜简单认定放弃继承权的行为无效。

根据《民法典》第538条“债务人以放弃其债权、放弃债权担保、无偿转让财产等方式无偿处分财产权益,或者恶意延长其到期债权的履行期限,影响债权人的债权实现的,债权人可以请求人民法院撤销债务人的行为”的规定,可以对该行为予以处理。

公证员经审查发现可能存在导致该法律行为无效或可撤销的情况，则应尽到更高的关注义务，而并非一概拒绝办理。在向该放弃继承人释明以上法律风险之后，如该放弃继承人能够提供有能力偿还所负巨额债务的证明材料或能证明该放弃行为不影响其履行法定义务，则公证员可视具体情况为其办理放弃继承声明公证。

23　放弃继承声明书公证的撤回

【问题】公证当事人向公证机构申请办理放弃继承声明公证，该放弃继承声明公证书出具后，继承尚未办理。后其与其他继承人因故发生纠纷，该放弃继承人向公证机构申请撤销放弃继承声明公证。

【请问】已明确表示放弃继承的继承人是否能撤回放弃继承声明公证？

【解答】

《民法典》第1124条第1款规定："继承开始后，继承人放弃继承的，应当在遗产处理前，以书面形式作出放弃继承的表示；没有表示的，视为接受继承。"相比原《继承法》对放弃继承的规定，《民法典》增加了需要"以书面形式作出"这一形式要件规定。所以，依据此规定，自继承开始，继承人可以自主决定是行使继承权、接受继承，还是放弃继承权。放弃继承，即继承开始后继承人不接受被继承人遗产的意思表示，放弃继承是一种单方法律行为，继承人放弃继承后，不再享有其放弃的遗产继承权。放弃继承的时间为继承开始后，放弃继承的意思表示须在继承开始后遗产处理前这一期间作出。《最高人民法院关于适用〈中华人民共和国民法典〉继承编的解释（一）》第35条规定，"继承人放弃继承的意思表示，应当在继承开始后、遗产分割前作出。遗产分割后表示放弃的不再是继承权，而是所有权"。

继承人是数人的，放弃继承是否应传达到全体继承人才能生效。对此，法律及司法解释并无明确规定，从法理看，放弃继承是单方法律行为，只要有证据证明其作出放弃的行为是真实意思表示，且不违反法定义务等，即应为有效，并发生法律效力，也即放弃继承并不以该放弃意思表示传达给其中一个继承人或全部继承人为效力发生的要件。

放弃继承又反悔的，其是否能申请撤回？《最高人民法院关于适用〈中华人民共和国民法典〉继承编的解释（一）》第36条规定，"遗产处理前或者在诉讼进行中，继承人对放弃继承反悔的，由人民法院根据其提出的具体理由，决定是否承认。遗产处理后，继承人对放弃继承反悔的，不予承认"。该条规定遗产处理前，放弃继承反悔的由人民法院根据其提出的具体理由，决定是否承认，但并未规定何种情况应予以承认。

综合上述规定，在公证过程中，对放弃继承声明公证的撤回和公证机构的处理方式应根据不同情况予以对待：

（1）遗产分割前，继承人放弃继承反悔的，如果该撤回放弃继承得到其他继承人一致认可，考虑到继承的互谅互让原则及继承人之间的特殊关系，则可以撤回，恢复继承。

（2）遗产分割前，继承人放弃继承反悔如果仅有部分继承人认可的，则不能随意撤回而恢复其继承，放弃继承作为单方民事法律行为，一旦作出即发生法律效力。此时，其能否撤回放弃继承的意思表示，需要法院予以确认。

24 能否不告知放弃继承人被继承人已死亡的事实

【问题】一位老人的儿子去世了，老人的其他子女来公证机构咨询，想让老人办理放弃继承声明书，但是老人并不知道儿子去世，子女们也不敢告诉老人这个消息，怕老人受不了发生意外。其他子女问公证机构能不能不告诉老人其子已去世的事实，而说是儿子买了一套房，问老人要不要，再让老人签上字。子女们都认可老人放弃继承的行为。

【请问】办理放弃继承声明公证，公证机构能否不告知被继承人死亡的事实？

【解答】

根据《办理继承公证的指导意见》第3条的规定，“当事人申请办理继承公证，应当提交下列材料：……（八）继承人中有放弃继承的，应当提交其作出放弃继承表示的声明书”；第16条规定，“除《公证法》和《公证程序规则》规定的不予办理公证的情形外，有下列情形之一的，公证机构不予办理法定继承公证：……（三）法定继承人中有人未提出公证申请且又未作出放弃继承表示的”；第17条规定，“继承人表示放弃继承的声明书应当亲自在公证员面前作出。继承人不能亲自到受理继承公证申请的公证机构作出放弃继承表示的，其表示放弃继承的声明书应当经过公证”。这说明放弃继承的继承人与公证员不可避免地要见面，而且要明确地表达“放弃继承”，而没有其他例外。放弃是基于被继承人已死亡的事实，缺少了这个前提条件，放弃是无意义的。《公证法》规定了公证有告知当事人申请公证事项的法律意义和可能产生的法律后果义务，并且要将告知内容记录存档。从上述规定可以看出，不告知就是违反了法定义务。

公证员办理公证不能以情代法，尤其是在办理法律行为类的公证中，探询行为人的意思表示是公证员的责任，以情代法既是对申请人意思表示的侵犯，也存在公证员“自以为是”的自负，造成一厢情愿的结果。

25 放弃继承声明签署后申请人去世的处理办法

【问题】A申请公证时身患重病但神志清楚，他有两次婚姻，与前妻有一子B，离婚时儿子判随前妻生活没有往来，后再婚育一女C，房产是与再婚妻子D共有，D于2005年去世，现A来公证机构申请放弃继承D所有的产权份额。同时申办一份委托书公证，委托受托人将本人所有的份额出售给女儿C。公证员上门签字办理完放弃继承声明公证手续的第二天，还没来得及出公证书，这个当事人就去世了。

【请问】案涉公证事项能否继续出具公证书？

【解答】

一、放弃继承权声明书公证是否可以继续出具问题

《民法典》第1124条第1款规定：“继承开始后，继承人放弃继承的，应当在遗产处理前，以书面形式作出放弃继承的表示；没有表示的，视为接受继承。”

《最高人民法院关于适用〈中华人民共和国民法典〉继承编的解释（一）》第35条规定，“继承人放弃继承的意思表示，应当在继承开始后、遗产分割前作出”，第37条规定：“放弃继承的效力，追溯到继承开始的时间。”

该案中，当事人生前已经依法以书面形式作出放弃继承的意思表示，且其放弃继承的效力，追溯到继承开始的时间。放弃继承声明公证属于单方民事法律行为类的公证类别，该民事法律行为自成立时生效，故该当事人作出放弃继承声明行为时具备《民法典》第143条规定的条件，该民事法律行为有效。

依据《公证程序规则》第50条的规定，“公证事项有下列情形之一的，公证机构应当终止公证：(一)因当事人的原因致使该公证事项在六个月内不能办结的；(二)公证书出具前当事人撤回公证申请的；(三)因申请公证的自然人死亡、法人或者其他组织终止，不能继续办理公证或者继续办理公证已无意义的；(四)当事人阻挠、妨碍公证机构及承办公证员按规定的程序、期限办理公证的；(五)其他应当终止的情形。”本案中，虽然申请公证的自然人死亡，但不存在不能继续办理公证或者继续办理公证已无意义的情况。

二、委托公证书公证是否可以继续出具问题

应视具体情况决定是否继续出具委托公证书。

1. 依据《民法典》第173条的规定，“有下列情形之一的，委托代理终止：(一)代理期限届满或者代理事务完成；(二)被代理人取消委托或者代理人辞去委托；(三)代理人丧失民事行为能力；(四)代理人或者被代理人死亡；(五)作为代理人或者被代理人的法人、非法人组织终止”，故委托公证虽同属单方民事法律行为类的公证类别，但公证书的出具除审查当事人的委托行为是否具备《民法典》第143条规定的民事法律行为有效的条件以及是否属于公证机构应当终止公证的情形之外，还需审查是否为“委托代理终止”的情形。

2. 依据《民法典》第174条的规定，“被代理人死亡后，有下列情形之一的，委托代理人实施的代理行为有效：(一)代理人不知道且不应当知道被代理人死亡；(二)被代理人的继承人予以承认；(三)授权中明确代理权在代理事务完成时终止；(四)被代理人死亡前已经实施，为了被代理人的继承人的利益继续代理”，故如委托适用委托代理终止的例外情形，鉴于委托内容为“将自己所有的产权份额出售给女儿”，则其女儿有支付房款的义务，其继承人(包括其子、女)对出售房款享有继承权益，此情况下建议召集其继承人及受托人共同协商后视具体情况处理。

26 故意伤害致人死亡是否导致继承人丧失继承权

【问题】甲、乙系夫妻关系，共有房产一套。二人因家庭琐事发生纠纷，乙便对甲进行殴打，并用右脚踢甲背腰部、腿部、臀部。在之后的几天，甲感到身体不适，但未及时到医院就诊。甲5天后在家中死亡。乙因此被法院判故意伤害致人死亡罪。

【请问】乙是否丧失对甲的继承权？

【解答】

丧失继承权是指继承人因对被继承人或者其他继承人实施了法律所禁止的行为，而依法被取消继承被继承人遗产的资格，有严格的法定条件和确认形式。《民法典》第1125条第1款规定，“继承人有下列行为之一的，丧失继承权：(一)故意杀害被继承人；(二)为争夺遗产而杀害其他继承人；(三)遗弃被继承人，或者虐待被继承人情节严重；(四)伪造、篡改、隐匿或者销毁遗嘱,情节严重;(五)以欺诈、胁迫手段迫使或者妨碍被继承人设立、变更或者撤回遗嘱,情节严重”。我们认为,继承人是否存在杀害行为、是否存在故意等均需通过刑事途径查明,丧失继承权问题应按照“先刑后民”规则处理。公证员在适用《民法典》第1125条规定,确认继承人丧失继承权时,决不能通过自己的判断直接确认。

本案中,乙因伤害甲被法院判故意伤害致人死亡罪,在法无明文规定的情况下,不应以此为由确认继承人丧失其继承权。《最高人民法院关于适用〈中华人民共和国民法典〉继承编的解释(一)》第7条规定,“继承人故意杀害被继承人的,不论是既遂还是未遂,均应当确认其丧失继承权”。也就是说,丧失继承权侧重于考虑的是继承人的主观恶性,只要继承人有非法剥夺被继承人生命的故意,哪怕没有造成被继承人死亡的结果,也会丧失继承权。而“故意伤害致人死亡”,虽然客观上造成了被害人死亡的结果,但基于行为人没有非法剥夺他人生命的故意,而只有伤害他人身体健康的故意,即使行为导致了被继承人的死亡,也不能认为是故意杀害。在故意伤害案件中,当受害人为被继承人时,侵犯人身情况比较复杂,而侵犯所造成的后果也不相同,有的伤害致残;有的只是鼻青脸肿。如果凡是故意伤害,便一律丧失继承权,则丧失面太宽,也可能会违反一些被继承人的本意。对当事人而言,不丧失继承权不等于继承人不承担任何法律后果。根据《反家庭暴力法》等法律规定,此时继承人仍应承担相应的行政、刑事责任。

27 有精神残疾的继承人杀害被继承人是否丧失继承权

【问题】有一被继承人被自己患有精神残疾的儿子给杀害了,被继承人的第一顺位继承人只有这个患有精神残疾的儿子一人。

【请问】有精神残疾的继承人杀害被继承人是否丧失继承权?

【解答】

《民法典》第1125条第1款规定,故意杀害被继承人的继承人丧失继承权。因此,继承人实施杀害行为时是否存在“故意”,是判断继承人是否丧失继承权的核心标准。一般来说,精神残疾是指各类精神障碍持续一年以上未痊愈,存在认知、情感和行为障碍,影响日常生活和活动参与的状况。精神残疾者,往往不能辨认自己的行为。精神残疾者实施杀害行为时,尤其被害对象为自己的至亲时,往往处于意识不受自己控制的状态,此状态下的精神残疾患者无法辨认或控制自己的行为,也就不存在所谓的“故意”。无“故意”,则不满足《民法典》第1125条有关“故意杀害被继承人”的规定,故该精神残疾患者并不丧失其继承权。但是,精神残疾并非不存在痊愈的可能,精神残疾患者也有出现短暂正常状态的可能性。如果精神残疾患者在实施杀害行为时处于精神正常状态,则满足“故意杀人”的要件。在此状态下,所谓“精神残疾”不能成为加害者的“免罪符”,精神残疾患者当然丧失了继承权。

公证员在办理类似案件时,要特别注意:丧失继承权问题应按照“先刑后民”规则处理。继承人是否存在杀害行为、是否存在故意等均需先通过刑事途径查明。

28 不征求特殊情况的继承人意见可否直接认定其继承权

【问题】张某死亡,其父亲先于其死亡,母亲健在,继承人还有配偶和两个女儿。现在有继承人提出不想让张某的母亲知道其已经死亡，其他继承人表示可以让他们和张某母亲共同继承。

【请问】《民法典》规定，"继承开始后，没有表示的，视为接受继承"。公证员在不征询张某母亲意见的情形下，能否直接视为张某母亲要求继承？

【解答】

中国公证协会《办理继承公证的指导意见》第16条规定："除《公证法》和《公证程序规则》规定的不予办理公证的情形外，有下列情形之一的，公证机构不予办理法定继承公证：……（三）法定继承人中有人未提出公证申请且又未作出放弃继承表示的；……"由此可见，公证机构不宜突破协会办证指导意见，在不征求张某母亲意见前，直接视其要求继承。

《民法典》第1124条"继承开始后……没有表示的，视为接受继承"的规定，是以保护公民的实体权利这一角度为出发点。但是公证自有公证的程序，公证程序的基本要求是当事人向公证机构提出申请，这是启动公证程序的必要要件。只有当事人向公证机构提出申请，公证机构才能受理并依法进入公证程序。《办理继承公证的指导意见》第16条中将"法定继承人中有人未提出公证申请且又未作出放弃继承表示的"作为"公证机构不予办理法定继承公证"的情形之一，是对公证程序的要求，与《民法典》关于实体权利保护的规定并不冲突。

换言之，当事人不来申请，公证机构不予办理公证，但并未因此使当事人的权利受到任何侵害。当事人仍然有许多救济途径可供选择来解决问题，比如协商、提起诉讼等，而并非只能通过公证方式才能解决问题。

29　被继承人可能存在私生子女的处理办法

【问题】被继承人在某公司持有股权，现被继承人的妻子及儿子要申请办理股权继承公证。在办理过程中，听说被继承人有私生子，但公证员核实不到是否存在私生子的情况。

【请问】被继承人可能存在私生子的情况下，公证机构如何处理为妥？

【解答】

依据《民法典》第1071条第1款规定，"非婚生子女享有与婚生子女同等的权利，任何组织或者个人不得加以危害和歧视"。第1127条规定，"遗产按照下列顺序继承：（一）第一顺序：配偶、子女、父母"，"本编所称子女，包括婚生子女、非婚生子女、养子女和有扶养关系的继子女"。非婚生子女享有与婚生子女同等的继承权。

虽然非婚生子女具有和婚生子女同等的法律地位。但是在公证实践中，非婚生子女的亲子关系核实和认定存在很大难度：

1. 非婚生子女的亲子关系核实方面，一般而言，公证员可以通过以下途径进行核实：向继承人核实，向被继承人生前的工作单位、住所地、居委会等单位进行核实，向亲朋好友走访核实。

2. 在我国，非婚生子女的亲子关系认定与婚生子女实行推定制度不同，非婚生子女想要主张《民法典》婚姻家庭编和继承编下的权利，必须先证明亲子关系。在司法实践中，非婚生子女亲子关系的认定方式主要有以下两种：第一种是运用技术手段进行亲子关系鉴定。由专业的司法鉴定中心，对两名或者多名自然人之间的亲缘关系进行鉴定，从而得出是否具有亲缘关系的结论；第二种是适用法律规则进行亲子关系推定。在无法通过亲子鉴定进行直接认定的情况下，法院可以根据法律规则来推定亲子关系是否成立。

本案中,公证员在审查过程中听说被继承人有非婚生子女,则应当尽更加审慎的义务去核实相关信息。如若基于现有公证核查能力不足、证据获取途径有限等因素,在穷尽核实手段后依然无法核实到被继承人是否存在非婚生子女的情形,则公证员应对提供被继承人有非婚生子女信息的人员再进行重点询问,做好核实记录,充分告知权利义务,用合理的方法与被核实人沟通,并告知需要承担的法律后果,并可考虑分情况处理:

1. 如其所陈述的情况亦是道听途说而来,则类似传闻证据,只要排除合理怀疑,则可不予采信。公证员可以通过引入对继承人"告知承诺"的形式对其证明材料进行进一步强化,据此进行合理判断以排除疑问,在已达到能确信其存在的程度时,可以根据"告知承诺"自行认定非婚生子女是否存在。

2. 如其陈述的为自身经历所知道的事实,例如知悉被继承人同居生子等具体情形,则不宜通过推定方式确认被继承人不存在非婚生子女。公证员应进一步调查明晰事实,或建议当事人通过其他途径解决该继承问题。

30 继父子之间是否形成事实抚养关系的认定

【问题】再婚家庭中,继父子(孩子是未成年人)只共同生活了4年后,夫妻双方离婚。

【请问】继父子之间是否形成抚养关系?

【解答】

是否形成抚养关系,我国立法对认定标准未有规定,理论上也有不同认识,所以还是只有根据个案情况,具体分析处理,下面会分享一些观点,供参考。同时办理公证时注意多方采集、固定证据,若当事人间无争议且与现有证明材料能相互印证的,可以认定,有争议、无法找到、不予配合且现有材料不能得出否认抚养关系形成的,可以建议诉讼解决。

第一种观点认为,只有继父母和继子女共同生活,并且继父母负担了继子女全部或部分的抚养费,才能算作抚养教育;第二种观点认为,只要继父母和继子女共同生活,对继子女进行了生活上的照料,即可认定他们之间形成了事实上的抚养关系;第三种观点认为,即使继父母与继子女未共同生活,如果继父母负担了抚养费用,就应认为形成了抚养关系。此外,对于受其抚养教育的时间,也有不同观点。多数观点认为,继父母和继子女之间成立拟制血亲关系,不仅需要进行抚养教育,还要经过一定的期间。但是对于经过的期间有3年、5年、10年等不同观点。

司法实践中要结合具体案情进行认定。首先,受抚养教育的主体应限于未成年继子女或者虽成年但不能独立生活的继子女。其次,受抚养教育的方式可以多样,一般要求应和继父母共同生活,继父母对继子女进行了生活上的照料、教育和经济上的供养。如果没有共同生活,但是继父母对继子女进行了持续的、较大数额的经济供养的,也可以认定为进行了抚养教育。再次,进行抚养教育应经过一定的期间。由于拟制血亲成立后,继子女对继父母就负有赡养扶助的义务,且继父母和继子女相互之间具有继承权,因此一般认为,继父母对继子女进行抚养教育,应至少具有数年的时间,而不是几天、几个月就可以,这样才可实现权利义务基本对等。最后,是否成立拟制血亲,还要尊重继父母和继子女的意思。如果继父母和继子女之间已经互相明确表达了不成立拟制血亲的意思，那么即使双方共同生活、进行了抚养教育，也不宜轻易认定成立拟制血亲。

31　继女与儿子结婚成为儿媳的遗产继承问题

【问题】被继承人李某与张某再婚组成家庭，李某有一子，张某有一未成年女儿随张某与李某共同生活，形成抚养关系，后张某的女儿与李某的儿子结婚。

【请问】现李某死亡，张某的女儿对李某的遗产是否享有继承权？也就是说，在继女与儿子结婚成为儿媳的情况下，如何处理较为合适？

【解答】

李某与张某再婚，张某的女儿是李某的继子女，双方是形成抚养关系的继父、继女关系，适用父母子女关系的规定，所以张某的女儿是李某的法定继承人，在没有遗嘱或遗赠扶养协议的情况下，对李某的遗产享有法定继承权。

由于张某的女儿具有双重身份，一重身份是李某的有扶养关系的继女；另一重身份是李某的儿媳。对应的法律关系不同，作为有扶养关系的继女，张某的女儿对李某的遗产直接享有法定继承权；作为李某的儿媳，李某儿子的配偶，不是李某的继承人，对李某的遗产不直接享有继承权，但李某儿子继承下来后，成为夫妻二人共有的财产。

基于上述分析，公证员按照正常的继承公证手续办理即可，在没有遗嘱或遗赠扶养协议的情况下，将张某的女儿和李某的儿子都作为法定继承人。

32　再婚夫妻离婚后已形成抚养关系的继子女是否还有继承权

【问题】某甲是一个“三无”人员，只有政府救助，没有收入，没有任何子女和亲属，只有一个跟前妻共同抚养过的继女儿，跟前妻已离婚，现在某甲想立遗嘱，把自己唯一的住房给这个继女儿，并且希望这个继女儿以后能照顾他，为他养老送终。

【请问】再婚夫妻离婚后，与被继承人形成了扶养关系的继子女是否还有继承权？

【解答】

《民法典》婚姻家庭编第1070条规定：“父母和子女有相互继承遗产的权利。”第1072条第2款规定：“继父或者继母和受其抚养教育的继子女间的权利义务关系，适用本法关于父母子女关系的规定。”《民法典》继承编第1127条规定，“……本编所称子女，包括婚生子女、非婚生子女、养子女和有扶养关系的继子女。本编所称父母，包括生父母、养父母和有扶养关系的继父母”。

在继承关系的法律适用上，应根据继承发生时被继承人婚姻状况不同进行处理。

1. 如被继承人与其再婚配偶的婚姻关系在被继承人死亡前已经解除，则应适用《民法典》婚姻家庭编第1072条的规定，仅“继父或者继母和受其抚养教育的继子女”之间有相互继承遗产的权利。

从拟制血亲与姻亲的区别角度来分析：拟制血亲不是自然形成的，而是法律设定的，故又称“准血亲”或“法定血亲”。根据《民法典》婚姻家庭编第1072条的规定，继父母与继子女之间发生拟制血亲关系有两个要件：一是基于生父（母）与继母（父）结婚的法律行为；二是继父母对继子女形成了抚养、教育的事实。

只有同时具备以上两个要件的继父母与继子女之间才发生拟制血亲关系，否则二者之间仅为姻亲关系。拟制血亲关系不因婚姻关系的解除而解除，而姻亲关系则因婚姻关系的解除而解除。

2. 如被继承人与其再婚配偶的婚姻关系在被继承人死亡时仍处于存续状态，则应适用《民法典》继承编第 1127 条的规定，形成“扶养关系”的继父母与继子女之间有相互继承遗产的权利。

（1）从“扶养关系”的理解来看，“本编所称子女，包括婚生子女、非婚生子女、养子女和有扶养关系的继子女”，该处所称“扶养”更多的是指继父母对继子女的“抚养”；“本编所称父母，包括生父母、养父母和有扶养关系的继父母”。该处所称“扶养”则更多的是指继子女对继父母的“赡养”。

甚至有的观点认为：如果继父母对继子女尽了“抚养”义务而继子女未对继父母履行“赡养”义务，这样形成的扶养关系中，继子女不应享有继承权；反之，如果继子女对继父母尽了“赡养”义务而形成了扶养关系，则继子女对继父母享有继承权。如此处理，更符合公平、对等原则。

（2）从权利义务对等、公平的角度来看，享有继承权，并不意味着一定能分得遗产。根据《民法典》第 1130 条的规定，“有扶养能力和有扶养条件的继承人，不尽扶养义务的，分配遗产时，应当不分或者少分”。对于已经形成扶养关系的继父母子女之间，多年不联系的继子女要求分割继父母遗产的情况，虽然其享有继承权，但按法律规定可以少分或者不分。

3. 我国法律未明确继父母与继子女之间形成扶养关系的认定标准，也未明确继父母与继子女关系的解除方式及其法律后果，由于缺乏统一的认定标准，在理论界和实践中产生了诸多分歧。故本案不能一概而论，建议分情况处理：

（1）如该“继父或者继母”抚养教育过该名“继子女”，则他们之间按拟制血亲的规定，有相互继承遗产的权利。但如该继子女有扶养能力和有扶养条件，不尽扶养义务的，分配遗产时，应当不分或者少分。

（2）如该“继父或者继母”未曾抚养教育过该名“继子女”，但该名“继子女”对被继承人扶养较多的，可根据《民法典》第 1131 条的规定，“对继承人以外的依靠被继承人扶养的人，或者继承人以外的对被继承人扶养较多的人，可以分给适当的遗产”。适当分给该名曾经的“继子女”部分遗产。

33 赠与合同公证后未转移登记受赠人去世的处理方法

【问题】甲死亡后留下一处不动产，该不动产是甲、乙的夫妻共同财产。甲的法定继承人有其配偶乙、女儿丙和父亲丁。在办理甲的遗产继承公证过程中，家人协商由甲的父亲丁继承，乙、丙放弃继承并办理了放弃继承权声明公证。办理过户手续后，乙将上述不动产中其名下的份额全部赠与给丁，亦办理了赠与合同公证，但由于赠与过户税费较高，一直未办理不动产的转移登记，现丁过世。

【请问】上述房产的登记该怎么办理为妥？

【解答】

（1）根据《民法典》第 658 条的规定，“赠与人在赠与财产的权利转移之前可以撤销赠与。经过公证的赠与合同或者依法不得撤销的具有救灾、扶贫、助残等公益、道德义务性质的赠与合同，不适用前款规定”。经过公证的赠与合同不适用任意撤销权的规定。只要双方当事人的意思表示达成一致，合同成立即可生效。《民法典》第215条规定，“当事人之间订立有关设立、变更、转让和消灭不动产物权的合同，除法律另有规定或者当事人另有约定外，自合同成立时生效；未办理物权登记的，不影响合同效力”。本案中，乙、丁双方虽然没有办理产权转移登记手续，但是不影响《赠与合同》的效力。(2)经公证的赠与合同是诺成合同，合同双方以达成合意为成立要件，并不以交付标的物或完成给付义务为要件。该赠与合同的权利义务，不因丁的死亡而消灭，丁的继承人对债权在继承遗产范围内享有权利，同时乙方有继续履行的义务。基于已经成立生效的《赠与合同》，受赠人的继承人享有赠与标的物的给付请求权。结合《民法典》第660条第1款的规定，“经过公证的赠与合同或者依法不得撤销的具有救灾、扶贫、助残等公益、道德义务性质的赠与合同，赠与人不交付赠与财产的，受赠人可以请求交付”。经过公证的赠与合同，赠与人不交付赠与的财产的，受赠人的继承人可以在办理赠与合同的权利继承公证后请求交付。(3)在本案中，乙、丁办理了赠与合同公证，乙将上述不动产中属于其名下的份额通过办理赠与合同公证的方式赠与给丁，丁在办理过户手续前死亡，故应由丁的继承人办理赠与合同的权利继承公证后请求乙协助办理过户手续。

如乙与丁的继承人协商一致，则可先由丁的继承人办理《赠与合同》的权利继承公证，再由丁的继承人与乙共同持《赠与合同》及继承公证书向不动产部门申请办理转移登记手续。

如不能协商一致，则可建议当事人通过法院诉讼解决，要求乙配合办理房产转移登记手续。

34　继承人在办理产权转移登记手续前死亡的处理办法

【问题】继承公证办理完毕后，继承人在尚未到房产部门办理过户手续前死亡。

【请问】这种情况该如何进行处理？

【解答】

根据《民法典》第230条规定，“因继承取得物权的，自继承开始时发生效力”。故以继承方式取得物权的，不以登记作为取得不动产的标志，而是自继承开始时发生效力。在这种情况下，继承人虽然没有办理不动产转移登记手续，但已经实际取得该不动产的所有权。所以，继承权公证办理完毕后，继承人在尚未到不动产登记部门办理过户手续前死亡的，应当将该不动产作为该继承人的遗产，另行办理继承手续。

35　继承公证中遗产管理人的产生及职责

【问题】被继承人甲死亡，其继承人向公证机构申请办理公证，准备推选遗产管理人，并协商遗产分割事宜。

【请问】

1. 在继承人推选管理人时，第二顺序继承人是否可以参与？

2. 继承人推选遗产管理人，有没有必要让各继承人签一份遗产管理人推选协议，并办理公证？

3. 如果被继承人甲生前立有遗嘱，列明了遗产管理人为其配偶，其配偶是否可依据公证机构出具的遗产管理人资格公证书去银行办理银行账户注销及领取余额手续？

【解答】

1.《民法典》第1145、1146条规定了遗产管理人产生的五种方式，该五种方式是五个层面的递阶关系，存在先后的顺位：遗嘱指定的遗嘱执行人优先成为遗产管理人；在没有遗嘱执行人的情况下，继承人应当及时推选遗产管理人；在继承人未推选遗产管理人的情况下，由继承人共同担任遗产管理人；没有继承人或者继承人均放弃继承的，由民政部门或者村民委员会担任遗产管理人；对遗产管理人的确定有争议的，利害关系人可以向人民法院申请指定遗产管理人。

第二种方式中的所谓推选，就是全体继承人共同推举，至于是按照少数服从多数的规则还是全体一致同意的规则，法律没有规定。由于遗产管理活动关系到每一个继承人的利益，因而每一个继承人都应有否决权，推选遗产管理人应由全体继承人协商一致通过。推选主体的范围仅限于全体第一顺序继承人，包括代位继承人、转继承人，因为法定继承顺序具有优先性和排他性，有第一顺序继承人时，第二顺序继承人就不能继承，当然第二顺序继承人也就不能参与推选遗产管理人。

2. 以协议方式约定遗产管理人的职责，明确其权利义务，甚至约定报酬及管理费的分担等问题，有利于更好地管理遗产。为避免可能产生的纠纷，可办理遗产管理人协议公证。

3.《民法典》第1147条规定了遗产管理人的职责，遗产管理人注销被继承人的银行卡、领取余额等行为是其职责的自然延伸，公证机构出具遗产管理人资格证明并无问题。至于遗产管理人是否能凭借该证明注销银行账户、领取存款则需看银行有无相关规定，在中国人民银行、中国银保监会对此没有专门规定的前提下，公证机构也可以与银行沟通协助解决此问题。

36 无法核实被继承人父母的死亡信息的处理办法

【问题】办理继承公证中，继承人尽了最大努力也无法提供被继承人父母的死亡证明。

【请问】继承人确实无法提供被继承人死亡证明的，公证员应当如何进行处理为妥？

【解答】

公证机构的核实方式多样，但基本上思路是一样，如人事档案、墓碑照片、家谱、有关组织出具的证明、证人等。公证员一般可以通过下列途径查证被继承人父母的死亡事实：向殡葬部门核实尸体火化情况；向被继承人父母墓碑地核实安葬情况；向被继承人父母生前所在单位、住所地等基层组织进行核实；向被继承人生前所在单位、住所地等基层组织查询人事档案；向知情人（如亲属、邻居）获取证人证言等。只要所采取的方式有助于核实，都可以采用。值得考虑的是，当事人陈述也是核实的手段和方式之一。在穷尽核实方式后，仍不能查明的，根据司法部《关于优化公证服务更好利企便民的意见》的要求“探索实行公证证明材料告知承诺。按照利企便民原则，有针对性地选取与企业和群众生产生活密切相关、使用频次较高或者获取难度较大的公证证明事项实行告知承诺制”，可选择适合的场景尝试采取告知承诺制。若通过各种核实途径仍无法做到公证员内心确信或存有疑点，亦或不适于采用告知承诺制的，不宜办理。可建议当事人通过其他途径解决问题。

37　判断公证员已经穷尽一切核实手段的标准

【问题】在继承公证中，公证员根据当事人提供的有限材料，到被继承人老家当地村委会核实，村干部告知由于年代久远村里没有人了解相关情况；到当事人户籍材料中所反应的所有可能的婚姻档案馆查也没有查到被继承人的任何婚姻档案；经查阅被继承人本人所有职工登记表，其职工档案中记载有多段婚姻，但除了记载已知的被继承人外没有其他继承人；继承人本人对被继承人前面的婚姻都是一无所知的，无法提供任何证明人。

【请问】

1. 如何判断公证员已经穷尽一切核实手段？

2. 如果已经穷尽一切核实手段是否可以成为公证员的免责理由？

【解答】

1. 公证实务中，判断公证员是否已经尽到审查核实义务，主要在于公证员是否真的穷尽了一切方法进行核实，但需要注意的是所谓"穷尽"，在法律上和实践中均无明确的标准，需根据个案的情况综合考虑确定。

所以，核实过程中，我们不要局限于书面形式的核实，查阅档案材料仅仅是一个方面，可以尝试通过向其经常居住地邻居、熟知情况的其他亲友甚至其前配偶等对被继承人亲属关系进行核实，对于非核心证明材料适当地运用告知承诺制进一步转移风险。

2. 尽职免责的理由在理论上是成立的，但是否能够达到"尽职免责"的结果，其实最终取决于公证书出现投诉、复查、诉讼以后，行业内复查的专家、法院的法官、司法机关的办案人员对于案件中公证员的审查内容和审慎办案的情况综合得出的主观判断。所以，如果核心证据无法提供，或者案件可能导致重大风险、涉众纠纷等隐患的话，切勿单纯抱有"尽职免责"的想法强行办理，否则可能面临"承办人自己认为已经尽职了，但判定本案性质的人不认为已经尽职"的窘境。所以公证机构在适当的时候可以依据中国公证协会《办理继承公证的指导意见》第 16 条"有下列情形之一的，公证机构不予办理法定继承公证：……（四）法定继承人不能协助公证机构完成核实或者有关单位及个人拒绝协助公证机构进行核实的"的规定拒绝公证。另外，出于公证机构对当事人的服务性的要求，也可继续为当事人下一步采取何种法律救济途径提出建议和方案设计。

38　遗产分割协议公证是否以办理继承公证为前提

【问题】被继承人死亡，名下遗留有三套房产，其继承人直接向公证机构申请办理遗产分割协议公证。

【请问】当事人在未办理继承公证的情况下，是否可以直接办理遗产分割协议公证？

【解答】

依据《民法典》第 1130 条的规定，"同一顺序继承人继承遗产的份额，一般应当均等。对生活有特殊困难又缺乏劳动能力的继承人，分配遗产时，应当予以照顾。对被继承人尽了主要扶养义务或者与被继承人共同生活的继承人，分配遗产时，可以多分。有扶养能力和有扶养条件的继承人，不尽扶养义务的，分配遗产时，应当不分或者少分。继承人协商同意的，也可以不均等”。本案中当事人申请办理的遗产分割协议即民法意思自治的具体体现。

法定继承公证实践中，很多公证员会采用“放弃继承声明＋继承”公证的模式来实现当事人对遗产的分配。当存在多个继承标的时，也常常通过对具体的继承标的物的选择性放弃和继承来实现遗产在继承人间的分配。公证员不采用《遗产分割协议》方式办理法定继承，主要是考虑到在遗产分割协议公证审查过程中，首先需要确定该协议的签署主体，即需先明确继承人的范围，该确定过程需要询问当事人放弃或继承的意思表示，在份额均等的情况下，签署遗产分割协议显得多此一举。当然，也有的公证员是为了遵从当事人因税费问题方面的考量而作出的“放弃继承声明＋继承”方案选择，而不采用遗产分割协议办理份额不均等或存在补偿等情形的法定继承。

直接办理遗产分割协议公证并无不妥之处。但需提醒公证员的是，遗产分割协议的公证审查应参照继承公证的审查进行，不能因其是协议公证而降低审查标准。

39 出具继承公证书后可否再办理遗产分割协议

【问题】2021 年 1 月，胡乙、胡丙、胡丁三人向公证机构申请办理共同继承其兄胡甲遗产的继承公证。经公证员调查核实，胡甲生前未婚，没有生育子女，胡甲的父母及爷爷奶奶、外公外婆都已先于其死亡，遂为其出具了公证书，由胡乙、胡丙、胡丁三人共同继承胡甲的遗产（包括存款、股票、不动产）。公证书出具后，尚未办理不动产转移登记时，胡乙、胡丙、胡丁三人又要求将继承公证书中所涉不动产由胡乙一人继承。

【请问】按照办证程序规定，已办结的继承公证案件没法再反悔，再给胡乙、胡丙、胡丁三人办理遗产分割协议公证是否妥当？

【解答】

1. 根据《民法典》第 1132 条的规定，“继承人应当本着互谅互让、和睦团结的精神，协商处理继承问题。遗产分割的时间、办法和份额，由继承人协商确定；协商不成的，可以由人民调解委员会调解或者向人民法院提起诉讼”。故遗产分割的时间、办法和份额是继承人的法定自由且自由度非常大，只要全体继承人协商一致即可，甚至是可以变更原定方案的。

2. 对于继承公证而言，在公证书出具后能否就同一遗产重新办理内容不同的公证，业内有不同的看法。分歧的关键点在于对遗产所有权取得时间的界定，不能一概而论：

（1）《民法典》第 230 条规定，“因继承取得物权的，自继承开始时发生效力”，对于“继承开始时”的理解，根据《民法典》第 1121 条第 1 款规定，“继承从被继承人死亡时开始”，“继承开始时”应理解为“被继承人死亡时”，即因继承取得物权的时间与是否登记无关，而仅与继承开始时间相关。

（2）《民法典》第 1124 条规定：“继承开始后，继承人放弃继承的，应当在遗产处理前，以书面形式作出放弃继承的表示；没有表示的，视为接受继承。”《最高人民法院关于适用〈中华人民共和国民法典〉继承编的解释(一)》第 35 条规定:“继承人放弃继承的意思表示,应当在继承开始后、遗产分割前作出。遗产分割后表示放弃的不再是继承权,而是所有权。”第 36 条规定:“遗产处理前或者在诉讼进行中,继承人对放弃继承反悔的,由人民法院根据其提出的具体理由,决定是否承认。遗产处理后,继承人对放弃继承反悔的,不予承认。”第 37 条规定:“放弃继承的效力,追溯到继承开始的时间。”

根据上述规定,放弃继承的时效,不仅与继承开始时间相关,还与其放弃继承的意思表示作出的时间密切相关。依此,继承开始后,继承人有放弃继承的权利,继承人放弃继承后,不再享有其放弃遗产的继承权。由于因继承取得物权的,自继承开始时即被继承人死亡时发生效力,因此,在继承人作出放弃继承表示之前,被继承人遗产的物权即已变动至包括该继承人在内的全部继承人共有;在继承人作出放弃继承表示之后,物权主体会再次发生变动,由未放弃继承的其他继承人共有。

(3)由以上两点可以推知:继承人因继承取得物权的时间即被继承人死亡的时间。在遗产分割前,所有继承人共有遗产;在遗产分割后遗产处理前,按约定(或法定)按份共有(或共同共有)该财产;在遗产处理后即转移登记后,按登记共有该财产。

首先,如重新分配不涉及放弃继承权的继承人,基于非讼程序(继承程序)文书确定性一般可变更的特点,在遗产分割后遗产处理前,可以按当事人自由意愿原则,经利害关系人协商一致予以变更。可以由当事人协议解除原遗产分割协议并重新申请办理新的遗产分割协议公证。

其次,如重新分配涉及放弃继承权的继承人,则其已不是遗产共有人,不是参与遗产重新分割的适格主体。并且依据“遗产处理前或者在诉讼进行中,继承人对放弃继承反悔的,由人民法院根据其提出的具体理由,决定是否承认。遗产处理后,继承人对放弃继承反悔的,不予承认”。应告知其向人民法院提起民事诉讼。

3. 本案中,胡乙、胡丙、胡丁三人均未书面放弃继承胡甲财产的权利,三人在共同申办继承胡甲的遗产的继承公证,并在公证书出具后,不动产转移登记前,要求变更遗产分配方案,将继承公证书中所涉不动产由胡乙一人继承,在全体继承人协商一致的情况下,为其办理遗产分割协议能最大限度体现当事人意思自治的精神,并无不妥。

40 涉及未成年人的车辆继承公证

【问题】被继承人甲的遗产为一辆汽车。甲的继承人有母亲、配偶和两个未成年子女。现甲的母亲放弃继承,其配偶想与两个未成年子女共同继承后,立即出售该车辆,但据车管部门规定,未成年子女作为继承人的,要等该继承人满 18 周岁以后才能出售车辆。

【请问】有何公证方案可以较好地解决这个困境和实现当事人的需求?

【解答】

按照《民法典》第 35 条第 1 款的规定,“监护人应当按照最有利于被监护人的原则履行监护职责。监护人除为维护被监护人利益外,不得处分被监护人的财产”。因此,在本案中办理公证有两个需解决的问题:第一,监护人是否可以代未成年人放弃继承。第二,以何种方式来解决未成年人财产处分中的“未成年人利益”问题。

实际上，只要弄清楚公证作用，是可以很好地解决这两个问题的。继承公证的作用有：清理遗产、债务申告、继承证书提供。所以，在办理继承公证时，未成年人不是一定要取得车辆的。根据《民法典》第1156条的规定："遗产分割应当有利于生产和生活需要，不损害遗产的效用。不宜分割的遗产，可以采取折价、适当补偿或者共有等方法处理。"遗产处置以有利生产生活为原则，既可以实物分割，也可以变价分割。在此时，可以让有使用需求的继承人与未成年人达成协议，有使用需求的人取得车辆，未成年人取得变价，或者是在被继承人还有其他遗产的情况下，在总体上进行分割。

如果被继承人有且只有这么一辆车，既可以考虑共同继承共同登记，也可以考虑在有出售和分割协议的基础上登记一人。监护人是可以作出相应的出售行为的，并且可以考虑由其他亲属甚至公证处对该行为进行监督（如采取分割补偿资金的监管、提存方式）。

41 有未成年继承人的个人独资企业继承问题

【问题】当事人申请办理个人独资企业的继承，因有3个未成年人，故由被继承人的配偶和3个未成年人共同继承，现因个人独资企业的企业性质，办理工商登记时，只能登记在配偶名下。

目前有3种处理意见：

第一种意见，配偶和孩子共同继承后，由配偶代表本人和以孩子们监护人的身份，签订遗产分割协议；

第二种意见，由配偶出具保证书，因企业性质限制，企业登记在配偶名下，配偶保证企业的收益所得用于孩子们的生活所需，如转让企业，转让款会根据孩子们应得份额予以保留；

第三种意见，由配偶发表声明，声明孩子尚未成年，为便于企业的管理，配偶要求将企业登记在其名下，工商部门可依据声明和其他相关材料办理企业变更登记手续。日后如因此引发任何纠纷，均由配偶依法承担全部法律责任。

【请问】如何办理公证为妥？

【解答】

继承和工商登记是两个不同的法律关系，继承是民事法律关系，工商登记是行政管理行为，虽然是个人独资企业，继承只能是由被继承人的配偶和3个未成年的子女共同继承，至于办理工商登记时，对3个未成年的子女继承权益的保障问题，可以咨询一下登记机关，以第三种意见处理为妥，同时可以建议由未成年人的母亲和未成年人的爷爷奶奶签订协议，由爷爷奶奶监督未成年人母亲监护权的行使。若爷爷奶奶无力监督的或没有爷爷奶奶的可以由叔叔姑姑等进行监督。一般情况下，母亲作为未成年人的监护人，作出损害未成年子女利益的行为的可能性不大，若出现损害未成年子女利益的情形，在无爷爷奶奶、叔叔姑姑等亲属监督的情况下，根据《民法典》第36条规定，居民委员会、村民委员会、学校、医疗机构、妇女联合会、残疾人联合会、未成年人保护组织、民政部门等可以向法院申请撤销未成年子女母亲的监护资格。

42 个人独资企业是否作为夫妻共有财产先进行别产

【问题】被继承人生前拥有一家人独资企业，现其配偶到公证处申请办理股权继承公证。

【请问】是按照投资人的个人财产来办理还是按夫妻共有财产来办理?

【解答】

1. 依据《个人独资企业法》第 17 条的规定:“个人独资企业投资人对本企业的财产依法享有所有权,其有关权利可以依法进行转让或继承。”第 18 条规定:“个人独资企业投资人在申请企业设立登记时明确以其家庭共有财产作为个人出资的,应当依法以家庭共有财产对企业债务承担无限责任。”第 31 条规定:“个人独资企业财产不足以清偿债务的,投资人应当以其个人的其他财产予以清偿。”可以推知,只要是在工商登记部门没有明确以家庭共有财产作为个人出资的,个人独资企业的资产应该属于投资人个人。

2. 依据《最高人民法院关于适用〈中华人民共和国民法典〉婚姻家庭编的解释(一)》第 75 条的规定,“夫妻以一方名义投资设立个人独资企业的,人民法院分割夫妻在该个人独资企业中的共同财产时,应当按照以下情形分别处理:(一)一方主张经营该企业的,对企业资产进行评估后,由取得企业资产所有权一方给予另一方相应的补偿;(二)双方均主张经营该企业的,在双方竞价基础上,由取得企业资产所有权的一方给予另一方相应的补偿;(三)双方均不愿意经营该企业的,按照《中华人民共和国个人独资企业法》等有关规定办理。”从上述规定看,个人独资企业的资产属于夫妻共同财产,当然夫妻有约定的除外。

故针对本案,根据不同的规定和理解,可以采取两种不同的方式予以处理:

1. 依照《个人独资企业法》规定,从工商档案中查找出该企业备案的登记资料判断是个人投资还是家庭投资,如果工商档案中是个人投资,按照个人遗产办理。

2. 依照《最高人民法院关于适用〈中华人民共和国民法典〉婚姻家庭编的解释(一)》的规定,按照婚内的夫妻共同财产办理,其中的一半是遗产,另一半为配偶财产。

我们认为,两种方式都可以。第一种方式是采取当事人自认的方式,主要是配偶自认是被继承人个人的财产。这种方式主要是用在该个人独资企业往下传承,传承给自己子女。如果按照第二种方式,视为夫妻共同财产,则还需要继承加上赠与。

另在办理此类公证事项时,为了防止当事人后悔,最好让当事人自己内部先达成协议,通过协议固定当事人“自认”的效力。可起草内部协议,并在尾部注明:

1. xxx 知悉《个人独资企业法》第 31 条规定:“个人独资企业财产不足以清偿债务的,投资人应当以其个人的其他财产予以清偿。”xxx 继承该个人独资企业的财产,如果个人独资企业财产不足以清偿债务的,由 xxx 以其个人其他财产予以清偿。yyy 对该企业不再享有任何权利,同时也不承担该企业的债务。

2. 本协议的内容是立协议人经协商一致后自愿签订,双方当事人的意思表示真实。立协议人必须遵守协议内容,立协议人均保证不以任何理由主张本协议无效。

3. 立协议人均系具有完全行为能力的成年人,各自对在本协议上的签字行为负责,保证不出尔反尔。

4. 立协议人如果就本协议发生争议,可协商解决,协商不成通过司法程序解决。

5. 本协议系 xxx 的遗产继承人之间的家庭内部协议,协议内容未违反法律的禁止性规定,本协议自签订之日起,对立协议人具有法律约束力。

公证员在处理公证问题时,预防纠纷的发生是我们的最终目的。这就需要公证员充分利用法律思维,分析问题,详细告知法律后果和相关责任。我们可以多站到当事人发生纠纷时的角度提出问题,推演我们如何进行抗辩,而这些问题和抗辩就是我们应当重点加以关注的风险点。

43 个人独资企业继承时是否可要求提供财务审计报告

【问题】有一独资企业的投资人死亡,在不变更企业名称的情况下其继承人想变更投资人,工商部门让其办理企业继承公证。

【请问】公证机构是否应让企业提供审计报告,对审计报告中的所有者权益如何进行继承?

【解答】

《个人独资企业法》第17条规定:"个人独资企业投资人对本企业的财产依法享有所有权,其有关权利可以依法进行转让或继承。"根据《个人独资企业法》规定,个人独资企业是按照《个人独资企业法》在中国境内设立的,由一个自然人投资,财产为投资人个人所有,投资人以其个人财产对企业承担无限责任的经营实体。

投资人拥有的不是股权而应理解为因出资而享有的所有权。遗产内容应为被继承人对该企业拥有的财产及权益。因此,本案中,让企业提供审计报告,通过审计来确定该独资企业具体的财产及相关权益,是切实可行的。

44 个人独资企业继承后的债务清偿问题

【问题】胡某2018年死亡后留有一家个人独资企业,胡某的继承人有:父亲、配偶和3个女儿。经家庭内部协商,该独资企业由胡某的二女儿胡某乙继承,其他继承人分别签署了放弃继承声明书。胡某乙继承后马上向工商部门申请了变更登记,胡某乙成为新的投资人后,向工商部门申请注销了企业(在此期间未经营未获益)。因当地政策的规定,这家企业原本应该就是要退市并予以注销的,只因投资人胡某死亡,故工商部门要求继承人先办公证,才能注销,故而继承人才来公证机构申办了公证。企业退市后,根据地方政策获取了几百万的奖励。据当事人陈述,领取奖励后,他们并没有实际获得,而是全部用于支付了工人工资。今年,因有企业的债权人将胡某乙申请追加为被执行人,致使胡某乙现在资产被冻结,很有可能成为老赖,从而影响胡某乙子女的生活、就学。当事人就找到公证机构,想推翻公证书。

【请问】《民法典》第1161条规定,"继承人以所得遗产实际价值为限清偿被继承人依法应当缴纳的税款和债务。超过遗产实际价值部分,继承人自愿偿还的不在此限。继承人放弃继承的,对被继承人依法应当缴纳的税款和债务可以不负清偿责任"。《个人独资企业法》规定,"投资人以其个人财产对企业债务承担无限责任的经营实体"。现债权人以胡某乙在企业注销前是新的投资人为由,要求胡某乙承担无限责任。据了解,死者胡某生前欠有几千万的债务,胡某乙根本无力负担。当《民法典》与《个人独资企业法》相冲突时,该如何适用。

【解答】

继承人通过继承取得个人独资企业,是继承法律关系所衍生的一系列问题,根据特别法优先于普通法的适用原则,应当优先适用继承的有关法律规定,也就是关于《民法典》继承编的规定。

就本案而言：

（1）胡某乙继承取得企业后，未进行任何经营，没有新债务产生，所有债务均是原企业所留，这其中就包含所欠工人工资。

（2）胡某乙取得企业后，按照政策获得奖励，视作继承所得收益，胡某乙拿这些收益去支付了所欠工人工资，替被继承人偿还了债务。根据《民法典》第1161条规定，“继承人以所得遗产实际价值为限清偿被继承人依法应当缴纳的税款和债务”。超过遗产实际价值的部分，胡某乙没有义务必须偿还。

故胡某乙只要能够证明自己并未实际占有遗产收益，则无需偿还被继承人的其他债务。

45　事业单位在职在编人员是否能继承股东资格

【问题】死者遗留公司股份，现妻子和大女儿、小女儿想共同继承股权，但大女儿是事业单位在职在编人员，单位建议不要继承，现三人商议由妻子和小女儿继承，其中大女儿应得的份额暂时登记到死者妻子名下，待工商变更登记后，妻子再通过转让或赠予的方式将股权过户给大女儿的配偶。

【请问】事业单位员工是否能继承股东资格？

【解答】

《公司法》第75条规定，“自然人股东死亡后，其合法继承人可以继承股东资格；但是，公司章程另有规定的除外”。虽然《公司法》没有对自然人作为股东的身份作出限制，但是我国其他法律法规，特别是政策对特定身份人员成为股东或者经商有明确禁止性规定，部分摘录如下：

1. 国家公务员不得设立公司。《公务员法》第59条规定，“公务员应当遵纪守法，不得有下列行为：……（十六）违反有关规定从事或者参与营利性活动，在企业或者其他营利性组织中兼任职务……”。

2. 依照（各省市编办认定的行政事务执行机构）和参照（党的机关、工青妇机关、市委组织部认定的参照公务员管理的民主党派机关、社会团体机关）公务员管理的机关人员不得设立公司。

3. 党政机关的干部和职工不得设立公司。根据《关于严禁党政机关和党政干部经商、办企业的决定》以及《关于进一步制止党政机关和党政干部经商、办企业的规定》的要求，国家机关法人的干部和职工，除中央书记处、国务院特殊批准的以外，一律不准经商、办企业。因此，国家机关法人的干部和职工不得投资公司成为股东。

4. 处级以上领导干部配偶、子女不得设立公司。根据中共中央纪委《关于“不准在领导干部管辖的业务范围内个人从事可能与公共利益发生冲突的经商办企业活动”的解释》（中纪发〔2000〕4号）、中共中央纪委《关于省、地两级党委、政府主要领导干部配偶、子女个人经商办企业的具体规定（试行）》（中纪〔2001〕2号）明确禁止领导干部配偶和子女从事经商办企业的活动。

在我国，根据编制及资金来源，习惯将事业单位划分为全额拨款、差额拨款、自收自支三种类型。根据2020年3月3日中共中央组织部发布的《参照〈中华人民共和国公务员法〉管理的单位审批办法》第3条规定，事业单位列入参照管理范围，应当同时具备以下两个条件：（1）具有法律、法规授权的公共事务管理职能；（2）使用事业编制，并由国家财政负担工资福利。可见，对于参公事业单位来说,虽然编制管理与行政单位不同,但是实行相同的人事管理制度,即公务员制度。因此,参公管理的事业单位人员不能成为公司股东。

综上,并非所有事业单位人员均不能成为公司股东,一般认为,只有使用事业编制,并由国家财政负担工资福利的事业单位工作人员才不能成为公司股东。故在办理具体公证事项时,公证员首先应了解第一手的相关政策规定,其次尽到必要的提醒和告知义务,再结合实际情况判断能否办理。

46 僧人遗产继承公证

【请问】

1. 该怎么办理僧人遗产的公证继承?

2. 办理僧人继承的相关法律政策规定有哪些?

【解答】

关于僧人遗产继承的问题,根据《民法典》《宗教事务条例》的相关规定,在办理过程中需要注意以下问题。

一、法院和佛教部门存在争议的焦点问题

(1)佛教协会的立场

由于佛教寺院实行财产共有,排斥僧人的私人所有,因此,关于亡僧财产处理权和遗产继承权,我国佛教界和宗教管理部门始终主张应按照佛教"一切亡比丘物,尽属四方僧"的传统仪规与习惯处理,即僧人不能拥有个人财产,其所占有和使用的财产均属所在寺院全体僧人共有。换言之,僧人日常使用的财产都是寺院共有财产的组成部分。

(2)人民法院的处理意见和判决结果

在《最高人民法院民事审判庭关于钱伯春能否继承和尚钱定安遗产的电话答复》(〔1986〕民他字第63号)中,明确指出:我国现行法律对僧人个人遗产的继承问题并无例外规定。因而,对作为公民的和尚,在其死后,其有继承权的亲属继承其遗产的权利尚不能否定。

但从案件审理结果来看,只有个别案件是以调解形式结案的(如上海钱定安遗产继承纠纷案、五台山释含净遗产纠纷案),而多数案件均被法院驳回诉讼请求,并将讼争财产判决归寺院(佛教管理委员会)所有。人民法院裁判均以原告未能举证证明讼争财产是被继承人的合法财产为主要理由而驳回原告的诉讼请求,但并没有直接对僧人的俗家亲属是否享有法律上的继承权等实体法上的问题作出结论,在驳回亡僧俗家亲属诉讼请求时,多半是从举证责任和举证程序的角度来认定处理的。

综上所述,我国宗教事务管理机关和佛教协会倾向于僧人遗产应当由寺院继承,而最高人民法院则倾向于认定僧人的俗家亲属的继承权应当受到法律的保护。人民法院与佛教界对僧人遗产继承问题处理意见不一的主要原因在于处理依据不同,即应当依照《民法典》的规定,还是应当依照佛教戒律来处理? 分歧之根源在于,被继承人的身份具有特殊性,即作为宗教团体的成员,僧人应当遵守所在宗教团体的规则,对他的一切权利与义务、行为与后果应当按照佛教戒律和清规来处理;与此同时,僧人又是国家的公民和法律上的自然人,其法律地位和一切权利义务均应受国家法律的约束与保护,而这两个依据之间是相互冲突的。

二、僧人的遗产范围

对于僧人的遗产范围的界定,应该要分为出家前(入寺前)、出家期间这两个阶段来进行区分和界定。有时,还有还俗后这种特殊时期。

僧人出家前的财产,除了僧人已与寺院签署将自己个人财产在出家之后捐献给其所归属宗派之书面承诺的情况之外,应该按照《民法典》的有关规定办理。

僧人出家期间的财产,要注意划清个人财产与寺庙财产的界限,将僧人私产和保管财产区分开来,要有有效、充分的证明,足以说明财产来源。而僧人可能的个人财产性收入来源有:(1)受赠财产。即社会团体、有关人士直接赠与僧人个人的财物。(2)知识产权收入。一些僧人知识渊博,潜心研究,或者经验丰富,技艺高超,取得了著作权、专利权等知识产权,并享有知识产权中的财产权和相关财产收入(如作品稿酬、专利使用费等)。(3)其他所得。

三、关于僧人身份认定

应按照《宗教事务条例》的规定来进行僧人身份认定,佛教寺庙及宗教人员是需要登记的,若非在册僧人,则正常按照《民法典》关于继承的规定,以自然人的身份办理继承即可。

僧人遗产继承涉及法律、宗教和政策方面,在司法实践中,出现纠纷时,少数通过调解方式解决,多数判归寺院,所以在办理僧人遗产继承公证时,建议和寺院沟通交流,取得一致意见后,再来办理比较好。

四、僧人遗产继承涉及的文件

1.《最高人民法院民事审判庭关于钱伯春能否继承和尚钱定安遗产的电话答复》

2.《中国佛教协会关于僧人遗产处理问题的复函》会函字〔1998〕第197号

3.《中国佛教协会关于寺院僧人遗产问题的复函》会字〔2002〕第128号

五、僧人遗产继承判例

1. 云南省玉溪市灵照寺释永修遗产纠纷案(2012年)

2. 鞍山市千山香岩寺僧人释本愿遗产纠纷案(2008年)

3. 五台山释含净遗产纠纷案(2003年)

4. 绍兴县石佛寺僧人释本耀遗产纠纷案(2003年)

5. 巨赞法师遗产纠纷案(1984年)

6. 上海钱定安遗产继承纠纷案(1981年)

第三节　与继承相关的其他问题

1　工亡补偿金领取主体的确定

【问题】甲因工死亡,有一笔补偿金,甲未婚无子女,父母也先于其死亡,目前只有一个哥哥,现其哥哥申请领取该笔补偿金。

【请问】甲的哥哥想办理声明书公证由其领取工亡补偿金,公证机构能受理吗?

【解答】

按照《工伤保险条例》第39条“职工因工死亡,其近亲属按照下列规定从工伤保险基金领取丧葬补助金、供养亲属抚恤金和一次性工亡补助金”的规定,甲的直系亲属是有权领取有关费用的。

具体到本案,《民法典》对于直系亲属没有界定,如甲的哥哥为甲唯一健在亲属,根据《民法典》的规定,甲的哥哥作为甲遗产的唯一继承人,当然可以领取工亡补偿金。至于办理何种类型的公证文书,可以按照发放单位的要求处理,我们认为本案可以办理声明公证也可以办理亲属关系公证。但是不论哪种公证都需要对甲的家庭情况进行实质审查。

2 丧葬费领取主体的确定问题

【问题】被继承人赵某于2021年4月20日死亡,其工资截至2021年3月12日,有余额一万多元。赵某的丈夫称赵某的丧葬费、抚恤金近期要打入该工资账户。赵某的父母均为高龄老人,其子女均不愿让其知情赵某死亡的事实。

【请问】

1. 公证机构能否参照小额遗产继承和保管资格办理该公证?

2. 如丧葬费、抚恤金近期打入赵某账户,能否按法定继承公证办理?

【解答】

1. 丧葬费和死亡抚恤金不属于《民法典》所规定的遗产范围,不能作为遗产继承。丧葬费是对死者近亲属处理死者丧葬事务时所产生的相关费用,一般包括运尸费、火化费、告别仪式费、购买骨灰盒费、骨灰存放费等。死者单位给付的丧葬费是对死者亲属处理丧葬事务的一种经济帮助,它是用于解决死者家属在殡葬花销时所遇到的实际困难。对死者安葬是近亲属或遗产继承人应尽的义务,也是我国社会公序良俗的道德要求,让死者安息也是对死者亲属的一种抚慰;死亡抚恤金是公民所在单位在公民死亡后,按照有关规定发放给死者近亲属或抚养人的生活补助费,同时具有一定精神抚慰的内容。给付对象是死者近亲属或抚养人,性质是对死者近亲属的一种经济方面的帮助或抚慰,是用于优抚和救济死者近亲属,特别是依靠死者生活而无经济来源的未成年人或丧失劳动能力的直系亲属,是对死者近亲属精神痛苦的一种抚慰。对于死亡抚恤金的处理可参照《民法典》中的遗产处理原则予以合理分割,并应适当照顾无经济来源的未成年人或丧失劳动能力的直系亲属;根据《民法典》第1122条规定,“遗产是自然人死亡时遗留的个人合法财产。依照法律规定或者根据其性质不得继承的遗产,不得继承”。公民死亡的时间是划定遗产的特定时间界限,丧葬费和抚恤金是公民在死亡后才产生的,而不是公民在死亡时所遗留的,因此不是遗产。

2. 可参照小额遗产继承和保管资格程序,办理丧葬费和抚恤金的领取和保管资格公证,由领取人负责领取、保管和分配。

3. 公证员和当事人亲属均已经明知该丧葬费和抚恤金性质,再按遗产继承显属不妥。建议由家属跟单位协商,不要发在该工资卡,而直接发在亲属名下。从解决问题角度出发,可以考虑由亲属共同签订协议,共同协商该丧葬费、抚恤金的分配和领取。

3　误存进死者银行账户的钱款的处理办法

【问题】某乡镇政府工作人员误将应打给甲村某村民 A 的款项转存到了乙村某村民 B(重名)名下,B 几年前已死亡。银行要求提供公证书才能退回该款项。在核实 B 的亲属关系中发现,B 的亲属关系特别复杂:B 的父母早于其死亡,B 的配偶晚于其死亡,B 的配偶父母情况难以核实。B 的女儿 C 晚于 B 死亡,C 有一个亲生儿子 D 晚于 C 死亡,D 的配偶 E 健在,D 有一个未成年儿子 F,因 E 长年在外打工,无法取得联系。

【请问】该案该采取什么方法处理为妥?

【解答】

一、公证方案设计

关于领取误存进死者账户的钱款问题,行业存在较大分歧意见,有人主张通过公证还原真实法律关系,从而按照这个路径设计公证方案;有人主张按照公证权利外观理论,以谁名下存款归谁所有这个外观,认定属于存款人财产,按存款人财产办理继承公证:

(1)按还原真实关系说,在查清款项的来源后处理。如不能查清的,一般情况下,通过征求和固定继承人的意见后,如继承人一致同意,可以将该存款认定为实际存款人的财产,由公证机构出具相关法律意见书,确认该笔款项系政府错误打入,为不当得利,继承人同意的,银行方面可以退回。由存款人持该法律意见书向银行机构领取该笔误存款项。

(2)依据权利外观理论,直接认定存款属于账户人所有,办理继承公证。

二、两种方案的分析

法律关系还原说,尊重客观事实,容易被当事人理解,但是公证机构是否有权利做出这样的认定,是否有权推翻存款人名下存款归其所有这个基本法律推论,则是不无疑问的,这种真实法律关系还原更多可能是法院裁判的职责。而权利外观理论,符合公证机构的中间司法的职责,也严格恪守账户人是存款所有人的基本法律规则。至于其他人误存,只是产生其他债权债务关系或其他请求权。

公证员可告知当事人不同的公证方案,根据当事人意思,由其自行选择,公证机构依其申请视具体情况进行办理。

就本案而言,建议按还原真实关系办理为宜。一是该笔款项的来源有据可查,在该乡镇政府能证明该笔款项应付人员姓名,且村民 B 不在该类款项发放名单的情况下,凭乡镇政府的转账记录,确认该笔款项系政府错误打入,为不当得利应无太大争议。二是死者继承关系复杂,在确认款项来源之后,可以由死者的相关家属签署一份声明,确认该款项系政府错误打入,他们同意退回,而无须征求和固定 B 的全部继承人的意见。

4　不动产继承及赠与合同公证能否一并办理

【问题】某处房产为甲、乙夫妻共有,甲死亡后,甲的配偶乙表示放弃继承,甲名下的不动产份额由甲的法定继承人丙继承。同时,乙还希望能把自己共有的这一部分不动产份额也赠与给丙，让丙享有不动产的所有权。但该不动产现因土地问题权利受限，不动产中心无法办理登记。

【请问】是否可以在办理继承公证时同时办理赠与合同公证？

【解答】

1. 根据《民法典》第209条规定，“不动产物权的设立、变更、转让和消灭，经依法登记，发生效力；未经登记，不发生效力，但是法律另有规定的除外”。在不动产能顺利过户的情况下，一般是先办理继承公证进行产权转移登记后，再办理赠与合同公证进行第二次转移登记，以满足《民法典》物权编关于不动产物权的公示性要求。

2. 根据《民法典》第215条的规定，“当事人之间订立有关设立、变更、转让和消灭不动产物权的合同，除法律另有规定或者当事人另有约定外，自合同成立时生效；未办理物权登记的，不影响合同效力”。在因土地权利受限而无法顺利进行不动产物权转移登记的情况下，可以一并办理继承公证和赠与合同公证，以获得和保持当事人的请求登记权（合同请求权）。但在办理公证过程中，应当特别注意告知当事人未办理物权登记可能面临的风险因素。

5 公证机构是否应当主动通知分得权人参与继承程序

【问题】李某82岁去世，去世前享有低保和廉租房，为保低保，没有向任何人透露过其有子女的情况，其实她有三个子女，但几乎不来新疆看望她，社区一直认为她是孤寡老人。经公证员寻访，在李某生前，有一位一直在照管她的人，对外自称是她的干女儿，平均每周去看望她一次，给她买吃的、穿的，这样的情况持续至少二十年，二十年前李某老伴的后事也是这个干女儿操办的。

【请问】

1. 本案中，干女儿是否可以认定为属于对被继承人扶养较多的人？

2. 继承人以外的对被继承人扶养较多的人可以分得适当的遗产，公证机构是否需要主动通知分得权人参与继承程序？

【解答】

根据《民法典》第1131条的规定，“对继承人以外的依靠被继承人扶养的人，或者继承人以外的对被继承人扶养较多的人，可以分给适当的遗产”，故继承人以外的对被继承人扶养较多的人是可以分得适当的遗产的。

在实践中，对如何认定“继承人以外的对被继承人扶养较多的人”没有统一的标准和做法。审判机关通常都是结合具体的案件情况来分析和裁决，具体包括受扶养人、扶养人的基本情况，相互之间的关系以及扶养事实，遗产状况，继承人情况等。

一般而言，公证作为中间司法程序，有其弹性和刚性，应在尊重当事人意思自主的情况下，做出合适的处理方式。因此，公证员不宜自行对法律事实是否构成直接进行认定。建议公证员与继承人充分沟通：

（1）如继承人均对该“继承人以外的对被继承人扶养较多的人”分得遗产的资格没有异议，则可以按照《民法典》第1131条的规定，由继承人和“继承人以外的对被继承人扶养较多的人”协商，分给适当的遗产。遗产分割方式，可以以遗产原物向酌分权人给付，也可以遗产的对价进行给付。

(2)如继承人对该“继承人以外的对被继承人扶养较多的人”分得遗产的资格存在异议,则公证机构应慎重处理,不宜直接适用《民法典》第1131条规定。在该“继承人以外的对被继承人扶养较多的人”坚持主张“适当分得遗产”的权利时,可建议当事人通过其他途径解决争议。

6　办理接受遗赠公证的注意事项

【问题】甲生前办理遗赠公证,该遗嘱中甲指定在其去世后,名下的财产全部遗赠给乙。后甲死亡,其遗嘱中指定的受遗赠人乙持相关资料向公证机构申办接受遗赠公证。

【请问】

1. 公证机构在办理接受遗赠公证中,是否需要所有的法定继承人来确认遗嘱的效力?

2. 公证机构如何审查“六十日内”表示接受遗赠的法律要求?

【解答】

1. 关于公证机构在办理接受遗赠公证中,是否需要所有的法定继承人来确认遗嘱效力问题,其实就是对遗嘱进行检认的问题。中国公证协会《办理继承公证的指导意见》第14条规定:“公证机构办理遗嘱继承公证,应当按照下列方式审查确认遗嘱的效力:(一)遗嘱为公证遗嘱的,公证机构应当对遗嘱内容是否符合法律规定进行审查,并向全体法定继承人核实,核实的内容包括询问被继承人有无其他遗嘱或者遗赠扶养协议,法定继承人中有无缺乏劳动能力又没有生活来源的人。法定继承人对公证机构的核实没有回复的,或者无法与法定继承人取得联系的,公证机构在对遗嘱进行审查后,可以确认遗嘱的效力;(二)遗嘱为公证遗嘱以外的其他符合法定形式的遗嘱的,公证机构应当取得全体法定继承人对遗嘱内容无异议的书面确认,并经审查认为遗嘱的内容符合法律规定,可以确认遗嘱的效力;(三)遗嘱为在境外所立的遗嘱的,公证机构应当根据法律、法规及司法部的有关规定确认遗嘱的效力。”《民法典》第1142条规定:“遗嘱人可以撤回、变更自己所立的遗嘱。立遗嘱后,遗嘱人实施与遗嘱内容相反的民事法律行为的,视为对遗嘱相关内容的撤回。立有数份遗嘱,内容相抵触的,以最后的遗嘱为准。”

《民法典》已取消公证遗嘱优先原则。实务中,对遗嘱的检认方式、标准和程序等并没有法律法规的明确规定,中国公证协会《办理继承公证的指导意见》的相关规定可作为公证实务中遗嘱检认方法的参考,综合案件本身及质量风险管理需要等,采取妥当的方式处理。

2.《民法典》第1124条第2款规定:“受遗赠人应当在知道受遗赠后六十日内,作出接受或者放弃受遗赠的表示;到期没有表示的,视为放弃受遗赠。”《民法典》基本沿袭了原《继承法》的规定,只是在时间上做了相应调整。需要明确的是,这里规定的六十日内为接受遗赠的除斥期间,应当从受遗赠人知道遗赠之日起开始计算。

遗赠应属遗赠人死后生效的法律行为,将财产赠与他人的意思表示,虽然是在生前作出的,但只有于遗赠人死亡后该遗赠才发生法律效力,即遗赠人死亡前,不发生财产所有权的转移。因此,关于如何认定受遗赠人“知道受遗赠后六十日内”的起算点问题,应结合继承从被继承人死亡时开始考虑,被继承人活着时,即便做了遗赠公证,受遗赠人也不适宜在其生存时就表示接受遗赠,只能等被继承人死亡后再表达自己愿意接受遗赠的意愿,故60日的最早起算点应是从被继承人死亡之日起算;如果受遗赠人在被继承人死亡后才得知遗赠之事,则应当在其实际知道受遗赠后60日内作出接受或者放弃受遗赠的表示，其实际知道的日期就是起算日期。如被继承人的法定继承人对受遗赠人主张的实际知道日期有异议或争议的，则需要通过法院裁判予以确认。

另外，法律法规未明确受遗赠人应以何种形式作出接受或放弃遗赠的意思表示，以及向谁作出该意思表示。因此，在法律无限制规定的前提下，受遗赠人能够举证证明已向不特定第三人作出接受遗赠的意思表示，即为完成对受遗赠权的处分。在办理接受遗赠公证中，如被继承人的法定继承人对受遗赠人的意思表示是否符合法定期限，是否具备形式要件等有异议或争议的，需要通过法院裁判予以确认。

7 遗赠扶养协议履行后的确认遗赠权公证

【问题】被继承人生前与甲签订有遗赠扶养协议，被继承人现死亡，甲要求按照协议约定将房屋过户至自己名下。被继承人的法定继承人有7人，其中两个能配合甲到公证机构说明情况，证明甲已按照遗赠扶养协议的约定履行了义务，其余的要么下落不明，要么不配合。

【请问】办理遗赠扶养协议的接受遗赠时，是否需要被继承人的法定继承人到场确认？

【解答】

确认遗赠权要建立在双方确实履行协议的基础上，达到两个条件：(1)有关履约事实确实存在。(2)利害关系人无异议。还要进行必要的社区调查，同时，要征求利害关系人的意见，如果有异议的，应当视为存在争议，建议当事人通过诉讼解决。

本案中，有人下落不明，一般可以采取公告方式。不配合的，实际上属于是有不同意见，应视为存在异议。这个时候不宜由公证机构确权，应当由人民法院进行确认为妥。

8 孤寡老人去世后的遗产处理问题

【问题】有一孤寡老人去世了，无儿无女无配偶，父母也先于其去世，没有兄弟姐妹。其遗产为丧葬费和一处房产，社保局要把丧葬费打入老人的工资卡，银行需要公证机构出具公证书，证明老人无继承人，民政局要求公证机构出具公证书证明老人的继承人情况，如确无继承人，将会把老人财产上缴国库。

【请问】该案件公证机构应当如何处理为妥？

【解答】

依据《民法典》第1160条的规定，"无人继承又无人受遗赠的遗产，归国家所有，用于公益事业；死者生前是集体所有制组织成员的，归所在集体所有制组织所有"。第1145条规定："继承开始后，遗嘱执行人为遗产管理人；没有遗嘱执行人的，继承人应当及时推选遗产管理人；继承人未推选的，由继承人共同担任遗产管理人；没有继承人或者继承人均放弃继承的，由被继承人生前住所地的民政部门或者村民委员会担任遗产管理人。"

故这类公证建议民政局提起公证申请，公证机构在落实死者确无法定继承人和分得权人后，向民政局出具法律意见书。

9　“五保”户的存款继承问题

【问题】被继承人死亡，终身未婚无子女，父母先于被继承人去世，没有兄弟姐妹。此人为村委会“五保”户，现有遗产银行存款 3000 元，村委会去银行提取此笔存款，银行要求办理公证。

【请问】该案件公证机构应当如何处理为妥？

【解答】

要解决此类问题，首先我们要梳理法律法规对于“五保”户遗产处理的有关规定，原《农村五保供养工作条例》（1994 年 1 月 23 日国务院令第 141 号发布）第 19 条直接规定了“五保”对象死亡后，其遗产归所在的农村集体经济组织所有；有“五保”供养协议的，按照协议处理。此条例已被 2006 年修订的《农村五保供养工作条例》所废止，但新条例未对“五保”户的遗产处理作出规定。根据《最高人民法院关于适用〈中华人民共和国民法典〉继承编的解释（一）》第 39 条的规定，“由国家或者集体组织供给生活费用的烈属和享受社会救济的自然人，其遗产仍应准许合法继承人继承”，“五保”户的遗产应由其合法继承人继承。

本案中的“五保”户无法定继承人，若生前与供养单位订立的“五保”供养协议中没有关于遗产处理的条款，生前无遗嘱及遗赠扶养协议时，无遗赠情形。根据《民法典》第 1160 条的规定：“无人继承又无人受遗赠的遗产，归国家所有，用于公益事业；死者生前是集体所有制组织成员的，归所在集体所有制组织所有。”该“五保”户的存款 3000 元应当归所在的村委会或村民小组所有，公证机构在落实死者确无法定继承人和分得权人后，向村委会或村民小组出具法律意见书。

第七部分　侵权责任编问题

1　赔偿标准的审查方式

【问题】有当事人持双方拟定的赔偿协议到公证机构申请办理公证。

【请问】公证处需要审查赔偿协议中的金额是否符合国家赔偿标准吗?

【解答】

赔偿协议属于当事人意思自治范畴,当事人可以协商决定赔偿数额。国家赔偿标准作为一个参考基数,用于评价自主协商议定的赔偿数额。如果当事人双方约定的赔偿标准高于国家赔偿标准,应当向赔偿人释明国家政策、确定其真意,明晰相关利害关系;如果当事人双方约定的赔偿标准低于国家赔偿标准,应当向受害人释明国家政策、确定其真意,明确不属于不公平情形,属于自愿行为。

2　是否可以通过协议公证放弃诉权

【问题】当事人申请办理协议公证,协议描述了双方侵权及损害的部分事实,重点条款中含有"双方就此事已协商一致、了结完毕,一方不得再向另一方就此事主张任何权利、提起诉讼"的内容。

【请问】诉权可以通过当事人特别约定放弃吗?

【解答】

一般来说,诉权属于公法上的概念,当事人间按照私法的理解进行放弃或处置,没有实际的法律意义,即使协议文本中有这样的表述,但任何一方当事人仍有权提起诉讼,人民法院也会进行相应审理。通过约定来放弃诉权的约定基本上并不能达到强制效果。所以在受理公证时,对于这样的条款,公证员应当向当事人释明法律意义并建议修改,可换为"本协议签订后,双方均不得反悔"这样的表述。

特别需向当事人说明的是,法院受理并不代表法院就支持其主张,只要原来的协议约定合理合法,没有新的情况出现,一方当事人无故反悔的,本着对民法诚实信用原则的遵守,其也不会得到人民法院实际支持。

3 挖掘机所有人与使用人进行责任转移约定

【问题】甲准备购买一辆挖掘机并挂靠在乙公司名下，由甲具体使用或以A公司名义运营挖掘机，产生的收益归甲所有。现乙公司要与甲以合同形式约定：如挖掘机使用过程中发生事故或违章，由甲自行承担责任，与乙公司无任何关系。

【请问】该条款内容是否合法，能否对该合同进行公证？

【解答】

《民法典》第187条规定，民事主体因同一行为应当承担民事责任、行政责任和刑事责任的，承担行政责任或者刑事责任不影响承担民事责任；民事主体的财产不足以支付的，优先用于承担民事责任。

公民、法人对财产的管理和使用，享有不同层次的权利，产生不同层次的义务。本案中，机动车的使用和管理，涉及刑法、行政法、民法三个领域，甲与乙公司不能以签订合同的方式免除刑事责任、行政责任。本案中甲与乙公司将机动车的使用责任的承担规则限定在民事责任时，可以以合同的方式进行约定，合同对甲与乙产生拘束力，产生乙公司对甲的追偿权，但不产生对抗第三人的效力。公证机构应当明确告知当事人这类合同的对内效力和对外效力。

4 二手车未能过户下约定一切责任由买方承担

【问题】一车主咨询，他有一辆车早些年已卖给他人（之后又倒了好几手），但一直没有过户，现在他想过户了，却发现过不了户了，原因是汽车的原发动机不知被谁更换了，合格证也找不到了，车管所不予变更，车主怕不过户，万一将来车出了什么情况，他要承担责任，所以想办二手车交易合同公证。

【请问】现双方想要约定该车在交付后产生的一切纠纷由买方承担，这样的公证可以办理吗？

【解答】

不建议办理。鉴于机动车是一种有相当危险性的运输工具，对其交易行为必须加以严格限制，才能更好地保护机动车所有人和社会公众的利益。因此，我国《道路交通安全法》规定，机动车所有权发生转移的，应当办理相应的机动车变更登记。《道路交通安全法实施条例》第7条第1款规定："已注册登记的机动车所有权发生转移的，应当及时办理转移登记。"可见，机动车买卖是要式法律行为，过户手续是机动车交易的生效要件。2001年12月31日《最高人民法院关于连环购车未办理过户手续，原车主是否对机动车发生交通事故致人损害承担责任的请示的批复》中明确指出：连环购车未办理过户手续，因车辆已交付，原车主既不能支配该车的运营，也不能从该车的运营中获得利益，故原车主不应对机动车发生交通事故致人损害承担责任。

基于上述司法解释，原车主对未过户的车辆发生交通事故致人损害不应当承担赔偿责任。但是连环购车未办理过户手续的行为，因为违反了有关行政管理法规的规定，应受其规定的调整。也就是说，不承担赔偿责任并不意味着不承担任何责任，车辆买卖未过户的行为，违反了《道路交通安全法》,应当承担相应的行政责任。

5 借名买车协议能否办理公证

【问题】当事人来公证处咨询,因征信有问题,不能办理车贷,所以用亲属的名义办理了车贷,并将车登记在其名下,首付款是当事人交的,贷款由当事人偿还。双方都想办理公证内部约定一下,车辆实际出资人和使用人,以及使用过程中出现事故的责任承担问题和贷款偿还问题。

【请问】能否受理上述公证事项申请?

【解答】

关于“借名买车”行为的效力问题,目前司法实践主要有两种观点,即有效说和无效说。

1. 有效说。有效说认为,“借名买车”行为系双方当事人的真实意思表示,不违反法律、行政法规的强制性规定,若无其他效力瑕疵,应为合法有效,实际购车人有权要求确权并办理变更过户登记。

2. 无效说。无效说认为,“借名买车”行为若规避当地的车辆限购政策,造成不具有购车资格且没有购车指标的人占有并使用车辆,扰乱了公共秩序,应为无效。

我们认为,“借名买车”的效力主要是看“借名”协议是否违反法律、行政法规的强制性规定和公序良俗。一般各地方有当地的关于限购机动车的地方性法规,在法律评价上,违反当地机动车限购相关规定属违法行为,但《民法典》第 143 条中的法律和行政法规是指全国人大及其常委会制定的法律和国务院制定的行政法规。因此,违反当地限购机动车的相关规定并不属于导致协议无效的情形,若无其他效力瑕疵,从此角度而言,应为有效协议。但各地方关于调控机动车相关规定的立法意图,是为了落实城市总体规划,实现机动车数量合理、有序增长,有效缓解交通拥堵状况,其根本目的也就在于维护社会公共秩序。此“借名”协议本质上违反了当地对于机动车配置指标调控管理的公共秩序,故从此角度而言,应属于无效合同。

综上,在涉及“借名买车”协议时,应当告知当事人上述司法实践分歧和法律后果,对于当地无关于车辆限购政策的情况下可以办理公证,若地方性法规有相关限购的地方性法规,则谨慎办理,在各地司法实践存在争议和分歧时,可能引发纠纷。

6 同意承担手术风险的声明书公证

【问题】甲长年患有腰间盘突出,因跟随乙外出打工,在乘坐乙雇佣的司机丙驾驶的车辆去往工地时发生交通事故,甲经医院拍片后无恙,但甲仍感觉身体不适,决定要进行腰间盘突出手术(有可能因急刹车加重腰间盘突出)。甲乙协商一致后,乙同意支付甲本次腰间盘手术的费用,但因手术有截瘫风险,甲要声明因进行腰间盘手术导致的瘫痪等一切后果由甲自行承担。

【请问】是否可以办理该声明公证呢?

【解答】

《中华人民共和国民法典》第 1219 条规定:医务人员在诊疗活动中应当向患者说明病情和医疗措施。需要实施手术、特殊检查、特殊治疗的,医务人员应当及时向患者具体说明医疗风险、替代医疗方案等情况，并取得其明确同意；不能或者不宜向患者说明的，应当向患者的近亲属说明，并取得其明确同意。医务人员未尽到前款义务，造成患者损害的，医疗机构应当承担赔偿责任。第一千二百二十条因抢救生命垂危的患者等紧急情况，不能取得患者或者其近亲属意见的，经医疗机构负责人或者授权的负责人批准，可以立即实施相应的医疗措施。因实施保护性医疗措施不宜向患者说明情况的，应当将有关情况通知患者近亲属，由患者近亲属签署同意书，并及时记录。患者无近亲属的或患者近亲属无法签署同意书的，由患者的法定代理人或者关系人签署同意书。

手术同意书被一些患者或家属认为是一种承诺书，承诺出现所列举的危险时医院不负责任，因此签字前顾虑重重。一部分医务人员把手术同意书作为免除责任的"护身符"，无论大小手术，尽量多列手术风险。手术同意书所设定的权利义务具有隐形性和默示性的特点，手术风险由谁承担不能直接从手术同意书中得出，但从条款中可以推断出来，医方告知患者应当手术，但手术有风险，患者同意手术，就意味着默认愿意承担手术风险，这是一种不言自明的表述。手术风险的发生既不是医师的过错造成的，也与患者无关，而是医学科学发展局限产生的不良后果。如果医师在手术风险承担条款中列举了医务人员通过努力可以防止的情况，就不属于手术风险。如果手术同意书中仅对手术风险由患者承担进行了约定，就不属于免除医方责任、加重患者责任、排除患者主要权利，也就不包含医方故意或过失造成患者人身损害不承担责任的意思。

综上而言，此类公证如果要针对声明或者承诺的内容进行实质性审查，判断最终责任产生的成因，这是公证人员，甚至普通医务人员都不具备相应的专业知识，建议不予受理。

7　交通肇事赔偿协议主体的确定

【问题】在交通肇事事件中，肇事方和受害方经多轮协商，最终达成和解协议。

【请问】协议主体是否为肇事方和受害方本人即可，是否需要其配偶一并签字？若肇事方被拘留，此种情况由谁签订赔偿协议呢？

【解答】

当受害方具有相应的民事法律行为能力时，交通肇事赔偿协议只要肇事方和受害方签订即可。由于肇事方是交通肇事赔偿的主体，所以应该是由其签订，如果是其他原因不能亲自签订，应取得其授权后由其代理人签订。

8　工伤保险待遇赔偿的归属可否自由约定

【问题】劳动者受伤已被认定为工伤，用人单位为劳动者缴纳工伤保险，现劳动者提出由用人单位按其要求及时进行赔偿，赔偿之后劳动者做完劳动能力鉴定申请所获工伤保险待遇赔偿归用人单位所有。

【请问】能否办理该工伤事故赔偿协议公证？

【解答】

这实际是一种用人单位先行垫付赔偿款的行为，这种做法好处是伤者能够及时获得赔偿，但就协议本身而言,存在风险,应谨慎办理。

根据《工伤保险条例》第 30 条的规定:“职工因工作遭受事故伤害或者患职业病进行治疗,享受工伤医疗待遇。”职工在因工作遭受事故伤害或者患职业病进行治疗,享受工伤医疗待遇,此时不管用人单位是否依法缴纳工伤保险费,均有义务支付工伤保险待遇。根据《工伤保险条例》第 34 条的规定:“工伤职工已经评定伤残等级并经劳动能力鉴定委员会确认需要生活护理的,从工伤保险基金按月支付生活护理费。生活护理费按照生活完全不能自理、生活大部分不能自理或者生活部分不能自理 3 个不同等级支付,其标准分别为统筹地区上年度职工月平均工资的 50%、40%或者 30%。”可见,不同等级的劳动能力障碍决定着不同的工伤保险待遇。

结合案例:(1)在劳动者尚未做劳动能力鉴定之前由用人单位根据劳动者的要求先行垫付,具体的赔偿标准和赔偿数额待定,待经劳动能力鉴定后赔偿标准和金额高于垫付标准和金额时,可能出现劳动者反悔之情形,引发不必要矛盾纠纷,有违公证预防纠纷、减少诉讼的职能。(2)赔付渠道通过劳动者账户,也会存在劳动者私自截留、拒绝返还赔偿款的情况。总之,在赔偿标准和金额待定的情况下,有可能存在一方最终获得不当得利的情形,产生新的纠纷。(3)对于劳动者发生工伤后与用人单位签订了相关赔偿协议,只要不违反法律、行政法规的强制性、禁止性规定,无效力瑕疵均为有效协议,但作为劳动者一方,极易出现欺诈、胁迫或乘人之危之可撤销情形。

9 离职职员是否可以声明工伤进行二次手术与公司无关

【问题】甲员工因工伤做手术,半年后还需进行二次手术,现员工表示要求离职回家,公司现要求员工做个声明或者做保全证据,证明是员工自愿离职,以后二次手术产生的问题与公司无关。

【请问】是否可以受理上述公证申请?

【解答】

工伤事故赔偿的程序,先进行工伤认定,然后进行劳动能力鉴定,根据劳动能力鉴定的登记,按照规定的标准确定赔偿数额,如果在赔偿数额能够确定的情况下,劳动者根据具体情况,可以放弃部分权利,比如按照法律规定的赔偿标准计算出来的赔偿额度是 10 万元,在劳动仲裁阶段或者诉讼阶段,经过调解双方达成一致,只是赔偿 2 万元,只要双方意思表示真实,也没有问题。但是在没有做劳动能力鉴定的情况下,劳动者对按照法律规定的标准的赔偿金额是不确定的,如果为了应急同意这个赔偿金额,将来发现赔偿金额过低,可以通过法院,在法定的期限内申请撤销双方之间达成的协议。具体判例可参见最高人民法院公报中的《黄仲华诉刘三明债权人撤销权纠纷案》。

就本案而言,如果当事人申请办理一个保全证据公证,将劳动者当时的意思表示固定下来,但是劳动者日后还可以撤销该意思表示。如果我们将这个公报的案例的观点告诉劳动者,估计用人单位也就不要求办理这个公证了。

参考判例:黄仲华诉刘三明债权人撤销权纠纷案

用人单位与劳动者就工伤事故达成赔偿协议,但约定的赔偿金额明显低于劳动者应当享受的工伤保险待遇的,应当认定为显失公平。

【裁判要旨】

用人单位与劳动者就工伤事故达成赔偿协议,但约定的赔偿金额明显低于劳动者应当享受的工伤保险待遇的,应当认定为显失公平。劳动者请求撤销该赔偿协议的,人民法院应予支持。

【判决摘要】

德阳市中级人民法院生效判决认为:关于双方签订的协议是否构成显失公平的问题。所谓显失公平,是指双方当事人的权利义务明显不对等,使一方遭受重大不利。其构成要件为:双方当事人的权利义务明显不对等;这种不对等违反公平原则,超过了法律允许的限度;不属于因欺诈、胁迫、乘人之危、恶意串通损害他人利益等原因导致的显失公平。本案中上诉人黄仲华伤残等级为十级,其应获得的一次性伤残补助金为7个月本人工资,一次性工伤医疗补助金和一次性伤残就业补助金(为10个月统筹地区上年度平均工资)。被上诉人刘三明支付给上诉人的各项赔偿费用合计6927.92元(含医疗费),显著低于上诉人应取得的工伤保险待遇。另外,一般的合同关系仅涉及双方当事人的财产权纠纷,而本案中,双方就工伤损害达成的赔偿协议虽具有一般合同的属性,但本案的处理并非针对简单的债权债务关系,而是涉及劳动者的生存权益。故综合考虑以上因素,法院认为,双方签订的赔偿协议导致双方权利义务不对等,使黄仲华遭受重大利益损失,构成显失公平。

10　劳动者办理自愿放弃缴纳社会保险的声明公证

【问题】劳动者甲欲与某用人单位签订劳动合同,但因甲个人原因,其主动向用人单位提出不愿意也不需要用人单位为其缴纳社会保险;用人单位担心甲以后可能反悔,要求甲到公证处对其自愿放弃缴纳社会保险办理公证,甲遂向公证处申请办理自愿放弃缴纳社会保险的声明公证。

【请问】公证处能否办理此类声明公证?

【解答】

本案中,劳动者甲欲与某用人单位签订的是劳动合同,依据《劳动法》第72条规定,用人单位和劳动者必须依法参加社会保险,缴纳社会保险费。既然双方是劳动合同关系,依据《劳动合同法》第17条规定:"劳动合同应当具备以下条款:……(七)社会保险……"第26条规定:"下列劳动合同无效或者部分无效:……(二)用人单位免除自己的法定责任、排除劳动者权利的;(三)违反法律、行政法规强制性规定的。"同时,依据《社会保险法》第2条规定:"国家建立基本养老保险、基本医疗保险、工伤保险、失业保险、生育保险等社会保险制度……"第4条规定:"中华人民共和国境内的用人单位和个人依法缴纳社会保险费,有权查询缴费记录、个人权益记录、要求社会保险经办机构提供社会保险咨询等相关服务。"第58条规定:"用人单位应当自用工之日起三十日内为其职工向社会保险经办机构申请办理社会保险登记。未办理社会保险登记的,由社会保险经办机构核定其应当缴纳的社会保险费。"

因此,从《劳动法》《劳动合同法》《社会保险法》的上述规定来看,缴纳社会保险不是由用人单位与劳动者双方可以自行约定的,任何个人和单位不得以任何形式协议免除该项义务,缴纳社会保险是用人单位的法定义务,也是劳动者的法定义务,双方不得随意处分。

综上,甲向公证处申请办理自愿放弃缴纳社会保险的声明,形式上看为自愿行为,但其因违反社会保险的强制性规定,与社会保险的保障功能不符,属于无效行为。因此该声明公证不能办理。

11 工伤事故中赔偿协议的签约主体

【问题】一有限责任公司的工人在工作时受伤,工人目前的病情已经稳定,闭合性颅脑损伤、半失语、上肢活动不灵活、能行走,后续有康复治疗和吃抗癫痫药。现公司与工人亲属达成调解协议(双方有亲戚关系)。不鉴定伤残,不进行行为能力鉴定,不诉讼。公司除前期已支付各种费用 54 万元外,另行支付各项非物质性损失及精神损失共计 36 万元。公司想让全部亲属都在协议上签字并进行公证。

【请问】

1. 在不进行行为能力鉴定的前提下,配偶可以列监护人吗?在协议上列父母、子女为在场人可以吗?如果可以,证词要表述在场人签字按手印吗?

2. 亲属关系需要核实吗?

3. 目前受伤人肯定不是无民事行为能力人,那么公证员判断当事人的行为能力,主要考虑受伤人如何能正确表达自己的意思与外界沟通的问题。律师建议,双保险起见,让村委出具了指定监护人(他妻子为他的监护人)证明。这样有不妥吗?

【解答】

1. 为谨慎起见,建议对伤者进行行为能力鉴定,以便为后续指定监护人签订相应赔偿协议奠定合法性基础。行为能力认定程序,它不属于一般事务的处理,谨慎为好。因为赔偿额的大小是本案关键,受伤人已经无法表达他的意愿,多少金额合适自然也无法表达意见,而且很容易反悔。所以,该案走行为能力法院认定程序是必要的,是由公证人审慎职业态度决定的。

2. 要求伤者的全部亲属到场参与到协议中,这种做法是可行的,也能最大限度地避免将来双方因赔偿问题产生纠纷的可能性。建议将“在场人”称谓改为“利害关系人”,并在协议中记录该利害关系人同意签署该协议的意见等相关内容,证词中尽量对利害关系人参与签订协议这一事实进行表述,有利于增强相关人员履行协议的内心约束,保障协议顺利履行。

3. 需要注意的事项有:原则上当事人应当提交法医鉴定材料,伤残评定书等;提醒当事人对赔偿金额进行慎重考虑;协议中有要求伤者或亲属放弃诉权条款的,应当要求当事人进行删除。此外还应当告知双方当事人人身损害赔偿的诉讼时效期间。

12 工伤调解协议中的证明材料问题

【问题】甲雇佣乙工作,乙受伤盆骨骨折,双方签订调解协议,甲赔偿乙伤残补助金等费用共计 165,000 元,现申请对调解协议办理公证,我处受理时要求提供医院诊断书,伤残鉴定书,但是当事人拒绝伤残鉴定。

【请问】伤残鉴定是否必须要提供?

【解答】

本案属于在雇佣关系中的侵权受害赔偿。要求提供医院诊断书、伤残鉴定书是为了固定受害后果,以便准确按照有关标准核算赔偿金额,同时避免今后新的伤害产生而导致责任不清的纠纷。所以,一般应尽可能要求提供医院诊断证明和伤残鉴定书。如果当事人坚决不提供的,基于自由意愿,也可以在告知相关风险后为其办理公证。

第八部分　民商合一下的商法问题

1　公司监事能否委托他人行使监事权利

【问题】甲系A有限责任公司监事。A公司需要变更法定代表人,登记部门要求甲就A公司变更法定代表人一事签字同意,甲因不在当地,需办理委托公证。

【请问】公司监事能否委托他人行使监事权利?

【解答】

依据《民法典》第82条、《公司法》第11条、第51条、第53条及该公司章程的规定,公司监事是公司设立的监督机构成员,监事依据法律规范和该公司章程的规定行使职权。法律规范未禁止监事委托他人行使监事权利,如该公司章程中无禁止性规定的,甲可以依据《民法典》中关于委托的条款行使委托的权利办理委托公证。

办理该委托公证时需要注意:

1. 通过多种信息共享方式核实公司、公司法定代表人、监事的主体信息,如查阅"国家企业信用信息公示网"、登录市场监督管理部门的官方网站或电话核实并对核实内容进行记录。

2. 注意审查委托书中的授权内容(委托事项)是否明确,即委托书应表明监事本人对某一具体事项的意见,包括:同意或不同意,赞成或反对。

3. 委托书建议由公证员代书,在第二款的基础上,细化为具体委托办理哪些事宜,签署哪些文件。

4. 依据《公司登记管理条例》规定,变更法定代表人时需提供:公司法定代表人签署的变更登记申请书、依照《公司法》作出的变更决议或者决定、国家工商行政管理总局规定要求提交的其他文件。通常情况下,变更公司法定代表人不需公司监事在登记部门签署文件,请注意审查该公司决议或决定中,除变更法定代表人外,有无其他决议事项,注意审查委托是否应当是监事委托受托人签署公司的决议或决定,而不是在登记机构签署文书。

2　《股权激励方案》及相关协议公证问题

【问题】A公司有五位股东,其中之一系有限合伙企业。现A公司准备召开股东会,讨论《股权激励方案》,该方案设定该有限合伙企业作为持股平台,将公司高管、核心技术人员作为激励对象,符合一定条件后就可以认购合伙企业的部分份额,从而间接持有A公司的股权。现A公司申请对《股权激励方案》、相关协议以及股东会讨论表决上述文件的过程进行公证。

【请问】是否可以受理上述公证事项？

【解答】

股权激励在商事领域很普遍，激励方式也从最早的工会型、个人名义型持股发展到信托持股型、合伙企业股东持股型等全新结构。从法律角度看，股权结构和激励方式应当合法有效；从效率角度来说，简单易行，随时可以通过入伙或是退伙来实现对目标公司股权的持有和股权利益的锁定。一般而言，此类公证会涉及协议公证、授权公证以及身份证公证，协议公证的核心点：入伙或退伙的条件、股权行权的条件、激励的期限等。授权书公证一般是关于授权代办合伙或退伙、行权事宜，重点告知可能的法律后果，记录激励人员的意见。如果申请公证现场监督股东会的讨论过程，建议全程摄像，重点关注股东的真实性、讨论议题的内容、表决权的比例和行使程序合规性，现场签署的股东会决议内容明确，签名完整。

3 “1 元”转让股权是否可以办理公证

【问题】一家有限责任公司，股东 3 人，认缴出资 8000 万元，现其中 2 个股东以“1 元”现金转让股权给另一个股东，并就此申请办理公证。

【请问】是否可以受理上述公证事项？

【解答】

有限责任公司具有极强的人合性，正常情况下是不受法律太多约束的。本案需要着重考虑的是“1 元”转让股权背后，当事人的真实意思表示是什么？

从税务角度分析，这种现象也有可能是实际控制人控制的企业之间的交易，“1 元”转让只是一种形式，“1 元”转让在绝大多数情况下都会被税务机关视为转让价格明显偏低且不具有合理理由进而遭遇逃避税收合规性审查，如果以 0 元作为价值转让，在企业所得税计量中就会被列为赠与行为。

以表面形式掩盖真实目的角度分析，这种协议表面上是股权转让协议，实际上可能是三个股东私分公司资产的协议。比如协议的其他条款可能约定以公司的债权支付受让款等，有限责任公司以其全部财产对公司债务承担责任，股东不得侵吞转让公司财产，否则将会对公司其他股东或公司债权造成损害。

故本案中极有可能不是所谓的象征意义的 1 元钱，公证处还是得谨慎办理，对合同每一条款的解读需要认真把握，常规情况不建议办理。

4 股份锁定协议公证

【问题】当事人和某上市公司签订协议约定，当事人承诺锁定购买该上市公司股份，等到该上市公司作为大股东的另一家非上市公司完成今年业绩报告后解锁。

【请问】请问可以受理上述公证事项吗？

【解答】

该事项可以参考股份锁定承诺的相关规定办理。锁定承诺是指，上市公司的大股东按照股改时的约定承诺，将可以流通的股份锁定一段时间后再上市。目前市场中大股东锁定承诺的期限，大都是 36 个月（也有个别大股东在锁定期满后，自愿再延长锁定期）。规定大股东可流通股份的锁定期，是为了缓解股票全流通后，集中上市对市场带来的冲击。

股东作出的承诺应当符合证监会《上市公司监管指引第 4 号——上市公司实际控制人、股东、关联方、收购人以及上市公司承诺及履行》及相关证券交易所《股票上市规则》的相关规定。承诺应当具体、明确、无歧义、具有可操作性。同时，承诺人应当在承诺中作出履约保证声明并明确违约责任。

5 对赌协议能否办理公证

【问题】甲公司投资乙公司完成某一项目事情，甲公司与乙公司共同签署了一份《对赌协议》。经公证员审核，协议条款完备。

【请问】

1. 公证机构能否办理对赌协议公证？

2. 如能办理，需要注意哪些问题？

【解答】

"对赌协议"是从"Valuation Adjustment Mechanism，VAM"翻译过来的，其直译意思是"估值调整机制"。实践当中，对赌协议是收购方（包括投资方）与出让方（包括融资方）在达成并购（或者融资）协议时，对于未来不确定的情况进行一种约定。如果约定的条件出现，融资方可以行使一种权利；如果约定的条件不出现，投资方则行使一种权利。对赌协议实际上就是期权的一种形式。对赌协议产生的根源在于企业未来盈利能力的不确定性，目的是尽可能地实现投资交易的合理和公平。它既是投资方利益的保护伞，又对融资方起着一定的激励作用。对赌协议实际上是一种财务工具，是对企业估值的调整，是带有附加条件的价值评估方式。通过条款的设计，对赌协议可以有效保护投资人利益，但由于多方面的原因，对赌协议在我国资本市场还没有成为一种制度设置，也没有被经常采用。但在国际企业对国内企业的投资中，对赌协议已经被广泛采纳。

建议公证机构慎重办理对赌协议公证。对赌协议本身就是一种专业性非常强的协议，对承办公证员的职业素质要求很高。承办此公证事项，不能简单的浮于表面，采取"签字印章属实"等避重就轻式的公证服务方式进行。如果公证员对对赌协议本身很熟悉，或者对金融知识、股权架构等相关知识有一定的了解［比如对业绩对赌条款、一票否决权、反稀释条款、回购权（回赎权）、共同出售权、强卖权、优先购买权等协议耳熟能详］，能够直接参与到相关协议内容的起草、修改、监督履行等工作中去，可以尝试办理。办理过程中，如有需要，可以咨询相关专家或专业律师的意见。

对赌协议本身具有的复杂性和专业性，极有可能被当成借贷行为的外衣，以对赌之名，行借贷之实。公证员在承办相关案件时，应当对相关事实情况（协议方的相关情况、协议所涉项目的真实性及协议履行情况等）进行认真核实，对当事人的真实意思表示进行准确把握。

6　股票质押式回购交易协议是否可以办理赋强公证

【问题】某上市公司资金周转困难，需紧急大额融资，因银行贷款程序复杂、审批周期长，决定由关联股东以持有的股票向证券公司融资，并签订股票质押式回购交易协议书。证券公司为防范风险，要求双方所签订的相关协议要经公证并赋予强制执行力。协议约定，甲方余某自愿将其合法持有的"××集团"670万股流通股（对应初始交易金额为人民币3280万元）以及"××集团"760万股限售股（对应初始交易金额为人民币3720万元）股票为履行主合同项下全部支付义务向乙方××证券股份有限公司提供质押担保。初始交易金额共计人民币7000万元。上述双方并在补充协议中特别约定，在甲方（债务人）余某不履行或者不完全履行主合同约定义务或者出现法律法规规定、合同约定的债权人（××证券股份有限公司）实现债权的情形时，乙方（债权人）可依照主合同及补充协议约定的有关规则和条件向公证处申请出具执行证书，并可凭执行证书向有管辖权的人民法院申请强制执行；甲方承诺自愿放弃诉权和抗辩权，同意无条件直接接受依法强制执行。

【请问】上述股票质押式回购交易协议书能否办理赋予强制执行效力公证？

【解答】

股票质押式回购交易，是指符合条件的资金融入方以所持有的股票或其他证券质押，向符合条件的资金融出方融入资金，并约定在未来返还资金、解除质押的交易。公证实务中以证券公司的融券协议，信托公司的融资质押协议公证较多。依据《关于充分发挥公证书的强制执行效力服务银行金融债权风险防控的通知》和各地司法实践看，该模式公证赋强没有法律障碍。

办理这类协议赋强公证时须注意以下事项：

1. 合同条款要细看，尤其是公证不能修改的格式条款，告知要有针对性和细化，重点条款逐条告知记录，尤其可以询问以前是否签署过类似协议。

2. 公司的授权文件、股东会的决议等反映法人意思表示的证据要重视核实。

3. 从最高人民法院的公证债权文书执行规定看，执行证书作为主要反映公证核实情况的记录，对法院审查基础合同和执行顺利性都很重要，建议对出具执行证书前的核实手段约定尽量多元化，发函、电话、微信、支付宝、现场走访等多种方式组合使用，穷尽式的最好。

7　非上市股份有限公司的股东如何转让其股权

【问题】甲称自己系某非上市股份有限公司的股东，现需转让持有的股份给乙，甲持有一份在该公司网站上下载的2020年半年年报，年报显示甲持有该公司的股份及具体的持股数额。同时，甲进行股份转让需要通过中国结算中心进行结算，该中心不出具任何甲持股的材料，该股份有限公司也不出具书面证明，甲、乙双方现申办股权转让协议公证。

【请问】如何审查核实转让标的物的真实性？

【解答】

依据《民法典》第125条的规定，民事主体依法享有股权和其他投资性权利。第131条规定，民事主体行使权利时，应当履行法律规定的和当事人约定的义务。公证机构办理民事主体转让财产类合同（协议）的公证时，应当就转让合同的主体、转让标的物、合同权利义务三个方面的真实性、合法性进行审查，结合本案，对转让标的物的审查是难点。

依据《公司法》的规定，股份有限公司的股份采取股票的形式，股票是公司签发的证明股东所持股份的凭证。股东持有的股份可以依法转让。股东转让其股份，应当在依法设立的证券交易场所进行或者按照国务院规定的其他方式进行。另外，通过“国家企业信用信息公示网”可以查询核实该公司的部分信息，包括近期的年度报告。年度报告中显示具体的股东、非公开发行的股份总数、社会公众股总数。依据《证券法》的规定，股票是有价证券，其转让法律关系，同时受《民法典》《公司法》《证券法》的调整和约束。以《证券法》为角度，可以将股份有限公司分为公众公司与非公众公司，公众公司可以分为上市公司与非上市公众公司。非公众公司（一般指人数不超过200人、未公开发行股份、发行股份的对象特定）的股份未按公众公司的方式发行，法律对这类问题一直没有明确规定，导致这类公司的股份转让无法正常进行。

本案中，甲持有的股份需要到证券交易场所进行结算和登记，但该公司不是上市公司，因此推定该公司属于非上市公众公司（经办人可以结合年度报告中是否有公开发行股份的记录等综合判断）。另外证券交易场所应当是中国证券登记结算有限责任公司，简称“中国结算”。

根据《非上市公众公司监督管理办法》的规定，非上市公众公司发行股票分为定向发行与公开发行。公开发行的股票应当在全国中小企业股份转让系统（新三板）进行，公开转让的股票应当在中国证券登记结算有限责任公司集中登记存管。公开发行后，股票持有人也就是本案中的甲，可以通过全国中小企业股份转让系统进行交易。换言之，转让标的物的真实性、合法性可以通过审查甲是否具有相关证券账户、资金账户、主办券商证券买卖委托代理协议综合判断。

新三板挂牌股票转让可以采取做市方式、协议方式、竞价方式或证监会批准的其他转让方式，具体可以查阅《全国中小企业股份转让系统股票挂牌业务操作指南》。本案中，假设甲取得了该公司挂牌股票，可以通过协议方式转让股票给乙，可以办理股权转让协议公证。

办理公证时，除合同类公证的常规审查外，注意审查：

1. 甲、乙双方是否是合格的投资者；

2. 协议内容是使用国家标准模板还是双方自行协商订立的合同；使用国家标准模板的，可向当事人了解模板的取得方式，有助于进一步判断合同协议的真实性、合法性；双方自行协商订立的，审查合同时需要结合《民法典》《公司法》《证券法》《非上市公众公司监督管理办法》《全国中小企业股份转让系统有限责任公司管理暂行办法》《全国中小企业股份转让系统业务规则（试行）》等法律规范综合判断。

3. 办理此类较为新颖的合同协议类公证时，公证员应充分与交易双方、交易相关方交流，有助于公证员起草公证文书，识别风险。

8　股权代持协议公证问题

【问题】某有限责任公司，公司章程及工商登记均为两个股东A(出资95%)和B(5%)。但实际出资有三个人，95%的实际出资人是A(55%)和C(40%)，现在他们三人想签一份协议(明确三者实际出资情况、利益分配及代持)并申请办理公证。

【请问】能否办理以上公证事项？

【解答】

《最高人民法院关于适用〈中华人民共和国公司法〉若干问题的规定(三)》第25条规定，"有限责任公司的实际出资人与名义出资人订立合同，约定由实际出资人出资并享有投资权益，以名义出资人为名义股东，实际出资人与名义股东对该合同效力发生争议的，如无《民法典》相关规定的情形，人民法院应当认定该合同有效"，该项规定肯定了股权代持行为的合法性，因此，股权代持协议办理公证已经不存在法律上的障碍。但是，股权代持协议相较于其他有名合同而言，毕竟存在法律规定不充分、不具体等问题，对于公证行业而言也尚属于非常规业务，缺乏具体的业务规则进行指导。因此，对于该类业务办理应更加秉持审慎原则，至少如下方面应予特别关注。

1. 对于该类协议公证的审查要求当然适用普通合同、协议类公证的审查标准。

2. 结合现有司法审判实践，隐名股东(实际出资人)因身份受限不能成为股东而采用股权代持方式进行规避的，则极有可能涉嫌合同无效，包括：党政领导干部、公务员、现役军人、国有企业领导干部、违背竞业禁止规定的人员、外籍人士或机构(属于外商投资准入负面清单"禁止类"的)，公证审查时若发现此类情形，建议不予办理。

3. 为有效实现"预防纠纷、减少诉讼"的公证价值，如下事项应在业务承办时进行着重告知。

(1)隐名股东法律风险：

第一，显名股东违反协议约定，进行股权转让；

第二，显名股东因死亡、离婚、个人债务等问题，造成代持股权被继承、被分割、被执行；

第三，隐名股东若想"显名"，需经公司其他股东半数以上同意。

(2)显名股东法律风险：

第一，隐名股东出资不实，则显名股东应履行出资义务；

第二，公司债务履行不能，则有可能被牵连列入失信人名单。

(3)为有效降低相关法律风险，可建议当事人在股权代持协议中就如下事项进行明确约定(亦可通过声明书、承诺书、夫妻财产约定等形式形成综合解决方案)：

第一，显名股东(代持人)在行使股东表决权、选任公司管理人员权、请求分配股息红利权、新股认购权、分配剩余财产权等重大股东权利时，应遵照隐名股东意愿来确定，甚至可以约定为需经隐名股东书面授权；

第二，明确显名股东的股权财产权别出在其责任财产之外，避免因其死亡所引发的继承、离婚所引发的财产分割、个人债务所引发的强制执行等原因造成隐名股东财产受损；

第三，严格、清晰、明确的违约责任(其中应特别关注隐名股东的出资义务)，以此对双方形成充分的警示作用，避免任何一方因滥用权利给对方造成损害。

9 股权代持权益证是否可以办理保全书证公证

【问题】当事人持有公司给其发放的股权代持权益证,向公证机构申办保全书证公证。

【请问】以上公证事项是否可以办理?

【解答】

股权代持是指实际出资人与他人约定,以他人名义代实际出资人履行股东权利义务的一种股权或股份处置方案,实际出资人与名义出资人往往以股权代持协议方式确定存在代为持有股权或股份的事实。国家并不禁止股权代持协议,合法、有效的股权代持协议能够得到认可,但违法的股权代持协议会受到法律否定评价。社会生活中也不排除有人利用股权代持协议的形式进行非法集资诈骗。

回到本案,应当弄清楚当事人申办公证的目的,向其了解本股权代持权益证形成的原因,对背后的股权代持协议的真实性和合法性进行初步判断。经审查,认为存在利用股权代持权益证进行非法集资可能的,应当不予公证;经审查,认为股权代持权益证背后的股权代持法律关系真实、合法的,可准予公证。

10 技术入股协议公证问题

【问题】某公司在组建过程中,同意科技特派员以技术入股并欲申办技术入股协议书公证。因涉及收费,现在他们要以实际投资额而不以工商登记额签署协议,实际投资比注册登记的出资额金额少。按他们的意思,这个是应地方性政策性要求办理的,实际情况他们另外有补充协议。

【请问】能否办理以上公证事项?

【解答】

《民法典》第146条规定,行为人与相对人以虚假的意思表示实施的民事法律行为无效。以虚假的意思表示隐藏的民事法律行为的效力,依照有关法律规定处理。

本案技术入股协议书中约定的实际投资额比工商登记的出资额金额少,存在"阴阳合同"的可能,其意思表示可能是虚假的,公证机构不予为其办理公证。建议公证机构进一步补充了解案件的更多信息,探求当事人的真意,以便在信息更为充分的情况下作出正确的公证决策。

11 股权赠与是否需要配偶同意

【问题】甲、乙再婚后成立一公司,其中甲占公司90%股权,乙占公司10%股权,甲欲将全部股权赠与其与前妻所生之子丙。现甲、丙来申办赠与公证,据甲称注册成立公司时在工商局并无夫妻财产约定,现乙口头表示对甲的赠与行为不反对但并不配合公证人员做任何工作。

【请问】赠与人的配偶不反对股权赠与行为,但又不配合,公证能否受理?

【解答】

在婚姻关系存续期间,以夫妻共同财产认缴有限责任公司出资但仅登记在夫妻一方名下的股权,该股权性质和归属的判断,根据学说,有两种意见。

一、有权处分说

股权是股东基于其股东资格而享有的复合性权利。在婚姻关系存续期间以夫妻共同财产出资取得但登记在夫或者妻一方名下的有限责任公司股权,仅得由登记方行使,而非夫妻共同共有,故登记方对于该股权的处分系有权处分。如无与第三人恶意串通损害另一方利益等导致合同无效的情形,登记方应按合同约定协助办理股权变动手续,但基于该股权而取得的收益属于夫妻共同财产。

二、无权处分说

婚姻关系存续期间,以夫妻共同财产出资而取得的有限责任公司股权,即使登记在夫或者妻一方名下,亦为夫妻共同共有。夫妻对共同所有的财产,有平等的处理权,故登记方未经配偶方同意擅自向第三人转让股权,属无权处分。因登记方不具有处分权,在配偶方不同意转让股权的情形下,作为受让方的第三人不能取得该股权,仅可主张转让方承担违约责任。

根据最高人民法院第二巡回法庭法官会议纪要中对夫妻一方名下的有限公司股权的归属与转让的意见,是采取有权处分说。

股权是股东基于其股东身份和地位而在公司中享有的权利,包含资产收益权、参与重大决策和选择管理者等,兼具财产权与人身权属性。根据《公司法》规定,取得完整无瑕疵的股东资格和股东权利,应同时符合向公司出资或认缴出资这一实质要件和被记载于公司股东名册等相关文件这一形式要件。换言之,出资并非取得有限责任公司股权的充分条件,不能仅因出资来源于夫妻共同财产而认定该股权为夫妻共同共有。当股权登记于夫妻一方名下时,该股权的各项具体权能应由股东本人独立行使,股东有权单独处分该股权。如无恶意串通损害另一方利益等导致合同无效的情形,登记为股东的一方应按合同约定履行股权转让义务,但根据原《婚姻法》及其司法解释的相关规定,因转让该股权而取得的收益属于夫妻共同财产。

对于有限责任公司股权的取得、归属认定及转让,《公司法》有一整套规则。根据现行《公司法》第 32 条的规定,记载于股东名册的股东可以主张行使股东权利。股东转让股权,即属于股东行使其权利的一种方式,无须取得包括其配偶在内的其他人同意。原《婚姻法》第 17 条(该条已为《民法典》第 1062 条所替代,与原《婚姻法》第 17 条相比,《民法典》第 1062 条将劳务报酬和投资收益亦纳入夫妻共同财产范围)规定,夫妻在婚姻关系存续期间所得"生产、经营的收益",归夫妻共同所有。能否基于该规定而认定题述情形下的股权为夫妻共同财产,进而认为相关股权转让应由夫妻共同决定呢?答案是否定的。具体理由分述如下:

1. 有限责任公司股权为兼具财产权与人身权属性的复合性权利,出资或认缴出资并非取得股东资格的充分条件。

对于在婚姻关系存续期间以夫妻共同财产出资并登记在一方名下的股权,现行司法解释实际上已间接确认并非夫妻共有。原《最高人民法院关于适用〈中华人民共和国婚姻法〉若干问题的解释(二)》第 16 条第 1 款[《最高人民法院关于适用〈中华人民共和国民法典〉婚姻家庭编的解释(一)》第 73 条]规定:"人民法院审理离婚案件,涉及分割夫妻共同财产中以一方名义在有限责任公司的出资额,另一方不是该公司股东的,按以下情形分别处理:(一)夫妻双方协商一致将出资额部分或者全部转让给该股东的配偶,过半数股东同意、其他股东明确表示放弃优先购买权的,该股东的配偶可以成为该公司股东;(二)夫妻双方就出资额转让份额和转让价格等事项协商一致后,过半数股东不同意转让,但愿意以同等价格购买该出资额的,人民法院可以对转让出资所得财产进行分割。过半数股东不同意转让,也不愿意以同等价格购买该出资额的,视为其同意转让,该股东的配偶可以成为该公司股东。"

根据上述规定,即便能够确认登记在一方名下的有限责任公司股权是由夫妻共同财产转化而来,另一方亦不能直接请求分割"股权",而是只能分割"出资额"。因其不具有股东资格,如欲取得股权,则应按照《公司法》中有关有限责任公司股权对外转让的规则进行,即需经其他股东过半数同意,且其他股东有优先购买权;如过半数股东不同意转让但愿意购买该出资额,法院只能分割"转让出资所得财产"。司法解释的上述规定与原《婚姻法》第17条的精神完全一致,应是再三权衡后,在尽可能减少对公司正常运作的冲击、保障其他股东合法权益的前提下,选择的既现实可行又有利于解决夫妻之间纠纷的方式。该规定显然已经明确未登记一方并非公司的股东,而股东资格是股东享有和行使具体的股东权利的前提和依据,因此,原《最高人民法院关于适用〈中华人民共和国婚姻法〉若干问题的解释(二)》第16条第1款实际已间接确认了该股权不属于夫妻共有。

2. 维护交易安全与效率的现实需要,登记方单独进行的股权转让为有权处分。

《公司法》第71条明确规定了有限责任公司股权的转让规则和程序。基于有限责任公司的人合性特征,法律一方面确认并保障股东转让股份的权利,另一方面也尽可能维护股东间的相互信赖及其他股东的正当利益。具体而言,股东之间可以自由转让股权;向公司现有股东以外的其他人转让股权,要求书面通知其他股东并经其他股东过半数同意——此时采用"股东多数决"而非"资本多数决";同等条件下,其他股东有优先购买权。在规定有限责任公司股权转让的一般原则的同时,该条允许公司章程对股权转让作出其他规定,以体现股东的自治权。可见,《公司法》确认的股权合法转让主体是股东本人,股东转让其所有的股权是其行使所有者权能的具体方式,并未要求自然人股东转让其名下股权应取得其配偶或其他家庭成员同意。因此题述情形下,已经依法登记为股东的一方单独进行的股权转让,系有权处分,在不存在其他影响转让合同效力的情形下,转让合同对转让双方均具有法律约束力,登记方应按照合同约定配合办理股权变动手续。

3. 配偶中非转让方的权利救济与保护。

尽管婚姻关系存续期间以夫妻共同财产认缴有限责任公司出资,但该登记在夫妻一方名下的股权不属于夫妻共同财产,在夫妻未就婚姻关系存续期间所得财产的归属另作约定的情况下,该股权取得的收益仍应归夫妻共同所有。如未被登记为股东的另一方对该股权的收益受到不法侵害,其可通过原《民法总则》第154条(《民法典》第154条)规定的恶意串通行为无效制度得到救济。

如前所述,题述情形下,登记方单独进行的股权转让系有权处分,在无其他导致合同无效的事由时,相关股权转让合同的效力不应受到否定性评价。但是,如果登记为股东的一方与受让人在进行股权交易时具有通过股权转让合同损害该股东配偶合法权益的共同目的,则其行为构成恶意串通,该股东的配偶可通过请求确定该股权转让合同无效,使各方利益恢复到合同订立前的状态,进而保障其基于该股权的收益得以实现。在无法认定转让双方存在恶意串通进而认定合同无效的情况下,如转让方存在放弃转让价款、无偿转让股权或以明显不合理的低价转让股权且受让人知悉等可撤销情形的,配偶中的非转让方可通过行使撤销权保护自己的合法权利。

综上，如果是正常的对价交易行为，股权的转让行为可由实际登记股东一个人完成，收益归夫妻共有。但本案特殊之处在于无偿赠与，在转让方的配偶不同意的情况下，该赠与是有损害其配偶合法权益之嫌，所以是不建议办理赠与合同公证。

12　对公司股东会、董事会决议的审查

【问题】在办理商事、金融公证中，通常需要公司提供支撑其处分行为的董事会决议、股东会决议等。

【请问】

1. 公证人员是否有必要审查股东会决议或董事会决议？

2. 审查的方式如何？

【解答】

1. 公司决议作为公司经营管理与法人治理的决策性依据，是公司意思自治的根本体现，公司决议的内容不仅与股东的利益息息相关，同时也涉及各方参与者、经营者与决策者的切身利益，其重要性不言而喻。因此，公证介入公司的融资、担保、交易、变更等商事活动时，为确保合同的合法性、真实性及效力问题，应当收集公司提供股东会或董事会决议等，来证明相关事项征得公司权力机构的许可或同意。

2. 审查的方式。根据《公证程序规则》第 23 条第（四）项的规定，公证机构受理公证申请后，应当根据不同公证事项的办证规则，审查申请人提供的证明材料是否真实、合法、充分。可见，公证机构对其收集的证明材料之真实性、合法性负有审查的义务。

（1）真实性审查。其方式可以是股东确认、法定代表人确认、授权代理人确认。核实的方法可根据各公证机构的具体规定，采用面见、电话、视频等有效手段进行确认。

（2）合法性审查，一般审查决议内容是否符合公司章程及法律的规定，特殊情况下还应审查是否征得上级主管部门的同意。

实践中，对于国有公司、上市公司或者金融机构等法人治理和内部决策制度比较规范的公司以及行政权力机关出具的批复，一般可做形式审查，上市公司还可通过查阅其公开披露的信息进行审查。

特别需要强调的是，第三人担保或者重大财产的处置，应当采取更为审慎的审查方式，避免因决议造假导致的风险。

13　中国公证在家族办公室领域作为

【请问】中国公证在家族办公室领域有无机会？如何切入？

【解答】

家族办公室最早起源于古罗马时期的大“Domus”（家族主管）以及中世纪时期的大“Domo”（总管家）。现代意义上的家族办公室出现于 19 世纪中叶，一些抓住产业革命机会的大亨将金融专家、法律专家和财务专家集合起来，研究的核心内容是如何管理和保护自己家族的财富和广泛

的商业利益。作为一个舶来品,家族办公室模式在海外已经有了非常成熟的业态,但是在国内才刚刚起步——有着非常高的门槛,且数量巨大的人群需要这样的服务,但无论在资源、认知层面还是运营成本方面都极具挑战。家族办公室被誉为财富管理行业皇冠上的明珠,是服务于富裕家族客户,满足其方方面面个性化需求而专门成立的专业机构,并不是家族信托业务的简单升级版。在中国经济继续保持较快发展的背景下,中国富裕家族会呈现继续快速增长的趋势,随着中国富裕家族财富意识的觉醒,寻找合适的财富管理模式已成为他们面临的最为紧迫的任务。以专家顾问团的形式,为中国家族提供更贴心的服务,如资产管理、遗产规划、日常财务、企业管理、上市咨询等,这其中不仅拥有利于家族生意发展的金融服务,且更加注重对家族成员生活细节的专属服务。

公证的公信力、公文书是公证行业介入该领域的最大资本和卖点,当然必要的法律技能和相关领域的知识储备是必需的。整体上,公证员的综合法律素养拼不过律师,财富规划运作拼不过理财师。但是,公证员在基础法律框架的构建,如遗嘱、夫妻财产约定、信托、意定监护、公司治理安排、家庭和企业利益的衔接和风险安排等,还是优势明显。但最终公证行业在此领域可以做到何种程度还有赖于全体同仁的共同努力。

14 商业保理公司办理赋强公证问题

【问题】小供货商给一些优质大企业控股的子公司供货,保理商和小供货商(融资申请方)签订保理合同,合同是线上签订的(在某供应链金融平台签订的)。现在保理商要求和基础合同付款方的核心企业(付款方的母公司,一家大型上市公司)签订保理合作协议,主要内容是核心企业愿意作为共同债务人对原基础合同中债务人的付款义务承担连带付款责任,放弃任何抗辩权。保理商要求对这个合作协议赋强(这个协议主体只有两方,没有融资方,也没有原债务人)。

【请问】是否可以受理上述公证事项?

【解答】

《民法典》第761条规定:"保理合同是应收账款债权人将现有的或者将有的应收账款转让给保理人,保理人提供资金融通、应收账款管理或者催收、应收账款债务人付款担保等服务的合同。"本案中,小供货商因向母公司的子公司供货,形成债权债务关系。小供货商与保理公司签订保理合同,小供货商将其对于子公司所享有的债权(应收账款)转让给保理公司,保理商向应收账款债务人(子公司)发出应收账款转让通知的,其中表明保理人身份并附有必要凭证。保理人受让小供货商的债权,对于子公司享有债权。现债务人的母公司要与子公司承担连带清偿责任,这属于债务的加入(《民法典》第552条:"第三人与债务人约定加入债务并通知债权人,或者第三人向债权人表示愿意加入债务,债权人未在合理期限内明确拒绝的,债权人可以请求第三人在其愿意承担的债务范围内和债务人承担连带债务"),双方就此达成协议。这个合作协议实质是债务承担的协议。

对于这类赋强公证,可以考虑的处理方案是将基础协议中的给付内容提取出来,双方签订还款协议,还款协议中所载的债权债务的数额是经过当事人之间清算后共同认可的,约定还款期限及相应利息违约责任的计算等。在办理公证时,将双方形成的基础债权债务关系的合同存档,还款协议中写明如果因基础法律关系发生争议双方另行诉讼。对于还款协议项下的给付内容赋予强制执行效力。也就是将基础合同与债权文书做一个切割,以使债权文书的项下的债权具有无因性。

15　办理保理合同公证对应收账款的审查

【请问】在办理保理合同公证时,公证就是否需要审查应收账款的真实性?

【解答】

《民法典》763 条规定,应收账款债权人与债务人虚构应收账款作为转让标的,与保理人订立保理合同的,应收账款债务人不得以应收账款不存在为由对抗保理人,但是保理人明知虚构的除外。

虽然根据该条规定,虚构应收账款不影响保理合同的效力,但基于公证预防纠纷的功能,公证机构办理保理合同公证时,应当关注基础法律关系的真实性,但因为当事人并没有将应收账款协议申请办理公证,故公证机构对于基础合同的审查义务一般是形式审标准,须对交易目的、交易习惯、交易方式、交易相关凭证等进行初步审查核实。

16　小贷公司的利率是否受 LPR4 倍的限制

【问题】小贷公司向公证机构申办借款合同赋予强制执行效力公证,其约定的利率高于当时 LPR 的 4 倍。

【请问】小贷公司的利率是否受《最高人民法院关于审理民间借贷案件适用法律若干问题的规定》第 25 条规定的规制?

【解答】

《最高人民法院关于审理民间借贷案件适用法律若干问题的规定》第 25 条规定,出借人请求借款人按照合同约定利率支付利息的,人民法院应予支持,但是双方约定的利率超过合同成立时一年期贷款市场报价利率四倍的除外。前款所称“一年期贷款市场报价利率”,是指中国人民银行授权全国银行间同业拆借中心自 2019 年 8 月 20 日起每月发布的一年期贷款市场报价利率。

根据《最高人民法院关于新民间借贷司法解释适用范围问题的批复》第 1 条规定,经征求金融监管部门意见,由地方金融监管部门监管的小额贷款公司、融资担保公司、区域性股权市场、典当行、融资租赁公司、商业保理公司、地方资产管理公司等七类地方金融组织,属于经金融监管部门批准设立的金融机构,其因从事相关金融业务引发的纠纷,不适用新民间借贷司法解释。该批复确定了小贷公司、典当行等七类主体的金融机构身份,不适用于 4 倍 LPR 的民间贷款利率上限。

经梳理,现有法律法规体系中金融机构借贷利率上限并无明确规定。2004 年 10 月 28 日,央行发布《中国人民银行关于调整金融机构存、贷款利率的通知》,从 2004 年 10 月 29 日起,金融机构贷款利率取消上限管制;2013 年 7 月 19 日,央行发布《中国人民银行关于进一步推进利率市场化改革的通知》,自 2013 年 7 月 20 日起全面放开金融机构贷款利率管制,在明文规定层面,金融机构贷款利率自此再无上下限管制。而2019年9月以来所施行的LPR机制实为金融贷款利率市场化改革的进一步推进,基准利率演变为市场报价框架下的全新标准,亦不存在为金融借贷利率设置上限标准的问题。

17 典当抵押借款合同公证的注意事项

【问题】当事人申请办理"典当抵押借款合同"公证,就典当的有关问题进行咨询。

【请问】

1. 用于典当的房产范围该如何界定?

2. 当金月利率、综合费率,按照什么标准执行?当期内典当行收取的利息、综合费用,人民法院是按照民间借贷纠纷案件中的利率保护标准执行还是按照《典当管理办法》中的利率保护标准执行?

3. 办理典当合同赋予强制执行效力须注意哪些事项?

【解答】

根据《典当管理办法》第25条、第42条的规定,典当行可以经营动产质押典当业务、财产权利质押典当业务、房地产(外省、自治区、直辖市的房地产或者未取得商品房预售许可证的在建工程除外)抵押典当业务。其中,典当行经营房地产抵押典当业务,应当和当户依法到有关部门先行办理抵押登记,再办理抵押典当手续。故典当行办理房产的抵押典当业务,抵押物应属法律规定可抵押房产并具备办理抵押登记的条件。

关于当金利率计算,2020年5月8日银保监会发布《关于加强典当行监督管理的通知》提出,典当当金利率按贷款市场报价利率(LPR)及浮动范围执行,不再按中国人民银行公布的银行机构6个月期法定贷款利率及典当期限折算后执行。典当综合费率则应根据实际提供的服务向当户收取,且不得超过《典当管理办法》规定的费率上限。贷款市场报价利率即"LPR",是由全国银行间同业拆借中心每月20日发布,自2019年8月20日起开始实行。LPR包括1年期和5年期两个品种,由于典当当期最长为6个月,所以当金利率应以1年期LPR作为计算依据。举例,2021年1月20日最新公布的1年期LPR报价是3.85%,当金100,000元,当期1个月,1年期LPR报价是3.85%,折算成月利率即是0.3208%,利息=100,000×0.3208%,即320.8元。典当综合费率按照《典当管理办法》第38条规定,"典当综合费用包括各种服务及管理费用。动产质押典当的月综合费率不得超过当金的42‰。房地产抵押典当的月综合费率不得超过当金的27‰。财产权利质押典当的月综合费率不得超过当金的24‰"。同样举例,当金100,000元,当期1个月,使用房屋抵押,月综合费率不超过2.7%,即100,000×2.7%=2700元。

第九部分　不同法域民事法律关系法律适用问题

1　涉外公证的涉外因素判断

【问题】国内一公司作为申请人，申请对其公司员工A(美籍华裔)持有的手机中的微信聊天记录做保全。

【请问】该案件是按照涉外公证办理，还是国内公证办理？

【解答】

按照国内公证办理，因为公证书使用地是中国。申请人的国籍是外国，与国内公证程序无异，承办公证员不需要有涉外资格，公证书也无须在国外使用，不涉及水印纸管理。

2　是否需要具体化签证类别的问题

【问题】有一位当事人需要办理身份证公证，在公证书上要求写：仅限用于×××办理澳大利亚永久居民签证，签证类别：贡献类父母签证(subclass 143)，用于其他事项无效。

【请问】这样写公证机构可以受理该项公证吗？

【解答】

签证类别不需要写，就写明澳大利亚永久居留签证，用于其他事由无效。没有必要写这么多，一般就写用于澳大利亚签证，未出现过不能使用的情形，不会影响他办理澳大利亚签证。

3　涉外贷款文书公证问题

【问题】当事人系南非一家公司的法定代表人。现因该公司在南非申请银行贷款，根据南非银行的要求，需要公证机构对当事人及配偶，以及其他公司股东及配偶在英文贷款合同和相关承诺材料上签字的行为予以证明。

【请问】公证书上的申请人可以以自然人名义申请吗？

【解答】

担任法定代表人的自然人如果是以“法定代表人”的身份提请公证申请，应当本人签字并加盖公司公章。但是担任法定代表人的自然人是以公司股东身份进行申请，那么申请人写股东及其配偶个人即可。

4 中国人立遗嘱处分在外国的房产

【问题】当事人系中国人在日本有房产，要在乌鲁木齐申办遗嘱公证，将房产指定给自己的儿子继承。

【请问】

1. 能否受理该遗嘱公证？

2. 该遗嘱公证书今后如何使用？

【解答】

可以办理该遗嘱公证。避免法律适用的审查，规避外国法查明问题，刘疆老师的定式公证书格式指南指出，外国人立遗嘱应当按照第34式证明签字、印鉴属实公证。

法院的司法文书以及有的遗嘱需要订立地律师的法律意见书。我们不清楚日本的规定和要求，这一点作为外国法无法查明的风险，告知立遗嘱人，由他自行落实和作出自我决策。

5 外国人立遗嘱处分在中国的不动产

【问题】一外国人在中国国内留有房产，现想把房产给孙子（孙子也是外国人）并到公证处申请办理遗嘱公证。

【请问】是否可以受理上述公证事项？

【解答】

根据《民法典》第12条规定："中华人民共和国领域内的民事活动，适用中华人民共和国法律。法律另有规定的，依照其规定。"《涉外民事关系法律适用法》第3条规定："当事人依照法律规定可以明示选择涉外民事关系适用的法律。"第31条规定："法定继承，适用被继承人死亡时经常居所地法律，但不动产法定继承，适用不动产所在地法律。"第32条规定："遗嘱方式，符合遗嘱人立遗嘱时或者死亡时经常居所地法律、国籍国法律或者遗嘱行为地法律的，遗嘱均为成立。"第33条规定："遗嘱效力，适用遗嘱人立遗嘱时或者死亡时经常居所地法律或者国籍国法律。"第34条规定："遗产管理等事项，适用遗产所在地法律。"

本案办理遗嘱公证，按照正常遗嘱公证程序办理即可，由于遗嘱人身份特殊，而遗嘱人立遗嘱的根本目的是所立遗嘱有效，追求去世后遗嘱能得到全部执行，所以从这一出发点，根据当事人实际情况，结合上述《涉外民事关系法律适用法》的相关规定，在原有遗嘱公证告知的基础上，增加相关告知内容。如果公证员不熟知当事人国籍国法律，在为当事人设立遗嘱时，应提醒当事人注意其本国关于不动产遗嘱处置的有关法律规定，并由其自行承担遗嘱所产生的相应后果。

6 遗嘱受益人和指定监护人均系外国人

【问题】一个当事人的老公、孩子都是外国国籍，老公去世后，她想做一个公证遗嘱，把财产遗留给外国国籍的孩子，同时还想指定监护人，监护人也是一个外国人。

【请问】能否办理以上事项公证？

【解答】

根据《涉外民事关系法律适用法》第 32 条“遗嘱方式，符合遗嘱人立遗嘱时或者死亡时经常居所地法律、国籍国法律或者遗嘱行为地法律的，遗嘱均为成立”、第 33 条“遗嘱效力，适用遗嘱人立遗嘱时或者死亡时经常居所地法律或者国籍国法律”的规定，当事人立遗嘱时可以适用经常居所地法律、国籍国法律或遗嘱行为地法律，当事人在国内所立遗嘱应适用我国法律。根据《民法典》第 1133 条“自然人可以依照本法规定立遗嘱处分个人财产，并可以指定遗嘱执行人。自然人可以立遗嘱将个人财产指定由法定继承人中的一人或者数人继承”并没有受益人不能为外国国籍的规定，遗嘱可成立和生效，可以办理公证。

根据《涉外民事关系法律适用法》第 30 条“监护，适用一方当事人经常居所地法律或者国籍国法律中有利于保护被监护人权益的法律”和《民法典》第 29 条“被监护人的父母担任监护人的，可以通过遗嘱指定监护人”的规定，当事人的配偶去世后，其作为未成年人的母亲可以在遗嘱中为其未成年的孩子指定监护人。由于孩子是外国人，通过遗嘱为外国人指定监护人及监护人也为外国人的，哪些外国人有资格成为指定监护人，最重要是考虑域外法即孩子国籍国法律的规定，宜结合“最有利于被监护人原则”及“尊重被监护人真实意愿原则”综合考虑。

从财产关系上看，其配偶死亡时发生了继承，看财产是在国内还是国外，根据《涉外民事关系法律适用法》第 24 条“夫妻财产关系，当事人可以协议选择适用一方当事人经常居所地法律、国籍国法律或者主要财产所在地法律。当事人没有选择的，适用共同经常居所地法律；没有共同经常居所地的，适用共同国籍国法律”的规定来适用相关法律，以确定财产归属和其配偶的遗产范围。当事人可以立遗嘱处分的财产为属于其所有的财产和应继承其老公的遗产。如当事人在遗嘱中处分了属于他人的财产可能会导致遗嘱部分无效。

7　人在国外死亡的遗体捐赠同意书公证

【问题】孩子在迪拜死亡，其父母决定将孩子的器官捐赠给两个国家（阿拉伯联合酋长国和沙特阿拉伯王国），按当事人要求想办个同意书公证，同意书上不具体写明捐献器官的详细名称，仅笼统表述捐献器官，且不写清楚接受捐赠的国家具体名称。完成捐赠后，接受捐赠的国家会向父母支付一笔钱，然后打入他们指定的银行卡内。

【请问】是否可以受理上述公证申请？

【解答】

遗体基于个人的意思自治予以捐赠，中国法律是予以许可和鼓励的。但是本问的难点在于，一是捐赠人为未成年人的父母；二是捐赠完成后还有一笔费用的支付。故需要以非常谨慎的态度处理。

事发地为迪拜，属阿拉伯联合酋长国，另一个接受器官捐赠的国家为沙特阿拉伯王国，两国的法律对器官捐赠如何规定，不得而知。根据我国原卫生部印发的《世界卫生组织人体细胞、组织和器官移植指导原则（草案）》指导原则 5：细胞、组织和器官应仅可自由捐献，不得伴有任何金钱支付或其他货币价值的报酬。购买或提出购买供移植的细胞、组织或器官，或者由活人或死者近亲出售,都应予以禁止。禁止出售或购买细胞、组织和器官不排除补偿捐献人产生的合理和可证实的费用,包括收入损失,或支付获取、处理、保存和提供用于移植的人体细胞、组织或器官的费用。指导原则6:可依据国内法规,通过广告或公开呼吁的方法鼓励人体细胞、组织或器官的无私捐献。应禁止登广告征求细胞、组织或器官并企图为捐献细胞、组织或器官的个人提供或寻求付款,或在个人死亡情况下,为其近亲提供或寻求付款。参与对此类个人或第三方付款的中间行为也应予以禁止。从这个文件上看,器官不允许买卖。至于所说的"合理和可证实的费用,包括收入损失","收入损失"是什么含义,不清楚,很难判断。如果从中国国内法来看,国务院的《人体器官移植条例》第8条第2款后半段规定:"公民生前未表示不同意捐献其人体器官的,该公民死亡后,其配偶、成年子女、父母可以以书面形式共同表示同意捐献该公民人体器官的意愿。"如果是当事人作为死者的近亲属,只是表示同意捐献人体器官,不涉及获得奖励的问题,可以按照在外文文本上签字的方式34式进行公证。

司法部的[88]司发公函字第224号文四、"对于前述第二、三项中的外文文书,公证机关如发现有违背我国法律、有损我国主权和国家利益的内容,应予拒绝公证。"如果是在外文上证明签字,通常就按照上述文件审查标准进行审查。综上,如无其他特殊情况,不建议公证处受理该项公证。

8 能否因为双重国籍问题推翻继承公证

【问题】中国人在加入外国国籍以后回到国内,因原中国国籍未注销,故用中国籍身份办理了房产继承公证,但尚未办理不动产变更登记。因《国籍法》第3条规定:中华人民共和国不承认中国公民具有双重国籍。中国公民加入外国国籍以后自动丧失了中国国籍。

【请问】能否因为国籍问题推翻上述继承公证?继承公证的有效性如何判断?

【解答】

不建议因为国籍问题而推翻上述公证继承。判断是否有资格继承财产的关键在于是否存在继承关系,这个双重国籍的人确实是与这个被继承人存在亲属关系,在我国法律规定的合法继承人范围内。另外,不承认双重国籍,认定他属于外国人适用涉外继承,也不影响他继承中国境内的遗产,遗产在我国境内,被继承人生前居住在我国境内,则动产和不动产均应适用我国法律,按照我国《民法典》办理继承公证即可。

9 外籍人士继承中国境内银行存款

【问题】被继承人是新加坡籍(华人),遗产为其在中国工商银行的存款,现其继承人到公证处申请继承该笔存款。

【请问】是否可以受理上述公证申请?

【解答】

《涉外民事关系法律适用法》第31条规定,法定继承适用被继承人死亡时经常居所地法律,但不动产法定继承,适用不动产所在地法律。根据该规定,分情况处理:

(1)如果该新加坡人死亡时的经常居所地为中国,适用我国《民法典》规定,按常规继承公证办理。

(2)如果该新加坡人死亡时的经常居所地为新加坡,适用的是新加坡的规定;因为我国公证处没有办法查明新加坡法律,所以这个时候可以考虑按照小额继承程序的思路,确定遗产保管人,由全体或者部分继承人或者其配偶承担保管责任,这样通过保管资格领取存款,回避了对新加坡继承法的查明问题。关于法定继承人的认定问题,可能需要通过继承人在新加坡申请办理相关公证文书。

10　外籍人士继承在中国的房产

【问题】美国人继承在中国的房产,被继承人是中国人,现向公证处申请办理继承公证。

【请问】能否办理该继承公证?

【解答】

涉外不动产继承,关于夫妻财产关系的认定、家庭成员人身关系的认定可以根据《涉外民事关系法律适用法》来具体适用,但涉及不动产继承的,继承关系应适用中国的继承法律,即适用《民法典》。提供的证明材料与国内继承差不多,只是在涉及国外的证明材料需要办理相应的公证、双认证后即可。美国公民申请办理继承公证,需要查明被继承人生前是否立有遗嘱,如无遗嘱的需要查明法定继承人的范围,如配偶、父母、子女情况,可以让继承人在美国的公证机构办理继承声明书的公证,并办理美国当地州政府的认证,及中国驻美国使领馆的认证。美国的公证机构对于亲属关系的认定是不进行核实的,美国等英美法系国家是基于声明人的承诺,可以要求继承人提供死亡证明、出生证明、婚姻证明等来佐证。继承人在国外办理了继承声明书,视为公证员已经履行了必要的核实责任。

11　恢复中国国籍的声明公证问题

【问题】一当事人的弟弟(加拿大籍)要恢复中国国籍,出入境管理局要求该当事人提供经公证的声明书,声明内容就是该当事人有住所,有固定收入,愿意为其弟弟回国后提供一定的经济帮助。

【请问】是否可以受理上述公证事项?

【解答】

声明公证是单方法律行为,声明的内容并没有违背法律,违反社会公德及公共利益,所以可以办理公证。但是我国是不承认双重国籍的,声明内容是否需要增加申请加入中国国籍,自愿放弃加拿大国籍等内容,请承办公证员详加考虑。

12　未成年人结婚家长同意声明公证

【问题】有当事人到公证处申办未成年人结婚家长同意声明公证,据了解其小孩系某国国籍，因依据该国法律规定未成人结婚的需要家长同意。

【请问】该项公证是否涉嫌违法，是否可以受理？

【解答】

根据我国《民法典》的要求，一般而言，中国公民18岁方具有完全民事行为能力，“男方的结婚年龄不得早于22周岁，女方的结婚年龄不得早于20周岁”。但这只是我国的规定，许多国家规定的结婚年龄早于成年年龄，这个时候需要征得监护人同意。故如果该声明在国外使用且符合该国结婚时间的相关规定，可以受理。

13 意大利对子女抚养权归属特别形式问题

【问题】中国领事网上意大利的公证要求，父母离异的，需另外提供一份反映子女抚养权归属情况的离婚证或离婚判决书公证书（不接受离婚协议书）。

【请问】如果是协议离婚，一般都是在离婚协议书中约定子女抚养权的归属，但是该国特别注明不接受离婚协议书，这种情况如果是协议离婚的怎么办理？难道协议离婚的还得让当事人再到法院针对子女抚养权单独进行诉讼才行？

【解答】

这类公证是申请助学金要提供的证明材料，是否给予学生助学金是意大利本国及学校的权利，因为之前中国学生的假材料过多，有时一个班的学生都说家里贫困，使领馆发现有问题，后来就设置了非常严格的要求，几乎是关闭了这个福利。我们在公证过程中可以帮助当事人提供真实、准确、符合要求的证明，至于公证最终是否能够通过审核、是否有用就不是公证员能够做到的了。

14 《国外学历学位认证书》的出证方式

【问题】当事人向公证处申请对教育部留学服务中心出具的《国外学历学位认证书》办理公证。原先教育部留学服务中心有纸质版的，现在已经不再为留学生出具纸质版，都是由留学生自己登录网站打印。

【请问】针对这种类型的公证如何出证？

【解答】

1. 对于公共信息平台、政府网站上的电子文件，没有加盖电子印章的，可以采用定式公证书第35式，即需要证明下载于公共信息平台、政府、学校等官方网站的文书的复印件与原件相符的，证词表述为：“兹证明前面的复印件与×××出示给本公证员的下载于‘××××官方网站’的《××××》（文书名称）的原件相符。”

2. 对于下载于公共信息平台、政府网站的电子文书，有加盖电子印章的，可以直接采用33式出具证书（执照）公证书。

15　给境外亲戚汇款声明书公证

【问题】有个当事人申请办理声明书公证,是自己给境外的亲戚汇款,声明这钱是赠与,不要求返还。但银行的境外汇款单上写的用途是学费。

【请问】是否可以受理上述公证申请?

【解答】

对此类公证申请存有疑义,一般是出于对汇款的款项来源的无法查明,甚至极端情况下有可能是洗钱或转移财产的规避手段。该项公证是可以受理,但需要审查资金的来源、赠与的原因、双方之间的亲戚关系以及财产的共有情况,做好相关告知。如果真是存在洗钱等违法违规情形的,应当及时终止办理公证。

16　我国的刑事判决书能否公证对外使用

【问题】有当事人持我国刑事判决书要求办理公证以便在境外使用。

【请问】是否可以受理上述公证事项?

【解答】

关于刑事判决书能否公证的问题,关键问题是该刑事判决书是否可以公开。刑事判决书一般而言,遵循的是以公开为原则,限制公开为例外。限制的情形主要有三大类:国家秘密、个人隐私、商业秘密。例如,涉及国家秘密的,只能在一定时间内只限一定范围的人员知悉。涉及个人隐私的,包括但不限于未成年犯罪的、刑事被害人及其法定代理人、未成年人及其法定代理人的真实姓名、自然人的家庭住址、通讯方式、身份证号码、银行账号、健康状况、车牌号码、动产或不动产权属证书编号等个人信息。涉及商业秘密的,包括但不限于生产工艺、配方、贸易联系、购销渠道等当事人不愿公开的技术秘密、商业情报及信息。故如果刑事判决书属于上述限制公开情形,不适宜对刑事判决书进行公证;反之则可以。

17　韩国判决书的效力认定

【问题】金某与李某于 2016 年 3 月在韩国离婚,有韩国法院判决书,但没有对判决书进行公证和认证。

【请问】公证机构应如何认定离婚判决书的效力?

【解答】

这个问题信息量不多,无法判断需要办理哪种类型公证?当事人的需求是什么?试着分析解答,可能不全面,或者无针对性。

如果是把外国的判决书作为一种国外普通文书来办理复印件与原件相符,附中文译文,个人觉得进行充分告知和相关提示就可以了,无须强制性需要国外的公证和认证。

如果当事人有特殊的需求,需要证明外国法院的判决书原件属实及有法律效力,根据相关的规定,这首先是需要由中国法院承认的。根据《民事诉讼法》第280、281条的规定,我国人民法院和外国法院作出的判决、裁定,要在对方国家得到承认与执行,可以由当事人直接向有管辖权的法院提出,也可以由法院按照条约的规定或者互惠原则请求对方国家的法院承认与执行。根据我国《民事诉讼法》有关规定,对于外国法院判决的承认与执行,有管辖权的法院是被执行人住所地或执行财产所在地中级人民法院。

18 涉外联合体协议,各方可分别在其国办理公证吗?

【问题】当事人提供了一份采购项目联合体协议,需在坦桑尼亚使用。因为签约双方公司距离远,在中国共同签署、共同申请的困难较大,故中方公司欲仅对自己方在协议上签字(印鉴)、盖章的行为申请办理公证。

【请问】是否可以受理上述公证申请?

【解答】

可以由中方公司申请办理协议文书上的签名、印鉴属实公证。此外,在办理该项公证时应当对签名、印鉴的不同确认方式予以区分,其他人只能确认印鉴,无法确认他人的签名。签名为亲务行为、必须由本人亲自为之,印鉴可以代理。

19 同意非婚生子女随生父到国外的声明书公证

【问题】申请人于2008年在未婚期间生育一女儿,现向公证处申请办理声明书公证。声明的内容为:母亲同意女儿跟随其父亲到国外生活。提供了以下证明材料:(1)出生医学证明(出生医学证明上无父亲信息);(2)男方与其女儿的亲子鉴定报告书;(3)身份证、户口簿。

【请问】是否可以办理此项涉外声明公证书?

【解答】

根据《民法典》第27条第1款的规定,父母是未成年子女的监护人。因此,父母一方独自带女儿到国外生活,需征得另一方的同意。根据《公证程序规则》第11条的规定,在申办生存状况、委托、声明、保证及其他与自然人人身有密切关系的公证事项,应当由其本人亲自申办。因此此项公证须由孩子的母亲亲自申办,公证机构可以受理。

办理该公证须注意重点审查以下方面:

1. 亲子鉴定报告的真实性,确认孩子的生物学父亲。

2. 孩子是否有形成抚养关系的继父,如果有,还需要征得继父的同意;孩子有无被合法收养,如已被合法收养,孩子与亲生父母的权利义务因收养关系的成立而消除,也就不存在亲生母亲是否同意的问题。

20 在国外经公证认证的文件在国内办理中文译本与英文原本相符公证

【问题】当事人咨询在美国经公证认证的一份文件要在国内办理中文译本与英文原本相符

公证,用于向我国农业农村部提交材料。

【请问】该公证书该如何出证为妥?

【解答】

美国办理的经过公证双认证的文件,可以按照定式公证书格式第35式办理公证。公证事项为复印件与原件相符。公证词:兹证明前面的复印件与×××出示给本公证员的×××的原本相符。前面的复印件所附的中文译本内容与英文原本相符。

21　英文名字与中文名字是同一人的公证

【问题】当事人之前办理了出生公证,提供了护照、父母离婚的调解书、独生子女证等材料。后申请人加入其他国籍,护照上是英文名字,国内的身份证户口都没注销。现申请办理英文名字与中文名字是同一个人的公证,而其原所在社区不同意出具是同一个人的证明。

【问题】能否受理以上公证申请?

【解答】

总体而言,公证办理此类业务并无不可。但针对具体个案,是否能够受理,需由具体承办人员在综合当事人可提供的证明材料、当事人的自述和承诺、公证员可调查核实的情况予以最终判断。如公证员自己都无法判断,而要求社区出具同一人的证明确实也是有点为难社区工作人员。另公证员进行研判时,可考虑通过当事人的姓名、英文拼音、出生日期、离婚协议书、独生子女证等综合分析推定。

22　中国人办理出售国外房产的委托公证

【问题】当事人系中国人,申请办理出售国外房产的委托书公证,并公证其护照和国内银行信用卡账单。

【请问】对于国外房产,无法核实,公证处怎么处理?

【解答】

出售境外房产,只要申请人在境外有留学、生活或居住过,可以办理定式公证书格式第34式签名公证。34式对于房产信息无须做实质审查,只需要有产权信息的证明进行形式审查即可。如果让申请人再办理房产权属的公证、认证手续,审查太过严格,对于申请人来说既不经济也不便利。仅需要核实申请人的身份信息是否属实、意思表示是否真实、委托书内容是否违反中国的法律、法规或社会公共利益、公序良俗。

23　国内公司为国外公司提供反担保公证

【问题】有当事人申请办理担保函签名公证。情况是国内甲公司要在国内银行贷款,由国外的乙公司提供信用证担保,国内甲公司要为国外乙公司提供反担保。公证机构考虑有转移资产或洗钱嫌疑,一时难以决定是否受理?

【请问】能否办理以上事项公证？

【解答】

如果是国内公司为国外公司提供反担保的，应该也是属于外债的一种，需要办理外管局内保外贷登记手续。请与当地外管局联系一下如何办理外债的登记。具体详见《跨境担保外汇管理规定》。可以告知当事人应当办理外债的登记手续，详见《国家外汇管理局关于境内居民通过特殊目的公司境外投融资及返程投资外汇管理有关问题的通知》汇发〔2014〕37 号。

24 购买国外公司股权的公证问题

【问题】现在一家企业准备购买阿联酋一家公司的股权，到公证处申请对股权转让表（也就是一份简易的股权转让协议）办理公证。

【请问】这种需要双方共同签署的《股权转让表》是否可以只证明买方的单方签字？

【解答】

通常阿联酋转让股权需要办理在股权转让协议及转让表上的签名、印鉴公证，可以让当事人提供相应的《企业境外投资证书》，也可以提供公司相关批准文件、股东会决议、董事会决议等文件。只要股权转让协议的内容不违反我国的法律、法规、公司章程即可受理。

25 用于境外的同意收养书公证

【问题】当事人拿来一份美国当地律师起草的同意收养书，即同意将其亲生女儿由美国的姑姑收养。

【请问】是否可以受理上述公证申请？

【解答】

当事人申请办理该项公证的目的应该是方便美国姑姑在美国办理收养登记使用。收养的效力，适用收养时收养人经常居所地法律即美国法律。而对于美国的收养法律规定，一般公证员是很难掌握的。故建议本公证可以受理，但只能进行形式审查，即审查送养人与被送养人的父母子女关系、送养和收养的意思表示是否真实、是否违反或者规避中国的收养法、是否与中国的相关法律规定、公序良俗、社会公共利益相违背。

26 未注销中国国籍的人在国内申办公证

【问题】有一当事人到公证处申请办理公证，其原为中国国籍，后加入美国国籍，但其未注销中国国籍，仍保留着中国的户口本、身份证等。

【请问】应当要求当事人提交何种身份证明材料办理公证？

【解答】

我国不承认双重国籍，取得外国国籍，即自动丧失中国国籍。公证机构可以建议当事人主动联系出入境管理部门或派出所注销其户籍后再使用外籍身份申报公证。当然如果所办公证事项涉及原中国户籍相关材料的，可提前复印留存备查。

27　注销国籍的当事人如何了解国内贷款手续

【问题】当事人于2000年在国内银行办理一笔贷款（使用中文姓名），于2008年加入英国国籍（新取英文姓名）。2021年贷款结清，需要去银行办理注销抵押登记领取产权证，银行让来办公证，证明现持英国国籍护照的申请人与原使用中文姓名的借款人系同一人。

【请问】是否可以受理上述公证事项？

【解答】

可以受理。建议让当事人发表声明，声明自己原中国名字、身份证号码与现在的英文名字、国籍，护照号码等信息是同一人，公证书格式采用第34式，签名属实公证。公证书中，申请人基本信息可以写姓名、性别、国籍、护照号码、原公民身份号码。为方便使用，还可根据当事人需要，为其办理一个户籍注销公证，证明其什么时候注销原户籍，前往英国定居。

28　对国外的出生证明进行公证

【问题】有一个当事人因其儿子国外护照过期了，要进行更换，到公证处申请办理国外出生证明文件的签名公证。其提供了一份之前办理的声明书公证及认证，该份认证后面附了出生证明的翻译件，但是没有出生证明的复印件。

【请问】是否可以受理上述公证申请？

【解答】

通常在国外的出生证（纸）是需要办理公证、双认证的。如果在特殊情况下或者当事人确实有困难无法办理的情况下，我们建议采取如下方式审查受理，并在审查时对以下几个方面加以谨慎关注：父母亲是否有结婚证、子女是否系婚生子、原护照复印件中外文是否相符。最后可在公证书加注：对出生证的真实性不作证明，并将该相关法律后果告知当事人。

29　对国外汇票上的签名以及盖章进行公证

【问题】有当事人到公证处申请办理国外汇票上签名、盖章属实公证。

【请问】是否可以受理上述公证申请？

【解答】

可以办理。另做扩展引申，当事人如果申请办理汇票以外的其他外文文件上签名、印章属实的公证，可遵循一个大原则，公证机构经审查，只要可以确定该文件不违反中国国家利益、国家主权、法律和公共利益及公序良俗即可。

30　中国人在国外死亡火化涉及的公证手续问题

【问题】申请人的丈夫是中国人，出差在扎德（非洲中部的一个内陆国家）死亡，现在申请人委托当地人代办火化。

【请问】需要为当事人办理什么公证确保当事人目的的实现?

【解答】

根据国外的具体要求,通常需要申请人办理亲属关系公证和委托公证,办理上述公证,当事人需要提供申请人与死者的身份证明、护照、死者的死亡证明、结婚证等材料。死亡证明如无法提供原件,也可以是使领馆的死亡通知函件等。委托书内容通常包括处理丧后事宜,代办火化、领取火化证明、死亡证明,并对相关文件办理公证、认证手续等。委托书的具体内容可以让单位同事或受托人具体沟通,遗体运回国内也是可以的。因为是因公出差,可以通过单位来沟通联系。

31 死者是外籍人的亲属关系公证

【问题】死者是美国人,在中国有一套房子,子女都是美国人或者中国香港居民,现需要办理亲属关系公证。

【请问】

1. 死者美国人的亲属关系公证如何出具?

2. 涉及其中一个子女(中国香港居民)先于死者死亡,这名子女的香港死亡证件是否都需要履行确认手续?

【解答】

被继承人在中国有房产,根据《涉外民事关系法律适用法》第31条的规定,法定继承适用被继承人死亡时经常居所地法律,但不动产法定继承,适用不动产所在地的法律,即适用中国法律。故如无遗嘱存在,依照《民法典》关于继承人的规定,应由被继承人的配偶、父母、子女为第一顺序继承人。关于亲属关系证明的收集,通常对来源于境外的证明材料,需要办理相应的公证、双认证(公证、转递或公证、核验)手续。

如亲属关系证明来源于我国香港地区的,可以让继承人发表《用于继承的亲属关系声明书》并办理中国委托公证人(香港律师)公证及办理中国法律服务(香港)有限公司转递手续,其中如死亡证明系我国香港地区出具的,同样需要对死亡证明书办理公证、转递手续;如有继承人在美国居住的,可以由在美继承人签署《亲属关系声明书》并办理公证、双认证。

亲属关系声明书可以包含下列内容:声明人信息,与死者关系,死者何时何地死亡,死者是否有遗嘱或遗赠扶养协议,对被继承人遗产的表述,死者的全部第一顺序法定继承人(是否健在或死亡),即父母、配偶、子女情况,是否先于被继承人死亡,是否为缺乏劳动能力又没有生活来源的继承人保留必要的份额,如发现除表述的继承人外还存在其他继承人,所有声明人愿意承担由此引发的一切法律责任并愿意接受追讨及负连带责任的保证,声明人应当是被继承人的所有申请继承被继承人遗产的法定继承人。

32 涉外亲属关系的公证证词表述

【问题】一当事人因出国探亲,现向公证处申请办理亲属关系公证,证明与其堂妹及堂妹的女儿之间的关系。

【请问】涉外的亲属的证词可以直接写申请人与堂妹及堂妹的女儿之间的关系吗？还是要先通过证明申请人父辈之间的关系，再证明申请人与堂妹及堂妹的女儿之间的关系？

【解答】

为了能够让国外使用者更加了解申请人和关系人之间的关系，可以表述为×××是×××的堂哥；也可以表述为×××是×××的父亲的哥哥的儿子。但是一般我们对难以直接表述的亲属关系，可以通过一个中间人来描述，帮助国外使用者了解具体关系。

33　对外教办理入境签使用的劳动合同公证

【问题】郑州有一个招收外籍学生的学校，其资质在教育厅网站上可以查询，他们和菲律宾的一个外教签了劳动合同。劳动合同的签署方式是学校把合同传到外教邮箱，外教签署后扫描发到学校，然后学校签字、盖章。现在为给这个菲律宾外教办理入境签，需要办理合同和学校资质的公证，公证处认为可以和这名外教通过视频沟通确认签署行为的真实性，按签名、印鉴公证事项办理。

【请问】能否使用签名印鉴办理以上事项公证？

【解答】

我们通常办理我方的签名、印鉴属实，对于对方的签名、印鉴一律不证明。故可以采用重新打印劳动合同，然后仅证明校方的签名、印鉴即可。外教应当在菲律宾签署合同并在当地申办相应公证，两份文件合并使用可以达到目的。

34　大陆居民依遗嘱接受台湾居民的房产

【问题】一我国台湾地区的老人甲（系中华人民共和国成立前到台湾）于1998年在大陆某市购买房产一处，并办理房权证。2009年甲与其外甥乙（大陆居民）签订《遗赠协议书》，并申请一律师进行见证。协议内容约定由乙照顾甲在大陆期间的衣食住行，生老病死，待甲去世后，甲名下的房屋产权归乙方所有，乙表示接受该房屋。甲于2021年在我国台湾地区去世，乙持《遗赠协议书》、房权证向不动产登记部门申请办理产权变更登记，不动产登记部门要求乙办理继承公证。现乙无法提供甲的正式死亡证明及在我国台湾地区的亲属情况，乙提供了一份我国台湾地区某委员会的书函，用于证明甲生前住我国台湾地区的荣民医院及生卒时间。

【请问】该公证事项该如何处理为妥？

【解答】

被继承人为我国台湾地区居民，在其死亡时经常居所地为我国台湾地区的前提下，首先要解决其在大陆遗产继承的法律适用问题。根据《涉外民事关系法律适用法》和《最高人民法院关于审理涉台民商事案件法律适用问题的规定》的规定，甲在大陆的遗产为不动产，应适用不动产所在地的法律，故该房产继承应适用《民法典》。

办理该公证的程序则直接适用《公证法》《公证程序规则》及有关的法律规定。这里再做一个知识点的扩充，如果继承的是非不动产遗产，我们需要特别注意的是，被继承人死亡时“经常居所地”就会变得非常重要，涉及继承中的很多法律事实，也会对办理公证有影响。依据《最高人民法院关于适用〈中华人民共和国涉外民事关系法律适用法〉若干问题的解释（一）》第13条规定，自然人在涉外民事关系产生或者变更、终止时已经连续居住一年以上且作为其生活中心的地方，人民法院可以认定为涉外民事关系法律适用法规定的自然人的经常居所地，但就医、劳务派遣、公务等情形除外。在办理涉台继承案件时，得收集被继承人的居住情况以判别其经常居所地，依此选择法律适用。

以遗产的产权认定为例，必须查清楚甲的婚姻状况，才能结合相关规定和事实，确定该遗产的产权归属：

1. 如果甲结婚，配偶是台湾居民，经常居所地在台湾，或者甲配偶为大陆居民，在大陆登记结婚，经常居所地在台湾，对此种夫妻财产关系，是要直接适用台湾“民法”关于夫妻财产制的规定，夫妻如无另行约定，就是联合财产制。台湾实行的夫妻法定财产制为联合财产制，也允许夫妻双方另行约定，但约定得在地方法院登记，非经登记，不得对抗第三人。约定高于法定，有约定的，从其约定；无约定，则依法定。依台湾的联合财产制，各人名下的财产，除非夫妻另有约定共有，或依法定程序更改认定，自然认定为个人财产，举证责任简单明了。

2. 如果夫妻共同经常居所地在大陆，则适用《民法典》所规定的夫妻财产制，夫妻如无另行约定，就是共同财产制。

办理涉台继承公证一般需要提供的材料。根据以往办理类似涉台人员继承公证的经验，一般是须提供经台湾当地公证的死者的死亡证明（户籍誊本记载）、全户户籍誊本、继承人的继承系统表、继承或放弃（抛弃）继承的声明书、切结书、委托书等，向遗产所在地公证处申请办理公证。上面文件应经台湾地区公证人公证，公证书副本通过台湾海基会寄送到使用地各省的公证员协会，在大陆申办公证的当事人持台湾地区公证书到本省公证员协会申请验核与通过台湾海基会寄送的公证书副本无误，取得公证员协会出具的比对函，该台湾公证书方可为大陆机构、人员所采证。

总之，对证据的综合审查判断，是公证员的职责，依法、依规，并考虑涉台特点，通盘考虑是必须的。

35 台湾户籍誊本公证问题

【问题】一台湾居民出售在大陆的房产，向公证机构申办买卖公证，并出示了其户籍誊本。

【请问】他所提供的户籍誊本是否需要在台湾地区做公证？

【解答】

如果说公证机关是为了要明确台胞的婚姻状况，可以在台湾地区办理单身切结书，附户籍誊本。如果是结婚，那可以办理婚姻状况声明书公证，当然户籍誊本公证也可以体现婚姻状况。

36 《化妆品注册备用境内责任人授权书》公证问题

【问题】药监局要求《化妆品注册备用境内责任人授权书》需要授权方（台湾的公司）、被授权方(广州的公司)双方均在授权书上签字盖章,但是台湾的公司不能到广州亲自签字盖章。

【请问】是否可以受理上述公证申请,以及该如何办理?

【解答】

建议分开做两份公证。一是台湾地区授权方的授权书在台湾申请办理公证、海基会比对;二是接受授权的大陆公司在大陆公证处办理接受授权的声明书公证。

37 台湾居民办理婚生子女上户口的问题的公证

【问题】台湾男方与大陆女方在大陆登记结婚,并在大陆生了小孩欲落户台湾,当地相关部门要求对小孩出生证和未办理户籍登记、女方在结婚登记前未婚的公证。但大陆婚姻登记部门只能开具到现在的婚姻信息,说明她是已婚的,不能开具从达到婚龄至结婚日前的未婚信息,办理声明也不能使用。

【请问】应当如何帮助当事人办理相关公证?

【解答】

可以通过查询女方在婚姻登记部门的结婚登记档案信息来办理。双方在登记部门办理结婚登记时,在婚姻声明书中必然有体现未婚的信息,对存档的婚姻档案办理公证即可解决这一问题。

38 涉台死亡公证的亲属关系审查问题

【问题】死者是台湾居民,但户籍又转回大陆某市。现死者的儿子申请办理涉台死亡公证。当事人提供的亲属关系证明(派出所出具)上显示死者是户主(死者的儿媳)的父亲。

【请问】是否可以受理上述公证事项?

【解答】

根据《中共中央办公厅、国务院办公厅关于台湾居民来祖国大陆定居受理审批工作的通知》:

1. 在台孤身一人的,需提交经台湾公证部门公证的台湾户籍证明证件,与大陆亲属关系的公证证明、大陆亲属的身份证及复印件、居民户口簿和大陆亲属有能力赡养并保证赡养的公证证明。

2. 申请夫妻团聚的,需交验大陆民政部门颁发的结婚证,并提交复印件,或经台湾公证部门公证的婚姻状况证明和台湾户籍证明复印件。其未成年子女,需提交出生证明和亲属关系的公证证明。

故在办理公证时,建议公证员和当事人一起去派出所查询一下户籍档案,从中复印出"与大陆亲属关系的公证证明、大陆亲属的身份证及复印件""台湾户籍证明复印件""出生证明和亲属关系的公证证明"。上述材料在公安机关存档,再复印出来属于公文书证,上面的证据如果是直接证据,我们就可以采信,如果是间接证据但是能够与待证事实形成证据链条也可以作为办证的依据。

39 内地公证处出具的公证书在香港使用是否需要外交部认证

【问题】有当事人因要到香港继承相应遗产，在公证处申请办理了亲属关系的公证。

【请问】是否需要到外交部办理认证才可使用？

【解答】

香港使用的公证书，如果是用于诉讼和继承的，就是在香港法院使用的公证，需要办理外交部的外交确认手续，但不叫外交认证。

40 离异香港居民委托处分内地房产

【问题】有个香港的当事人想委托出售香港的房子，但房子是继承来的，现在离异且离异时对房子的归属没有约定。

【请问】请问能否受理以上公证事项？

【解答】

出售香港房产的委托书，由申请人提供委托书的样式。我们办理34式签名、印章属实公证。关于香港房产是属于夫妻共同财产还是个人财产我们不做证明。另外，如果是继承，那么是否会与其配偶有关，香港房产继承的相关法律文件应当会有规定，公证员一般很难判断。

41 香港居民放弃继承内地财产的公证

【问题】母亲去世遗留有房产，其中一个子女已取得香港居民身份，现人在内地想办理放弃继承声明公证。

【请问】此公证和平常办理的放弃继承声明公证有无区别？

【解答】

继承人取得了香港居民身份，并不会影响其办理放弃继承声明公证。同样需审查当事人的身份证件是否属实、与被继承人的关系、放弃继承的意思表示是否真实、询问被继承人生前是否立有遗嘱、全部合法继承人的情况等，没有特别需要注意的地方。

42 在香港法院使用的宣誓书办理公证

【问题】当事人因不便前往香港参加香港法院庭审，香港法院要求当事人在宣誓书上签字，宣誓所提交的内地仲裁裁决书真实，并要求办理公证。宣誓书是香港方面提供的样本，本处已经核实了裁决书属实。

【请问】内地没有宣誓法，公证员是否可以证明当事人在香港提供的宣誓书上签字，或者是要求当事人将宣誓书修改为声明书，证明当事人签字？

【解答】

这个宣誓书和内地的声明是一样，只是表述不一样。可以考虑办理签名属实公证，因仅仅宣誓内地裁决书声明（内地裁决书是可以核实），在审查内容符合相关法律规定，也可以按照公证事项声明办理，具体操作：抬头可以不用改，依旧为宣誓书，公证事项填写声明。

43　香港公司向内地公证机构申办购物侵权保全公证

【问题】一香港公司发现内地有公司出售该公司的山寨产品，欲申请办理购买该侵权产品的保全证据公证。

【请问】香港公司是否可以在内地申办购买侵权产品的保全证据公证？

【解答】

如果香港公司对侵权产品享有知识产权，可以向行为地或事实发生地的公证机构申请办理。该公司的主体资格证明、在港形成的证明材料要经过中国委托公证人公证并加章转递后，可以在内地使用。如果香港公司是被委托到内地申办保全证据，还需提交授权委托书。授权委托书如果在港形成，同样需要经中国委托公证人公证后加章转递。授权委托书应当明确取证的地点，以便确定公证机构能否受理。

44　到澳门使用的股东会决议公证

【问题】个人独资的公司出具的股东会决议需要到澳门使用，需要办理公证。

【请问】采取何种公证办理方式较为妥当？

【解答】

如果是中国内地的公民个人出资在澳门设立独资公司应该是做股东决定，可以办理现场监督或者保全证据公证的形式，同时将公证书的草稿提前发给澳门企业登记部门，了解对方对公证书的要求后出具。这样做是因为早期办理澳门公司的股东系中国内地的公司或个人，许多公证处办理的都是签名公证，后来澳门企业登记部门认为表述太简单，没有认可。后来经过沟通，一些公证机构尝试办理了股东会决议的现场监督公证，对方认可了。可见，澳门对于公证事项是采内地法律体系的要求予以严格审查。故在出具公证书前，建议公证机构与对方登记部门尽量多沟通和协调，确保公证书能够得到对方的采信和认可。

办理签名公证如果澳门当地部门认可 34 式签名公证也是可以的，关键是公证书能够有用。

第十部分　作为民法实施机制的公证法问题

1　没有拍卖业务许可证的企业能否自行组织拍卖活动

【问题】一家企业准备举办一场拍卖活动，参与人员40余人，拍卖物品为两瓶酒，向公证处咨询对拍卖活动办理保全证据公证。经询问，该企业没有拍卖业务许可，只是聘请了拍卖师。

【请问】没有拍卖业务许可证的企业能否自行组织拍卖活动？

【解答】

如果公证申请人并非拍卖企业，申请对其组织的拍卖活动进行监督的，可以理解为一种竞争性活动的现场监督，公证机构可以进行公证。此类冠于"拍卖"的竞争性方式活动并不适用《拍卖法》。办理此类公证需要特别注意审查其活动规则，应当看其是否具备合法性、可行性、规范性。拍卖竞价活动将遵循该公司制定的活动规则，按规则进行，要现场告知参与者本次活动属于一般竞价行为，不适用《拍卖法》。

2　一方当事人是否可向公证处调取对方当事人材料

【问题】当事人办理了协议公证，双方现出现纠纷准备打官司，现在准备调取当时办理公证时提交的相关材料准备诉讼。

【请问】一方当事人是否可以调取对方当事人的相关材料及公证材料？

【解答】

《公证档案管理办法》第15条规定，"除人民法院、人民检察院和有关国家机关外，其他单位和个人一般不得借调和查阅公证档案。因特殊情况必须查阅的，须由公证处报经同级司法行政机关批准"。第16条规定，"律师因诉讼代理的需要，向公证机关提交律师的身份证明、律师事务所的查卷证明，及当事人同意律师查阅本人的公证档案的证明，经公证处主任或副主任批准后，可查阅当事人提交给公证处的证明材料和公证所记录的与当事人谈话笔录"。

根据以上规定，当事人一方一般不得查阅对方当事人的相关材料及公证材料。特殊情况必须查阅的，须由公证处报经同级司法行政机关批准。

3　超出执业区域办理的公证书是否应被撤销

【问题】公证机构办理的购买侵权物品的保全证据公证，因公证机构超出执业区域管辖范围，当事人要求撤销公证。

【请问】超出执业区域办理的公证书是否应被撤销？

【解答】

一种意见认为，《公证程序规则》第 13 条第 3 款规定，公证机构应当在核定的执业区域内受理公证业务。《公证机构执业管理办法》第 36 条第 2 款规定，公证机构违反《公证法》第 25 条规定，跨执业区域受理公证业务的，由所在地或者设区的市司法行政机关予以制止，并责令改正。因此公证机构应当严格按照法律法规在核定的执业区域内受理公证业务，否则法律规定和公证执业区域的设置划分将形同虚设。

另一种意见认为，为更好地贯彻落实一系列便民利民惠民政策，实现资源优化配置，满足人民对公证法律服务的需求，公证机构执业区域应进行调整和扩大，司法部于 2021 年 7 月 29 日发布的《关于调整公证机构执业区域的通知》正是这一观点的体现。我们倾向于第二种观点。

另外，公证机构超出执业区域范围公证，不意味着公证书无效。关于公证书的效力，《公证法》和《公证程序规则》中都明确规定被撤销的公证书自始无效，但未规定对跨区域执业作出的公证书的效力问题。可见公证书因撤销而无效，并非因为无效而被撤销。而公证书被撤销的条件，并不包括"公证机构超出执业区域范围公证"。即使存在公证机构超出执业区域范围公证的问题，根据《公证法》和《公证程序规则》的相关规定，司法行政机关可能对公证机构进行相应处理，但并不意味着公证书无效。如果当事人仅因该公证办理除超出执业区域而引发争议投诉，我们的倾向意见是公证机构或公证协会应该在复查中予以维持公证书。

现引用(2016)最高法民申 1878 号《中国音像著作权集体管理协会与濮阳市胜利路童话音乐空间钱柜店著作权权属、侵权纠纷申诉、申请民事裁定书》，以作参考："关于公证书的效力问题。二审判决中对此已进行了详细论证，即使存在公证机构超出执业区域范围公证的问题，根据公证法的相关规定，相关司法行政机关可能对公证机构进行相应处理，但并不意味着公证书无效，在没有相反证据的情况下，二审判决对公证书所证明的事实予以确认并无不当。童话音乐空间该项申请再审理由同样不能成立，本院不予支持。"

4 适用原《继承法》是否需要增加法条和说理

【问题】在办理继承中，被继承人于《民法典》生效前死亡，根据规定应适用原《继承法》，在撰写公证词时表述为："根据《民法典》第 1121 条第 1 款的规定：继承从被继承人死亡时开始。《最高人民法院关于适用〈中华人民共和国民法典〉时间效力的若干规定》第 1 条'民法典施行前的法律事实引起的民事纠纷案件，适用当时的法律、司法解释的规定'。本案中被继承人于《民法典》施行前死亡，适用当时的《继承法》的相关规定。"然后再引用原《继承法》的具体条文进行表述。

【请问】是否需要增加上述法条和说理？

【解答】

按照实体从旧，程序从新的原则。继承公证的本质是非讼程序，继承从被继承人死亡时开始，同时又鉴于我国《民法典》似只承认期待权和既得权（不承认形成权阶段），所以《民法典》实施前继承人已经死亡的，现在出具公证书的，应当特别说明后适用原《继承法》。（注意公证是非讼程序，类似于诉讼程序，它是公证人确认已经发生的继承法律关系，它本身不是新的法律行为发生。）上述表述并无不妥。

5 办理保全证据公证可否进行风险收费

【问题】公证机构跟知识产权维权平台合作，前期只收取基本费用，待维权官司胜诉后，再由代理律所支付赔偿金额相应比例的公证费。

【请问】公证机构办理保全证据公证可否进行风险收费？

【解答】

这个问题存在一定争议，主流观点倾向于不进行风险代理。风险代理是指委托人与代理人之间的一种特殊委托诉讼代理，委托人先支付较少的代理费或不支付代理费，案件胜诉后委托人按照法律文书确认的债权的一定比例付给代理人作为报酬。如果败诉，代理人将得不到任何回报；如果胜诉，委托人将按照约定的高额比例向代理人支付报酬，对双方来讲都存在一定风险，所以称为风险代理。

从商业角度来说，在允许保全证据公证协商收费的省份，可以签订风险收费的协议，毕竟法无禁止即自由；但在收费标准不允许协商收费的地区恐难实现；从风险角度来说，公证以防止纠纷，减少诉讼为目的，如果公证机构将保全证据的收益与申请人最终的诉讼收益挂钩，将会对公证机构"公平、公正"的理念形成冲击。律师站位原告或被告，而公证站位更多的是客观、中立、真实，这是基于公证的职责和使命产生的定位。况且，保全证据公证的难易程度、风险考量、设计方案以及公证员体力智力的付出、个人专业知识的储备，都可能影响公证书在诉讼中是否被法院采证。

6 当事人因客观原因无法提供身份证件时能否公证

【问题】当事人向公证机构申请办理售房的委托公证，但其身份证件丢失，因身份证补办周期较长，当事人称买房人着急过户，能否有其他快捷的处理方案来尽快办理委托公证。公证机构遂要求当事人提供户籍证明或临时身份证。又因其户籍在外地，须回其户籍地派出所才能出具户籍证明或临时身份证。

【请问】当事人因客观原因确实无法提供身份证件时能否申请办理公证？

【解答】

《公证程序规则》第25条规定："公证机构在审查中，对当事人的身份、申请公证的事项以及当事人提供的证明材料，按照有关办证规则需要核实或者对其有疑义的，应当进行核实，或者委托异地公证机构代为核实。有关单位或者个人应当依法予以协助。审查自然人身份，应当采取使用身份识别核验设备等方式，并记录附卷。"当事人主体身份真实、人证比对一致是办理一切公证事项的基本要求。当事人确实因客观原因无法提供身份证件原件的，可以使用有公安实时可信身份认证比对的人脸识别设备识别并确认其身份信息，并结合驾驶证、社保卡、电子身份证、实名认证微信、支付宝信息等综合判断。比对记录应完整留存，且由当事人一一签字确认。

特别提醒注意，当事人丢失身份证件也有可能由于债务关系等原因导致证件被扣押，如委托处理特别重大财产，务必要求当事人签署身份真实性承诺书，承诺因自己故意作假而产生的一切经济及刑事法律后果由自己承担，有条件的公证处，可要求当事人当场采集十指指纹方式留存生物信息证据。

7　放弃继承权的询问笔录能否合并

【问题】被继承人死亡后遗留有A、B两套房子，继承人甲、乙协商确定：由甲继承A套房产，放弃继承B套房产；由乙继承B套房产，放弃继承A套房产。

【请问】办理继承公证时，两继承人是放弃不同的遗产，询问笔录该如何制作，分开还是合并，有无特别限制？

【解答】

形式问题，遵循法无规定的采形式自由原则。以上公证事项，分别制作询问笔录或者合并制作询问笔录，并没有实质差别。我国实务中，放弃继承均采对具体遗产的放弃，而不是整个继承权放弃，故分别或合并制作询问笔录，并无任何可以担忧的，重在写明每位当事人具体的意见。

8　服刑人员通过远程视频方式办理售房委托公证

【问题】监狱服刑人员欲委托其爱人办理房产过户手续，因疫情原因，准备通过远程视频方式办理委托公证。

【请问】服刑人员委托处分房产，是否需要办案机关同意？

【解答】

因疫情防控要求，既然已经在监狱服刑，说明案件已经经过了审判程序，进入了服刑期，这时如果要办理委托，需要审查判决中有关财产的处罚是否已执行完毕。一般需要法院出具证明，并且要提交给监狱狱政管理部门审核，没有问题后才可以办理。此外，房产有无查封、抵押等权利受限的情形，也是需要查询的。

公证人员经过审查，认为符合受理条件的，可以通过远程视频的方式办理该委托公证。为确保疫情防控期间监狱管理的安全稳定，涉及监狱服刑人员公证事项可以通过远程视频系统办理，有效解决疫情期间监狱服刑人员会见难、办证难问题，是“互联网＋公证”法律服务模式的积极探索。

9　远程视频公证注意事项

【问题】当事人身在美国，拟出售位于中国的房产一处，因疫情原因无法回国，特委托其父亲办理售房事宜，并向公证处申请通过远程视频的方式办理委托公证。

【请问】办理以上远程视频公证需要注意哪些问题？

【解答】

在“放管服”改革不断深入和新冠肺炎疫情防控成为常态化的社会背景下，大力推广远程视频公证将是公证行业发展的必然要求。但是，远程视频公证对于公证行业来说是全新的东西，我们一方面要大力推广和积极探索办理，另一方面我们也要保持公证活动的严谨、审慎要求，杜绝一哄而上，什么都敢办的情况发生。

针对远程视频公证办理，建议注意以下几点：

1. 要确保技术保障到位。远程视频公证的办理需要有配套的软件、硬件设备保障，现阶段有一些较成熟公证行业的专业支持软件，广泛采用了“权威数据源＋活体动态检测”进行比对和认证，以保证当事人主体身份的真实性，因此，在不具备技术保障的情况下，不建议采用“微信视频连线＋同步录像摄影”“钉钉会议”等方式盲目推广办理远程视频公证。

2. 应当更加注重对当事人主体身份和办证目的性审查。远程视频公证的特殊性，决定了公证员无法与当事人实现传统意义上的“面对面”，这就需要公证员在办理远程视频公证业务时，在完成技术手段人证一致性比对的基础上，更加注重视频连线过程中与当事人的充分沟通，并对当事人的主体身份，办理公证的原因、目的，所申办公证的法律意义和法律后果等事项进行充分询问和告知，确保从公证员专业性的角度判断，当事人办理公证意图的真实性、合法性已达到“内心确信”的标准之后，再继续为当事人办理公证业务，不要让远程视频公证被利用成为一些不法分子的新型犯罪手段。针对涉及财产处分类的远程视频公证事项，更应当全面审查所申请办理公证事项的合法、合理性，并充分关注公证书的使用情况，如以售房委托公证为例，建议仅受理委托人与受托人具有亲属关系信任背景的公证申请，杜绝“担保性委托”全面转至线上化的情况发生。

3. 必须达到数据存储和卷宗存档的安全性、完整性要求。公证机构提供远程视频公证服务的过程中，往往采用了电子签名方式来固定当事人的意思表示，在办证过程中也会产生大量的视频文件需要存储，这与传统公证的办理有着很大的区别。对于远程视频公证的卷宗，必须对数据做加密计算“归档”处理，杜绝电子卷宗遗失或被篡改，造成执业风险。

10 能否运用远程视频办理公司股东会会议的保全公证

【问题】甲公司要召开股东会会议，申请公证处对股东会会议进行公证。

【请问】能不能通过远程视频的形式办理股东会会议的保全证据公证？

【解答】

股东会的召开应符合《公司法》及《公司章程》的相关规定，在受理时，公证员应审核相关资料，并对参加股东会的相关人员的资格进行审查。在审查确认股东会议符合相关法律规定并具备线上办理条件的公证处完全可以受理。公证机构根据申请人的申请，利用“零接触”等公证在线平台，通过视频连线对股东会的全过程录音录像，在视频连线后，会议开始前，公证员应对股东的身份逐一进行核验（可以通过在线公证平台里的身份验证程序完成）。

在进行具体操作前公证员应该与申请人就保全的方案及具体方式进行沟通，充分告知，公证仅对视频能拍摄到的内容进行保全，是否一定是和实际情况一致的，公证处其实根本无法判断也无法查清。且仅对开会过程进行保全公证，即保全行为，对股东会开会的具体内容不做证明。

11 通过视频办理的委托公证如何描述证词

【问题】公证处为服刑人员办理委托公证，由狱警把所需签名的材料带进监区，由公证员通过监狱的远程视频系统会见当事人，由服刑人员在委托书及相关材料上亲笔签名。

【请问】该委托公证书的证词如何进行描述？

【解答】

办理委托公证，最重要的是委托人身份的核实和委托人真实意愿的确认。

监狱有严格的管理制度和会见制度，服刑的委托人身份可由狱警核实确认。公证处已在介绍信中写明拟会见人的姓名和身份证号码，狱警不会提错人，也不存在会有人假冒。

监狱的远程视频会见系统由监狱管控，公证处可以信赖。公证员可以通过远程视频会见系统与正在服刑的委托人进行实时的沟通交流，了解其公证的真实意愿和法律需求，并告知其公证法律意义和法律后果。

通过监狱远程视频的亲见与“面前”的亲见本质无差异，证词如实表述即可。关于证词的建议：兹证明××于×年×月×日，通过××监狱“远程视频会见系统”，在本公证员的面前，在前面的委托书上签名，并表示知悉委托的法律意义和法律后果。

12 注册民俗博物馆办理何种形式的公证

【问题】当事人申请注册民俗博物馆，向公证处咨询办理藏品目录和合法来源公证。

【请问】公证处应采用何种方式为当事人办理上述公证？

【解答】

文化部《博物馆管理办法》第 11 条规定：申请设立博物馆，应当由馆址所在地市（县）级文物行政部门初审后，向省级文物行政部门提交下列材料：(1)博物馆设立申请书；(2)馆舍所有权或使用权证明；(3)资金来源证明或验资报告；(4)藏品目录及合法来源说明……

再参看广东省文化厅的《博物馆设立备案申请办事指南（试行）》，其中规定：“藏品合法来源说明包括：藏品合法来源说明、藏品鉴定证明，以及公证机关出具的证明藏品目录和图片中所涉及的藏品均已作为拟设立博物馆的固定资产的公证文书。对于藏品的合法来源，有以下方式：《中华人民共和国文物保护法》第 37 条规定，博物馆可以通过购买、接受捐赠、依法交换等法律、行政法规规定的方式取得藏品。购买即文物收藏单位向文物商店购买文物或者通过合法拍卖的渠道购买文物，也可以向民间征集文物。文物收藏单位也必须是购买来源合法的文物，不能购买被盗、被抢或者其他来源不合法的文物。属捐赠性质的藏品、资金等资产，须提交捐赠协议，载明捐赠人的姓名、捐资数额、用途和管理方法，以及相关有效证明文件。交换，国有文物收藏单位可以交换文物，但不允许国有文物收藏单位与非国有文物收藏单位之间交换文物。非文物类藏品的获得，也应通过相应的合法渠道进行。如无法提供相应证明，博物馆须提供相应文物来源合法的承诺书，藏品鉴定证明。文物类藏品须经 3 名以上广东省文物鉴定委员会专家的现场鉴定，并出具藏品信息为真实的专家意见。其他类藏品，须经 3 名以上相关专业专家的现场鉴定，并出具藏品信息为真实的专家意见。公证机关出具的证明藏品目录和图片中所涉及的藏品均已作为拟设立博物馆的固定资产的公证文书，如博物馆无法提供，可以承诺书代替，承诺藏品目录和图片中所涉及的藏品均已作为拟设立博物馆的固定资产。"

广东省的这个文件规定了"公证机关出具的证明藏品目录和图片中所涉及的藏品均已作为拟设立博物馆的固定资产的公证文书"，并且还指出了"如博物馆无法提供，可以承诺书代替"。

我们认为，让当事人自己做出承诺或者声明，其同意将藏品目录和图片中所涉及的藏品均已作为拟设立博物馆的，公证机构公证其签字属实。当然，会有人问，"你怎么知道这些藏品是他的呢"；"你怎么进行实质审查呢"；"你怎么知道这些藏品是真品而不是赝品呢"；"这些藏品经过了鉴定，鉴定机构是不是有资质？鉴定机构的鉴定结论是不是正确"。公证处没法实质审查，公证处充其量也是按照动产公示原则，看这些藏品是否是举办者占有。举办方不见得你能够拿到公证书，所以广东省规定了如果无法提供公证书，可以承诺书替代之。

13 姓名圆章的印鉴声明公证如何办理

【问题】当事人在国外，因疫情原因，无法回国亲自办理自己的姓名圆章印鉴公证，委托国内的朋友代为办理其本人姓名圆章的印鉴声明公证。

【请问】

1. 可否由朋友代为办理姓名圆章的印鉴声明公证？

2. 当事人该如何申请办理本人姓名圆章的印鉴公证？

【解答】

根据《公证程序规则》第 11 条的规定，声明及其他与自然人人身有密切关系的公证事项，应当由其本人亲自申办。故不能由朋友代为办理声明公证，必须由本人亲自申办。

法律对个人姓名圆章的印鉴声明公证并无禁止性规定，姓名圆章一般用于个别国家或特殊约定场合签约或申请印鉴使用，可以为当事人办理本人姓名圆章的印鉴公证。具体办理形式可结合当事人的用途、目的及该公证的法律风险，选择以下三种方式中合适的方式为当事人办理：

（1）若当事人单纯只想证明本人姓名圆章属实，可通过声明的形式办理，声明内容为"本人声明，以下印鉴（空白处加盖印鉴）系本人的印鉴……"。同时，为了降低风险，可以注明声明书的用途。

（2）可考虑通过当事人针对某份文书上的圆章印鉴发表声明，追认或确认该某份文书上个人圆章属实。

（3）也可要求当事人携带圆章到公证处，申请办理印章留样的保全证据公证。

如果当事人确因疫情原因不能回国，建议可咨询使领馆或所在国公证处申请办理，确实无法受理的，可以结合公证机构或公证行业协会关于受理远程视频公证的相关要求，线上办理第一种或第二种类型的公证业务。

14　签名公证中的核实义务问题

【问题】公证处在2013年为当事人办理一份签名公证，证明该当事人在更改姓名的声明书上的签名属实。声明书的内容大致为李某振改名为胡某海，并自愿承担相应的法律责任。当事人提供了村委会证明，证明的主要内容为当事人在其父母离婚、母亲改嫁到李家后，随其继父姓李，被取名李某振；在其于2013年回到生父家后改名为胡某海。

现该当事人因涉嫌冒名顶替工作而被有关部门调查，该部门查到了公证处于2013年出具的上述签名公证书，并到公证处调查相关公证档案，经调查，存于公证档案的村委会证明内容虚假。该部门说公证处未对当事人提供的村委会证明尽到核实义务，依据是根据《公证法》第28条第（三）项的规定，公证机构应当对当事人提供的材料的真实性进行审查。公证处解释，根据《公证程序规则》第38条的规定，公证处不对声明的内容真实性审查。

【请问】在办理签名公证中，公证机构应当尽到何种审查义务？

【解答】

基于公证的公信力，公证机构应尽到较高的注意义务和谨慎义务，但关于公证机构的应尽义务程度，法律法规并无明确规定，更多的是依靠行业规范管理和公证员的内心自觉来把控。

具体到本案中，公证机构在办理该项公证时是依赖于该份村委会证明的，声明书的内容也对村委会的证明具有高度依赖性，为提高公证质量和公证书的可信度，最好能审查核实当事人提供的证明材料。本案中，公证机构是按司法部2011年版公证书格式第34式出具签名公证书，证明声明书上申请人的签名属实。文书上的签名（印鉴）公证是指公证机构根据当事人的申请，依照法定程序，对具有法律意义的文书上当事人签名、印鉴的真实性予以证明的活动。按照相关行业规范和办证指导意见，公证机构在办理文书签名（印鉴）属实公证中，公证机构是对文书签署形式和真实性进行证明，而非对文书内容的真实性、合法性进行实质审查，只要文书内容不违反法律禁止性规定和社会公共利益或善良风俗即可。

15　向法院申请减轻或免除刑罚的刑事谅解书公证

【问题】当事人想来我处办理刑事谅解书公证，用于向法院申请减轻或免除刑罚。

【请问】

1. 刑事谅解书公证是否可以办理？

2. 若可以办理，以何种形式出具公证书？

【解答】

1. 鉴于刑事谅解书有法律依据，可以办理谅解书公证。依据《刑事诉讼法》第288条规定："下列公诉案件，犯罪嫌疑人、被告人真诚悔罪，通过向被害人赔偿损失、赔礼道歉等方式获得被害人谅解，被害人自愿和解的，双方当事人可以和解：（一）因民间纠纷引起，涉嫌刑法分则第四章、第五章规定的犯罪案件，可能判处三年有期徒刑以下刑罚的；（二）除渎职犯罪以外的可能判处七年有期徒刑以下刑罚的过失犯罪案件。犯罪嫌疑人、被告人在五年以内曾经故意犯罪的，不适用本章规定的程序。"需要特别注意的是如果罪行超出该范围,公证机构不宜办理,公证机构负有对公证事项合法性审查的职责。

2. 谅解书表达的是意愿,并非意思表示和民事法律行为,而属于依据《刑事诉讼法》所规定的具有特定法律意义的法律文书,故宜采取签字属实公证。在办理公证时,要提醒当事人所谅解的罪行应属于《刑事诉讼法》第288条规定的范围,也要告知当事人签署谅解书后并不必然产生《刑事诉讼法》第288条的法律效果。

16 律所能否在获得品牌方授权前以其名义申办保全证据公证

【问题】律师为了获取案源,在获得授权委托前,便以自己的名义进行侵权购物保全,并向公证处申请办理购物行为的行为保全公证,然后拿公证书跟品牌方谈维权代理。

【请问】在没有获得品牌方授权之前,律师或律所能否以法律赋予自己有调查权,而直接以自己名义申办该保全公证呢?

【解答】

律师是否可以以自己的名义申请办理保全证据公证。从实体法律关系分析,律师可以依据合同法律关系进行代理,从程序法律关系分析,律师具有调查取证权,宜认定律师可以以自己的名义办理保全证据公证。

17 办理保全证据公证时公证员是否可采取隐蔽取证手段

【问题】甲公司的注册商标被他人冒用,欲申请办理保全证据公证。如果公开拍摄取证或者表明公证员身份,则可能导致取证失败。另外,由于申请人之前已经和对方交涉过,如果出现在取证现场也可能不能顺利完成取证。

【请问】

1. 商标侵权保全证据可以采用隐蔽手段拍摄吗?

2. 在外出办理保全证据公证时,公证人员可以不表明身份吗?

3. 申请人不想去,可以全权委托给公证处拍照摄像吗?

【解答】

根据中国公证协会《办理保全证据公证的指导意见》第11条规定,当事人以照相、录像方式在公共场所(包括营业场所)对财产、行为办理保全证据公证的,公证机构可以受理;第14条规定,办理侵权物证保全时,为便于申请人取证,公证人员可以不公开身份,但必须亲临现场,并进行现场记录或者事后及时补记现场记录。现场记录应当载明取证的时间、地点、证据名称、数量等,并交由申请人或者在场人签名。但需要注意的是,此处强调保全地点是限于公共场所(包括营业场所)。公证人员可以采用隐蔽手段拍摄,也可以不表明身份。

当事人不到场,委托公证处进行拍照摄像,则不宜为之。公证处可以监督申请人的取证行为,但不能代理申请人进行取证,如果角色错位,将很容易丧失公证的客观中立性,无形中选择了站队,引发对方当事人质疑。很简单的解决方式就是申请人另行委托他人进行拍照、录像,完全不用亲自到现场，也能满足办公证的要求。

18　对鉴定机构的现场测量评估行为进行公证保全

【问题】公安机关申请办理保全公证，主要内容是保全专业鉴定机构对违规采砂场现场测量评估的过程。

【请问】对专业鉴定、测量、评估等机构的工作过程如何办理证据保全公证？

【解答】

本案属于对专业鉴定机构的行为进行的保全公证。通过拍照、录像等如实记录专业鉴定机构的现场测量评估行为，将专业鉴定机构的行为进行公证。

19　汽车自燃原因鉴定过程进行证据保全公证

【问题】有当事人称自己买的新车自燃了，现需要鉴定机构找出自燃的原因，申请公证处对鉴定过程作证据保全。

【请问】本公证事项是否可以受理？

【解答】

当事人做证据保全的目的不过是为了下一步向有关责任方索赔，而留存证据。弄清楚这个关键点，这项证据保全做起来就会有章可循。证据保全就是向未来相对方展示和还原整个鉴定的过程，以确保证据形成的客观、中立性，包括车辆现状的勘察、关键部件提取过程等。由于车辆鉴定的复杂性，鉴定过程可能长达几天甚至更长，有的还需借助于专业仪器进行数据测算，公证员实无必要全程参与整个技术鉴定过程，只需就专业鉴定人员对车辆现状、勘察过程、车辆关键部件提取、封存等行为办理保全证据即可，再进一步，公证处也可以将鉴定机构出具的鉴定结论一并装入公证书中，形成完整的一套证据。

20　保全证据公证中的鉴定问题

【问题】甲单位将土地出租给乙公司经营使用，乙公司经甲单位的同意在土地上建盖办公用房和其他建筑物。因疫情影响，乙公司未交付租金，甲单位要收回土地，双方发生纠纷已诉至法院。二审中，甲单位为了尽快重新利用该土地，准备对土地建盖的办公用房和其他建筑物的现状进行保全证据公证，同时对上述办公用房和其他建筑物现值进行鉴定。

【请问】

1. 可否由公证机构委托鉴定机构？如果可以，应如何委托才能保证程序公平公正？

2. 可否鉴定工作和保全证据公证同时进行？可否对鉴定行为进行公证？

【解答】

1. 可以委托。《公证程序规则》第 48 条第 3 项规定，申请公证的事项属专业技术鉴定、评估事项的，公证机构应当不予办理公证。该法第 32 条明确规定，“需要委托专业机构或者专业人员对申请公证的文书或者公证事项的证明材料进行鉴定、检验检测、翻译的,应当告知当事人由其委托办理,或者征得当事人的同意代为办理。鉴定意见、检验检测结论、翻译材料,应当由相关专业机构及承办鉴定、检验检测、翻译的人员盖章和签名。委托鉴定、检验检测、翻译所需的费用,由当事人支付"。因此,只要鉴定机构或鉴定人员具备鉴定资质,鉴定程序不违法,鉴定结果理应是真实有效的,而鉴定结果是否真实有效,不由公证机构认定和判断,即使公证机构认定了也不影响诉讼发生时法院的判断,即使当事人认为鉴定结果存在瑕疵,也可以质证,也得有足以推翻鉴定意见的证据或者证明其存在重大瑕疵。

2. 可以。《最高人民法院关于适用〈中华人民共和国民事诉讼法〉的解释》第 106 条规定,"对以严重侵害他人合法权益、违反法律禁止性规定或者严重违背公序良俗的方法形成或者获取的证据,不得作为认定案件事实的根据"。《办理保全证据公证的指导意见(2008 修订)》第 19 条规定,"涉及危及人身健康、安全或者违反公序良俗的、进行商品或者服务的比较性广告宣传的保全证据公证申请,公证机构不宜受理"。本案中鉴定机构或鉴定人员的鉴定行为若未违反上述情形的话,是可以在鉴定的同时办理公证,也可以对鉴定行为办理公证,但要注意公证介入保全证据的边界感问题,区分公证和鉴定不同的工作内容和职责范围,保全证据公证的目的是固定有法律意义的事实,鉴于鉴定行为本身就具有专业性和特定性,只要鉴定行为合法,就可以运用于诉讼中,所以在公证过程中要更为准确、完整地设计方案,以体现公证的价值。回归到本案,应重点审查鉴定机构或鉴定人员的身份和资格,告知其操作行为的法律意义和后果;留存或密封鉴定报告的原件。

21 巨额数量物品的清点保全公证的方法

【问题】一公司申请对其存放在仓库的 60 箱瓶盖(类似啤酒瓶盖,散装)数量进行清点,据了解每箱大概 1 万个,60 箱共 60 万个。

【请问】在清点类证据保全中,如何快速准确地完成清点工作,同时使公证书得到认可?

【解答】

1. 根据介绍的案情来看,办理的是清点公证。根据保全证据公证的特点和功能来看,保全证据公证应该具有如实、客观、合法三要素。这里就要考虑保全的方式和结果是否客观,是否公正,是否全面,有说服力,对方当事人会不会质疑。

2. 对于保全对象和保全方式具有特殊性和复杂性,一般考虑好保全公证所面临问题、解决问题的技术和方法以及采取这些技术和方法的目的,并且在公证书中进行阐述。这样在今后纠纷处理中,让相关人员如法官感受到公证员在保全证据活动中的确做到了客观、公正,公证员采取此种保全方式的必要性,使其更容易接受公证书。

3. 建议考虑采取实物抽样清单的方式进行。但需注意,实物抽样清点不能随意,借鉴一份判决书中法官的意见:比较客观的方式是确定相对合理的抽取比例后,以抽签的方式将需要具体体现在公证书中的内容抽出。如果是在抽取之前没有确定相关比例,同公证员甚至根据原告或代理人个人意愿进行抽取,很难保证抽取的结果的客观性。所以,对于随机抽取的方式和过程应当给予必要的说明,以防止对方当事人和法官对于随机抽取方式是否公正、全面、客观的合理性怀疑。以下建议仅供参考：

(1)首先确定好实物清点的合理比例。如20%的比例，在60箱中抽取10～15箱。

(2)以随机抽签方式确定清点的箱子。可以在电脑中随机确定数字来决定箱子，将随机抽签单打印出来，作为公证书的附件。

(3)对抽取的箱子进行人工清点，制作清点清单，由相关人员签字，作为公证书的附件。

(4)抽取清点中的几个箱子和几个瓶盖，对这些以及剩余箱子采取称重方式，优先选用有正规称重的产品和人员，进行称重，制作称重单，由相关人员签字，作为公证书的附件。

(5)对每个箱子进行封存。

(6)在公证书中阐述保全公证所面临问题、解决问题的技术和方法以及采取这些技术和方法的目的，但不能直接进行推导全部瓶盖的数量，并证明瓶盖全部数量的结果，只宜表述清点的结果和称重的结果。

(7)将瓶盖有关的合同、清单、数据(包括数量的数据、单个的信息)作为公证书的附件。

(8)清点、称重的过程要全程摄像，对关键的过程辅助拍照。

公证员的上述工作应该算是纯客观、全面，相比较也是公正的，并且有相关数据供法官作参考、去裁判。这样一份公证也相对更容易被对方和法官接受，不易被轻易质疑。

22　对调取存证平台数据的保全公证

【问题】甲方公司与乙方公司签订合同时，通过第三方平台采用了电子印章存证，履行合同过程中双方产生争议，现向公证处提出从第三方提取电子印章存证的过程进行保全公证。

【请问】请问上述公证采用何种方式办理比较妥当？

【解答】

第三方电子数据平台提供的仅是一种电子证据收集、固定服务，即将本已经存在的电子证据使用一定的技术手段进行固定或者在产生电子证据的同时对电子证据进行固定，从而保障电子证据在固定之后不被篡改、保持完整。因此，第三方电子数据平台提供的不是电子证据本身，而仅是一种保全证据的方法、手段或途径。在司法审判中，法庭会对经固定的电子证据进行审查判断，确认该种证据仍然符合证据的三性，即真实性、合法性、关联性，其中真实性是审查判断的重点。这就决定了法庭一方面要对被固定的电子证据本身情况进行审查，另一方面又要对该证据的固定手段、方法进行审查，且需要考虑该种固定手段、方法是否足以保证电子证据不被损毁、篡改。因此，对第三方电子数据保全平台的选择就显得格外重要。

目前市场上不同的第三方电子数据平台所固定的电子证据被提交法庭的形式是多样化的，有的是和公证处合作，以公证书形式提交，有的是自行出具鉴定报告或委托第三方出具鉴定报告，有的是当事人自行提交网页打印件等。之所以要考虑提交法庭的方法或形式，是因为法庭在对电子证据进行审查判断时会考察电子证据从生成到提取的整个环节，提交至法庭的方式或形式是电子证据从固定至提交法庭质证整个过程中的最后一个环节，对该环节的考察自然必不可少。

就上述提出的问题而言，公证处可以采取网页证据保全的形式办理公证，对当事人登录第三方平台并查看、下载、保存有关数据的过程办理保全证据公证。

23 通过 VPN 登录国外网站进行网页保全证据

【问题】某著名摄影大师作品被国外某网站盗用广泛流传,现当事人向公证处申办通过 VPN 登录国外网站进行网页保全。

【请问】

1. 该网页保全证据公证是否可以办理?

2. 如可以办理公证,需要注意哪些问题?

【解答】

VPN 属于远程访问技术,简单地说就是利用公用网络架设专用网络。虚拟专用网络(VPN)的功能是在公用网络上建立专用网络,进行加密通讯。在企业网络中有广泛应用。VPN 网关通过对数据包的加密和数据包目标地址的转换实现远程访问。为了规范网络市场,工信部专门制定了跨境开展经营电信业务活动的规定,主要依据《电信条例》和《国际通信出入口局管理办法》,规范的对象是未经电信主管部门批准,无国际通信业务经营资质的企业或个人租用专线或 VPN 违规开展业务。

公证处在办理保全公证时应审查所登录的国外网站通过 VPN 登录是否符合相关规定,如不符合,就有涉嫌非法翻墙网站的嫌疑,建议不予受理。对符合相关法律规定的,公证机构可以受理。但登录的国外网站一般都是外语,大部分公证人员的外语水平很难看懂具体内容,因此建议受理的公证机构办理保全行为的公证。对于网页证据保全,公证机构通过一定的操作步骤对网页进行提取、固定,将内容进行客观记录。在办理网页证据保全时应与当事人商议保全方案,由申请人使用公证机构的电脑进行操作,公证人员在旁进行记录并对全过程进行摄像和拍照。公证对整个保全行为的过程进行客观记录,并将保全过程在公证书中进行描述。鉴于电子证据易于被篡改的特性,公证仅对所看到的内容进行保全,是否一定是和实际情况一致,公证处无法判断也无法查清,公证书一定要客观描述,最后可以加一句类似"本处无法判断该电子证据在保全前是否存在人工改动的情况"的话,直接在公证书内做一个明确的表述,给接受公证书的相对方一个明确的提醒。

24 员工登录企业邮箱办理保全证据公证

【问题】员工甲与公司发生劳动争议纠纷,欲申请办理企业邮箱内邮件保全证据公证。

【请问】如员工甲以个人身份申请的邮箱,是否还需要公司授权登陆?如甲已离职,公司是否不需获得甲的同意即可登录邮箱?

【解答】

《最高人民法院关于适用〈中华人民共和国民事诉讼法〉的解释》第 106 条规定,对以严重侵害他人合法权益、违反法律禁止性规定或者严重违背公序良俗的方法形成或者获取的证据,不得作为认定案件事实的根据。

如果该邮箱是以甲个人名义申请的，甲掌握邮箱密码，甲可自行登录其邮箱查看邮件，如果公司想登录该邮箱保全邮箱的内容，则应该由甲同意。如果该邮箱为企业提供的工作邮箱，甲离职时与公司进行交接，该邮箱移交给公司，则公司有权进入该邮箱。总之，进入该邮箱必须是合法登录进入的，所取得的证据来源就是合法的，不是毒树之果。

25　能否对行政执法行为进行公证保全

【问题】交警扣押车辆时，发现车内摆放有大量贵重物品，车辆驾驶人又不配合取走物品，特申请公证处对车内物品办理保全证据公证。

【请问】能否对行政执法行为进行公证保全？

【解答】

公证机构可以根据行政执法机关申请，对有关行政执法过程进行保全，以固定相关证据，证明行政执法过程的合法性，间接地保障行政相对人的合法权益。在办理这类公证时，为避免为不法执法行为背书，公证人一般需要审查执法依据，初步判断行政执行依据是否具备、执法行为本身是否有法律依据。从本案来看，公证人需要核实交警扣押车辆原因、是否有相应的扣押文件等材料。另外，在实际保全过程中，应当请执法部门文明执法，避免简单粗暴的方法。最后还要告知，执行机关对清点的物品有妥善保管的职责，并应采取适当方式及时通知行政相对人。

26　能否对律师在刑事案件中的取证行为进行公证保全

【问题】在刑事案件过程中，一方代理律师发现另一方当事人在网上发布了一个和该案件有关的视频，想申请办理证据保全公证。

【请问】这种涉及刑事案件的证据保全可以办理吗？

【解答】

保全证据公证是固定证据的方式，既可以用于民事诉讼、行政诉讼，也可用于刑事诉讼。保全证据用于刑事案例的，公证人一般应该请当事人做一下案情介绍，说明保全证据欲证明的事实和用途，从而判断其风险性大小，从而决定是否承办该公证事项。本案要求保全网络上的视频，一般而言是可以办理这类通常形态的公证。

27　刑事诉讼中的通话记录保全证据公证

【问题】当事人申请保全自己事先拨打120时的通话记录，用于交通事故诉讼，该交通事故可能涉及刑事诉讼。

【请问】以上事项能否办理公证？

【解答】

《公证法》第2条规定，公证是公证机构根据自然人、法人或者其他组织的申请，依照法定程序对民事法律行为、有法律意义的事实和文书的真实性、合法性予以证明的活动。正因如此，大多数承办人员均把公证的办理范围牢牢地锁定在民事领域。该规定中的“民事”二字仅仅是统摄法律行为而非统摄其后的法律意义的事实及文书。故此，不能强行认为立法的原意是将公证牢牢限定在民事领域，否则从此角度出发，公证开展的司法辅助业务等通通都没有立足之地。

在公诉案件中，公安、检察机关承担着收集、保全证据的责任，但在自诉刑事案件中，当事人对保全证据公证的需求是有的，但并不代表仅能在自诉刑事案件中办理保全证据公证，因为在很多时候，证据若不及时保全，则很可能灭失。比如，刑事案件中，当事人在取保候审阶段发现对方的微信朋友圈有对其很有利的证据，当事人立即向公证处申请办理保全证据公证，及时固定了该证据。中国公证协会出版的《公证理论与实务》也表明，保全证据公证也可以适用于刑事证据领域，但公证机构应当严格审核办理条件，采取谨慎办理的态度。

该案例中，第一种情况，当事人申请保全的是自己手中拥有的证据，也就是存在于个人手机中的通话记录，一般情况下，是不需要第三方进行配合的，当事人自己就可以从手机当中进行调取。所以和一般的通话记录无异，仅需要在了解到可能用于刑事诉讼的背景后对其进行相关告知。第二种情况，当事人手中并未有当时拨打120的通话记录，申请保全的是调取第三方平台中的通话记录，或者是调取120平台中存储的通话记录，那就需要第三方平台或者是120平台的配合。第三种情况，当事人在公证处现场拨打120，对通话行为进行保全，该种情况可能性较低，一般情况下很难在事故发生时赶到公证处。无论是以上述哪种方式，均可以办理公证。

28 办理微信公众号内容保全是否可以使用公证员手机

【问题】张某向公证处申请对某微信公众号发布的内容办理保全证据公证，涉及文字、视频等内容，但张某手机没有录屏功能。

【请问】为更好地保全有关证据，公证员能否使用自己具有录屏功能的手机及登录公证员本人的微信号进行操作？

【解答】

这个问题总结转化一下应该是保全证据公证时是否可以由公证员通过公证处或公证员的自有设备操作。根据《公证法》确立的公证活动的客观原则和公证员职业的特性，公证员监督当事人取证是基本的形式，公证员亲自操作取证是例外情形。对于公证员如何把握亲自取证行为的限度，审判机关的思路是“适度参与”，借用浙江省高级人民法院课题组的《关于知识产权民事诉讼中公证证据审查与采信的调研》中所说的“公证人员一般不应参与被保全行为。因为公证人员的主要任务是监督和记录整个行为过程，如果自己也参与其中，势必导致公证人员的行为和申请人的行为相互混杂，不但影响行为的单一性，而且可能导致行为后果的改变，但涉及网络公证的，公证人员则必须进行网络清洁性检查，可以适度参与被保全行为……”。所以，在网络保全中，如果确有必要由公证员操作，使用公证员的手机及微信号，能使保全的行为和结果更具有真实、客观性，是可以适度参与，是可行的，但必须基于有这个必要性，否则就是越俎代庖，丧失了公证人的客观、中立性。

29　对存储在公司内部服务器的内容进行公证保全

【问题】甲公司与某运输公司就运输合同发生纠纷起诉至人民法院，运输公司就合同履行的相关问题，曾经通过互联网向甲公司的内部邮件系统发送电子邮件，甲公司收到的运输公司所发送的电子邮件存储在甲公司的内部服务器上，为了收集证据，甲公司特向公证处申请对提取公司内部邮箱内存储的上述电子邮件的过程及电子邮件的内容进行保全证据公证。

【请问】本保全证据公证该如何操作为妥？

【解答】

公证员可以带上本单位的网管，由网管找出电脑上运行的其他软件，将其保全记录。再做一遍清洁性检查，把检查过程记录在工作记录中即可。其他保全流程按照正常的操作办理就可以。可以查考真实案例：中国某银行股份有限公司石家庄某支行保全证据公证案。中国某银行股份有限公司石家庄某支行与河北省某物流有限公司就保管合同发生纠纷起诉至人民法院，河北省某物流有限公司就合同履行的相关问题，曾经通过互联网向该银行的内部邮件系统发送电子邮件，该银行所收到的该公司所发送的电子邮件存储在本行的内部邮箱，为了收集证据，该银行特向石家庄市太行公证处申请对提取银行内部邮箱内存储的上述电子邮件的过程及电子邮件的内容进行保全证据公证。办理该保全证据公证，必须在银行并使用银行的电脑设备进行。而使用银行的电脑设备则必须对所使用的设备进行清洁性检查。在办理该公证过程中，由公证人员操作该银行的电脑，对该银行电脑设备上运行的所有软件情况进行了保全，以使在诉讼中法官内心能够确信，邮箱内存储的电子邮件是来自银行系统的服务器，而不是来自本地磁盘。

30　未经明确允许是否可以进入他人工地进行证据保全

【问题】申请人称某地铁在建工程使用的瓷砖，涉嫌侵犯其公司同类产品的专利权，向公证处申请指派公证员到地铁施工现场对瓷砖办理保全证据公证。据申请人称，施工现场带着安全帽就能进，不会有人阻拦，也没有禁止入内的标志牌。因申请人不是施工主体，也并非供应商，和工程本身没有直接关联性，建筑工地又属于特殊场所，有施工安全的相关管理规定和要求。

【请问】

1. 能否办理以上证据保全公证事项？

2. 公证员能否在未经明确许可的情况下进入施工工地现场？

3. 如此径直进入工地取得的证据，在效力上是否有瑕疵？

【解答】

本案中，未经他人允许，进入他人工地进行保全，是否侵害了他人的合法权益？从目前的实践来看，不宜认为该行为侵害了他人合法权益。主要的理由有：

1. 世界各国对于民事违法证据排除规则的认识在发生重大转变。从常态上来看，非法证据排除规则主要是严格适用于刑事领域，而对于民事领域，采取了相对宽泛的态度。在美国，出于私力救济的需要，即使以入室窃取、装窃听器、强行进入他人住宅等方式收集的证据，美国法院也是认可的。这是因为美国法院认为,宪法修正案第4条的规定,旨在禁止政府人员的非法侦查行为,是限制公权力,并非是禁止私力行为,故违法证据排除规则不适用于私人非法收集证据的情形。在英国,民事诉讼中,在决定非法取得的证据的有效性时,采取了利益衡量的方式,由法官根据实际情况作出裁决。在德国,在确立非法证据排除规则时采取了相当性原则。如果采纳违宪获取的证据是保护他人权益唯一而合理的方式,以及按照法院的裁量,是保护更为紧要的基本价值唯一合理的方式,德国法院有权采纳违宪取得的证据。从上述国家的规定来看,对于民事证据的取得的方式采取了极大的宽容,即使是违宪取得的证据在一定条件下也可以被采纳。

2. 我国最高人民法院最新的判例对民事领域的取证方式也采取了较为宽泛的态度。在著名的"北京方正公司诉高术公司侵权案"中,最高人民法院的判决中就提到"在民事诉讼中,尽管法律对于违法行为作出了较多的明文规定,但由于社会关系的广泛性和利益关系的复杂性,除另有明文规定外,法律对于违法行为不采取穷尽式的列举规定,而存在较多的空间根据利益衡量、价值倾向来解决,故对于法律没有明文禁止的行为,主要是根据该行为实质上的正当性进行判断。"最后认定,北京方正公司通过公证方式取得的证据合法可采信。在这里最高人民法院对民事证据的违法性采取了该行为是否具有实质上的正当性进行判断。该判例对民事判决和公证实践都具有较强的实践指导意义。

3. 他人的合法空间不能成为其实施违法行为的保护地。他人对自己的空间享有法律上的权利,但是行使该权利必须有其边界。如果超越权利的界限,使用该空间进行违法行为,那么受侵害者就可以通过合适和妥当的方式实施私力救济,在此情况下不能被认为侵害了他人的合法权益。从而影响了该证据的采信和效力。如果此种情况下,否认私力救济的可能性,事实上意味着私人合法空间成为任意违法的圣地。

综合上面论述,本案中申请人为了维护自身的重大权益,采用了较为轻微的损害方式进行取证,该行为具有实质上的正当性,应当予以认可其行为的正当性和证据的有效性。

31 腾退已转业军人强占单位住房保全证据公证

【问题】武警部队申请对腾退本单位已转业军人强占单位住房办理保全业务,对类似情况武警总队有文件要求清理收回所占部队资产。

【请问】是否可以办理该公证?

【解答】

根据《最高人民法院关于中国人民解放军北京军区房地产管理局请求法院受理军队家属住房清退案有关问题请示的复函(2002年7月2日〔2002〕民立他字第8号)》和《最高人民法院研究室关于人民法院是否受理涉及军队房地产腾退、拆迁安置纠纷案件的答复》(2003年8月18日法研〔2003〕123号),此类纠纷应由军队和地方使用行政手段解决。部队所涉及的该问题不属于法律问题,而是属于政策问题,部队这种强制腾房的行为合法与否无法从民法领域评价。

本类案件属于清点保全公证,判断是否可以办理这类公证,主要是要分析腾还原因的合法性,也就是是否有正当的理由要求对方腾房。如果理由正当的,在评估风险后,是可以公证的。这类情形不同于收回出租的房屋,不适用这类公证办理的必备条件。

本类案件属于现状、行为及清点相结合的保全公证，在实践中，类似的公证介入的保全证据公证还有法院的强制腾房，法院的强制腾房近年来是公证参与司法辅助执行事务中较为常见的，和本案中武警申请公证处参与强制腾房有着一定的共同之处。办理该类公证首先要取得相应的武警上级机关的相关批复或通知，且应该有提前的通知公告行为，承办人员在审查核实相关背景材料的同时，建议能够参与通知公告的行为，并对该过程办理保全证据公证。在相关手续符合条件的情况下，办理该公证时，应采取严格的全过程摄像、拍照等方式进行固定，对相关物品清点造册并建议封存，建议对搬运及封存的行为均进行公证。

32　两人共管保管箱可否由单方申请破箱行为保全公证

【问题】甲乙两人为生意伙伴，为存放一系列生意往来重要文件，两人共同向某银行合租一保管箱，保管租赁费每年1000元，钥匙两人各有一把，同时使用钥匙才可开启保管箱。现甲下落不明，不知去向，乙声称保管箱内无任何物品，向银行申请注销保险柜。因缺少一把钥匙，无法开箱查验归还，银行同意破柜，但是需要请公证机构派员进行现场保全。

【请问】乙单方作为申请人，公证机构可否受理破柜保全？

【解答】

公证机构可以受理这个业务。分析这类型案件，不妨运用反向思维考虑。公证机构为什么不能受理保全？原因不外乎是此保管箱系甲乙二人合租，现甲下落不明，不知去向，公证机构在未经甲同意及申请的情况下，开箱可能侵犯甲的合法权益。那么，公证机构参与破箱保全是否真会侵犯甲的合法权益呢？

我们认为，公证介入不会对甲的权益构成侵害。首先，甲下落不明，不知去向，在此条件下，导致乙如果不进行处理，就不得不“每年向银行支付保管费”。这样一个不利后果，导致乙的权益受到损害。首先，为了保护甲的权益而牺牲乙的权益，对乙而言，有失《民法典》所确立的公平原则；其次，乙的破柜行为并不具有随意性，而是在特定条件下（甲下落不明，不知去向）不得已而采取的措施，有其实施的合理性；最后，公证机构参与现场保全，恰恰能对甲的权益给予充分保障。由于甲不在现场，通过公证保全方式对开柜现场进行保全，客观真实地固定相关证据，其效果之于乙来说是预防，之于甲来说则是保护。所以，针对本案，公证机构完全可以介入。

办理此项业务，经办人员需要对甲方下落不明的事实进行审查，以各种方式对甲方进行通知，为甲方预留处理的时间，对箱内物品、开箱程序，取出后的物品怎么样保管，由谁领取物品，需要先由乙方和银行沟通，需要做保全方案，确认保全方案被各方认可。开箱过程全程录像，如果开箱结果确实无任何物品，如实记录，并请在场所有人员签字确认；若开箱发现有物品，应立即逐一清点、拍照、登记，并密封好按照预定方案交付保管。

33　父亲是否可以保全已故儿子的微信聊天记录

【问题】儿子因病去世，因原单位未为其缴纳社保，故无法报销医药费。其父为证明儿子是公司员工（未签订劳动合同），向公证处申请保全儿子手机中微信聊天记录。

【请问】其父可以直接以利害关系人身份申请本项公证吗？

【解答】

本案父亲是去世儿子的法定继承人，对儿子治疗的相关医保等基础员工社会保险具有利害关系。在本案中，利害关系人父亲可以作为儿子手机微信聊天记录的申请人。办理证据保全时，对保全证据申请人主体资格的审查，宜采取从宽原则，而非从严原则。可以从真实性、相关性、指向合法权益三方面对欲保全事项作出分析判断。公证保全的证据应帮助当事人理解并提供能够形成完整的证据链的相关证据，以帮助当事人让法院采纳申请人的诉讼主张。

34 对设备拆除过程进行公证保全

【问题】A 公司向 B 公司购买一台设备并由 B 公司进行安装，收货后 A 公司发现该设备未达到要求，需进行拆除。现 A 公司向公证处申请办理保全证据，见证其拆除设备的过程，且 A 公司已经向法院起诉解除合同，一审法院已经开庭但尚未判决。

【请问】可否受理该保全证据公证？

【解答】

可以受理，提问者担心不可受理公证申请的疑虑可能是该拆除设备的行为涉及专业技术，也可能是该案已进行诉讼。

综合《公证程序规则》和中国公证协会《办理保全证据公证的指导意见（修订）》的相关规定，该公证事项可以办理保全证据公证。需注意的是，设备拆除后无法恢复原状，建议申请人邀请具有专业资质的技术人员进行操作为宜，公证机构客观记录拆除行为即可，只证明拆除过程的真实性，不对设备是否达标、B 公司是否违约、拆除结果进行主观评价和判断。

另外，进入诉讼程序不影响公证受理。综合现行法律法规和司法判例，未查找到诉讼过程中限制保全证据公证的相关规定，当事人有权决定是否申请保全证据公证，但需提示当事人在法院判决前自行拆除的后果，且拆除费、公证费未必得到法院支持。

35 KTV 保全证据公证中的播放方式问题

【问题】外省的当事人委托当地律师申请办理涉及“放映权”的保全证据公证，案件涉及多个 KTV 场所，涉及 100 余首歌曲。

【请问】是否需要每首歌曲都从头至尾播放，还是可以随机选取几首歌曲完整播放，其余歌曲片段播放？

【解答】

KTV 音像作品保全公证是指公证机构对当事人到 KTV 进行音乐影视作品点播行为予以证明的活动。原则上应建议当事人完整播放每首歌曲，以确保每个音像作品的完整性。本案中，如果当事人从时间成本和经济成本因素考虑，要求公证机构采取片段点播的方式进行保全的，公证机构也可以按其指示操作，但应当告知当事人该证据可能不被法院采纳的不利后果，做好记录工作即可。

36 工程样板房或工程现状保全证据公证中的拍照问题

【问题】在办理工程项目样板房或工程现状保全证据公证中,采用拍照固定证据。

【请问】在对样板房或工程现状进行拍照时,须注意哪些问题?

【解答】

无论是哪类现状保全,都是要根据当事人的需求确认拍摄的内容,公证员关注和确认的是拍摄时间、拍摄地点及拍摄内容的客观和真实性。

对样板房的拍摄,先实地考察样板房的坐落、朝向、平面户型结构图并加以记录;注重拍摄顺序,先拍平面户型结构标识,如悬挂或竖立于样板房门口的户型图展板,结合平面户型结构标识来拍摄样板房的各个功能区间;注重拍摄手法和技巧以提高视频或照片的识别度,如在拍摄无墙纸的墙面时尽量拍到门框、踢脚线、开关面板等参比物。

对建筑工程项目的现状的拍摄更为复杂,应完整勘察现场后视当事人需求和工程项目的具体情况决定拍摄技巧和顺序,避免照片颠倒杂乱,难以区分。建议让当事人提供施工图纸,按图索骥,根据图纸进行拍摄。如果没有明显标识,可以使用手机中的地图软件进行定位后截图留存,或制作坐标卡片在现场摆放;连同拍摄参照物一同拍摄,否则光凭大同小异的照片无法分清现场;如果是隐蔽工程应及时取证,因为隐蔽工程在保全之后可能就要进一步施工;如果是土方测量、道路施工、高层建筑封顶这样的现状,即便是使用智能手机广角模式都无法客观反映现场情况,可能需使用无人机拍摄,当然要做好申请和审批工作。

37 可否受理诉讼中原被告的保全证据公证申请

【问题】某公司法定代表人和监事有纠纷,监事在之前已找本处公证员做了一个临时股东会的保全证据公证,法院采信了公证书,认定股东会决议有效,一审判决某公司变更法定代表人和工商登记信息。对方针对这个提起上诉,二审尚未判决,工商登记还未变更,营业执照、公章还在原法定代表人手中。现在原法定代表人找到本处,想做个临时股东大会的保全证据公证。

【请问】

1. 公证处是否可以受理原法定代表人的公证申请?

2. 因二审尚未判决,原法定代表人可否以公司的名义申请公证?

【解答】

1. 可以受理。《中国公证协会业务咨询汇编》和昆明市公证协会《疑难公证问题咨询答复汇编》对这一问题也给予肯定答复。《公证法》第 23 条第 3 项规定了回避制度,公证员不得为本人及近亲属办理公证或者办理与本人及近亲属有利害关系的公证。《公证程序规则》第 23 条规定,公证机构受理公证申请后,应当指派承办公证员,并通知当事人。当事人要求该公证员回避,经查属于《公证法》第 23 条第 3 项规定的应当回避情形的,公证机构应当改派其他公证员承办。《公证法》规定了公证员的回避但没有规定公证机构有回避义务,公证机构不作集体回避,之前的承办公证人员回避即可。

2. 虽然一审判决尚未生效,但如果经公证保全证据的临时股东会决议内容为变更法定代表人,则不适宜让原法定代表人代表公司申请办理此次的保全证据公证。可由代表十分之一以上表决权的股东,作为公证申请人。

38 在保全公证中公证处能否请人进行清点

【问题】当事人甲和乙签订的承包荒山合同到期,承包期内甲在荒山上种树 1 万余棵,现来申请做清点财产的保全证据公证,我们建议甲找评估公司,公证处对评估过程做保全证据,但是当事人认为评估费用太高不想请评估公司;我们建议甲和乙共同指定第三方来清点,甲也不愿意。后来起诉至法院,以法院的名义来申请公证。因为涉及的树木太多,且公证处人员紧张,想另外请人参与清点。

【请问】公证处能否另外请人来做清点财产的保全证据公证?

【解答】

公证机构应当“有所为”。《公证法》第 11 条的规定明确了公证机构可以根据自然人、法人或者其他组织的申请,办理保全证据公证。《民事诉讼法》、《公证法》以及《最高人民法院关于适用〈中华人民共和国民事诉讼法〉的解释》中,都有对保全证据公证书的法律效力的规定。因此,公证机构应当积极参与到保全证据业务中。根据《公证程序规则》和中国公证协会《办理保全证据指导意见》的相关规定,只有在对需要专业机构或专业人员利用专业设备、专业知识的前提下,才需要当事人去委托或征得当事人同意代为委托。结合本案实际,如果只是对荒山上种植的树木进行清点,不需要专业设备、专业知识或专业手段,则不必找评估公司,也不必将保全对象局限于“评估过程”,而由公证员直接动手操作,进行标识、摄影、摄像、记录都是可以的。

同时,公证机构在办理保全证据公证中要明确定位自己的角色,要“有所不为”。公证机构是客观中立的第三人,其角色作用是通过相关的载体,将证据客观呈现于当事人或法官面前,但不能代替当事人去做事。如果保全工作涉及的时间较长、工作量较大、分工较复杂,清点过程中可以由其他人参与进来,但不宜作为独立的申请人,也不宜由公证机构聘请。本案建议由当事人安排人员进行清点、登记,并制作清单由清点人、登记人签名;公证员全过程在场,并进行相关的拍照和摄像;在笔录中告知,仅对清点行为和过程进行保全证据,不对合同的纠纷、效力及人员的聘请、雇佣等其他进行证明。

39 律师和客户进行的谈话是否可以办理保全证据公证

【问题】一个公司准备上市,律师和有关证券公司要对该公司的股东进行一个谈话,律师和上市公司向公证处咨询可否为其办理谈话过程和内容的保全证据公证。

【请问】公证处是否可以以保全证据的形式受理该公证?是公司、律所、证券公司三方共同申请,还是以股东个人、律所和证券公司的形式申请更加合适?

【解答】

可以办理保全证据公证。申请人需要与申请的公证事项具有利害关系,律所的身份如果不是独立的第三方，不宜将其作为申请人。考虑当事人的办证用途，决定由某方作为申请人或作为共同申请人。

40　售楼处张贴的人脸信息采集公示进行公证保全

【问题】有个售楼处过来咨询，说因为他们在售楼处安装了人脸识别系统，对进入售楼处的消费者进行人脸信息采集，他们在售楼处外边和内部张贴有一些告知，大体内容就是不侵害消费者的相关权益，他们特来申请公证处对这些告知做一个保全现状的公证。

【请问】这类保全现状的公证能否受理？

【解答】

售楼处的人脸识别系统是基于AI技术并结合售楼系统，通过在销售现场安装摄像头，无感抓拍客户人脸头像存储到人脸库中。许多前往售楼处看房的客户，他们的人脸信息在不知不觉中就被收集了。根据《民法典》的相关规定，收集、使用个人信息，应当遵循合法、正当、必要原则，公开收集、使用规则，明示收集、使用信息的目的、方式和范围，并经被收集者同意。《信息安全技术个人信息安全规范》也要求，在收集人脸、指纹等个人生物识别信息前，应单独向个人信息主体告知收集、使用个人生物识别信息的目的、方式和范围，以及存储时间等规则，并征得个人信息主体的明示同意。这表明，收集个人信息必须要满足“单独告知”及“取得明示同意”的双重要求。故不宜办理此保全公证。

41　小区电梯中播放的视频的证据保全公证问题

【问题】当事人咨询，在一个小区内的电梯中播放的视频涉嫌侵权，想申请公证处对电梯内播放的视频办理保全证据公证，该小区需要刷卡进入，但是代理人是非该小区的。

【请问】上述情况下，公证机构可以进入该小区进行保全吗？

【解答】

小区具有公共空间性质。虽然小区实行了严格管理，但小区并不具有私人住宅的属性，一个人只要具有正当目的，有进入该领域的权利，小区不应该成为他人的违法空间。退一步来说，根据《最高人民法院关于适用〈中华人民共和国民事诉讼法〉的解释》来说，只有取得证据严重违背公序良俗、违反强制性规定、严重侵犯他人合法权益，才不予采纳。这条规定都是以严重性为限定的。社会生活中权利交错，一项权利往往涉及另外权利边界问题，这个时候应当以是否严重侵犯作为行事标准。本案无法看出进入小区进行保全的严重违法性，社会观念认知上也不会。

42　对大股东的阻碍行为进行保全公证

【问题】有限责任公司的股东之间发生争议，小股东想进入仓库实地查看存货，大股东不让进。小股东想向公证处申请对大股东的阻止行为办理保全证据公证。

【请问】公证机构是否有权受理该公证事项？

【解答】

从描述的案情来看，属于行为保全公证，目的正当，可以办理公证。这类公证，关键是对方阻挡人员的身份识别，可以采取拍照、摄像方式进行，注意避免发生现场冲突。利害关系可以从当事人的陈述中进行认定，一般利害关系采取从宽选择，不是必须证实。建议小股东向大股东公证寄送信函，言明自己要检查仓库，请大股东通知相关人员给予配合和方便。

43 拟将企业账册和印鉴存放至银行保险柜的过程保全

【问题】有一企业的账册和印鉴，经政府安排，在政府一职能部门封存。现该部门想把这些账册和印鉴存放在银行保险柜中，想办理公证。本处意见：一种观点由申请人把账册和印鉴统一打包密封，公证只做打包封存送达银行保险柜的过程保全公证，另一种观点将这一过程做现场监督公证。

【请问】使用哪种方法最为妥当？

【解答】

保全证据和现场监督二者有着不同的特征。保全证据是指公证机构根据当事人的申请，依法对与申请人权益有关的、有法律意义的证据、行为过程加以提取、收存、固定、描述或者对申请人的取证行为的真实性予以证明的活动。现场监督是指公证机构根据当事人的申请，通过事前审查、现场监督、对招投标、拍卖、开奖等活动的真实性、合法性予以证明的活动。

从介绍的情况来看，当事人主要应该是证明确实将其保管、封存的企业账册和印鉴已全部放在银行保险箱中，采用保全证据方式更加妥当。

44 能否办理茶叶公司的抖音直播有奖销售公证

【问题】茶叶公司在抖音直播间做有奖销售，共销售两款产品，A 产品售价 168 元，B 款产品售价 19.9 元，每款产品随机有 50 种不同编号，每天用摇奖机摇奖两次，当天购买的全部中奖编号都将获奖。A 款中奖奖金 6000 元，B 款 600 元。该有奖销售活动在市场监管部门备案了，欲申请公证处办理摇奖公证。

【请问】以上公证事项是否能够受理？

【解答】

摇奖公证事项能否受理，首先需要衡量有奖销售活动是否符合基本商业规范。《消费者权益保护法》第 8 条规定，消费者享有知悉其购买、使用的商品或者接受的服务的真实情况的权利。《规范促销行为暂行规定》第 13 条规定，经营者在有奖销售前，应当明确公布奖项种类、参与条件、参与方式、开奖时间、开奖方式、奖金金额或者奖品价格、奖品品名、奖品种类、奖品数量或者中奖概率、兑奖时间、兑奖条件、兑奖方式、奖品交付方式、弃奖条件、主办方及其联系方式等信息，不得变更，不得附加条件，不得影响兑奖，但有利于消费者的除外。从本案的问题描述情况来看，还不足以判断购买参与方式、兑奖条件、方式和交付方式等内容，可以综合以上内容作出判断。

如受理,承办人应参考《开奖公证细则》的相关规则,考虑封存销售数据、确定摇奖现场相关器械无误。抖音直播间抽奖是新兴业务领域,公证员不要一概因为不知晓就直接拒绝,要掌握开奖监督公证的实质,结合案件具体现实来设计监督方案。

第十一部分　公证适用民法典100条准则

准则 1

公证是民事法律行为的独立形式，公证是形成公文书的独立过程，它不是对私文书的再证明活动。

民法典相关条文：

第135条　民事法律行为可以采用书面形式、口头形式或者其他形式；法律、行政法规规定或者当事人约定采用特定形式的，应当采用特定形式。

准则 2

民事法律行为的有效依法律推论，公证是从反面对效力障碍事由进行排查，而不是从正面进行所谓的“证明”。

民法典相关条文：

第134条　民事法律行为可以基于双方或者多方的意思表示一致成立，也可以基于单方的意思表示成立。

第136条　民事法律行为自成立时生效，但是法律另有规定或者当事人另有约定的除外。

第143条　主体适格、意思表示真实、不违法。

准则 3

公证机构没有显失公平的认定权，经公证人劝谕后，显失公平可以被治愈。

民法典相关条文：

第6条　民事主体从事民事活动，应当遵循公平原则，合理确定各方的权利和义务。

第151条　显失公平的民事法律行为可诉讼撤销。

准则 4

法律行为是否违背公序良俗，实质上属于裁判规则，公证人应当以显著违背公序良俗作为拒证标准。

民法典相关条文：

第8条　民事主体从事民事活动，不得违反法律，不得违背公序良俗。

第 143 条　具备下列条件的民事法律行为有效：

……

（三）不违反法律、行政法规的强制性规定，不违背公序良俗。

准则 5

对于设定自然债务的民事法律行为，在告知当事人自然债务具有受领保持力但不具有司法强制执行力的法律后果后，可以办理公证。

民法典相关条文：

第 985 条　得利人没有法律根据取得不正当利益的，受损失的人可以请求得利人返还取得的利益，但是有下列情形之一的除外：（一）为履行道德义务进行的给付；……

准则 6

当事人辨别能力为客观事实，公证机构可以通过交流以及依据医院诊断证明或司法鉴定报告等形式来分析判断当事人的行为能力。建议一般法律行为公证，公证人可以径直认定，重大法律行为公证先走法院认定程序。

民法典相关条文：

第 24 条　不能辨认或者不能完全辨认自己行为的成年人，其利害关系人或者有关组织，可以向人民法院申请认定该未成年人为无民事行为能力人或者限制民事行为能力人。

准则 7

法律行为内容形成上遵循当事人意思自治原则，公证人是当事人意思自治的协助者，由当事人自主决定，而不是公证人"他主决定"。

民法典相关条文：

第 5 条　民事主体从事民事活动，应当遵循自愿原则，按照自己的意思设立、变更、终止民事法律关系。

准则 8

公证人应当将真意探知作为公证人办理法律行为公证中的重要手段和职责。

民法典相关条文：

第 143 条　具备下列条件的民事法律行为有效：

……

（二）意思表示真实；

……

第 146 条　行为人与相对人以虚假的意思表示实施的民事法律行为无效。以虚假的意思表示隐藏的民事法律行为的效力，依照有关法律规定处理。

准则 9

公证程序规范对民事法律行为效力的影响，取决于它是效力性强制性规范还是管理规范，一般地，依据该规范的强度进行判断。

民法典相关条文：

第 143 条 具备下列条件的民事法律行为有效：

……

（三）不违反法律、行政法规的强制性规定。

准则 10

公证人是当事人的信托受托人，公证人与当事人的关系具有契约特征，在相关公证活动中，公证人的权利和角色可以从当事人权利角度进行演绎。

民法典相关条文：

第 919 条 委托合同是委托人和受托人约定，由受托人处理委托事务的合同。

准则 11

基于公证人与当事人之间形成民事领域的法律关系，属于公证规则和通常做法，在很大概率上可能被认为习惯，产生习惯法上的效力。

民法典相关条文：

第 10 条 处理民事纠纷，应当依照法律；法律没有规定的，可以适用习惯，但不得违背公序良俗。

准则 12

民事法律行为存在非有效的瑕疵时，公证人在进行相应法律后果告知并修正后可以公证。

民法典相关条文：

第 8 条 民事主体从事民事活动，不得违反法律，不得违背公序良俗。

准则 13

民事法律行为蕴含着风险的，一般风险在告知风险后可以公证；重大的现实风险应当拒绝公证；公证人在风险方面遵循“双重晓谕义务”。

民法典相关条文：

第 5 条 民事主体从事民事活动，应当遵循自愿原则，按照自己的意思设立、变更、终止民事法律关系。

准则 14

在办理法律行为公证时，在法律规定不明晰的时候，公证人不承担解释和创造法律的功能，应当向当事人进行解释后，将选择权赋予当事人。

民法典相关条文：

第153条　违反法律、行政法规的强制性规定的民事法律行为无效。但是，该强制性规定不导致该民事法律行为无效的除外。

准则 15

单方法律行为要义是以单方的意思表示能够设立，这是判断某类“声明”“承诺”等称呼的法律文书是适用定式公证书格式第1式或第34式的关键。

民法典相关条文：

第134条　民事法律行为可以基于双方或者多方的意思表示一致成立，也可以基于单方的意思表示成立。

准则 16

民事法律行为公证与认证的区别，在于民事法律行为的条款内容是否是由公证人制作完成。

《德国民法典》第129条　公证认证的程序分为三步：(1)以无论何种方式书面拟写表示；(2)由表意人进行签名；(3)签名必须由一名公证人予以认证。

《德国民法典》第128条　法律规定将合同作成公证证书的，公证人先将要约作成证书，再将该要约的承诺作成证书已足够。

准则 17

单方法律行为公证，以记录当事人的意思表示为主要工作方式，表意人披露的信息充分的，根据当事人旨意或交易习惯，也可以对该法律行为是否符合生效要件进行全面审查。

民法典相关条文：

第133条　民事法律行为是民事主体通过意思表示设立、变更、终止民事法律关系的行为。

第134条　民事法律行为可以基于双方或者多方的意思表示一致成立，也可以基于单方的意思表示成立。

准则 18

以非讼视角观察，公证具有受领当事人意思表示的功能，因而公证人受领当事人的意思表示后向不动产登记等部门代办有关后续手续，是受领的转达，不需要单独授权。

民法典相关条文：

第137条　以对话方式作出的意思表示，相对人知道其内容时生效。以非对话方式作出的意思表示，到达相对人时生效。

准则 19

可撤销的法律行为可公证；效力待定的法律行为不宜进行公证。

民法典相关条文：

第 145 条 限制民事行为能力人实施的其他民事法律行为经法定代理人同意或者追认后有效。

准则 20

某些法律行为具有特殊生效要件的，公证时可以将这些要件完成作为前置条件，也可以告知公证后再去完成。

民法典相关条文：

第 502 条 依照法律、行政法规的规定，合同应当办理批准等手续的，依照其规定；未办理批准等手续影响合同生效的，不影响合同中履行报批义务条款以及相关条款的效力。

准则 21

民事法律行为公证是一个过程公证，是动态而不是静态的公证。公证人在民事法律行为公证中有真实性、有效性、合法性、可行性职责。真实性职责关注法律行为的成立要件，有效性职责关注法律行为的生效要件，可行性关注法律行为实现的要件。

民法典相关条文：

民法典第一编 总则 第六章 民事法律行为

准则 22

“产权化”是公证服务经济社会的重要职责，是构建公证功能体系的重要视角。

民法典相关条文：

第 9 条 民事主体从事民事活动，应当有利于节约资源、保护生态环境。

第 114 条 民事主体依法享有物权。

准则 23

公证人没有查明和适用外国法的义务，公证人在我国法律没有办法直接适用的情况下，一般以证明客观事实或提供法律意见书为公证方式。

民法典相关条文：

第 12 条 中华人民共和国领域内的民事活动，适用中华人民共和国的法律。法律另有规定的，依照其规定。

准则 24

涉及胎儿利益的公证事项，一般宜暂缓办理公证，待胎儿出生后再办理公证。当事人坚持要求申办继承公证的，应当为胎儿保留必要的份额。

民法典相关条文：

第 16 条 涉及遗产继承、接受赠与等胎儿利益保护的，胎儿视为具有民事权利能力。但是，胎儿娩出时为死体的，其民事权利能力自始不存在。

准则 25

在涉及失踪人公证事项中，可以由其财产保管人代管其财产，通过该法律关系设计解决疑难公证问题。

民法典相关条文：

第40条　自然人下落不明满二年的，利害关系人可以向人民法院申请宣告该自然人为失踪人。

第42条　失踪人的财产由其配偶、成年子女、父母或者其他愿意担任财产代管人的人代管。

准则 26

个体工商户是自然人的商事化，办理涉及个体工商户的财产公证问题，按照自然人的财产进行对待处理。

准则 27

合作制公证处是非法人组织，不违背公益目的，它不是捐助法人。

民法典相关条文：

第92条　具备法人条件，为公益目的以捐助财产设立的基金会、社会服务机构等，经依法登记成立，取得捐助法人资格。

第102条　非法人组织是不具有法人资格，但是能够依法以自己的名义从事民事活动的组织。

准则 28

新型财产应当综合判断它是否属于《民法典》上的财产，存在疑虑的，可以以声明承诺等方式满足过户手续的现实需要。

民法典相关条文：

第127条　法律对数据、网络虚拟财产的保护有规定的，依照其规定。

准则 29

办理特殊人群的公证，公证人有更高的职业谨慎义务，并采取必要的措施。

民法典相关条文：

第128条　法律对未成年人、老年人、残疾人、妇女、消费者等的民事权利保护有特别规定的，依照其规定。

准则 30

公证人不得主动适用诉讼时效，告知相关后果后，即可以办理相关公证。

民法典相关条文：

第 192 条 诉讼时效期间届满的，义务人可以提出不履行义务的抗辩。诉讼时效期间届满后，义务人同意履行的，不得以诉讼时效期间届满为由抗辩；义务人已经自愿履行的，不得请求返还。

第 193 条 人民法院不得主动适用诉讼时效的规定。

准则 31

当事人要求撤销公证书的，必须将该法律行为放在民事实体法的框架下进行考察，判断并准确定性该撤销公证书的性质。

民法典相关条文：

第 147 条 重大误解撤销、赠与人任意撤销权等。

准则 32

《民法典》规定的家事制度应该围绕当事人的目的进行组合，以“组合拳”发挥效用。

民法典相关条文：

第 33 条 具有完全民事行为能力的成年人，可以与其近亲属、其他愿意担任监护人的个人或者组织事先协商，以书面形式确定自己的监护人，在自己丧失或者部分丧失民事行为能力时，由该监护人履行监护职责。

第 161 条 民事主体可以通过代理人实施民事法律行为。

准则 33

具体家事公证规则的构建应当将家事公证作为非讼事件进行构建，使具体家事公证具有延展性。

民法典相关条文：

第 1158 条 自然人可以与继承人以外的组织或者个人签订遗赠扶养协议。按照协议，该组织或者个人承担该自然人生养死葬的义务，享有受遗赠的权利。

准则 34

办理家事公证，应当以人生可能经历的历程来定位当事人的需求，从而为其配给合适的公证服务。

民法典相关条文：

第 32 条 意定监护制度。

第 1139 条 公证遗嘱由遗嘱人经公证机构办理。

第 1158 条 遗赠扶养协议公证。

准则 35

办理家事公证,应当将情理原则作为重要原则,引入评估程序对家事关系的合理性进行评估,合理运用评估结果。

民法典相关条文:

第 1105 条　县级以上人民政府民政部门应当依法进行收养评估。

准则 36

办理公证事项时,注重公证事项与公证事务的融合,不应将两者进行分别切割对待。

民法典相关条文:

第 888 条　保管合同是保管人保管寄存人交付的保管物,并返还该物的合同。

第 570 条　标的物提存。

明信指引第 5 条:在办理家事公证时,可以根据需要,为当事人进行财产托管或监管和文书保管,作为公证法律服务的构成内容。

准则 37

涉及家事公证时,考虑到"代理人道德风险"问题,应当将设立"监督人机制"作为优先考虑方案。

民法典相关条文:

第 164 条　代理人不履行或不完全履行职责,造成代理人损害的,应当承担民事责任。代理人和相对人恶意串通,损害被代理人合法权益的,代理人和相对人应当承担连带责任。

准则 38

公证人具有"家事调查员"职责,具有根据法律要件确认家事事实成立的职权。

民法典相关条文:

第 1129 条　丧偶儿媳对公婆,丧偶女婿对岳父母,尽了主要赡养义务的,作为第一顺序继承人。

准则 39

办理家事公证应当对法律关系实质进行准确定性,避免不同家事法律制度的混同,按照其法律实质办理相应公证。

民法典相关条文:

第 1131 条　对继承人以外的依靠被继承人扶养的人,或者继承人以外的对被继承人扶养较多的人,可以分给适当的遗产。

《最高人民法院关于适用〈中华人民共和国民法典〉继承编的解释(一)》第 10 条　被收养人对养父母尽了赡养义务,同时又对生父母扶养较多的,除可以依据《民法典》第 1127 条的规定继承养父母的遗产外,还可以依照《民法典》第 1131 条规定分得生父母适当的遗产。

准则 40

家事公证服务，其公证文书一般由公证书、确认证书、法律意见书构成。公证书针对民事法律行为，确认证书针对公证机构行使特定非讼职权，法律意见书是公证人以一般法律人角色提出的法律意见。

民法典相关条文：

第1160条 无人继承又无人受遗赠的遗产，归国家所有，用于公益事业；死者生前是集体所有制组织成员的，归所在集体所有制组织所有。

准则 41

办理家事公证，应当秉持意思自治原则，由当事人为自己设定法律关系，不要限制当事人的民事权利。

民法典相关条文：

第661条 赠与可以附义务。赠与附义务的，受赠人应当按照约定履行义务。

准则 42

产权化是公证职能，产权不是单一的，权利可以按照不同比例分配，"产权是一个网络"将启发公证人寻求具体公证案例的解决之道。

民法典相关条文：

第114条 民事主体依法享有物权。

物权是权利人依法对特定的物享有直接支配和排他的权利，包括所有权、用益物权和担保物权。

准则 43

一些公证事项需要从物权的角度进行观察处理，一些公证事项则需要从财产权的角度进行观察处理。一般而言，财产权范围大于物权范围。

民法典相关条文：

第115条 物包括不动产和动产。法律规定权利作为物权客体的，依照其规定。

第116条 物权的种类和内容，由法律规定。

第1065条 夫妻对婚姻关系存续期间所得的财产以及婚前财产的约定，对双方具有法律约束力。

第1122条 遗产是自然人死亡时遗留的个人合法财产。

准则 44

一般的物权可以分为事实物权与法律物权。公证机构应当根据具体情景，有条件地承认事实物权并采取适当的公证方式予以确认。

民法典相关条文：

第 208 条　不动产物权的设立、变更、转让和消灭，应当依照法律规定登记。动产物权的设立和转让，应当依照法律规定交付。

第 220 条　权利人、利害关系人认为不动产登记簿记载的事项错误的，可以申请更正登记。不动产登记簿记载的权利人书面同意更正或者有证据证明登记确有错误的，登记机构应当予以更正。

准则 45

公证机构受领当事人的意思表示，并向不动产登记部门进行传达，公证机构办理产权代办为必然职责。

民法典相关条文：

第 212 条　登记机构应当履行下列职责：

（一）查验申请人提供的权属证明和其他必要材料；

（二）就有关登记事项询问申请人；

（三）如实、及时登记有关事项；

（四）法律、行政法规规定的其他职责。

第 222 条　因登记错误，造成他人损害的，登记机构应当承担赔偿责任。登记机构赔偿后，可以向造成登记错误的人追偿。

准则 46

办理公证时对不动产合同的生效时间设定，应当注意区分登记效力与合同效力的区别，不要混同。无权处分不再作为无效合同事由。

民法典相关条文：

第 215 条　当事人之间订立有关设立、变更、转让和消灭不动产物权的合同，除法律另有规定或者当事人另有约定外，自合同成立时生效；未办理物权登记的，不影响合同效力。

第 597 条　因出卖人未取得处分权致使标的物所有权不能转移的，买受人可以解除合同并请求出卖人承担违约责任。

准则 47

我国在物权主体上采取了“双重主体”立法，在涉及国家和集体的财产处分公证时，要遵循“双重同意”规则。

民法典相关条文：

第 207 条　国家、集体、私人的物权和其他权利人的物权受法律平等保护，任何组织或者个人不得侵犯。

第 268 条　国家、集体和私人依法可以出资设立有限责任公司、股份有限公司或者其他企业。国家、集体和私人所有的不动产或者动产投到企业的，由出资人按照约定或者出资比例享有资产收益、重大决策以及选择经营管理者等权利并履行义务。

准则 48

公证人通过掌握科斯定理的真谛来处理相邻关系公证,可以得到解决问题的钥匙,公证作为交易费用机制发挥着重要作用。

民法典相关条文:

第288条 不动产的相邻权利人应当按照有利生产、方便生活、团结互助、公平合理的原则,正确处理相邻关系。

准则 49

办理公证时,可依相关法律文书或事实行为来认定物权,从而继续办理公证,不以物权原始登记或转移登记为必要。

民法典相关条文:

第229条 因人民法院、仲裁机构的法律文书或者人民政府的征收决定等,导致物权设立、变更、转让或者消灭的,自法律文书或者征收决定等生效时发生效力。

第230条 因继承取得物权的,自继承开始时发生效力。

第231条 因合法建造、拆除房屋等事实行为设立或者消灭物权的,自事实行为成就时发生效力。

第232条 处分依照本节规定享有的不动产物权,依照法律规定需要办理登记的,未经登记,不发生物权效力。

准则 50

货币具有特殊性,在办理公证时须遵循货币的"所有和占有一致原则",一般不对公证事项涉及货币的合法来源进行审查。

准则 51

公证员可以以物权登记簿登记结果直接作为描述对象,也可以基于夫妻共有将"隐性共有人"作为权利主体。前者一般做客观描述,不作权属判断。

民法典相关条文:

第216条 不动产登记簿是物权归属和内容的根据。

第297条 不动产或者动产可以由两个以上组织、个人共有。共有包括按份共有和共同共有。

准则 52

一般理解《城市房地产管理法》中"无证不得转让"的规定属于管理性规范,公证机构可以基于合同权利义务转让、附条件交易、预约协议方式进行交易。

民法典相关条文：

第495条　当事人约定在将来一定期限内订立合同的认购书、订购书、预订书等，构成预约合同。

第555条　当事人一方经对方同意，可以将自己在合同中的权利和义务一并转让给第三人。

《城市房地产管理法》第38条规定，下列房地产，不得转让：……（六）未依法登记领取权属证书的；……

准则 53

在办理房屋买卖转让公证时，按照"买卖不破租赁"规则，公证机构应当审查房屋租赁情况。审查的方式包括承租人表达意愿或者出租人承诺情况并愿意承担责任。

民法典相关条文：

第728条　出租人未通知承租人或者有其他妨害承租人行使优先购买权情形的，承租人可以请求出租人承担赔偿责任。但是，出租人与第三人订立的房屋买卖合同的效力不受影响。

准则 54

不动产处于被查封等状况的，在向当事人进行相应的信息披露和风险提示后，一般不影响该不动产法律行为作出的公证，但查封优先于后续作出的法律行为。

民法典相关条文：

第240条　所有权人对自己的不动产或者动产，依法享有占有、使用、收益和处分的权利。

准则 55

属于划拨土地的不动产交易，可以将土地出让金手续作为前置程序也可以作为公证后的后续手续。

民法典相关条文：

第347条　设立建设用地使用权，可以采取出让或者划拨等方式。

《城市房地产管理法》第40条，以划拨方式取得土地使用权的，转让房地产时，应当按照国务院规定，报有批准权的人民政府审批。由批准权的人民政府准予转让的，应当由受让方办理土地使用权出让手续，并依照国家有关规定缴纳土地使用权出让金。

准则 56

公证员办理涉宅基地公证业务，应当按土地所有权、成员资格权和使用权进行考虑，把握好国家政策。

民法典相关条文：

第363条　宅基地使用权的取得、行使和转让，适用土地管理的法律和国家有关规定。

准则 57

公证人要区分当事人设立居住权与居住权益的区别,根据当事人的意愿选定最合适方式。

民法典相关条文:

第366条 居住权人有权按照合同约定,对他人的住宅享有占有、使用的用益物权,以满足生活居住的需要。

准则 58

在办理“带抵转让”合同公证时,应当查明原抵押合同是否有明确约定不得转让。

民法典相关条文:

第406条 抵押期间,抵押人可以转让抵押财产。当事人另有约定的,按照其约定。抵押财产转让的,抵押权不受影响。

抵押人转让抵押财产的,应当及时通知抵押权人。抵押权人能够证明抵押财产转让可能损害抵押权的,可以请求抵押人将转让所得的价款向抵押权人提前清偿债务或者提存。转让的价款超过债权数额的部分归抵押人所有,不足部分由债务人清偿。

准则 59

对于准用益物权而言,行政许可证是资格,是不可以直接作为交易对象的,公证时要明确以背后的权利作为交易标的。

民法典相关条文:

第324条 国家所有或者国家所有由集体使用以及法律规定属于集体所有的自然资源,组织、个人依法可以占有、使用和收益。

准则 60

机动车的产权权属认定并不以机动车登记为必要,仍采交付主义,机动车登记是一种行政程序。在设计机动车交易公证时,要充分考虑这一点。

民法典相关条文:

第1210条 当事人之间已经以买卖或者其他方式转让并交付机动车但是未办理登记,发生交通事故造成损害,属于该机动车一方责任的,由受让人承担赔偿责任。

准则 61

在处理区分建筑物收益合同时,公证员可以用“激励相容原理”来设计合同内容,这可以成为公证人设计民事法律关系的普遍准则。

民法典相关条文:

第282条 建设单位、物业服务企业或者其他管理人等利用业主的共有部分产生的收入,在扣除合理成本之后,属于业主共有。

准则 62

是否设立担保，担保是否足额，属于公证事项的风险因素，公证人尽到必要的劝告义务后，可以依当事人意思自治原则予以办理。

准则 63

担保物权中规定的提存不属于清偿提存，属于特别法下进行的提存，公证员要审查其形成原因。

民法典相关条文：

第 390 条　被担保的债权履行期限未届满的，也可以提存该保险金、赔偿金或者补偿金等。

准则 64

流质条款不影响担保合同效力，合同中有流质条款的，应当要求当事人删除。当事人坚持的，应告知该条款不发生当事人希望起到的法律效果。

民法典相关条文：

第 401 条　抵押权人在债务履行期限届满前，与抵押人约定债务人不履行到期债务时抵押财产归债权人所有的，只能依法就抵押财产优先受偿。

准则 65

属于抵押状态的财产，不影响其进行转让、赠与、遗嘱和办理继承公证，但公证员应告知，抵押权不受影响。

民法典相关条文：

第 406 条　抵押期间，抵押人可以转让抵押财产。当事人另有约定的，按照其约定。抵押财产转让的，抵押权不受影响。抵押人转让抵押财产的，应当及时通知抵押权人。抵押权人能够证明抵押财产转让可能损害抵押权的，可以请求抵押人将转让所得的价款向抵押权人提前清偿债务或者提存。转让的价款超过债权数额的部分归抵押人所有，不足部分由债务人清偿。

准则 66

赋予强制执行效力的抵押担保，其执行时效为 2 年，其诉讼执行权的时效为 3 年，两者存在一定的转换关系，公证员应当注意这一特殊问题。

民法典相关条文：

第 419 条　抵押权人应当在主债权诉讼时效期间行使抵押权；未行使的，人民法院不予保护。

《民事诉讼法》第 239 条　申请执行的期间为二年。申请执行时效的中止、中断，适用法律有关诉讼时效中止、中断的规定。

准则 67

司法部《公证机构办理抵押登记办法》已经失去了法律依据，公证机构不宜再按这个规定办理抵押登记。

相关条文：

原《担保法》第43条

当事人自愿以其他财产抵押的，可以自愿办理抵押物登记，抵押合同自签订之日起生效。

当事人未办理抵押物登记的，不得对抗第三人。当事人办理抵押物登记的，登记部门为抵押人所在地的公证部门。

《公证机构办理抵押登记办法》第3条

《中华人民共和国担保法》第43条规定的“其他财产”包括下列内容：

(1)个人、事业单位、社会团体和其他非企业组织所有的机械设备、牲畜等生产资料；

(2)位于农村的个人私有房产；

(3)个人所有的家具、家用电器、金银珠宝及其制品等生活资料；

(4)其他除《中华人民共和国担保法》第37条和第42条规定之外的财产。

准则 68

应收账款的范围根据《应收账款质押登记办法》确定，公证人要审查某种形式的债权是否符合应收账款的定义以及是否有相关文件政策支持。

民法典相关条文：

第440条 债务人或者第三人有权处分的下列权利可以出质：……(六)现有的以及将有的应收账款；……

《应收账款质押登记办法》第2条

本办法所称的应收账款包括下列权利：

(1)销售、出租所产生的债权，包括销售货物，供应水、电、气、暖，知识产权的许可使用，出租动产或不动产等；

(2)提供医疗、教育、旅游等服务或劳务产生的债权；

(3)能源、交通运输、水利、环境保护、市政工程等基础设施和公用事业项目收益权；

(4)提供贷款或其他信用活动产生的债权；

(5)其他以合同为基础的具有金钱给付内容的债权。

准则 69

除金融机构开立的独立保函外，当事人不得在担保合同中约定担保独立性的条款和内容，公证员应当要求当事人剔除该类内容。

相关条文：

《最高人民法院关于适用〈中华人民共和国民法典〉有关担保制度的解释》第2条 当事人在担保合同中约定担保合同的效力独立于主合同，或者约定担保人对主合同无效的法律后果承担担保责任,该有关担保独立性的约定无效。主合同有效的,有关担保独立性的约定无效不影响担保合同的效力;主合同无效的,人民法院应当认定担保合同无效,但是法律另有规定的除外。因金融机构开立的独立保函发生的纠纷,适用《最高人民法院关于审理独立保函纠纷案件若干问题的规定》。

准则 70

虽合同上没有明确约定担保人之间的相互追偿权,但是所有担保人共同签署在一份合同上的,依司法解释具有追偿权,公证机构应当特别予以告知。

《最高人民法院关于适用〈中华人民共和国民法典〉有关担保制度的解释》相关条文:

第十三条　同一债务有两个以上第三人提供担保,担保人之间约定相互追偿及分担份额,承担了担保责任的担保人请求其他担保人按照约定分担份额的,人民法院应予支持;担保人之间约定承担连带共同担保,或者约定相互追偿但是未约定分担份额的,各担保人按照比例分担向债务人不能追偿的部分。

同一债务有两个以上第三人提供担保,担保人之间未对相互追偿作出约定且未约定承担连带共同担保,但是各担保人在同一份合同书上签字、盖章或者按指印,承担了担保责任的担保人请求其他担保人按照比例分担向债务人不能追偿部分的,人民法院应予支持。

除前两款规定的情形外,承担了担保责任的担保人请求其他担保人分担向债务人不能追偿部分的,人民法院不予支持。

准则 71

合同是围绕着合同目的实现的一个动态过程,合同公证也是一个动态过程,不仅关注合同的真实性要件和有效性要件,更需要关注合同的可行性。

民法典相关条文:

第143条　具备下列条件的民事法律行为有效:

(一)行为人具有相应的民事行为能力;

(二)意思表示真实;

(三)不违反法律、行政法规的强制性规定,不违背公序良俗。

第502条　依法成立的合同,自成立时生效,但是法律另有规定或者当事人另有约定的除外。

准则 72

有关身份关系的协议,公证人既要适用《民法典》婚姻家庭编的规定,也要适用《民法典》合同编的规定,两者是参照适用关系,考验公证人的民法体系知识。

民法典相关条文:

第464条第2款　婚姻、收养、监护等有关身份关系的协议,适用有关该身份关系的法律规定;没有规定的,可以根据其性质参照适用本编规定。

准则 73

合同相对性原理是公证人处理合同公证事务的根本准则，要严格区分合同的对内效力和对外效力并晓谕当事人，合同是否需要征得第三人同意，根据合同当事人意愿而定。

民法典相关条文：

第 465 条 依法成立的合同，受法律保护。

依法成立的合同，仅对当事人具有法律约束力，但是法律另有规定的除外。

准则 74

经公证的当事人单方意思表示能够撤回或撤销，很多情形需要回归到要约和承诺的制度框架下进行考量。

民法典相关条文：

第 475 条 要约可以撤回。要约的撤回适用本法第 141 条的规定。

第 476 条 要约可以撤销，但是有下列情形之一的除外：

（一）要约人以确定承诺期限或者其他形式明示要约不可撤销；

（二）受要约人有理由认为要约是不可撤销的，并已经为履行合同做了合理准备工作。

准则 75

合同的生效日期，是以合同签署日期为准还是以公证文书的出具日期为准存有争议。从公证制度体系解释来看，应当以公证文书的出具日期作为合同签署生效日期。

民法典相关条文：

第 490 条 当事人采用合同书形式订立合同的，自当事人均签名、盖章或者按指印时合同成立。在签名、盖章或者按指印之前，当事人一方已经履行主要义务，对方接受时，该合同成立。

《公证程序规则》第 44 条 公证书自出具之日起生效。

准则 76

合同的特殊生效要件，其实现可以作为公证的前置程序，也可以作为后续完成程序进行设计。

民法典相关条文：

第 502 条 依法成立的合同，自成立时生效，但是法律另有规定或者当事人另有约定的除外。

依照法律、行政法规的规定，合同应当办理批准等手续的，依照其规定。未办理批准等手续影响合同生效的，不影响合同中履行报批等义务条款以及相关条款的效力。应当办理申请批准等手续的当事人未履行义务的，对方可以请求其承担违反该义务的责任。

依照法律、行政法规的规定，合同的变更、转让、解除等情形应当办理批准等手续的，适用前款规定。

准则 77

由公证机构起草的格式合同,免于格式条款的审查。

民法典相关条文:

第496条 格式条款是当事人为了重复使用而预先拟定,并在订立合同时未与对方协商的条款。

采用格式条款订立合同的,提供格式条款的一方应当遵循公平原则确定当事人之间的权利和义务,并采取合理的方式提示对方注意免除或者减轻其责任等与对方有重大利害关系的条款,按照对方的要求,对该条款予以说明。提供格式条款的一方未履行提示或者说明义务,致使对方没有注意或者理解与其有重大利害关系的条款的,对方可以主张该条款不成为合同的内容。

准则 78

以原合同为基础的新合同申办公证,公证机构对原合同和新合同的关注义务程度不同,对原合同一般只进行形式关注义务。

民法典相关条文:

第737条 当事人以虚构租赁物方式订立的融资租赁合同无效。

准则 79

合同部分条款无效或者期限超过部分无效的,一般应当建议当事人剔除或修改该条款,但当事人坚持申办公证的,可以在告知该条款无效或不会产生相应法律效果后予以公证。

民法典相关条文:

第156条 民事法律行为部分无效,不影响其他部分效力的,其他部分仍然有效。

第705条 租赁期限不得超过二十年。超过二十年的,超过部分无效。

租赁期限届满,当事人可以续订租赁合同;但是,约定的租赁期限自续订之日起不得超过二十年。

准则 80

"本委托不可撤销"条款属于法律分歧条款,公证人没有为社会立法的职责,他正确的做法是告知当事人司法分歧的观点,由当事人自由抉择。

民法典相关条文:

第933条 委托人或者受托人可以随时解除委托合同。因解除合同造成对方损失的,除不可归责于该当事人的事由外,无偿委托合同的解除方应当赔偿因解除时间不当造成的直接损失,有偿委托合同的解除方应当赔偿对方的直接损失和合同履行后可以获得的利益。

准则 81

目前通说认为,夫妻忠诚协议属于自然债务条款,具有保持受领力而不具有强制执行力。对于自然债务条款,经公证机构告知法律后果,依当事人自由意愿决定是否设立。

民法典相关条文：

第1043条 夫妻应当互相忠实，互相尊重，互相关爱。

准则 82

解除同居协议的公证，公证机构不宜办理；但涉及同居期间所得的财产分割以及小孩抚养问题，可以办理公证。

民法典相关条文：

第1054条 同居期间所得的财产，由当事人协议处理；协议不成的，由人民法院根据照顾无过错方的原则判决。对重婚导致的无效婚姻的财产处理，不得侵害合法婚姻当事人的财产权益。当事人所生的子女，适用本法关于父母子女的规定。

准则 83

婚姻家庭编所确定的基本原则，是分析各类"奇葩"协议内容能否进行公证的基本准则，要通过协议内容看到背后的本质。

准则 84

夫妻双方对子女均具有抚养、监护的职责，办理这类协议公证时，要避免"放弃抚养权""变更监护权"等错误的表述。

准则 85

自然人作为保证人，其配偶是否必须在公证文书上签字，由债权人和保证人以及保证人配偶意愿而定，从而可以设定"共债共签"或依法律规定判断这个保证债务是个人债务还是夫妻共同债务。

民法典相关条文：

第1064条 夫妻双方共同签名或者夫妻一方事后追认等共同意思表示所负的债务，以及夫妻一方在婚姻关系存续期间以个人名义为家庭日常生活需要所负的债务，属于夫妻共同债务。

夫妻一方在婚姻关系存续期间以个人名义超出家庭日常生活需要所负的债务，不属于夫妻共同债务；但是，债权人能够证明该债务用于夫妻共同生活、共同生产经营或者基于夫妻双方共同意思表示的除外。

准则 86

生父（母）与继母（父）离婚后，原已经形成的继父母子女关系是否存续，存在司法分歧。面对司法分歧，公证机构不应当为社会立法，而是应当将决定权交给当事人。当事人均认可的，可以承认该继父母子女关系存在。当事人之间有异议的，公证机构不予处理。

民法典相关条文：

第1072条 继父母与继子女间，不得虐待或者歧视。

继父或者继母和受其抚养教育的继子女间的权利义务关系，适用本法关于父母子女关系的规定。

准则 87

撤回公证遗嘱可以采取撤回公证遗嘱声明书或者重立遗嘱方式，但从考虑切割意思表示之间的牵连性，强烈建议采用撤回遗嘱声明书形式。

民法典相关条文：

第1142条　遗嘱人可以撤回、变更自己所立的遗嘱。

准则 88

公证机构原则上不允许设立后位继承；立遗嘱人坚持增添后位继承内容的，可以在告知司法分歧观点后准予设定。

准则 89

抚恤金不属于遗产，公证机构可以准予作为遗嘱人心愿在遗嘱中予以记载。

民法典相关条文：

第1122条　遗产是自然人死亡时遗留的个人合法财产。

准则 90

公证承办人可以邀请遗嘱人就其自己的人生履历、心得以及对子女的教诲期许等内容录制成音像资料。“温情遗嘱”是主观价值论的体现，主观价值论可以作为公证服务内容升级的考虑因素。

准则 91

遗嘱检认是公证机构重新抢占遗嘱业务的制高点，是对抗各类遗嘱库的利器。遗嘱检认实行检认内容法定，检认形式自由原则。

民法典相关条文：

第1142条　遗嘱人可以撤回、变更自己所立的遗嘱。

立遗嘱后，遗嘱人实施与遗嘱内容相反的民事法律行为的，视为对遗嘱相关内容的撤回。

立有数份遗嘱，内容相抵触的，以最后的遗嘱为准。

准则 92

继承权公证的本质是非讼事件，遗嘱检认书、继承权公证书、遗产分割协议公证书、调解协议公证书均是继承证书形式，公证审查标准相同。

准则 93

孙辈依遗嘱继承财产，宜按遗嘱继承公证办理。孙辈属于代位继承人，具有继承人的资格。当遗嘱指定孙辈为受益人时，应该按照遗嘱继承公证办理为妥。

民法典相关条文：

第1128条 被继承人的子女先于被继承人死亡的，由被继承人的子女的直系晚辈血亲代位继承。

准则 94

在办理继承公证时，公证机构认为当事人的异议不成立的，可以给予异议人到人民法院起诉的期限；在期限内异议人未起诉的，公证机构可以继续办理公证并出具公证书。

准则 95

在办理保全证据公证时，由于权利交错，保全公证方法会牵涉他们的相关人格权。公证机构可以按照《民事诉讼法》有关司法解释规定确定公证保全方法的合法性，采取"最小侵害原则"和"照顾原则"。

民法典相关条文：

第998条 认定行为人承担侵害除生命权、身体权和健康权外的人格权的民事责任，应当考虑行为人和受害人的职业、影响范围、过错程度，以及行为的目的、方式、后果等因素。

准则 96

公证卷内材料涉及当事人隐私或敏感个人信息的，公证机构应当在公证书或其他公证文书中采取必要的"遮蔽方式"或其他方式。

民法典相关条文：

第1032条 自然人享有隐私权。任何组织或者个人不得以刺探、侵扰、泄露、公开等方式侵害他人的隐私权。

隐私是自然人的私人生活安宁和不愿为他人知晓的私密空间、私密活动、私密信息。

第1034条 自然人的个人信息受法律保护。

个人信息是以电子或者其他方式记录的能够单独或者与其他信息结合识别特定自然人的各种信息，包括自然人的姓名、出生日期、身份证件号码、生物识别信息、住址、电话号码、电子邮箱、健康信息、行踪信息等。

个人信息中的私密信息，适用有关隐私权的规定；没有规定的，适用有关个人信息保护的规定。

准则 97

公证机构采取人脸识别、拍照、摄像等技术措施，可能会涉及当事人的肖像权等人格权，应当获得当事人的授权为妥。

民法典相关条文：

第1018条　自然人享有肖像权，有权依法制作、使用、公开或者许可他人使用自己的肖像。

准则 98

公证的责任是侵权责任，按照侵权责任的四要素进行分析判断，但公证又具有契约责任特征，通过恰当的文书约定公证机构和当事人之间的权利义务，有助于明确双方的法律责任。

民法典相关条文：

第1165条　行为人因过错侵害他人民事权益造成损害的，应当承担侵权责任。依照法律规定推定行为人有过错，其不能证明自己没有过错的，应当承担侵权责任。

准则 99

当事人办理赔偿或补偿协议时，公证机构可以将法定赔偿或补偿标准进行计算，作为当事人意定赔偿金额的基础，并拟定不得反悔的内容。

民法典相关条文：

第1179条　侵害他人造成人身损害的，应当赔偿医疗费、护理费、交通费、营养费、住院伙食补助费等为治疗和康复支出的合理费用，以及因误工减少的收入。造成残疾的，还应当赔偿辅助器具费和残疾赔偿金；造成死亡的，还应当赔偿丧葬费和死亡赔偿金。

准则 100

挂靠协议、借名协议等申办公证的，公证机构应当告知其在对内对外法律责任的区别，在当事人意思自主下，可以办理这类协议公证。

民法典相关条文：

第1211条　以挂靠形式从事道路运输经营活动的机动车，发生交通事故造成损害，属于该机动车一方责任的，由挂靠人和被挂靠人承担连带责任。

附　记

《民法典》于2021年1月1日正式施行。公证是民事法律行为的优越表达方式和民事主体权利的载体，公证是《民法典》实施的重要机制，如何准确贯彻实施《民法典》是中国公证员一项艰巨的任务和使命。云南省公证协会于2021年7月立项，决定组织省内一批公证业务专家对《民法典》实施以来的疑难公证问题进行研究，正式出版本书。

本书汇编的咨询答复主要来自一群公证行业热心者运营维护的“公证学苑咨询辅导群”（钉钉群）。我们从该群咨询答复的将近2500个问题中遴选了具有典型性、故事性的400个问题，我们对这些问题和咨询答复意见进行了全面的再升级创作。每个问题和咨询答复意见首先由云南省“公证法律服务专家库”全体专家根据分工进行逐一修改，再由本书编写委员会进行了全面修订和编审委员会进行了严格审定。另外，本书第十一部分的“公证适用民法典公证准则100条”由编写委员会副主编李全息创作。虽然原始的问题和咨询答复意见来自“公证学苑”，但由于编写委员会进行了全面修改和审定，我们认同每个咨询答复，愿意承担每个答复的最后文稿责任。

编写委员会和编审委员会进行全面修改和审定中，坚持了以下的修改要求：第一，以《民法典》为基准进行问题遴选和组织咨询答复意见，对原咨询问题变换了法律适用的条件。第二，对问题的标题进行高度提炼，以使读者能够快速获取到问题与《民法典》的关系以及其法律实质。第三，鉴于咨询问题属于公证员随性提问，在案件描述和问题归纳方面存在欠缺，我们对每个问题都重新组织文字进行了描述，以便读者迅速地获取案件信息和问题，加强阅读的愉悦感。第四，在保留原咨询答复意见好的部分的同时，我们较大幅度地重新组织了咨询答复意见的拟写，以行业共识性的认识作为咨询答复的基调。

每个人的努力和贡献都应该被铭记，每份心血和汗水都应该被记录。本书是集体智慧的结晶，在此，感谢每位对本书作出贡献的同志。

“公证学苑”辅导员团队成员名单：

李全息　云南省昆明市明信公证处
苏　坤　贵州省清镇市公证处
韩永启　河北省石家庄市太行公证处
李继伟　云南省昆明市呈贡公证处
施新华　安徽省安庆市宜城公证处
崔海容　浙江省杭州市国立公证处
王海宝　山东省沂水县公证处
潘　微　重庆市中信公证处
江龙斌　湖南省长沙市华湘公证处